Marden Machado

CINEMARDEN VAI AOS TRIBUNAIS
UM GUIA DE FILMES JURÍDICOS E POLÍTICOS

ARTE &
CURTIR

projeto gráfico e capa **FREDE TIZZOT**

© Arte & Letra 2016
© 2016 Marden Machado

ARTE & LETRA EDITORA
Alameda Dom Pedro II, 44, Batel
Curitiba - PR - Brasil / CEP: 80420-060
Fone: (41) 3223-5302
www.arteeletra.com.br - contato@arteeletra.com.br

SUMÁRIO

05 Apresentação

07 Dez coisas que eu espero de um filme

09 Prefácio

13 Um guia de filmes jurídicos e políticos

433 Faixa Bônus

441 Super Amiga da Justiça

445 Índice

451 Agradecimentos

APRESENTAÇÃO

Confesso que nunca pensei em ser advogado, mas, sempre que assisto ao filme *O Sol é Para Todos*, dirigido em 1962 por Robert Mulligan e baseado no livro de Harper Lee, a figura íntegra e imponente de Atticus Finch, interpretada com convicção por Gregory Peck, me inspira a repensar minha decisão, e, instintivamente, fico de pé quando ele sai do tribunal.

A História do Cinema está repleta de grandes heróis defensores das leis. De Atticus Finch ao membro do júri vivido por Henry Fonda, em *12 Homens e Uma Sentença*, passando por Paul Biegler, Tom Hagen, Frank Galvin, Daniel Kaffee, Fletcher Reede, Erin Brockovich, John Milton, Kevin Lomax, Vinny Gambini, Mickey Haller, Nick Rise e Elle Woods. Sem esquecer os advogados Andrew Beckett e Joe Miller, de *Filadélfia*.

Falando em *Filadélfia*, sempre me comove o diálogo no tribunal travado entre Miller (Denzel Washington) e Beckett (Tom Hanks), quando o primeiro pergunta ao outro o que ele ama em relação ao Direito. E este responde que são muitas coisas e que de vez em quando, não sempre, mas ocasionalmente, você vê a Justiça sendo feita. E é uma grande emoção quando isso acontece.

Se você é conhecido por conta que algum conhecimento específico, é comum te fazerem perguntas sobre o assunto que você domina. Há mais de 30 anos sou servidor da Justiça Eleitoral e tenho convivido diariamente com desembargadores, juízes, promotores, advogados e assessores jurídicos. E todos eles conversam comigo sobre filmes e, em especial, filmes que tratam de temas jurídicos e/ou políticos.

Depois de lançar os dois primeiros volumes do Cinemarden, veio a ideia de um novo livro. Desta feita, temático. Nasceu então *Cinemarden Vai aos Tribunais - Um Guia de Filmes Jurídicos e Políticos*. Estão reunidos aqui exatos 420 filmes que têm o Direito e a Política, em suas múltiplas formas, como tema principal ou secundário de suas histórias.

Inclui também uma "faixa bônus" com 30 séries de TV que tratam do mesmo assunto. Ao todo, portanto, apresento 450 títulos que espero possam se tornar um abrangente e rico instrumento de pesquisa para acadêmicos, profissionais das áreas jurídica e política e, claro, amantes da sétima arte.

Marden Machado
05 novembro de 2016

DEZ COISAS
QUE EU ESPERO DE UM FILME

01 Um trailer que chame minha atenção.

02 Uma história com começo, meio e fim.
Não necessariamente nessa ordem.

03 Uma cena de abertura que desperte meu interesse
pelo resto da história.

04 Um roteiro com personagens, cenas e diálogos bem construídos.

05 Um elenco afinado, coeso e sem exageros de interpretação.

06 Uma direção segura, criativa
e que não subestime minha inteligência.

07 Uma fotografia inspirada, que desperte e aguce meus sentidos.

08 Uma montagem que imprima ao filme o ritmo
que a história precisar.

09 Efeitos visuais e sonoros, incluindo a música,
que trabalhem a favor do filme.

10 Um final que seja aberto para que eu próprio
tire minhas conclusões. Mas, se for bem fechado, também vale.

PREFÁCIO

Filmes "de tribunal" sempre me encantaram. Devo ter visto *Testemunha de Acusação* umas cem vezes. Agatha Christie + Billy Wilder + Marlene Dietrich em um drama cheio de reviravoltas e estratagemas jurídicos foram alguns dos ingredientes que me fizeram cair de amores pelo Direito. *12 Homens e Uma Sentença* tornou a paixão avassaladora. Era aquilo, aquela argumentação, aquele raciocínio que eu queria pro meu cotidiano, era o que eu me via fazendo para o resto da vida. Claro, uma certa decepção tomou conta de mim quando eu descobri que o júri brasileiro não funcionava daquele jeito e que o processo não se resolve apenas pela argumentação.

Aliás, os filmes estadunidenses de tribunais (assim como as séries que flertam com o Direito) criam uma expectativa frustrada sobre o funcionamento da Justiça brasileira. Não é raro ouvir um estudante, em um julgamento simulado antes de entrar na faculdade de Direito, gritando "Protesto!" ante um depoimento. Isso chega a atingir os brilhantes autores brasileiros de telenovelas que por vezes retratam julgamentos realizados no Brasil com a liturgia dos Estados Unidos. Coisas de hegemonia cultural, paciência! Além disso, os julgamentos por júri são muito mais interessantes do ponto de vista narrativo do que os advogados "falando nos autos" e o juiz decidindo por escrito. A prática judiciária brasileira se assemelha mais a *O Processo* de Kafka, com sua irracionalidade e imprevisibilidade. A leitura cinematográfica desta obra clássica feita por Orson Welles é fascinante e mostra os labirintos do sistema de justiça e sua incompreensibilidade.

Com seu impressionante conhecimento sobre cinema e seu cativante jeito de escrever, Marden Machado reúne 420 filmes que levam, de uma maneira ou de outra, o Direito ao cinema. Seus comentários trazem títulos com marcantes discussões jurídicas como *Amistad* e *O Povo Contra Larry Flynt*. No primeiro, um navio negreiro aporta nos Estados Unidos e os escravos são acusados de assassinato da tripulação. O reino espanhol, no entanto, reivindica o navio e os escravos, como bens de sua propriedade e, na primeira metade do século XIX nos Estados Unidos sacudidos por debates entre o norte liberal e o sul escravocrata, coloca-se a questão se os negros seriam pessoas ou coisas. A liberdade de expressão é o tema de *O Povo Contra Larry Flynt*. O ponto central dos debates jurídicos e filosóficos é o alcance desta liberdade, que se reveste de caráter quase absoluto nos Estados Unidos a partir da incorporação da primeira emenda à Constituição (é só lembrar da decisão da Suprema Corte quanto ao financiamento da política como manifestação da liberdade de expressão e, portanto, refratária à limitação por lei, tomada no caso *Citizen United vs. Federal Election Commission*).

Outros filmes são concentrados em julgamentos como *O Sol é Para Todos*, *As Bruxas de Salém*, *O Caso dos Irmãos Naves*, *O Veredicto*, e *Questão de Honra* (e a inesquecível fala "You can't handle the truth!" do Coronel Nathan R. Jessep interpretado por Jack Nicholson). Um especialmente marcante para mim é *Em Nome do Pai*, que demonstra como a guerra ao terrorismo é capaz de sacrificar inocentes para dar conta da opinião pública. O filme é de 1993, mas a discussão é atual no mundo todo. Infelizmente, cada vez mais atual. Ainda nesta categoria, claro, *The Wall*, a ópera rock fabulosa do Pink Floyd que culmina no julgamento de Pink em um tribunal formado por seus algozes.

Vale ainda olhar com especial atenção *Julgamento em Nuremberg*, com a história do controvertido julgamento de juízes colaboradores do nazismo. No filme *Hannah Arendt* surge o julgamento de Eichmann, bastante criticado pela filósofa. *O Homem Que Não Vendeu Sua Alma* conta a história de Thomas Morus, aquele d'*A Utopia*, e de seu conflito com o rei Henrique VIII. Também assista *Justiça*, *Juízo*, *Notícias de Uma Guerra Particular* e, (porque não?), *O Homem da Capa Preta*, *Estômago* e *Tropa de Elite*, para se chocar com a realidade brasileira e a impotência (ou desídia) do Direito.

Ainda teria muito o que dizer sobre alguns de meus filmes favoritos, que você vai encontrar neste livro. Leia o comentário do Marden e corra assistir (se já viu, veja de novo e de novo e de novo) Ricardo Darín – o argentino que todos adoramos amar – em *O Segredo dos Seus Olhos*, *Tese Sobre Um Homicídio*, *O Filho da Noiva*... E não perca *Hurricane: O Furacão*, *O Quarto Poder*, *JFK - A Pergunta Que Não Quer Calar*, *Sin City: A Cidade do Pecado*, *Os Últimos Passos de Um Homem*, *Morango e Chocolate*, *O Dia em Que Meus Pais Saíram de Férias*, *Queime Depois de Ler*, *O Senhor das Armas*, *Germinal* e tantos, tantos outros.

Enfim, leia o livro, escolha um método e elabore um planejamento para assistir todos os 420 filmes. Ver o Direito nas lentes do cinema tornou-se mais fácil com o Marden servindo de bússola. Bom divertimento e boas reflexões.

Eneida Desiree Salgado
é doutora em Direito e professora na UFPR.
Adora literatura, fotografia e cinema
e se tivesse o mesmo talento do Marden
para lembrar das coisas o convidaria
para escrever um livro sobre séries de tribunais.

À ESPERA DE UM MILAGRE
THE GREEN MILE
EUA 1999

Direção: Frank Darabont
Elenco: Tom Hanks, David Morse, Bonnie Hunt, Michael Clarke Duncan, James Cromwell, Michael Jeter, Graham Greene, Doug Hutchison, Sam Rockwell, Barry Pepper, Patricia Clarkson, Harry Dean Stanton e William Sadler. **Duração:** 188 minutos. **Distribuição:** Warner.

No início da carreira, o diretor e roteirista Frank Darabont parecia ter descoberto um nicho de mercado dos mais inusitados: filme de prisão adaptado de obra de Stephen King. Seu primeiro trabalho foi o espetacular *Um Sonho de Liberdade*. E o segundo foi este *À Espera de Um Milagre*. O título original, *The Green Mile* (a milha verde), se refere ao corredor da morte. A história se passa em meados dos anos 1930 e é contada em flashback pela personagem Paul Edgecomb (Tom Hanks). Ele narra eventos fantásticos que ocorreram na penitenciária de Cold Mountain a partir da prisão de John Coffey (Michael Clarke Duncan), um prisioneiro gigante e com poderes sobrenaturais, condenado pela morte de duas meninas. Darabont, assim como em seu filme anterior, trabalha novamente com um grande elenco, nos dois sentidos. Com pouco mais de três horas de duração, não sentimos o tempo passar. O roteiro e a direção impecáveis de Darabont, aliados ao desempenho afinado e fabuloso de todo o elenco fazem de *À Espera de Um Milagre* um daqueles raros filmes que são como um bom vinho, que melhora cada vez mais com o passar do tempo. Apesar do caráter surreal da trama, nada parece ilógico ou fora do lugar. A magia dessa história nos envolve completamente. Compaixão, amizade e redenção. É bom pegar um caixa de lenços de papel. Em tempo: Trinta ratinhos foram utilizados para "interpretar" o Mister Jingles.

A QUALQUER PREÇO
A CIVIL ACTION
EUA 1998

Direção: Steven Zaillian

Elenco: John Travolta, Robert Duvall, Tony Shalhoub, William H. Macy, Zeljko Ivanek, Kathleen Quinlan, John Lithgow, Stephen Fry, Kathy Bates e Sydney Pollack. Duração: 114 minutos. Distribuição: Paramount.

O americano Steven Zaillian começou sua carreira no cinema em 1985, como roteirista. Em 1993, mesmo ano em que ganhou o Oscar de melhor roteiro adaptado por *A Lista de Schindler*, Zaillian estreou atrás das câmaras com *Lances Inocentes*. Cinco anos depois foi a vez deste *A Qualquer Preço*, seu segundo longa. Baseado em fatos relatados no livro de Jonathan Harr, o roteiro foi escrito pelo próprio diretor e traz semelhanças de conteúdo com *Erin Brockovich – Uma Mulher de Talento*, de Steven Soderbergh. Tudo gira em torno de Jan Schlichtmann (John Travolta), um advogado que se preocupa mais em fechar acordos milionários ao invés de levar as causas aos tribunais. Esta postura muda quando ele se sensibiliza com um caso que envolve a morte de um grupo de crianças. Elas teriam sido envenenadas por produtos químicos lançados na água da pequena cidade de Woburn. *A Qualquer Preço* mistura investigação com julgamento. Zaillian imprime um ritmo crescente de suspense e tensão à medida que Jan e sua equipe levantam provas contra as empresas que teriam causado a poluição das águas. Depois, a ação se desloca para o tribunal. Além de Travolta, um elenco de grandes atores, onde se destacam o sempre eficiente Robert Duvall.

A SANGUE FRIO
IN COLD BLOOD
EUA 1967

Direção: Richard Brooks

Elenco: Robert Blake, Scott Wilson, John Forsythe, Paul Stewart, Jeff Corey, Will Geer, Charles McGraw e John Gallaudet. Duração: 134 minutos. Distribuição: Columbia.

O livro *A Sangue Frio* foi escrito por Truman Capote quando ele era jornalista da respeitada revista New Yorker. Considerado o primeiro romance do "novo jornalismo" ou "jornalismo literário", um estilo que, como o próprio nome anuncia, mistura jornalismo com literatura. Ele retrata a história real de um crime ocorrido em 1959, na pequena cidade de Holcomb, no estado do Kansas, onde a família Clutter foi assassinada por dois criminosos. O cineasta Richard Brooks leu o livro de Capote quando este foi lançado, em 1966. Ele comprou os direitos da obra, escreveu o roteiro e dirigiu o filme, que saiu já no ano seguinte. *A Sangue Frio*, o filme, é extremamente fiel ao conteúdo do livro. E a opção do diretor em filmar em preto e branco foi das mais acertadas. Outro ponto que gerou polêmica, assim como o livro já havia gerado, diz respeito à maneira como os criminosos são retratados. Aqui, mesmo sem querer, há momentos que nos fazem "sentir pena" daquelas duas almas que estão presas. Por mais que saibamos que Perry (Robert Blake) e Dick (Scott Wilson) mataram sem piedade e por um motivo fútil. Aí, constatamos se tratar de um grande livro e também de um grande filme.

A SERVIÇO DE SARA
SERVING SARA
EUA 2002

Direção: Reginald Hudlin

Elenco: Matthew Perry, Elizabeth Hurley, Vincent Pastore, Bruce Campbell, Amy Adams e Cedric the Entertainer. Duração: 99 minutos. Distribuição: Europa Filmes.

Existem grandes diferenças entre o trabalho de um oficial de justiça no Brasil e seu equivalente nos Estados Unidos. Ao invés de servidores do quadro do Judiciário, lá existem empresas ou profissionais que são pagos para realizar esta tarefa e são pagos por produção. Em resumo, a rotina americana é bem mais simples. E isso é fácil de comprovar na comédia *A Serviço de Sara*, feita em 2002 por Reginald Hudlin. À frente do elenco, Matthew Perry, o Chandler da série de TV *Friends*. Ele vive Joe Tyler, um oficial de justiça que faz uso de métodos bem criativos para realizar suas intimações. Aquele tipo de visita que ninguém quer receber. Em seu dia a dia ele precisa lidar com "clientes" fujões, alguns muito mal-encarados. Tyler tem um concorrente, Tony (Vincent Pastore) e um desafio, intimar Sara Moore (Elizabeth Hurley), cujo marido, um milionário criador de gado (Bruce Campbell), quer se separar. Como comédia, *A Serviço de Sara* até que funciona em algumas cenas, apesar da escatologia e da quebra de ritmo.

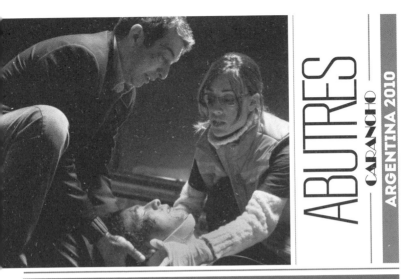

ABUTRES
CARANCHO
ARGENTINA 2010

Direção: Pablo Trapero

Elenco: Ricardo Darín, Martina Gusman, Carlos Weber, José Luis Arias, Fabio Ronzano, Loren Acuña, Gabriel Almirón e José Manuel Espeche. Duração: 107 minutos. Distribuição: Paris Filmes.

Existe uma máxima no cinema argentino moderno que diz: Se o filme não for estrelado por Ricardo Darín, não é argentino. Como toda máxima, há um pouco de exagero, mas, também, há um pouco de verdade. Mesmo sem procurar por isso, Darín se transformou no rosto mais conhecido do cinema argentino. Em *Abutres*, dirigido por Pablo Trapero, ele busca uma "outra face" para este rosto tão familiar. Na trama, escrita por Alejandro Fadel, Martín Mauregui, Santiago Mitre e pelo próprio diretor, Darín é Sosa, um advogado especialista em ganhar dinheiro acionando seguradoras de acidentes de trânsito. Ele não mede esforços para bem realizar seu trabalho. Até aparecer Luján (Martina Gusman), uma enfermeira do serviço de emergência. Os dois se conhecem por força do trabalho. Ela tentando salvar uma vida e ele, um novo cliente. Os "abutres" do título dizem respeito aos inúmeros advogados que procuram tirar vantagem das vítimas de acidentes de trânsito, que, segundo os dados que são mostrados no início do filme, é um número bastante expressivo. Trapero dirige seu filme com uma urgência quase documental misturada com alguns elementos de um típico policial americano. Dono de um domínio técnico fabuloso, o diretor opta por novos caminhos narrativos. É uma aposta arriscada, porém, extremamente salutar para qualquer cinematografia.

ACIMA DE QUALQUER SUSPEITA (1990)
PRESUMED INNOCENT
EUA 1990

Direção: Alan J. Pakula

Elenco: Harrison Ford, Brian Dennehy, Raul Julia, Bonnie Bedelia, Paul Winfield, Greta Scacchi, John Spencer e Michael Tolan. Duração: 127 minutos. Distribuição: Warner.

O escritor Scott Turow teve seu primeiro romance adaptado para o cinema em 1990. *Acima de Qualquer Suspeita*, publicado três anos antes, foi um sucesso editorial por trabalhar com uma fórmula infalível que mistura sexo, crime e investigação. Não se trata de algo novo. Esta equação é velha conhecida da literatura e do cinema. Mas, costuma funcionar na maioria das vezes. Como neste filme, dirigido por Alan J. Pakula, também autor do roteiro, junto com Frank Pierson. A história gira em torno de Rusty Sabich (Harrison Ford), um talentoso promotor público de Nova York. Sua rotina muda por inteiro quando sua colega na Promotoria, Caroline Polhemus (Greta Scacchi), é encontrada morta com sinais de violência sexual. As investigações apontam para Rusty, ex-amante de Caroline. Pakula, um cineasta que antes de começar a dirigir foi produtor durante quase 20 anos, tira o máximo de proveito da trama criada por Turow. Além disso, conta com um elenco extremamente afinado. E ainda nos reserva um final surpreendente. Precisa mais?

ACUSAÇÃO
INDICTMENT: THE MCMARTIN TRIAL
EUA 1995

Direção: Mick Jackson

Elenco: James Woods, Mercedes Ruehl, Sada Thompson, Lolita Davidovich e Henry Thomas. Duração: 132 minutos. Distribuição: Warner.

Em abril de 1994 o Brasil acompanhou pela imprensa o caso da Escola Base, cujos diretores foram acusados de abusar sexualmente de um dos alunos. Condenados apressadamente por todos, as investigações revelaram que as acusações não tinham fundamento algum. Porém, os estragos na vida dos donos da Escola nunca foram reparados e causaram feridas jamais cicatrizadas. Algo parecido é mostrado no filme *Acusação*, dirigido em 1995 por Mick Jackson. A família McMartin, proprietária de uma escola infantil, é acusada de molestar crianças. Para a defesa, é contratado o advogado Danny Davis (James Woods) e sua equipe. O roteiro, escrito por Abby e Myra Mann, se baseia em um caso verídico ocorrido nos anos 1980 nos Estados Unidos e que durou seis anos até sua conclusão. Telefilme produzido por Oliver Stone para o canal HBO, *Acusação* é duplamente tenso. Tanto pelo tema como pela atuação impactante de Woods. E o diretor Mick Jackson, que vinha do sucesso de *O Guarda-Costas*, estrelado por Kevin Costner e Whitney Huston, realiza aqui um drama forte e marcante que mesmo passado tanto tempo de seu lançamento continua provocador.

A ACUSADA
LUCIA DE B.
HOLANDA/SUÉCIA 2014

Direção: Paula van de Oest

Elenco: Ariane Schluter, Fedja van Heut, Marwan Kenzari, Barry Atsma, Amanda Ooms, Sallie Harmsen, Isis Cabolet e Jochum ten Haaf. Duração: 97 minutos. Distribuição: Europa Filmes.

A holandesa Paula van de Oest tem uma carreira sólida em seu país natal. Tanto na televisão como no cinema. Seu estilo direto de contar histórias é marcante. Este é o caso de *A Acusada*, que ela dirigiu em 2014. Baseado em um caso real, o roteiro, escrito por Moniek Kramer e Tijs van Marle, se inspira num dos processos judiciais mais controversos da Holanda. Acompanhamos a história de Lucia de Berk (Ariane Schluter), uma enfermeira sentenciada à prisão perpétua por supostamente ter matado sete pacientes. Sempre alegando inocência, à medida que o julgamento avança, reviravoltas e dúvidas sobre sua culpabilidade começam a surgir. Inclusive colocando em cheque a atuação da promotoria. *A Acusada* é enxuto na maneira como apresenta as situações e as personagens. Van de Oest é hábil em criar a tensão e o suspense necessários nesse tipo de história. Isso tudo contribui sobremaneira para que o espectador se envolva cada vez mais. E melhor, seja sempre surpreendido pelas mudanças de percurso. Para aqueles que adoram um bom filme de tribunal, *A Acusada* te fará roer as unhas o tempo todo.

ACUSADOS
THE ACCUSED
EUA 1988

Direção: Jonathan Kaplan

Elenco: Jodie Foster, Kelly McGillis, Bernie Coulson, Ann Hearn, Steve Antin, Leo Rossi, Peter Van Norden e Tom O'Brien. **Duração:** 116 minutos. **Distribuição:** Wonder Multimidia.

O cineasta Jonathan Kaplan nasceu na França, mas, fez carreira nos Estados Unidos. Primeiro como ator mirim. Depois, como diretor. Filho de mãe atriz e pai compositor, a arte sempre fez parte de sua vida. Ao longo dos anos 1980 ele foi aquele tipo de diretor "pau para toda obra". Dentre os filmes que dirigiu neste período, *Acusados* é o que obteve maior destaque. O roteiro, escrito por Tom Topor, conta uma história forte. Uma história que traz à tona a pergunta: pode uma vítima ser a culpada pela ação que a vitimou? Além desta, existe outra: e quando a ação criminosa recebe o incentivo de um grupo de pessoas? Sarah Tobias (Jodie Foster) está se divertindo em um bar, bcbc um pouco além da conta e dá a entender que quer algo mais. Pelo menos é o que um grupo de homens que a estupra entende. Após este ato violento, *Acusados* muda seu rumo e se transforma em um filme de tribunal. Com uma variante: Sarah não quer apenas que os homens que a estupraram sejam punidos. Ela quer algo mais. Punir também outro grupo que não a estuprou, mas, encorajou e aplaudiu o ataque. Kaplan não cria malabarismos narrativos. A história sozinha já é dramática o suficiente. Ele se limita a confiar no talento do elenco, que nos brinda com desempenhos perfeitos. O destaque vai para Jodie Foster, que ganhou por este trabalho o primeiro Oscar de sua carreira.

ADEUS, LÊNIN!
GOOD BYE, LÊNIN!
ALEMANHA 2003

Direção: Wolfgang Becker

Elenco: Daniel Brühl, Alexander Beyer, Burghart Kaussner, Katrin Sass, Chulpan Khamatova, Maria Simon e Florian Lukas. Duração: 118 minutos. Distribuição: Imagem Filmes.

Quando se fala em cinema alemão, a primeira imagem que vem à cabeça é a de dramas existenciais ou filmes impressionistas. *Adeus, Lênin!*, dirigido em 2003 por Wolfgang Becker, foi "vendido" como uma comédia. O inusitado do gênero criou uma grande expectativa no público. Seria possível existir uma comédia alemã? Sim. É possível. *Adeus, Lênin!* é uma comédia, mas, é bom que fique bem claro, não lembra em nada as comédias americanas atuais, carregadas de escatologia e moralismo. Nem segue a linha irônica e sarcástica das inglesas. Muito menos opta pelo pastelão dos italianos. O filme é um misto de comédia de costumes, com um toque de cinema político e repleto de um profundo amor de um filho por sua mãe. A história começa na antiga Alemanha Oriental, pouco antes da queda do muro de Berlim, portanto, no período pré-unificação com o lado ocidental. A mãe de Alex (Daniel Brühl), é uma defensora ferrenha dos ideais socialistas e entra em coma. Quando ela acorda, meses depois, as mudanças já estão em andamento. O médico diz ao filho que ela não poderá ter emoções fortes. Para protegê-la dessas "fortes emoções", Alex recria uma realidade que não existe mais. A partir de seqüências e situações muito engraçadas, Becker discute as profundas transformações ocorridas em seu país. Com muito humor e inteligência, ele realiza um filme que talvez seja a melhor expressão em imagens do grande e incondicional amor de um filho por sua mãe. Para rir, refletir e se emocionar.

ADORÁVEL VAGABUNDO
MEET JOHN DOE
EUA 1941

Direção: Frank Capra

Elenco: Gary Copper, Barbara Stanwyck, Edward Arnold, Gene Lockhart, Spring Byington e Walter Brennan. **Duração:** 122 minutos. **Distribuição:** Classicline.

O diretor ítalo-americano Frank Capra realizou uma espécie de trilogia informal sobre o poder. Primeiro, em 1936, com *O Galante Mr. Deeds*. Três anos depois foi a vez de *A Mulher Faz o Homem*. E em 1941, Capra encerra sua trinca com *Adorável Vagabundo*. Cada filme, respectivamente, traz uma manifestação de poder: o do dinheiro, o da política e o da mídia. O roteiro de Robert Riskin tem por base uma história criada por Richard Connell e Robert Presnell. A trama gira em torno de Ann Mitchell (Barbara Stanwyck), uma jornalista que utiliza o nome de John Doe (João Ninguém, em bom português). Em sua coluna, ela denuncia diversas injustiças sociais. Certo dia, aquele herói de mentira torna-se real quando um homem, vivido por Gary Cooper, aparece na redação. A partir daí, *Adorável Vagabundo* ganha mais força ainda ao mostrar como a mídia faz para manipular a opinião pública. Merece um destaque especial a sequencia de abertura do filme, onde vemos que uma grande corporação acabou de comprar um pequeno jornal. A cena que mostra a palavra "livre" sendo apagada de uma placa onde estava ao lado da palavra "imprensa", já deixa bem clara quais são as intenções dos novos donos. Capra sempre foi um cineasta de forte caráter humanista. Além de ferrenho defensor do homem comum e seus valores. Não é diferente aqui.

ADVOGADO DO DIABO
THE DEVIL'S ADVOCATE
EUA 1997

Direção: Taylor Hackford

Elenco: Keanu Reeves, Al Pacino, Jeffrey Jones, Judith Ivey, Charlize Theron, Craig T. Nelson, Delroy Lindo, Connie Nielsen e Tamara Tunie. Duração: 145 minutos. Distribuição: Warner.

Quando o filme *Advogado do Diabo* foi lançado no Brasil, em dezembro de 1997, não havia grande expectativa de que ele tivesse uma excelente bilheteria no país. Porém, o fenômeno *Titanic* mudou drasticamente o desempenho do filme nas telas brasileiras. Muita gente que foi ao multiplex assistir ao sucesso de James Cameron e não conseguiu, para não perder a saída, terminou vendo a obra de Taylor Hackford estrelada por Keanu Reeves e Al Pacino. Baseado no livro de Andrew Neiderman, o roteiro foi adaptado por Jonathan Lemkin e Tony Gilroy e conta a história de um jovem e ambicioso advogado, Kevin Lonax (Reeves). Ele é o típico profissional bem sucedido. Nunca perdeu uma causa e na vida pessoal, é casado com a bela Mary Ann (Charlize Theron). Certo dia, Kevin recebe uma oferta de trabalho tentadora feita pelo misterioso John Milton (Pacino). O próprio título, *Advogado do Diabo*, já antecipa o que esperar da relação que se estabelece entre Reeves e Pacino, principalmente Pacino, extremamente à vontade no papel. Sem esquecer que Hackford nos reserva algumas surpresas, reviravoltas e nos faz acreditar, ao final do filme, que alguns ditados populares sobre advogados são realmente verdadeiros.

O ADVOGADO DO TERROR
L'AVOCATE DE LA TERREUR
FRANÇA 2007

Direção: Barbet Schroeder
Documentário. Duração: 137 minutos. Distribuição: Imagem Filmes.

O cineasta Barbet Schroeder nasceu no Irã, se radicou na França e é mais conhecido pelos filmes que fez nos Estados Unidos. Ao longo de sua carreira, seus filmes, sejam os de ficção ou os documentários, sempre primaram por temas polêmicos. Não é diferente em *O Advogado do Terror*, documentário que ele dirigiu na França, em 2007, sobre o famoso advogado Jacques Vergès. O título do filme já diz tudo. Vergès é notório por defender terroristas, tiranos e criminosos de guerra. Entre as ilustres figuras defendidas por ele estão Klaus Barbie, Slobodan Milosevic e Carlos, o Chacal. Schroeder estrutura sua obra de maneira acadêmica. Há aqui a tradicional coleta de depoimentos aliada a uma estrutura narrativa em três atos, ou defesas, bem distintas da carreira do advogado. Isso não invalida nem um pouco a importância deste documento filmado. A trajetória de Vergès é intrigante o bastante para prender nossa atenção. Ouso até dizer que o filme poderia ser mais longo (existe uma versão na França com quatro horas de duração). Vencedor do prêmio César em sua categoria, *O Advogado do Terror* mostra fatos que muitos se recusam a acreditar. Como pode alguém defender uma pessoa que supostamente não mereceria defesa? Schroeder não procura resposta a esta pergunta. E nem é preciso. No final, cada um de nós tem a resposta.

O ADVOGADO DOS 5 CRIMES
A MURDER OF CROWS
EUA 1998

Direção: Rowdy Herrington

Elenco: Cuba Gooding Jr., Tom Berenger, Eric Stoltz, Marianne Jean-Baptiste, Mark Pellegrino e Doug Wert. Duração: 101 minutos. Distribuição: PlayArte.

A premissa de *O Advogado dos 5 Crimes* é bem interessante. Trata-se de uma mistura de policial com suspense e questões éticas e legais. Escrito e dirigido por Rowdy Herrington, o filme conta a história do advogado Lawson Russell (Cuba Gooding Jr.). Cansado da profissão, ele abandona seu cliente em pleno tribunal e, por conta disso, é punido. Ele decide então se afastar de tudo para escrever um livro. O tempo passa e Lawson fica amigo de um senhor que mora sozinho. Certo dia recebe dele um manuscrito de um livro para avaliar. Quando vai devolvê-lo, o senhor está morto e Lawson termina por publicar o material como se fosse seu. O sucesso é estrondoso e muda a vida do advogado para sempre. Em especial, depois que certas ações do passado entram em pauta, mais precisamente, quando se descobre que os crimes relatados no livro são reais. *O Advogado dos 5 Crimes* é cheio de reviravoltas que trazem com elas boas e inesperadas surpresas. Apesar de a trama ser um pouco fantasiosa, o diretor conduz a narrativa com segurança e prende a atenção do espectador até o fim.

ADVOGADO POR ENGANO
TRIAL AND ERROR
EUA 1997

Direção: Jonathan Lynn
Elenco: Michael Richards, Jeff Daniels, Charlize Theron, Jessica Steen, Austin Pendleton, Rip Torn, Jennifer Coolidge e Alexandra Wentworth. **Duração:** 98 minutos. **Distribuição:** Warner.

Muita gente costuma ver uma sessão de julgamento como um grande teatro. Afinal, temos alguém que acusa, alguém que defende, alguém que vota e alguém que decide. Parece até um tabuleiro onde cada peça tem uma função específica e movimentos pré-determinados. Claro que nem sempre é assim. Mas este não é o caso do filme *Advogado Por Engano*, dirigido em 1997 por Jonathan Lynn. O roteiro de Sara e Gregory Bernstein nos apresenta o ator Richard Rietti, vivido por Michael Richards, o Cosmo Kramer, da série de TV *Seinfeld*. Ele termina assumindo o lugar de seu melhor amigo, o advogado Charles Tuttle (Jeff Daniels), em um julgamento que inicialmente seria adiado. *Advogado Por Engano* tira sua graça justamente das situações "enfrentadas" pelo ator que se faz passar por advogado e claro, pelo desespero do advogado verdadeiro. Richards tem um bom ritmo para a comédia e o mesmo vale para Daniels. De quebra, o filme ainda tem no elenco a jovem Charlize Theron, em um de seus primeiros trabalhos.

O AGENTE DA ESTAÇÃO
THE STATION AGENT
EUA 2003

Direção: Tom McCarthy

Elenco: Peter Dinklage, Patricia Clarkson, Bobby Cannavale, Michelle Williams e Paul Benjamin. Duração: 90 minutos. Distribuição: VideoFilmes.

O Agente da Estação foi o filme de estréia na direção do ator e roteirista Tom McCarthy. Ele optou por contar a singela história de Finbar McBride (Peter Dinklage), um anão que resolve ir embora da cidade grande e viver recluso em uma estação de trem abandonada. Tudo o que Finbar quer é viver em paz e curtir os trens que tanto gosta. Mas, na vida, as coisas nem sempre acontecem como planejado. Mesmo sem querer, ele termina se envolvendo com Olivia (Patricia Clarkson), uma artista que lida com uma tragédia recente; e Joe (Bobby Cannavale), um cubano vendedor de cachorro-quente. *O Agente da Estação* nos mostra a rotina de um grupo de pessoas que vive à margem da sociedade. Apesar das aparências, o filme de McCarthy trata de questões pesadas como exclusão social e xenofobia. O ritmo segue mais ou menos os passos lentos de sua personagem principal. E isso não faz dele uma obra arrastada. Muito pelo contrário. O ator Peter Dinklage se tornou conhecido do grande público com o sucesso da série *Game of Thrones*, onde vive Tyrion, o único Lannister decente que existe. Aqui ele teve seu primeiro papel de destaque e foi indicado a diversos prêmios de interpretação, ao lado da excelente Patricia Clarkson. A presença dos dois justifica esta pequena jóia.

AGONIA DE AMOR
THE PARADINE CASE
EUA 1947

Direção: Alfred Hitchcock

Elenco: Gregory Peck, Alida Valli, Ann Todd, Charles Coburn, Ethel Barrymore, Charles Laughton, Louis Jourdan e Leo G. Carroll. Duração: 111 minutos. Distribuição: Continental.

O advogado mais famoso interpretado pelo ator Gregory Peck é Atticus Finch, no filme *O Sol É Para Todos*, realizado em 1962 por Robert Mulligan. Porém, este não foi o primeiro "advogado" vivido por Peck. 15 anos antes, em 1947, ele atuou no drama romântico Agonia de Amor, seu segundo trabalho dirigido por Alfred Hitchcock, com quem havia feito antes *Quando Fala o Coração*. Aqui ele é Anthony Keane, um advogado que se apaixona por sua cliente, a fatal Paradine (Alida Valli), acusada de ter matado o marido. A situação se complica pelo fato de Keane ser casado com Gay (Ann Todd) e perder por completo o foco no caso que está atuando. Baseado no romance de Robert Hitchens, adaptado por Alma Reville e com roteiro do produtor David O. Selznick, *Agonia de Amor* é um daqueles filmes esquecidos de mestre Hitchcock. Talvez pelo fato de ser bem diferente das obras mais conhecidas do mestre do suspense. Muitos torceram o nariz por se tratar, em essência, de um romance. Algo pouco comum na filmografia do diretor, que não conseguiu fazer o filme com a dupla de atores que queria inicialmente, no caso, Laurence Olivier e Greta Garbo. No entanto, isso não tira o brilho e muito menos o rigor técnico desta pequena jóia.

ALABAMA MONROE
THE BROKEN CIRCLE BREAKDOWN
BÉLGICA/HOLANDA 2012

Direção: Felix van Groeningen

Elenco: Johan Heldenbergh, Veerle Baetens, Nell Cattrysse, Jan Bijvoet e Geert Van Rampelberg. Duração: 109 minutos. Distribuição: Imovision.

O cineasta belga Felix van Groeningen, apesar de ter começado sua carreira no ano 2000, ganhou fama mundial somente em 2012, quando realizou *Alabama Monroe*. Principalmente, por conta dos prêmios que obteve em diversos festivais, além da indicação ao Oscar de melhor filme estrangeiro. Escrito pelo próprio diretor, junto com Carl Joos, o roteiro é uma adaptação da peça teatral de autoria da dupla Mieke Dobbels e Johan Heldenbergh, ator que faz o papel de Didier no filme. Com estrutura não linear, *Alabama Monroe* vai e volta no tempo e conta a história de um casal, Elise (Veerle Baetens) e Didier, que se apaixona assim que se conhece. Ela é tatuadora e bem "pé no chão". Ele é músico e faz o tipo romântico e sonhador. Os dois se juntam e, mesmo bem diferentes, tudo corre bem e nasce uma filha, Maybelle (Nell Cattrysse). Seis anos depois, a menina é diagnosticada com uma grave doença e isso transforma por inteiro a vida dos três. Temos aqui um tipo de filme que transita o tempo todo em cima da lâmina de uma navalha. Qualquer deslize pode por tudo a perder. Porém, Groeningen conduz sua obra com talento e sensibilidade. Além disso, tem na dupla principal a química necessária para nos envolver no forte drama vivido pelo casal. Sem contar a bela e empolgante trilha sonora.

ALIANÇA DO CRIME
BLACK MASS
EUA 2015

Direção: Scott Cooper

Elenco: Johnny Depp, Joel Edgerton, Benedict Cumberbatch, Dakota Johnson, Kevin Bacon, Peter Sarsgaard, David Harbour, Corey Stoll e Julianne Nicholson. Duração: 123 minutos. Distribuição: Warner.

O americano Scott Cooper começou sua carreira no Cinema no final dos anos 1990. Primeiro, como ator. Cerca de dez anos depois, estreou como diretor no filme *Coração Louco*, de 2009, que deu o Oscar de melhor atuação para Jeff Bridges. A partir daí, Cooper vem construindo um sólido trabalho atrás das câmaras. Em 2013, dirigiu Christian Bale no tenso *Tudo Por Justiça*. E agora, em seu terceiro longa, *Aliança do Crime*, resgata do limbo do piloto automático o ator Johnny Depp, que vinha se repetindo nos últimos tempos. Aqui ele vive Jimmy Bulger, um criminoso da região sul de Boston que, entre 1975 e 1985 atuou como informante do FBI na cidade. Na verdade, a aliança que dá o título nacional do filme se formou por conta da amizade de infância de Jimmy com John Connolly (Joel Edgerton), que se tornou agente federal. O roteiro, escrito por Mark Mallouk e Jez Butterworth, se baseia na história real contada no livro de Dick Lehr e Gerard O'Neill. As mesmas características que marcaram as obras anteriores de Cooper estão presentes aqui. Além de excelente diretor de atores, Cooper é seco e direto na condução de sua narrativa. Ele nunca perde tempo com cenas desnecessárias. *Aliança do Crime*, se tem um pecado, é o de concentrar demasiadamente na figura de Bulger, composta com precisão por Depp. E olha que o elenco de apoio é de primeira. No entanto, o desempenho de Depp é tão intenso e cheio de um assustador carisma, que a gente termina por perdoar sua onipresença.

AMÉN

ALEMANHA/FRANÇA 2002

Direção: Costa-Gavras

Elenco: Ulrich Tukur, Mathieu Kassovitz, Marcel Iures, Ulrich Mühe e Michel Duchaussoy. Duração: 130 minutos. Distribuição: Califórnia Filmes.

O grego Costa-Gavras tem uma extensa carreira marcada por filmes políticos que sempre tocaram ou abriram feridas. *Amém*, que ele dirigiu em 2002, trata do silêncio do Vaticano em relação ao extermínio de judeus pelos nazistas durante a Segunda Guerra Mundial. O roteiro, escrito pelo próprio diretor, junto com Jean-Claude Grumberg, se baseia na peça de Rolf Hochhuth. O impacto dessa premissa já começa na forte imagem que ilustra o cartaz do filme, onde se vê uma suástica que se mistura com uma cruz. A história se concentra na relação que se estabelece entre Kurt Gerstein (Ulrich Tukur), um tenente da SS movido pela culpa de ter criado um gás mortífero, e o padre Riccardo Fontana (Mathieu Kassovitz). Os dois tentam alertar a cúpula da Igreja Católica munidos de farto material. Porém, apesar do depoimento de Gerstein e dos documentos apresentados, as coisas não se desenrolam com facilidade. E aí reside a força da narrativa de Costa-Gavras. *Amém* não "toma partido". Ele deixa que nós, espectadores, tomemos a decisão final. E nos municia com farto material. Por fim, questões mais profundas ainda terminam por vir à tona. E isso faz toda a diferença.

AMISTAD
AMISTAD
EUA 1997

Direção: Steven Spielberg

Elenco: Morgan Freeman, Nigel Hawthorne, Anthony Hopkins, David Paymer, Matthew McConaughey, Djimon Hounsou, Pete Postlethwaite, Anna Paquin, Peter Firth, Stellan Skarsgard, Chiwetel Ejiofor e Arliss Howard. Duração: 155 minutos. Distribuição: Paramount.

Em outubro de 1994, Steven Spielberg, Jeffrey Katzenberg e David Geffen resolveram fundar um estúdio. O primeiro dispensa apresentação. O segundo revitalizou o departamento de animação da Disney nos anos 1980. E o terceiro vinha da indústria fonográfica. Com o nome de Dreamworks SKG, em referência aos sobrenomes de seus titulares, nasceu uma nova casa de produção audiovisual. Amistad, que Spielberg fez em 1997, foi seu primeiro filme produzido pelo novo estúdio. O roteiro, escrito por David Franzoni, tem por base a história real de um grupo de escravos africanos que se rebela e assume o controle de um navio que os estava transportando para serem vendidos. A embarcação, de nome La Amistad, ou seja, "A Amizade", é levado para os Estados Unidos e sua tripulação é presa acusada de assassinato. Trava-se então uma luta judicial para libertá-los. É impossível ver *Amistad* sem fazer conexões com *12 Anos de Escravidão*. Mas, justiça seja feita, o filme de Spielberg é bem superior ao de Steve McQueen. E não apenas na direção. Há aqui uma integração maior entre as equipes técnica e criativa. *Amistad* flui bem melhor, apesar de ter uma duração maior. E isso, sem contar o estupendo elenco, que também se destaca bem mais. O tema central desta história se resume a uma palavra: liberdade. E isso me faz lembrar a frase final do curta-metragem *Ilha das Flores*, de Jorge Furtado: "Livre é o estado daquele que tem liberdade. Liberdade é uma palavra que o sonho humano alimenta, que não há ninguém que explique e ninguém que não entenda".

AMOR
AMOUR
ÁUSTRIA/FRANÇA/ALEMANHA 2012

Direção: Michael Haneke

Elenco: Jean-Louis Trintignant, Emmanuelle Riva e Isabelle Huppert. Duração: 127 minutos. Distribuição: Imovision.

Quando *Amor*, de Michael Haneke, foi anunciado como vencedor da Palma de Ouro no Festival de Cannes de 2012, não fiquei surpreso com a vitória do diretor austríaco. Confesso: o que mais me chamou a atenção foi o título do filme. Não consegui, naquele primeiro momento, associar a palavra "amor" aos trabalhos de Haneke. Isso, claro, despertou em mim um interesse enorme em relação ao filme. Quando o vi, tive a certeza de duas coisas: que se tratava de um dos mais belos filmes de amor que eu já havia visto e que nenhum outro diretor, a não ser Haneke, poderia tê-lo escrito e dirigido. A história não poderia ser mais simples. Somos apresentados a um casal de velhos que está junto há bastante tempo, Georges (Jean-Louis Trintignant) e Anne (Emmanuelle Riva). Ambos são músicos aposentados e é flagrante o grande amor que sentem um pelo outro. Os dois têm uma filha, Eva (Isabelle Huppert), porém, moram sozinhos em um amplo apartamento. De repente, Anne sofre um derrame e a vida do casal muda por completo. O filme começa pelo fim e, aos poucos, remonta os acontecimentos que levaram até aquele desfecho. Nesse ponto, o roteiro é preciso em se concentrar no drama de Georges e Anne. E a câmara de Haneke, econômica, não perde tempo com imagens desnecessárias. Mas, apesar do estupendo roteiro e da brilhante direção, *Amor* não seria o grande filme que é sem seus atores principais. Dizer que Jean-Louis Trintignant e Emmanuelle Riva estão perfeitos é quase um pleonasmo. *Amor* acumulou mais de 40 prêmios desde seu lançamento. Ganhou em Cannes (Palma de Ouro), no Cesar (filme, diretor, ator, atriz e roteiro) e foi o melhor filme estrangeiro no Globo de Ouro, no Bafta e no Oscar.

O AMOR CUSTA CARO — INTOLERABLE CRUELTY — EUA 2003

Direção: Joel e Ethan Coen

Elenco: George Clooney, Catherine Zeta-Jones, Geoffrey Rush, Cedric the Entertainer, Edward Herrmann, Richard Jenkins e Billy Bob Thornton. Duração: 99 minutos. Distribuição: Universal.

Os irmãos cineastas Joel e Ethan Coen possuem uma filmografia invejável. Apaixonados pela sétima arte, eles já experimentaram todos os gêneros. De todos eles, a comédia, seja de humor negro ou não, é o terreno que mais gostam. Em *O Amor Custa Caro* eles homenageiam as comédias sofisticadas das décadas de 1930 e 1940. O roteiro, escrito por Robert Ramsey e Matthew Stone, depois "lapidado" pelos irmãos, nos apresenta Miles Massey (George Clooney), um advogado especialista em divórcios. Famoso por nunca perder um caso, ele se vangloria por ter criado um acordo pré-nupcial infalível. Miles vê seu mundo desmoronar quando entra em cena Marylin, papel de Catherine Zeta-Jones. E as coisas se complicam ainda mais quando ele se descobre apaixonado por ela. *O Amor Custa Caro* é aquele tipo de filme que só funciona quando o elenco, e neste caso específico, o par central é bem escolhido. Aqui, a escolha foi certeira. Clooney e Zeta-Jones revelam uma química mais do que perfeita em cena. E isso melhora sobremaneira os afiados diálogos travados pelos dois. Direito de família nunca foi tão engraçado.

AMOR E REVOLUÇÃO
COLONIA
ALEMANHA 2015

Direção: Florian Gallenberger

Elenco: Emma Watson, Daniel Brühl, Michael Nyqvist, Richenda Carey, Vicky Krieps, Jeanne Werner e Julian Ovenden. **Duração:** 110 minutos. **Distribuição:** Universal.

A carreira do cineasta alemão Florian Gallenberger é bastante globalizada. Seu filme de estreia, o curta *Quiero Ser*, foi rodado no México e ganhou o Oscar de melhor curta-metragem em 2001. O primeiro longa, *Sombras do Passado*, se passa na Índia. Depois, foi a vez de *John Rabe*, feito na China, e este *Amor e Revolução*, que se baseia em uma história real que aconteceu no Chile. Com roteiro do próprio diretor, escrito junto com Torsten Wenzel, o filme conta uma história entre Lena (Emma Watson) e Daniel (Daniel Brühl), tendo como pano de fundo os primeiros dias da ditadura chilena imposta pelo General Pinochet. No original, o filme se chama *Colonia*, referência à Colonia Dignidad, conduzida com mão de ferro pelo cruel pastor Paul Schäfer (Michael Nyqvist). Trata-se de um lugar que aparenta ser um retiro espiritual, mas que na verdade é uma espécie de campo de concentração onde são torturados os presos políticos. Este tipo de trama que mistura "amor e revolução", como diz o genérico título nacional, costuma funcionar muito bem na maioria dos casos. Infelizmente, não é bem o que acontece aqui. Gallenberger perde o foco e se deixa levar por clichês e fórmulas batidas usadas à exaustão em histórias como esta.

Direção: Otto Preminger

Elenco: James Stewart, Lee Remick, Ben Gazzara, Arthur O'Connell, Eve Arden, Kathryn Grant e George C. Scott. Duração: 160 minutos. Distribuição: Sony.

Filme de tribunal é quase um gênero, ou subgênero, genuinamente americano, uma vez que é pouco explorado por outras cinematografias. *Anatomia do Um Crime*, dirigido em 1959 por Otto Preminger, diretor austríaco que imigrou para os Estados Unidos durante a Segunda Guerra Mundial, é um excelente exemplo desse tipo de filme que Hollywood sabe fazer como ninguém. Acompanhamos aqui um modesto advogado, Paul Biegler (James Stewart), que enfrenta o poderoso promotor Claude Dancer (George C. Scott) na defesa de um tenente do exército, Frederick Manion (Ben Gazzara), acusado de ter assassinado o estuprador de sua esposa, Laura Manion (Lee Remick). Preminger trabalha muito bem todos os elementos que compõem um bom drama de tribunal, onde as aparências enganam e boas surpresas e grandes reviravoltas aparecerem quando menos esperamos. Suspense, intriga, paixões e emoções fortes estão presentes em todas as cenas deste fabuloso filme, que ainda conta com uma brilhante trilha sonora composta por Duke Ellington.

O ANO EM QUE MEUS PAIS SAÍRAM DE FÉRIAS
BRASIL 2006

Direção: Cao Hamburger

Elenco: Michel Joelsas, Germano Haiut, Daniela Piepszyk, Paulo Autran, Simone Spoladore, Eduardo Moreira, Caio Blat e Rodrigo dos Santos. Duração: 104 minutos. Distribuição: Buena Vista.

O Brasil viveu 21 anos sob o regime militar. Um período conhecido como "anos de chumbo", cheio de perseguições político-ideológicas, prisões e torturas. Muitos filmes já foram feitos abordando esse tema. O ponto de vista ou era do ativista que pegava em armas para enfrentar o governo ou da vítima que era presa e torturada. O diretor Cao Hamburger optou por um caminho diferente. A história que ele conta em *O Ano Em Que Meus Pais Saíram de Férias* trata de todas essas questões, porém, o ponto de vista é o de Mauro (Michel Joelsas), um garoto judeu de 12 anos, que vai passar uma temporada com o avô, porque seus pais, envolvidos na luta contra os militares, vivem fugindo da polícia. A trama acontece em 1970. Ano de Copa do Mundo. Mauro adora futebol e sonha ver o Brasil mais uma vez campeão do mundo. O filme relata o cotidiano do garoto e as amizades que ele faz com os outros moradores do bairro, principalmente com a menina Hanna (Daniela Piepszyk). Cao Hamburger, um diretor com vasta experiência em trabalhar com crianças, soube mesclar com maestria e extrema sensibilidade o olhar inocente de um menino vivendo em um momento nefasto de nossa realidade recente. Destaque especial para o estreante Michel Joelsas e sua atuação arrebatadora.

ARQUITETURA DA DESTRUIÇÃO
UNDERGÅNGENS ARKITEKTUR
SUÉCIA 1989

Direção: Peter Cohen

Documentário. Duração: 119 minutos. Distribuição: Versátil.

O sueco Peter Cohen dirigiu poucos documentários, porém, se tivesse dirigido apenas este *Arquitetura da Destruição*, já seria suficiente para ter seu nome na galeria de grandes realizadores. Este filme, também escrito por ele, talvez seja o melhor já realizado tendo o nazismo como tema. Cohen parte do princípio de que a frustração de Adolf Hitler por não ter sido reconhecido como artista tenha moldado a base da doutrina nazista. Não podemos esquecer da conjuntura político-social que a Alemanha vivia na época. Hitler, que havia planejado um reinado de mil anos, simplesmente soube capitalizar em cima do estado de espírito de seu povo, derrotado e humilhado na Primeira Guerra Mundial. Além disso, havia também a grave crise econômica que o país enfrentava. Neste contexto, Hitler desenhou seu projeto de embelezamento do mundo. Cohen se vale dessa crença na superioridade da raça ariana e traça um painel dos mais ricos e profundos em *Arquitetura da Destruição*. De carisma incontestável, Hitler se valeu de um momento de fraqueza de seu povo para imprimir uma política que visava, pura e objetivamente, perpetuar seu poder. Para quem pregava o belo, o resultado final tornou-se um dos mais feios e terríveis da História. Uma curiosidade: este documentário é narrado pelo ator alemão Bruno Ganz, que viria a fazer o papel do füeher 15 anos depois no filme *A Queda: As Últimas Horas de Hitler*, de Oliver Hirschebiegel.

ASSASSINATO EM PRIMEIRO GRAU
MURDER IN THE FIRST
EUA 1995

Direção: Marc Rocco

Elenco: Kevin Bacon, Gary Oldman, Christian Slater, Brad Dourif, Embeth Davidtz, William H. Macy, R. Lee Ermey e Mia Kirshner. Duração: 122 minutos. Distribuição: Universal.

Quem comete um crime deve assumir as consequências e pagar por ele. Até aí, creio que todos concordam. E quando a punição é desproporcional ao delito cometido? No filme *Assassinato em Primeiro Grau*, de 1995, escrito por Dan Gordon, inspirado em fatos e dirigido por Marc Rocco, o jovem Henri Young (Kevin Bacon) é preso por ter roubado cinco dólares. Levado para cumprir pena em Alcatraz, ele participa de uma tentativa de fuga com outros detentos. O plano não dá certo e ele é levado de volta e colocado em uma solitária, onde fica "esquecido" por três anos. Ao sair, completamente enlouquecido, mata seu companheiro de cela. Entra em cena James Stamphill (Christian Slater), um inexperiente defensor público que quer provar perante o júri que o verdadeiro culpado do crime é o cruel sistema prisional. *Assassinato em Primeiro Grau* é um daqueles filmes que possui premissa perfeita para comover e provocar uma discussão sobre a maneira como tratamos nossos presos. Sua carga dramática já é naturalmente pesada. Mesmo assim, sem sutiliza alguma, o diretor ainda carrega um pouco mais nas tintas.

ASSASSINATO SOB CUSTÓDIA
A DRY WHITE SEASON
EUA 1989

Direção: Euzhan Palcy

Elenco: Donald Sutherland, Janet Suzman, Zakes Mokae, Jürgen Prochnow, Susan Sarandon, Michael Gambon, Marlon Brando e Bekhithemba Mpofu. Duração: 106 minutos. Distribuição: Fox.

A diretora francesa Euzhan Palcy nasceu na Martinica e tornou-se a primeira mulher negra a dirigir um filme em Hollywood. O filme em questão, *Assassinato Sob Custódia*, de 1989, é uma adaptação do livro de André P. Brink e teve o roteiro escrito por ela própria, junto com Colin Welland. A história se passa na África do Sul, em meados dos anos 1970, auge do apartheid, regime de segregação racial que vigorou naquele país entre 1948 e 1994. A história gira em torno do professor Ben du Toit (Donald Sutherland), um homem correto e bondoso, mas, completamente alheio aos horrores cometidos pelo governo contra os negros. Certo dia, Jonathan (Bekhithemba Mpofu), filho de seu jardineiro, é brutalmente espancado pela polícia. Este fato, completamente gratuito, abre os olhos de Ben para a realidade que o cerca. A partir daí, ele decide enfrentar o sistema e levar a julgamento os responsáveis pela agressão. *Assassinato Sob Custódia* retrata, sem maquiagem alguma, um período triste da história sul africana em particular, e da humanidade em geral. O olhar de Palcy é delicado, sutil e nos conduz com firmeza por esta dura realidade. Dura, porém, carregada de bondade, empatia e esperança. Marlon Brando, na época sem filmar há quase dez anos, ficou comovido pelo roteiro e aceitou um pequeno papel, pelo qual foi indicado ao Oscar de melhor ator coadjuvante.

ASSASSINOS POR NATUREZA
NATURAL BORN KILLERS
EUA 1994

Direção: Oliver Stone

Elenco: Woody Harrelson, Juliette Lewis, Robert Downey Jr., Tommy Lee Jones, Tom Sizemore, Rodney Dangerfield, Edie McClurg, Jared Harris, Russell Means e Pruitt Taylor Vince. **Duração:** 118 minutos. **Distribuição:** Warner.

A história original de *Assassinos Por Natureza* foi escrita por Quentin Tarantino. Mas, o roteiro feito a partir dela por Oliver Stone, David Veloz e Richard Rutowski modificou tanto o conceito inicial da trama, que o próprio Tarantino não a considera mais sua. Acompanhamos aqui a trajetória do casal Mickey (Woody Harrelson) e Mallory (Juliette Lewis). Os dois, além da forte paixão que sentem um pelo outro, têm em comum o amor pela violência. Em um intervalo de tempo inferior a um mês, eles matam dezenas de pessoas e sempre deixam alguém vivo para contar a história. Isso os transforma em celebridades da imprensa sensacionalista. Eles são procurados pelo repórter Wayne Gale (Robert Downey Jr.), que os quer como atração principal em um programa de TV. Stone faz uso de diversos recursos narrativos. Além do filme convencional, ele utiliza animação, colagem de fotos, ilustrações e imagens de arquivo e de televisão. Tudo compõe um enorme mosaico da escalada sangrenta promovida por Mickey e Mallory e suas repercussões midiáticas. *Assassinos Por Natureza* tira sua força do impacto visual que apresenta e proporciona. A sensação que fica, muitas vezes, é de atordoamento. Se era essa a intenção do diretor, ele a cumpre com louvor.

ASSÉDIO
L'ASSEDIO
ITÁLIA/FRANÇA 1999

Direção: Bernardo Bertolucci

Elenco: Thandie Newton, David Thewlis, Cláudio Santamaría, Duração: 94 minutos. Distribuição: Europa Filmes.

O italiano Bernardo Bertolucci é conhecido pela maneira delicada, poética e bela com que lida com questões sexuais. Sua filmografia se divide entre sexo e política. Em *Assédio*, que ele dirigiu em 1998, temos a presença destes dois temas. O roteiro, escrito pelo próprio diretor, junto com Clare Peploe, se baseia em uma história de James Lasdun. Tudo gira em torno de Shandurai (Thandie Newton), uma estudante de Medicina que foge da África após a prisão de seu marido. Agora na Itália, ela trabalha como faxineira na mansão de Jason Kinsky (David Thewlis), um pianista inglês que vive recluso. O título já adianta o tipo de relação que se estabelece entre os dois. Mas Bertolucci não é um cineasta inexperiente. Muito pelo contrário. Após o grande sucesso de *Beleza Roubada*, seu filme anterior, ele meio que retorna ao tema da exploração da sensualidade e nos brinda com mais este belíssimo trabalho. O cuidado do diretor é dos mais extremados. Seja na maneira como a narrativa se desenvolve ou nos aspectos técnicos. Da fotografia de Fabio Cianchetti, passando pela música de Alessio Vlad, até a montagem de Jacopo Quadri, só existe uma palavra para resumir esta fabulosa obra: harmonia. Bertolucci é sempre um grande artista. Mesmo quando não almeja a grandeza. Como é o caso aqui. É comum dizer que Deus está nos detalhes. Se isso for verdade, *Assédio* é simplesmente divino.

ASSÉDIO SEXUAL
DISCLOSURE
EUA 1994

Direção: Barry Levinson

Elenco: Michael Douglas, Demi Moore, Donald Sutherland, Caroline Goodall, Dennis Miller, Roma Maffia, Allan Rich, Nicholas Sadler e Rosemary Forsyth. Duração: 128 minutos. Distribuição: Warner.

O escritor Michael Crichton sempre foi um autor antenado. Muitas vezes, à frente de todos em tramas que lidam com questões tecnológicas. Quando esse tema traz junto um subtexto sexual, a combinação é explosiva. Quase todos os seus livros foram adaptados para o cinema, como este *Assédio Sexual*. Com direção de Barry Levinson, o filme teve uma infeliz tradução no Brasil. O título original, *Disclosure*, bem traduzido, significa "revelação". Mas, não há como negar, *Assédio Sexual* ficou mais chamativo. O roteiro de Paul Attanasio nos apresenta Tom Sanders (Michael Douglas), que trabalha como executivo de uma grande empresa. Certo que será o escolhido para assumir o cargo maior, ele é surpreendido pela nomeação de Meredith Johnson (Demi Moore). Tanto Douglas como Moore são atores que trazem uma forte carga erótica prévia. Os dois em cena, para os produtores, era sinônimo de ebulição. O curioso aqui é ter como vítima um homem, mesmo que tudo aponte ser ele o assediador. Fica bem claro, desde o início, que qualquer assédio está ligado diretamente ao exercício de poder e depende, para ser punido, de leis rigorosas. O filme de Levinson e o texto de Crichton se valem também de outro fator: o tecnológico. Pelo menos no caso apresentado, isso faz toda a diferença.

AUSÊNCIA DE MALÍCIA
ABSENCE OF MALICE
EUA 1981

Direção: Sydney Pollack

Elenco: Paul Newman, Sally Field, Bob Balaban, Melinda Dillon, Luther Adler, Barry Primus, Josef Sommer, John Harkins, Don Hood e Wilford Brimley. Duração: 116 minutos. Distribuição: Sony.

O ator, produtor e diretor americano Sydney Pollack começou sua carreira na televisão no início dos anos 1960. Pouco tempo depois migrou para o cinema e se estabeleceu como cineasta respeitado a partir da década de 1970. Pollack é um excelente diretor de atores, além de bastante versátil na escolha dos temas dos seus filmes. *Ausência de Malícia*, que ele dirigiu em 1981, conta uma história que permanece bem atual. O roteiro de Kurt Luedtke apresenta a personagem de Michael Gallagher (Paul Newman), um empresário que certo dia lê no jornal uma manchete sobre seu envolvimento em um crime. Inocente, ele procura a repórter que escreveu a matéria, Megan Carte (Sally Field), e juntos descobrem que a notícia foi "plantada". *Ausência de Malícia* discute os limites da imprensa e as manipulações sofridas por muitos jornalistas que, na ânsia de publicar um "furo", muitas vezes não checam corretamente as informações que recebem. Newman e Field, assim como todo o resto do elenco, estão impecáveis. Pollack conduz sua trama com habilidade e realiza uma obra obrigatória para estudantes de Jornalismo. E melhor, consegue ir além desse "nicho" e funcionar para qualquer público.

O AUTO DA COMPADECIDA (2000)

BRASIL 2000

Direção: Guel Arraes

Elenco: Matheus Nachtergaele, Selton Mello, Virgínia Cavendish, Denise Fraga, Diogo Vilela, Marco Nanini, Paulo Goulart, Rogério Cardoso, Lima Duarte, Bruno Garcia, Luís Melo, Maurício Gonçalves e Fernanda Montenegro. Duração: 104 minutos. Distribuição: Sony.

A peça teatral *O Auto da Compadecida* foi escrita pelo mestre Ariano Suassuna, em 1955. Até hoje, foram produzidas três versões para o cinema. Dentre elas, não seria exagero dizer que a adaptação realizada por Guel Arraes é a definitiva. Esta versão é, antes de tudo, híbrida em sua gênese. Foi filmada em película e lançada primeiro como minissérie de TV, em janeiro de 1999. Um ano depois, reeditada, foi lançada nos cinemas. Guel Arraes, que assinou o roteiro junto com Adriana Falcão, além da própria peça original, utilizou elementos de outras duas obras de Suassuna: *O Santo e a Porca* e *Torturas de Um Coração*. A minissérie teve uma audiência excelente quando exibida na televisão e o filme, contrariando as expectativas de parte da crítica, fez muito sucesso nos cinemas também, com um público pagante superior a dois milhões de espectadores. O grande trunfo desta adaptação, além da direção, do roteiro e da montagem, é seu elenco, que não tem melhor palavra para descrevê-lo a não ser "perfeito". Suassuna utiliza em sua obra mais popular referências a Cervantes e Shakespeare, misturadas com um profundo resgate da cultura popular, religiosa e folclórica do nordeste brasileiro. A edição em DVD traz a minissérie e o filme. Para ver, rever e rever e rever e se divertir sempre. Não sei… só sei que foi assim!

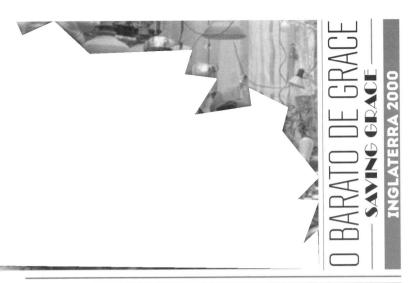

Direção: Nigel Cole

Elenco: Brenda Blethyn, Craig Ferguson, Jamie Foreman, Tchéky Karyo e Martin Clunes. Duração: 94 minutos. Distribuição: Europa Filmes.

Os ingleses têm um humor peculiar. Sem escatologia e sem pastelão. A graça surge das coisas simples do cotidiano. É corrosivo sempre, porém, carregado de inteligência e sutileza. Em *O Barato de Grace* acompanhamos o drama da jardineira Grace Trevethen (Brenda Blethyn). Como se não bastasse ter ficado viúva, ela descobre que o falecido lhe deixou como herança um punhado de dívidas. Uma série de circunstâncias faz com que Grace venha a cuidar, em sua estufa, de um frágil pé de maconha. A partir daí, utilizando seus vastos conhecimentos de jardinagem, ela "salva" a plantinha, aumenta sua produção e constata que não basta plantar, é preciso vender a mercadoria. O grande "barato" do filme, além do roteiro, reside na escalação do elenco, em especial a fantástica atriz principal. A trama lida com um tema que vem sempre cercado de bastante polêmica, mas o diretor Nigel Cole soube conduzi-lo com o tom certo. O roteiro, co-escrito pelo ator Craig Ferguson, que interpreta Matthew, o ajudante-sócio de Grace, em momento algum faz apologia à maconha. Duas curiosidades: 1) Os pés de canabis sativa mostrados no filme são verdadeiros. Os produtores conseguiram uma autorização especial do governo britânico, que manteve vigilância constante durante as filmagens para que as plantas não fossem consumidas pelo elenco. 2) Em Portugal o filme ganhou o espirituoso título de *O Jardim da Alegria*.

A BATALHA DE ARGEL
LA BATAGLIA DI ALGERI
ITÁLIA/ARGÉLIA 1966

Direção: Gillo Pontecorvo

Elenco: Jean Martin, Yacef Saasi, Tommaso Neri, Brahim Hadjadj, Samia Kerbash, Ugo Paletti e Fusia El Kader. **Duração:** 115 minutos. **Distribuição:** VideoFilmes.

O cineasta italiano Gillo Pontecorvo, um dos mais respeitados diretores de filmes políticos, quem diria se formou em Química. Quando percebeu que aquela não era sua "praia", enveredou pelo jornalismo e trabalhou como correspondente na França. Lá, terminou se envolvendo com o Cinema e tornou-se ator e assistente de direção. O documentário se revelou um caminho natural, pois, aliava a prática jornalística com o amor que havia nascido pela Sétima Arte. Sua estreia aconteceu no início dos anos 1950 e, apesar de ter dirigido perto de vinte documentários e quatro longas de ficção, *A Batalha de Argel*, de 1966, é sempre o mais lembrado de sua filmografia. O roteiro, escrito por Pontecorvo e por Franco Solinas, se baseia nos relatos de Yacef Saadi (que foi co-produtor e trabalhou como ator, no papel de Jaffar). O filme trata da guerra pela independência da Argélia, que era colônia francesa, um dos momentos mais sangrentos da história recente. Inspirado pelas obras do russo Sergei Eisenstein e do italiano Roberto Rossellini, *A Batalha de Argel* trafega com desenvoltura por um gênero dificílimo como o político e consegue um equilíbrio mais que perfeito ao misturar elementos do cinema ficcional e documental. Em uma palavra: obrigatório!

O BEIJO DA MULHER-ARANHA
– KISS OF THE SPIDER WOMAN –
BRASIL/EUA 1985

Direção: Hector Babenco

Elenco: William Hurt, Raul Julia, Sonia Braga, José Lewgoy, Milton Gonçalves, Denise Dumont, Patrício Bisso e Fernando Torres. **Duração:** 121 minutos. **Distribuição:** Europa Filmes.

"Ela é... bem, ela é algo um pouco estranho. Isso é o que ela percebeu... que não é uma mulher como todas as outras. Ela parece toda envolta em si mesma. Perdida em um mundo que ela carrega fundo dentro de si". É assim que Molina (William Hurt) começa a contar a história de uma mulher misteriosa para Valentin (Raul Julia). Ambos estão presos. O primeiro é homossexual. O segundo é um prisioneiro político. Molina adora cinema e para fugir daquela triste realidade, inventa enredos cinematográficos cheios de mulheres fatais, mistério e romance. Uma de suas heroínas é a Mulher-Aranha (Sonia Braga). Primeiro filme internacional dirigido por Hector Babenco, *O Beijo da Mulher-Aranha* é baseado no livro homônimo escrito pelo argentino Manuel Puig. Após o sucesso de *Pixote*, Babenco teve as portas de Hollywood abertas e optou por uma trama próxima do universo narrativo com o qual ele estava acostumado. É curioso observar no desenrolar do filme a maneira como os estereótipos vão sendo trabalhados. Nem sempre o mais forte é o mais valente e muito menos o mais fraco se revela um covarde. Uma direção ao mesmo tempo seca e poética, característica marcante do cinema babenquiano. Além disso, estamos diante de um elenco estupendo e de William Hurt em estado de graça. Ele que conquistou, merecidamente, o Oscar de melhor ator e também diversos outros prêmios de atuação naquele ano. Filmado em São Paulo, o filme teve uma excelente acolhida de crítica e público, o que possibilitou a Babenco dirigir outros trabalhos no exterior, porém, sem o mesmo sucesso obtido por este.

Beijo 2348/72
BRASIL 1990

Direção: Walter Rogério

Elenco: Maitê Proença, Chiquinho Brandão, Fernanda Torres, Antonio Fagundes, Sérgio Mamberti, Walmor Chagas, Gianfrancesco Guarnieri, Miguel Falabella, Míriam Pires e Ankito. Duração: 100 minutos. Distribuição: Alpha Filmes.

Passamos boa parte do dia no ambiente de trabalho. Portanto, não é nada incomum que muitos relacionamentos tenham início lá. Foi justamente isso o que o aconteceu com Norival (Chiquinho Brandão) e Catarina (Maitê Proença) no filme *Beijo 2348/72*. Dirigido em 1990 por Walter Rogério, o roteiro, escrito por ele próprio, junto com Mário Prata, José Rubens Chachá e Chico Botelho, se inspira em um caso real. No ano de 1972, um operário foi demitido de seu emprego por ter sido flagrado beijando uma colega de trabalho. A partir daí, ele entra com um processo na Justiça, processo cujo número dá título ao filme. O diretor optou por contar sua história como uma comédia. Decisão das mais acertadas. E mais acertada ainda foi a escalação do ator Chiquinho Brandão para o papel de Norival. Chiquinho foi premiado no Festival de Brasília e veio a falecer precocemente, em 1991, vítima de um acidente de carro no Rio de Janeiro. Ele é a alma de *Beijo 2348/72*. E olha que o elenco de apoio é dos mais competentes. Sua demissão na trama, seguramente, não foi causada pelo beijo em si. A narrativa do filme e sua personagem, visivelmente inspirada na figura de Carlitos, deixam isso bem claro. Norival é um empregado dos mais atrapalhados. Em todos os aspectos. A aparente inadequação que demonstra no trabalho, é compensada pelo sucesso que tem com as mulheres. E o resultado desse "sucesso" termina por provocar sua demissão. O diretor aproveita isso para traçar um painel absurdo do trâmite legal do processo que ele move na Justiça. *Beijo 2348/72* é leve, divertido e surpreendente. Um filme que esconde muito mais qualidades do que aparenta e que, historicamente, sofreu com o fechamento da Embrafilme no começo do governo Collor. Isso fez com que ele ficasse três anos parado até finalmente ser lançado em 1993.

BEM-VINDOS AO PARAÍSO
COME SEE THE PARADISE
EUA 1990

Direção: Alan Parker

Elenco: Dennis Quaid, Tamlyn Tomita, Sab Shimono, Shizuko Hoshi, Stan Egi, Pruitt Taylor Vince, Colm Meaney e Becky Ann Baker. **Duração:** 138 minutos. **Distribuição:** Fox.

Normalmente, quando ouvimos falar de campos de concentração, a primeira lembrança que nos vem à mente é Auschwitz. Porém, estes "campos" existiram também em países que muitos não costumam associar a esta prática. Como é o caso dos Estados Unidos, por exemplo. O filme *Bem-Vindos ao Paraíso*, escrito e dirigido pelo inglês Alan Parker, em 1990, conta uma história que se passa em um deles. Tudo acontece na Califórnia. Estamos em plena Segunda Guerra Mundial. O americano Jack McGurn (Dennis Quaid) é casado com Lily Yuriko (Tamlyn Tomita), filha de japoneses. Após o ataque a Pearl Harbor, são criados acampamentos, ou melhor, prisões a céu aberto, para onde são levados os japoneses que vivem naquele Estado. O mesmo aconteceu também em muitas outras partes do país. Esqueça que existem direitos civis. A regra aqui é outra. McGurn, que teve que ir lutar no front de guerra, é separado de sua esposa e filha e ao voltar para casa, luta para ter sua família junta outra vez. *Bem-Vindos ao Paraíso* é um drama narrado com tintas fortes. Parker é um excelente contador de histórias e nos envolve por completo.

BICHO DE SETE CABEÇAS
BRASIL 2001

Direção: Laís Bodanzky

Elenco: Rodrigo Santoro, Othon Bastos, Cássia Kiss, Luís Miranda, Jairo Mattos, Caco Ciocler e Gero Camilo. Duração: 74 minutos. Distribuição: Sony.

Primeiro longa da diretora Laís Bodanzky e do ator Rodrigo Santoro. Baseado no livro autobiográfico *Canto dos Malditos*, de Austregésilo Carrano Bueno. Conta a história de Neto (Santoro), um jovem que é internado em um hospital psiquiátrico, após seu pai (Othon Bastos) encontrar um cigarro de maconha no bolso do casaco do filho. A vida de Neto no hospício se transforma então em uma viagem ao inferno. Laís Bodanzky, junto com seu marido, o roteirista Luiz Bolognesi, a partir dessa relação conturbada entre pai e filho, discute o problema das drogas e a forma como são tratados os doentes mentais em boa parte dos manicômios brasileiros. O que existe, antes de tudo, é o clássico conflito de gerações. Neto é igual a qualquer outro jovem de uma cidade grande. O pai, por sua vez, não entende algumas atitudes do filho, como por exemplo, usar brinco e pichar muros. Os dois raramente conversam e o cigarro de maconha encontrado é a gota d'água que faltava para justificar todos os temores do pai. Com sensibilidade, humanidade e uma condução quase documental, no sentido em que passa uma veracidade bem palpável, *Bicho de Sete Cabeças* toca em uma ferida cada vez mais presente no dia-a-dia de inúmeras famílias. E tem a inteligência de não ser moralista nem panfletário. Nunca perdendo o foco da jornada vivida por Neto. O filme, historicamente, marca o surgimento de uma grande diretora e de um grande ator.

BLING RING: A GANGUE DE HOLLYWOOD
THE BLING RING
EUA 2013

Direção: Sofia Coppola

Elenco: Katie Chang, Israel Broussard, Emma Watson, Claire Julien, Taissa Farmiga, Georgia Rock, Leslie Mann e Carlos Miranda. **Duração:** 90 minutos. **Distribuição:** Diamond.

A cineasta Sofia Coppola vem provando a cada novo trabalho que faz jus à herança de seu pai, o também cineasta Francis Ford Coppola. Ela, que no início foi massacrada por seu desempenho em *O Poderoso Chefão – Parte III*, conseguiu superar completamente esse trauma com uma carreira sólida como roteirista e diretora. Em seu quinto longa, *Bling Ring: A Gangue de Hollywood*, ela retoma a principal característica de sua filmografia, o deslocamento das personagens. Sofia é uma verdadeira autora e esse tema recorrente vem sendo aprimorado a cada nova obra. Em *Bling Ring*, cujo roteiro ela própria escreveu a partir de um artigo da jornalista Nancy Jo Sales, publicado na revista Vanity Fair, a questão "descolamento" é das mais abrangentes. Somos apresentados a um grupo de adolescentes que passam a cometer assaltos em casas de celebridades que vivem nos bairros nobres de Los Angeles. O filme discute temas delicados como a falta de perspectivas dos jovens, a ausência dos pais e o culto à fama. Tudo isso com uma concisão impressionante em precisos 90 minutos. Sem esquecer a esperta trilha sonora e a escolha perfeita do elenco, composta de jovens e excelentes atores, entre eles, Emma Watson, mais conhecida como a Hermione, da série *Harry Potter*.

BOA NOITE E BOA SORTE
GOOD NIGHT AND GOOD LUCK
EUA 2005

Direção: George Clooney

Elenco: David Strathairn, Jeff Daniels, Patricia Clarkson, Tate Donovan, Robert Downey Jr. e George Clooney. **Duração:** 93 minutos. **Distribuição:** Paris Filmes.

Segundo filme dirigido pelo ator George Clooney e seu primeiro trabalho autoral, uma vez que ele co-escreveu o roteiro, em parceria com Grant Hoslov. Retrata um período que ele não viveu, mas, conhece muito bem por conta dos relatos de seus pais. Baseado em fatos, *Boa Noite e Boa Sorte* se passa nos anos 1950 e mostra a "batalha" que foi travada entre o repórter e apresentador de um programa jornalístico de televisão, Edward R. Murrow (vivido pelo ator David Strathairn), e o senador Joseph McCarthy (que aparece em imagens de arquivo). Era uma época triste da história recente americana, mais conhecido como "macarthismo". Um período de grande paranoia em relação aos comunistas e de "caça às bruxas", principalmente a classe artística, caso alguma suspeita fosse levantada contra alguém, por menor que ela fosse. Murrow e sua equipe de colaboradores desafiam McCarthy e através do programa revelam as mentiras e as táticas de amedrontamento utilizadas pelo senador. Filmado em belíssimo preto-e-branco, *Boa Noite e Boa Sorte* resgata uma das poucas vozes que se manifestou publicamente contra a cruzada macarthista e o faz com brilhantismo técnico e muita paixão, revelando Clooney como um diretor sensível e de grande talento narrativo.

BOB ROBERTS
BOB ROBERTS
EUA 1992

Direção: Tim Robbins

Elenco: Tim Robbins, Giancarlo Esposito, Ray Wise, Susan Sarandon, Alan Rickman, John Cusack, Peter Gallagher, James Spader, Fred Ward, Pamela Reed, Helen Hunt, Bob Balaban, David Strathairn, Fisher Stevens e Gore Vidal. Duração: 102 minutos. Distribuição: Versátil.

O ator americano Tim Robbins começou sua carreira no final dos anos 1970, fazendo pequenos papéis em séries de TV. O sucesso no cinema acontece em 1988, no filme *Sorte no Amor*, onde conheceu a atriz Susan Sarandon, com quem viveu por 21 anos. Após um período em que participou de vários trabalhos bem sucedidos, o ator decide estrear atrás das câmaras. *Bob Roberts*, de 1992, é o que podemos chamar de uma estreia de peso. Robbins escreveu o roteiro, dirigiu, atuou e ainda compôs, junto com seu irmão David, as músicas que são cantadas pela personagem título. Em formato de falso documentário, acompanhamos aqui a trajetória do cantor folk Bob Roberts, que se lança candidato ao Senado dos Estados Unidos. Reacionário, corrupto e de extrema direita, ele se vale de seu carisma para conquistar a simpatia do eleitorado. Robbins, que chegou a ser comparado ao estreante Orson Welles, de Cidadão Kane, revela-se talentoso em todas as funções que assume no filme. Divertido e crítico ao mesmo tempo, *Bob Roberts* traz um elenco de peso e "tira sarro" da classe política. Em especial, da postura conservadora que muitos partidos e candidatos adotam em suas campanhas e discursos.

BRAÇOS CRUZADOS, MÁQUINAS PARADAS
BRASIL 1979

Direção: Sérgio Toledo Segall e Roberto Gervitz

Documentário. Duração: 76 minutos. Distribuição: VideoFilmes.

Um dos aspectos mais importantes do Cinema como um todo, e em particular do cinema documental, é o de registrar momentos significativos da História. Em 1978, três chapas disputavam a direção do Sindicato dos Metalúrgicos de São Paulo. Eram mais de 300 mil associados, o que fazia deste Sindicato o maior da América Latina, comandado por Joaquinzão, um "pelego" dos militares desde o golpe de 1964. Dois jovens estudantes, Sérgio Toledo Segall e Roberto Gervitz, viram naquele movimento a chance de realizar um filme. Narrado por Othon Bastos, um dos atores símbolos do Cinema Novo, *Braços Cruzados, Máquinas Paradas* documenta com suas imagens e depoimentos um período marcante da vida sindical brasileira. Há quem diga que foi a partir de ações como esta que teve início a onda democrática que culminou com o fim da ditadura militar em 1985. Faz sentido. Aquela eleição mobilizou os operários e culminou em uma greve que mudou os rumos do país. Filmado com câmara de 16 mm, *Braços Cruzados, Máquinas Paradas* dá voz a uma categoria que não encontrava espaço na grande mídia. Toledo Segall e Gervitz, visivelmente influenciados pela obra de Eisenstein, além do material real filmado, recriam com os operários cenas que não puderam ser gravadas. Recheado de extras que enriquecem ainda mais o material principal, este filme é simplesmente fundamental para entendermos o Brasil de hoje.

BRAVURA INDÔMITA (2010)
TRUE GRIT
EUA 2010

Direção: Ethan e Joel Coen

Elenco: Jeff Bridges, Matt Damon, Josh Brolin, Hailee Steinfeld, Barry Pepper, Dakin Matthews, Paul Rae, Domhnall Gleeson, Roy Lee Jones e Ed Corbin. **Duração:** 110 minutos. **Distribuição:** Paramount.

Primeiro veio o livro, escrito por Charles Portis, que teve sua primeira adaptação para o cinema em 1969, com roteiro de Marguerite Roberts, direção de Henry Hathaway e John Wayne no papel de Rooster Cogburn. Pouco mais de 40 anos depois, os irmãos Ethan e Joel Coen voltam ao material original e escrevem um novo roteiro e realizam uma nova versão de *Bravura Indômita*. Dessa vez, com Jeff Bridges como Rooster, além de Matt Damon (LaBoeuf) e a estreante Hailee Steinfeld como Mattie Ross, a menina de 14 anos que decidida a vingar a morte do pai e fazer valer seus direitos, pede ajuda ao delegado federal de um olho só para capturar o foragido Tom Chaney (Josh Brolin). Diferente do filme de Hathaway, que é carregado de luz, a visão dos Coen sobre a mesma história é mais sombria. Apesar de não ser uma trama concebida pelos irmãos cineastas, *Bravura Indômita* tem a "cara" deles. Donos de um estilo marcante e de um jeito único de estruturar suas aventuras, a marca dos Coen é tão forte que consegue se sobressair mesmo quando eles não utilizam material originalmente criado por eles. Bravura Indômita foi indicado ao Oscar em dez categorias, não ganhou nenhuma, no entanto, recebeu o prêmio do American Film Institute de melhor filme de 2010.

BREAKER MORANT
BREAKER MORANT
AUSTRÁLIA 1980

Direção: Bruce Beresford

Elenco: Edward Woodward, Jack Thompson, John Waters, Bryan Brown, Chris Haywood e Lewis Fitz-Gerald. **Duração:** 107 minutos. **Distribuição:** Obras-Primas do Cinema.

Existe perdão para um crime cometido durante uma guerra? Este é o mote de *Breaker Morant*, dirigido em 1980 por Bruce Beresford. A história em baseia em um acontecimento real ocorrido em 1899 na Guerra dos Bôeres. Três tenentes do exército australiano são acusados de assassinato e levados a uma corte marcial. O roteiro de Jonathan Hardy, David Stevens e do próprio diretor, tem por base uma peça de Kenneth G. Ross, que por sua vez se inspira em fatos. À medida que o julgamento avança a defesa luta bravamente para provar que os tenentes apenas cumpriram ordens superiores. O julgamento, inteiramente conduzido pelo exército britânico, foi realizado na África do Sul e provocou grande revolta na Austrália, na época. Considerado pelo History Channel como um dos melhores filmes de guerra de todos os tempos, *Breaker Morant* é assumidamente antibelicista, característica que o aproxima de *Glória Feita de Sangue*, feito em 1957 por Stanley Kubrick.

BRUBAKER
BRUBAKER — EUA 1980

Direção: Stuart Rosenberg

Elenco: Robert Redford, Jane Alexander, Yaphet Kotto, Murray Hamilton, David Keith, Morgan Freeman, Matt Clark, Tim McIntire, Jon Van Ness, M. Emmet Walsh e Everett McGill. Duração: 130 minutos. Distribuição: Fox.

Stuart Rosenberg não dirigiu tantos filmes assim. Também não é um diretor conhecido do grande público. No entanto, dois de seus trabalhos abordam o sistema prisional e são referências na história do cinema: *Rebeldia Indomável*, de 1967, estrelado por Paul Newman, e este *Brubaker*, feito em 1980 e com Robert Redford no papel-título. Baseado na história real de Tom Murton, um diretor de prisão que se fez passar por prisioneiro para denunciar os abusos e os assassinatos cometidos dentro do presídio. As provas coletadas por ele revelaram uma intrincada rede de corrupção que dominava todo o sistema penitenciário do estado americano do Arkansas. Rosenberg não suaviza em momento algum e tem como aliado, além de um excelente roteiro, um elenco dedicado e politicamente engajado guiado em cena pela presença convincente e carismática de Redford. *Brubaker*, apesar de realizado em 1980, talvez seja o último representante do chamado "cinema político hollywoodiano" dos anos 1970. Preste atenção na personagem Walter, primeiro papel de destaque na telona do então desconhecido Morgan Freeman.

AS BRUXAS DE SALÉM
THE CRUCIBLE
EUA 1996

Direção: Nicholas Hytner

Elenco: Daniel Day-Lewis, Winona Ryder, Charlayne Woodard, Bruce Davison, Paul Scofield, Joan Allen, Jeffrey Jones e Rob Campbell. Duração: 123 minutos. Distribuição: Fox.

Arthur Miller é, seguramente, um dos maiores dramaturgos americanos. Duas de suas peças figuram com destaque no rol dos grandes textos teatrais do século 20. A primeira delas é *A Morte do Caixeiro Viajante*, escrita em 1949. A outra, de 1953, é *As Bruxas de Salém*. Esta última virou filme em 1996, dirigido pelo cineasta inglês Nicholas Hytner e com roteiro adaptado pelo próprio Miller. Na verdade, a história se apropria de um fato que teria acontecido no estado da Nova Inglaterra, no século XVII. Naquela ocasião, um grupo de jovens é flagrado em uma dança sensual. Acusadas de estarem possuídas pelo demônio, elas provocam histeria coletiva na pequena comunidade onde vivem. Por conta disso, inicia-se uma onda de acusações contra os moradores do lugar. Miller elabora aqui uma sutil crítica ao macarthismo, movimento liderado pelo senador Joseph McCarthy, que caçou ao longo de quase toda a década de 1950 cidadãos americanos supostamente simpatizantes do Comunismo. O texto de Miller, por si só, já é forte e provocador o bastante. Hytner nem precisa carregar nas tintas. E ainda conta com um elenco dos sonhos, onde se destacam Daniel Day-Lewis, Winona Ryder, Paul Scofield e Joan Allen.

A BUSCA PELA JUSTIÇA
HEAVENS FALL
EUA 2006

Direção: Terry Green

Elenco: Timothy Hutton, David Strathairn, Leelee Sobieski, Anthony Mackie e James Tolkan. Duração: 105 minutos. Distribuição: Flashstar.

A época, o lugar e a mistura não poderiam ser mais explosivos. Ano de 1931, no sul dos Estados Unidos, nove jovens negros são acusados de terem estuprado duas garotas brancas. Este é o início de *A Busca Pela Justiça*, filme escrito e dirigido em 2006 por Terry Green, que se inspirou em um caso real. Como era comum naquela região do país, o julgamento foi rápido e os réus condenados à cadeira elétrica. Surge então a figura de Samuel Leibowitz (Timothy Hutton), um importante advogado de Nova York que recorre da decisão e decide apelar para a Suprema Corte. *A Busca Pela Justiça* toca sem dó na ferida do preconceito e da segregação racial, questões, infelizmente, tão comuns na história americana. Mais uma vez, é colocado em discussão algo muito maior do que o filme consegue mostrar. E é justamente essa capacidade de transcendência que faz desta e de outras obras semelhantes um forte instrumento para a abertura de mentes obtusas e limitadas.

CABO DO MEDO
CAPE FEAR
EUA 1991

Direção: Martin Scorsese

Elenco: Robert de Niro, Nick Nolte, Jessica Lange, Juliette Lewis, Joe Don Baker, Robert Mitchum, Gregory Peck, Martin Balsam e Illeana Douglas. **Duração:** 128 minutos. **Distribuição:** Universal.

Cabo do Medo, versão 1991, dirigida por Martin Scorsese, é uma refilmagem de *O Círculo do Medo*, dirigido por J. Lee Thompson, em 1962. Diz a lenda que *A Lista de Schindler* seria filmado por Scorsese. O roteiro de *Cabo do Medo* pertencia à Amblin, produtora de Steven Spielberg. Resumindo: Scorsese cedeu a história de Oskar Schindler para Spielberg e este, por sua vez, produziu *Cabo do Medo*. Trata-se de um filme de vingança. Max Cody, personagem de Robert De Niro, ficou 14 anos preso e quando é libertado só tem um pensamento: vingar-se do advogado Sam Bowden, vivido por Nick Nolte. Max estudou Direito enquanto estava no presídio e descobriu que Sam poderia ter aliviado bastante sua pena por causa de um pequeno detalhe que ele omitiu nos autos. Scorsese é um dos maiores cineastas americanos de todos os tempos e utiliza aqui todos os recursos narrativos necessários para nos envolver e fazer com que tomemos partido. Às vezes, a favor de Max. Outras vezes, a favor de Sam. Nada é inteiramente preto e/ou branco no cinema que ele faz. Existem sempre muitos tons de cinza. Preste atenção em duas cenas em particular: 1) Quando Max sai da prisão. Sua determinação é tão grande que nada o fará parar, nem mesmo a câmara. 2) O jogo de sedução entre Max e Danielle, filha de Sam, interpretada por Juliette Lewis. Algumas curiosidades: os dois atores principais da versão original, Gregory Peck (Sam) e Robert Mitchum (Max) fazem uma participação especial e a trilha sonora, composta por Bernard Herrmann, é a mesma do primeiro filme.

CABRA-CEGA
BRASIL 2004

Direção: Toni Venturi

Elenco: Leonardo Medeiros, Débora Duboc, Jonas Bloch, Michel Bercovitch, Bri Fiocca, Odara Carvalho, Milhem Cortaz, Renato Borghi, Walter Breda e Elcio Nogueira. Duração: 107 minutos. Distribuição: Europa Filmes.

Toni Venturi é o que se costuma chamar de "artista engajado". Ele iniciou a carreira em meados dos anos 1980 dirigindo curtas-metragens. A estréia em longas acontece em 1997 com o documentário *O Velho – A História de Luiz Carlos Prestes*. Quatro anos depois dirigiu seu primeiro longa de ficção, *Latitude Zero*. Em 2004 realiza seu trabalho mais ambicioso, *Cabra-Cega*. O filme começa com imagens de arquivo que estabelecem de pronto o conflito que existe entre o sonho da revolução e a realidade da repressão. Com roteiro escrito por Di Moretti, a partir de um argumento de Fernando Bonassi, Roberto Moreira e Victor Navas, o diretor Venturi traça um painel bem construído da vida clandestina de rebeldes brasileiros no começo dos anos 1970, período mais pesado da ditadura militar. Thiago (Leonardo Medeiros) é um militante da luta armada. Ele vive escondido no apartamento de Pedro (Michel Bercovitch). Além dos dois, temos também Mateus (Jonas Bloch), o dirigente da organização a qual Thiago pertence, e Rosa (Débora Duboc), que faz a ligação entre o mundo "oculto" e o externo. *Cabra-Cega* não é maniqueísta nem simpatiza com os revolucionários. Ele se equilibra em uma linha muito tênue e se limita a contar bem sua história. Venturi conduz sua trama com segurança e paixão. E isso, faz toda a diferença.

A CAÇA
JAGTEN
DINAMARCA 2012

Direção: Thomas Vinterberg

Elenco: Mads Mikkelsen, Thomas Bo Larsen, Susse Wold, Lasse Fogelstrom, Annika Wedderkopp, Anne Louise Hassing e Alexandra Rapaport. **Duração:** 115 minutos. **Distribuição:** Califórnia Filmes.

O cineasta dinamarquês Thomas Vinterberg, junto com seu conterrâneo Lars von Trier, foi o responsável pelo movimento cinematográfico batizado com o nome de Dogma 95. Os dois defendiam um cinema mais puro, menos artificial, distante do padrão hollywoodiano e mais próximo de suas raízes. Alguns filmes foram feitos seguindo as regras do documento que eles redigiram, mas, pouco tempo depois, nem eles próprios as seguiam mais. Vinterberg se formou em Cinema e seu primeiro longa foi justamente seu trabalho de conclusão do curso. Profissionalmente, ele começou dirigindo vídeos musicais e comerciais de TV. A partir de 1998, quando ele realizou *Festa de Família*, é que seu nome tornou-se conhecido. *A Caça*, que ele escreveu, junto com Tobias Lindholm, e dirigiu em 2012, é seu trabalho mais premiado. O filme começa com uma cena em que um grupo de amigos está caçando. Um deles, Lucas (Mads Mikkelsen) é professor em uma creche. Querido por todos na comunidade, ele tenta reconstruir a vida e o convívio com o filho, após um tumultuado divórcio. Tudo muda quando Klara (Annika Wedderkopp), uma menina de cinco anos, comenta com a diretora da creche que Lucas mostrou a ela suas partes íntimas. A acusação o transforma na "caça" que dá título ao filme. Vinterberg deixa claro desde o início a inocência de Lucas. E isso só aumenta em nós, espectadores, a angústia por tudo que acontece em sua vida. *A Caça* ganhou três prêmios no Festival de Cannes, incluindo o de melhor ator para Mads Mikkelsen, além de diversos outros prêmios pela Europa.

Direção: Michael Haneke

Elenco: Juliette Binoche, Daniel Auteuil, Maurice Bénichou, Annie Girardot, Bernard Le Coq e Walid Afkir. **Duração:** 113 minutos. **Distribuição:** Califórnia Filmes.

A primeira coisa que é preciso dizer sobre o cinema do austríaco Michael Haneke é que ele pega pesado. Seus filmes são como "socos no estômago". Não importa onde se passe a história. Na Áustria, na França ou nos Estados Unidos. Haneke, que também escreve seus roteiros, sempre tem algo a dizer. E sabe como poucos como dizer. Em *Caché*, de 2005, somos apresentados ao casal Georges (Daniel Auteuil) e Anne (Juliette Binoche). Certo dia, eles recebem uma fita de vídeo com imagens de sua casa. Depois, desenhos estranhos começam a ser enviados. Georges e Anne ficam assustados e tentam descobrir a origem daquelas misteriosas ameaças. Georges acredita que algo "escondido" (daí o título original que foi mantido em português) de seu passado o está assombrando. Haneke discute a culpa e o preconceito e não poupa suas personagens e muito menos nós, espectadores. Assistir a um filme seu é, ao mesmo tempo, angustiante e prazeroso. A angústia vem de não sabermos para onde estamos sendo conduzidos. Quanto ao prazer, ele vem justamente dessa sensação de insegurança total. Outra coisa comum nos filmes de Haneke é que eles acabam na tela e continuam em nossas conversas. E isso é muito bom.

CADETE WINSLOW
THE WINSLOW BOY
INGLATERRA/EUA 1999

Direção: David Mamet

Elenco: Nigel Hawthorne, Jeremy Northam, Guy Edwards, Rebecca Pidgeon, Gemma Jones, Colin Stinton, Sara Stewart, Alan Polonsky e Neil North. Duração: 104 minutos. Distribuição: Sony.

Qualquer história que se passe na Inglaterra, só pelo fato se passar lá, traz certo ar de nobreza. Se a história tratar de uma tradicional família inglesa, já possui naturalmente esses elementos. Agora se, além disso, a ação envolver a honra de uma rica e influente família inglesa, se passar no início do século passado e terminar em um julgamento acompanhado por toda a nação. Pronto. Estamos diante de um grande drama inglês. Este é o caso de *Cadete Winslow*, filme escrito e dirigido pelo americano David Mamet, a partir de uma peça de Terence Rattigan. Na trama, tudo ia bem para a família do banqueiro Arthur Winslow (Nigel Hawthorne). A filha mais velha, Catherine (Rebecca Pidgeon), está de casamento marcado e, apesar de apoiar o voto feminino, as coisas não poderiam estar melhores. De repente, a rotina dos Winslow é abalada pela expulsão do caçula Ronnie (Guy Edwards), de 14 anos, da Escola Naval. Este fato pode macular sobremaneira a reputação da família. O garoto jura ser inocente da acusação e isso faz com que Arthur contrate o advogado Robert Morton (Jeremy Northam) para defendê-lo. Mamet desenvolve sua narrativa de maneira precisa e complexa. *Cadete Winslow* trabalha uma série de questões de maneira muito rica e traçando com isso um painel variado da vida das pessoas na Inglaterra dos primeiros anos do século XX. Com um elenco de primeira e uma boa história para contar, Mamet só precisou gritar "ação"!

CAPOTE
CAPOTE
EUA 2005

Direção: Bennett Miller

Elenco: Philip Seymour Hoffman, Catherine Keener, Chris Cooper, Clifton Collins Jr., Denise Stephenson, Allie Mickelson, Kelci Stephenson e Craig Archibald. **Duração:** 114 minutos. **Distribuição:** Sony.

Qualquer momento da vida do escritor americano Truman Capote renderia um bom filme. Um dos criadores/precursores do estilo literário batizado de "novo jornalismo", que consiste em dar à literatura um caráter mais jornalístico, ou vice-versa. Ele escreveu reportagens especiais, contos e ensaios durante anos para a respeitada revista New Yorker. Um desses trabalhos terminou resultando no livro *À Sangue Frio*. E é justamente esse período da vida do escritor que o diretor Bennett Miller aborda no filme Capote. Acompanhamos a viagem dele, vivido de maneira sublime pelo ator Philip Seymour Hoffman, ao lado de sua melhor amiga, Harper Lee, autora do livro *O Sol é Para Todos*, papel de Catherine Keener. Os dois vão a Holcomb, uma pequena cidade do interior do Kansas, onde ocorreu o brutal assassinato de uma família inteira. É a partir das conversas com as autoridades policiais, com alguns moradores e, principalmente, com os criminosos capturados, que a trama de Capote se desenvolve. Existem outros dois filmes que podem ser vistos junto com este: *À Sangue Frio* (In Cold Blood), dirigido em 1967 por Richard Brooks e baseado no livro de mesmo nome; e *Confidencial* (Infamous), realizado em 2006 por Douglas McGrath, que também aborda esse período da vida do escritor e tem o ator Toby Jones em um desempenho tão inspirado quanto o de Philip Seymour Hoffman.

CARANDIRU
EUA 2002

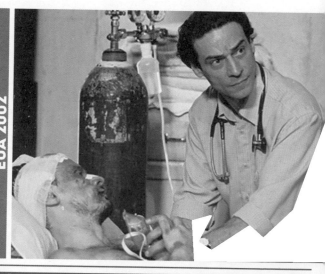

Direção: Hector Babenco

Elenco: Luís Carlos Vasconcelos, Lázaro Ramos, Maria Luíza Mendonça, Rodrigo Santoro, Wagner Moura, Caio Blat, Gero Camilo, Ailton Graça e Milton Gonçalves. **Duração:** 148 minutos. **Distribuição:** Columbia.

O paulista Drauzio Varella trabalha como médico e professor desde o início dos anos 1970. Porém, foi a partir de 1989, quando ele começou a atender os detentos do presídio do Carandiru, em São Paulo, que seu nome ficou conhecido. Principalmente, após ele relatar seu trabalho no livro *Estação Carandiru*, publicado em 1999 e um sucesso de vendas. Quatro anos depois, Hector Babenco dirigiu uma adaptação para o cinema. O roteiro, escrito pelo próprio diretor, junto com Fernando Bonassi e Victor Navas, é episódico, na mesma linha do livro, e culmina no massacre ocorrido na casa de detenção. Há dezenas de personagens em cena e o olhar de Babenco acompanha todos eles. Cineasta de alma humanista, não teria como ser diferente. O ser humano sempre teve importância em suas histórias. A produção mobilizou perto de 300 profissionais, entre técnicos e atores, sem contar milhares de figurantes. *Carandiru* conquistou a maior bilheteria de um filme nacional no ano de seu lançamento. Um total de mais de cinco milhões de espectadores. O bom do cinema de Babenco é que ele nunca fez concessões e, apesar disso, sempre soube dialogar com o público. Isso não é fácil. Seja qual for a forma de arte. Só os grandes mestres são capazes disso. Mestres como Babenco.

CASA DE AREIA E NÉVOA
HOUSE OF SAND AND FOG
EUA 2003

Direção: Vadim Perelman

Elenco: Jennifer Connelly, Ben Kingsley, Ron Eldard, Shohreh Aghdashloo, Ashley Edner, Frances Fisher, Kia Jam, Jonathan Ahdout e Carlos Gómez. **Duração:** 126 minutos. **Distribuição:** Warner.

Filme de estréia de Vadim Perelman, um ucraniano radicado nos Estados Unidos, *Casa de Areia e Névoa*, com roteiro escrito pelo próprio diretor a partir do romance de Andre Dubus III, tem um título que resume metaforicamente seu conteúdo. Um choque de culturas bem distintas e as desilusões do sonho americano, que há muito se transformaram em pesadelo. Kathy (Jennifer Connely) tem problemas com bebida e tenta se recuperar financeiramente após ter sido largada pelo marido. Benrani (Ben Kingsley) é um ex-coronel do exército iraniano que fugiu de seu país por razões políticas e agora, como exilado, tenta refazer a vida na América. No meio dos dois, uma casa à beira da praia que foi deixada como herança pelo pai de Kathy. Um erro do governo faz com que a casa seja leiloada e comprada por Kehrani. Em resumo, a casa se torna o motivo de uma acirrada disputa entre essas personagens, que por motivos pessoais, complexos e justificáveis têm o imóvel como símbolo de um novo começo de vida. Perelman, egresso da publicidade, revela aqui um senso narrativo dos mais eficazes. Seu filme é denso, envolvente e por vezes, sufocante, no bom sentido. Com um elenco soberbo que, além de Kingsley e Connely, tem como destaque a atriz iraniana Shohreh Aghdashloo, no papel de Nadi, esposa de Kehrani, *Casa de Areia e Névoa* merece ser descoberto.

O CASO DOS IRMÃOS NAVES
BRASIL 1967

Direção: Luís-Sérgio Person

Elenco: Raul Cortez, Juca de Oliveira, Anselmo Duarte, John Herbert, Lélia Abramo, Sérgio Hingst, Júlia Miranda e Cacilda Lanuza. Duração: 92 minutos. Distribuição: VideoFilmes.

O cineasta paulista Luís Sérgio Person já havia chamado a atenção com seu longa de estreia, *São Paulo Sociedade Anônima*, lançado em 1965. Dois anos depois, quando realizou *O Caso dos Irmãos Naves*, sua carreira se consolidou e seu nome tornou-se uma das grandes promessas do cinema nacional. Apesar de não ter feito parte do movimento do Cinema Novo, a obra de Person, principalmente seus dois primeiros filmes, possuem muitas características em comum. Com base no livro do advogado João Alamy Filho, o roteiro foi escrito por Jean-Claude Bernardet e pelo próprio Person. *O Caso dos Irmãos Naves* é considerado o maior erro judiciário do Brasil. A história acontece na pacata cidade de Araguari, no interior de Minas Gerais, no ano de 1937, em plena ditadura do governo de Getúlio Vargas. Os irmãos Joaquim (Raul Cortez) e Sebastião (Juca de Oliveira) são acusados de um crime. Torturados, terminam por confessar um crime que não cometeram. Person conduz seu filme de maneira enxuta. O roteiro não abre espaço para cenas que não contribuam para a narrativa. Além de Raul Cortez e Juca de Oliveira, outros dois atores se destacam no elenco: Anselmo Duarte, que vive o Tenente, responsável pela prisão e tortura dos irmãos, e John Herbert, que interpreta o advogado de defesa, João Alamy Filho. *O Caso dos Irmãos Naves* talvez seja o maior filme de tribunal produzido no Brasil e é, sem dúvida alguma, uma obra fundamental da cinematografia nacional.

A CHAVE DE SARAH
ELLE S'APPELAIT SARAH
FRANÇA 2010

Direção: Gilles Paquet-Brenner

Elenco: Kristin Scott Thomas, Mélusine Mayance, Niels Arestrup, Frederic Pierrot, Sarah Ber, Michel Duchaussoy e Aidan Quinn. **Duração:** 111 minutos. **Distribuição:** Imagem Filmes.

Julia Jarmond (Kristin Scott Thomas) é uma jornalista americana radicada em Paris. Sua vida muda radicalmente quando ela descobre a jovem Sarah (Mélusine Mayance), uma menina que teve sua família morta pelos nazistas durante a maior perseguição aos judeus ocorrida na França. O filme *A Chave de Sarah* se baseia no livro homônimo escrito por Tatiana de Rosnay. O diretor Gilles Paquet-Brenner, junto com Serge Joncour, roteirizou a adaptação e, assim como no livro, manteve a narrativa da história em dois períodos: 1942 e 2009. O trabalho de Julia é escrever um artigo sobre a prisão de 13 mil judeus no Vélodrome d'Hiver, de onde eles seriam levados para Auschwitz. Ao misturar as duas épocas, indo e voltando no tempo, o diretor vai nos envolvendo com os dramas de Sarah e sua família, bem como nos mostrando as reações de Julia ao investigar os acontecimentos para redigir seu trabalho. Paquet-Brenner conta com um elenco excepcional para lhe auxiliar a contar esta história carregada de dor e sofrimento, mas também cheia de esperança. Intenso e comovente, *A Chave de Sarah* só escorrega um pouco nos últimos minutos, porém, nada que comprometa seu resultado final.

CHICAGO
CHICAGO
EUA 2002

Direção: Rob Marshall

Elenco: Renée Zellweger, Catherine Zeta-Jones, Richard Gere, John C. Reilly e Queen Latifah. Duração: 113 minutos. Distribuição: Imagem Filmes.

Muita gente torce o nariz para filmes musicais. Imagine então um musical que se passa em boa parte dentro de um tribunal? Originalmente, *Chicago* estreou na Broadway em 1975, com direção e coreografia de Bob Fosse. Esta adaptação cinematográfica, feita em 2002 pelo então estreante Rob Marshall, teve seu roteiro escrito por Bill Condon, a partir do livreto original de Fosse. Tudo gira em torno da deslumbrada e ingênua Roxie Hart (Renée Zellweger). Ela sonha se tornar uma grande artista como Velma Kelly (Catherine Zeta-Jones). As duas terminam se conhecendo na prisão, ambas acusadas de assassinato. Billy Flynn (Richard Gere), aceita defender Roxie e transforma o julgamento em um grande espetáculo midiático. *Chicago* cumpre exatamente o que promete. É quase impossível não cantarolar suas canções. O elenco, surpreendentemente afinado, sem trocadilho, segura muito bem todas as notas. E, para espanto geral, o filme ainda consagrou-se como o grande vencedor do Oscar de 2003. Recebeu 13 indicações e ganhou em seis categorias: figurino, direção de arte, som, montagem, atriz coadjuvante (Catherine Zeta-Jones) e filme.

CIDADÃO BOILESEN
BRASIL 2009

Direção: Chaim Litewski
Documentário. Duração: 92 minutos. Distribuição: Imovision.

Na história recente do Brasil tivemos um período de 21 anos de ditadura militar. Alguns documentários, filmes de ficção, especiais e séries de TV já foram realizados retratando os chamados "anos de chumbo". Muitos destes trabalhos destacam a forte repressão do governo da época à liberdade de expressão. Outros tantos destacam a perseguição e tortura dos opositores do regime. Na contramão de tudo isso, *Cidadão Boilesen*, do diretor Chaim Litewski opta por uma questão específica e uma personagem em particular. No caso, o financiamento das ações do Estado por empresários e a figura do dinamarquês radicado no Brasil, Henning Albert Boilesen. A partir de vasto material de arquivo e uma intensa e longa pesquisa, Litewski nos revela uma história surpreendente. A investigação de garimpo que o diretor empreendeu é reveladora. A partir dos depoimentos gravados em diversos países com pessoas que conviveram ou sabiam alguma coisa sobre a vida de Boilesen, este homem ganha forma. Ele, que imigrou para o Brasil e chegou a ser presidente do grupo Ultra, um dos maiores do país na produção de gás de cozinha. Ele, que colaborou com os militares e levantou dinheiro junto aos empresários para financiar ações do governo contra seus opositores. Ele, que teria participado da criação da Oban (Operação Bandeirantes) e que costumava acompanhar sessões de tortura. Litewski mostra Boilesen de maneira multifacetada e com isso, escapa do clichê do "homem mau". O ritmo que ele imprime ao seu documentário é de uma agilidade envolvente. Do uso dos cortes e dos depoimentos, ao uso do som e da trilha sonora. *Cidadão Boilesen* faz uma visita ao nosso passado recente. Um período que alguns viveram, outros ouviram falar e muitos nem sabem que existiu.

CIDADE DE DEUS
BRASIL 2003

Direção: Fernando Meirelles

Elenco: Alexandre Rodrigues, Alice Braga, Douglas Silva, Jonathan Haagensen, Leandro Firmino, Phelipe Haagensen, Roberta Rodrigues e Matheus Nachtergaele. Duração: 130 minutos. Distribuição: Imagem Filmes.

Muito já foi dito e escrito sobre este filme. Não vou chover no molhado. Apenas, uma breve recapitulação. Baseado no livro escrito por Paulo Lins e com roteiro de Bráulio Mantovani, *Cidade de Deus* foi um divisor de águas no cinema brasileiro da retomada. Fernando Meirelles, egresso da televisão e da publicidade, havia dirigido, até aquele momento, dois bons longas, *Menino Maluquinho 2* e *Domésticas – O Filme*. Aqui ele revela uma maturidade técnica e narrativa impressionantes. O filme começa na segunda metade dos anos 1960, pouco depois do desmembramento de uma região de Jacarepaguá, onde foi construído um conjunto habitacional que recebeu o nome de Cidade de Deus. Meirelles utilizou moradores da favela, que receberam um treinamento especial conduzido por Fátima Toledo. Ele não queria rostos conhecidos do grande público. A única exceção foi Matheus Nachtergaele. A história se estende por cerca de 20 anos, até o início dos anos 1980. Com uma construção não-linear, acompanhamos sem nunca perder o foco, a trajetória de diversas personagens, em especial, a do jovem Buscapé (Alexandre Rodrigues) e também, claro, a de Dadinho/Zé Pequeno (Douglas Silva/Leandro Firmino). Fora do Brasil, a repercussão foi fenomenal, o que fez com que o filme fosse indicado a quatro prêmios Oscar em 2004: melhor direção, roteiro adaptado, fotografia e montagem. *Cidade de Deus* é, sem dúvida alguma, um dos mais importantes filmes da história do cinema brasileiro. Uma obra-prima criativa, pulsante, influente, arrebatadora, obrigatória e inesquecível.

Direção: Gottfried Reinhardt

Elenco: Kirk Douglas, Barbara Rütting, Christine Kaufmann, E.G. Marshall, Robert Blake, Richard Jaeckel e Frank Sutton. Duração: 105 minutos. Distribuição: Fox.

Estupro é um dos crimes mais odiosos que existe. O Cinema não costuma lidar com este tema, considerado tabu, além de extremamente delicado. Poucos filmes ao longo da história da sétima arte trataram deste assunto. *Cidade Sem Compaixão*, dirigido em 1961 pelo alemão Gottfried Reinhardt, é corajoso e, infelizmente, pouco conhecido ou lembrado. Escrito por George Hurdalek, Jan Lustig e Silvia Reinhardt, a partir do romance de Mandred Gregor, o filme nos leva até Neustadt, na Alemanha, em setembro de 1960. Quatro soldados de uma base militar americana ficam bêbados e estupram uma garota local. O ato revolta a cidade e a chefia do Exército decide promover um grande julgamento público do caso. De um lado, o promotor Jerome Pakenham (E.G. Marshall). Do outro, o advogado de defesa Steve Garrett (Kirk Douglas). *Cidade Sem Compaixão* nos reserva, além de seguir os trâmites esperados de um filme de tribunal, algumas boas surpresas e reviravoltas pouco exploradas nesse tipo de história.

CINE MAJESTIC
THE MAJESTIC
EUA 2001

Direção: Frank Darabont

Elenco: Jim Carrey, Martin Landau, Laurie Holden, Jeffrey DeMunn, Bruce Campbell, Amanda Detmer, Bob Balaban, Hal Holbrook e Ron Rifkin. **Duração:** 152 minutos. **Distribuição:** Warner.

O roteirista e diretor americano Frank Darabont vinha de dois grandes filmes: Um Sonho de Liberdade e À Espera de Um Milagre. Ambos adaptados de livros escritos por Stephen King e passados dentro de um presídio. Parecia até que ele havia descoberto um nicho de mercado bem específico. Talvez para não ficar estigmatizado, Darabont procurou um novo caminho para seu terceiro longa, *Cine Majestic*. O roteiro original de Michael Sloane se inspira em casos verídicos de perseguição a supostos artistas comunistas durante a cruzada do senador Joseph McCarthy, ao longo da década de 1950. Bastante Influenciado pelos filmes de Frank Capra, temos aqui uma história que, ao mesmo tempo, presta homenagem ao Cinema e ao homem comum. Tudo começa em 1951. Peter Appleton (Jim Carrey) é um roteirista em ascensão que cai em desgraça e após sofrer um acidente, perde a memória e aparece na pequena cidade de Lawson. Lá, Peter é confundido com Luke, filho desaparecido de Harry Timble (Martin Landau), dono da antiga sala de cinema que dá título ao filme. Há muitos momentos, tanto na vida como na ficção, em que a ilusão se revela bem melhor que a realidade. É exatamente isso o que acontece em *Cine Majestic*. Peter, em desempenho comovente de Jim Carrey, tem uma segunda chance ao receber um passado que não é o seu, mas, bem que poderia ou deveria ser. Darabont aproveita para discutir questões objetivas importantes como liberdade de expressão, bem como outras mais subjetivas, porém, de igual importância, tipo nossa percepção do mundo e como o mundo nos enxerga. Não é pouca coisa e *Cine Majestic* tira tudo de letra.

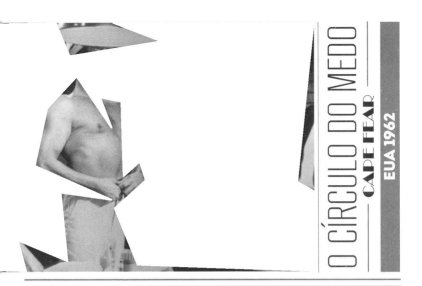

Direção: J. Lee Thompson

Elenco: Gregory Peck, Robert Mitchum, Martin Balsam, Polly Bergen, Lori Martin e Telly Savalas. Duração: 104 minutos. Distribuição: New Line.

A história do Cinema é repleta de diretores que nunca foram tratados como grandes cineastas, ou melhor dizendo, nunca deixaram uma assinatura em seus trabalhos. É curioso perceber também que muitos desses diretores são verdadeiros artesãos da narrativa cinematográfica. Este é o caso do inglês radicado nos Estados Unidos, J. Lee Thompson. Ao longo de quase 40 anos de carreira, ele dirigiu quase 50 filmes e muitos deles fazem parte do repertório de inúmeros cinéfilos. Como este *O Círculo do Medo*, que ele realizou em 1962. A partir do livro de John D. MacDonald, adaptado por James R. Webb, temos aqui uma clássica história de vingança. Max Cody (Robert Mitchum) sai da prisão após cumprir pena por estupro. Ele culpa o promotor Sam Bowden (Gregory Peck), por sua condenação. Max quer se vingar. A qualquer custo. *O Círculo do Medo* é um eficiente exercício de gênero. Com um elenco estelar e em grande forma, o diretor Thompson conduz sua trama com precisão cirúrgica. E ainda conta com uma trilha sonora inspiradíssima composta por Bernard Herrmann. Para ver roendo as unhas. Em tempo: esta mesma história foi refilmada em 1991 por Martin Scorsese, com o título de *Cabo do Medo*.

O CLÃ
EL CLAN
ARGENTINA/ESPANHA 2015

Direção: Pablo Trapero

Elenco: Guillermo Francella, Peter Lanzani, Lili Popovich, Giselle Motta, Franco Masini, Gastón Cocchiarale, Antonia Bengoechea e Stefania Koessl. Duração: 109 minutos. Distribuição: Fox.

Existem histórias que, mesmo com o aviso nos créditos iniciais dizendo que foram baseadas em acontecimentos reais, são difíceis de acreditar. Este é o caso de *O Clã*, dirigido pelo argentino Pablo Trapero. O roteiro, escrito por ele próprio, junto com Julian Loyola e Esteban Student, se inspira nas ações da família Puccio. A ação se passa em Buenos Aires, na primeira metade dos anos 1980. Arquimedes Puccio (Guillermo Francella), com a ajuda do filho Alejandro (Peter Lanzani), a conivência da família, além de dois amigos e um militar aposentado, sequestraram e mataram várias pessoas. A "desculpa", se é que podemos chamar assim, tinha um fundo ideológico. Trapero emula aqui o melhor cinema americano do gênero, em especial, Scorsese e Coppola. Mas *O Clã* oferece muito mais do que aparenta à primeira vista. O diretor vai além do óbvio. A história em si é tão incrível que sozinha já bastaria. Porém, ele cria um "ambiente" complementar enriquecido pela trilha sonora e seu desenho de som, bem como pelo calor de sua paleta de cores. Além disso, há todo um subtexto que reforça o caráter de uma sociedade colonizada e sem identidade.

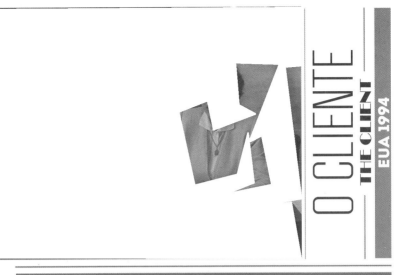

O CLIENTE
THE CLIENT
EUA 1994

Direção: Joel Schumacher

Elenco: Susan Sarandon, Tommy Lee Jones, Mary-Louise Parker, Anthony LaPaglia, Anthony Edwards, J.T. Walsh, Will Patton, Bradley Whitford e Brad Renfro. Duração: 121 minutos. Distribuição: Warner.

Em 1993 o diretor Joel Schumacher estava em alta na Warner. Seu filme mais recente, *Um Dia de Fúria*, tinha sido um sucesso de público e crítica. Então, foi natural que o estúdio entregasse a ele a adaptação de *O Cliente*, livro de John Grisham, roteirizado por Akiva Goldsman e Robert Getchell. A trama gira em torno de Mark Sway (o estreante Brad Renfro), um garoto de 11 anos que é testemunha do suicídio do advogado de um mafioso. Antes de se matar, o advogado revela segredos que colocam em risco a vida do menino. Pressionado pelo promotor Roy Foltrigg (Tommy Lee Jones), que quer projeção para se lançar na política, Mark recorre a Reggie Love (Susan Sarandon), uma advogada inexperiente, porém, determinada. Os elementos que consagraram os romances de Grisham se fazem presentes aqui. Escritor habilidoso em mostrar os bastidores dos trâmites legais, encontra na direção de Schumacher o veículo perfeito para sua história. *O Cliente* mistura máfia, suspense e Direito. E o faz com maestria.

CLUBE DE COMPRAS DALLAS
DALLAS BUYERS CLUB
EUA 2013

Direção: Jean-Marc Vallée

Elenco: Matthew McConaughey, Jennifer Garner, Jared Leto e Steve Zahn. Duração: 117 minutos. Distribuição: Universal.

Quando eu vi o trailer de *Clube de Compras Dallas* tive a certeza de duas coisas: Matthew McConaughey e Jared Leto ganhariam, respectivamente, o Oscar de melhor ator e melhor ator coadjuvante. A Academia de Artes e Ciências Cinematográficas de Hollywood possui um histórico de premiações para atores que transformam o corpo para um papel ou interpretam pacientes em estado terminal. McConaughey e Leto preenchiam os dois requisitos. Portanto, não tinha para mais ninguém. E é justamente por causa dos dois que *Clube de Compras Dallas* vale a pena ser visto. Dirigido pelo canadense Jean-Marc Vallée, o filme conta a história real de Ron Woodroof (McConaughey), um caubói texano que teve sua vida virada pelo avesso quando fica sabendo que é portador da AIDS. Tudo começa em meados dos anos 1980, quando a doença era associada aos gays. Woodroof não só é heterossexual como é também homofóbico. O médico que o atende prevê que ele não terá mais do que 30 dias de vida. Disposto a "contrariar" o diagnóstico, ele inicia uma busca por tratamentos alternativos e funda o clube que dá título ao filme. O roteiro, escrito por Craig Borten e Melisa Wallack, se concentra em um período de sete anos e mostra todo o esforço de Woodroof para continuar vivo. Em sua empreitada, ele conta com a ajuda do travesti Rayon (Leto) e juntos transformam o *Clube de Compras Dallas* em um grande sucesso, atraindo e ajudando um grupo expressivo que pessoas que enfrenta o mesmo problema que eles e não contam com a ajuda das autoridades governamentais de saúde. Além dos prêmios de atuação, o filme ganhou também o Oscar de melhor maquiagem e cabelo.

Direção: F. Gary Gray

Elenco: Gerard Butler, Jamie Foxx, Michael Gambon, Colm Meaney, Bruce McGill, Leslie Bibb, Michael Irby, Gregory Itzin e Regina Hall. Duração: 94 minutos. Distribuição: Imagem Filmes.

Fazer justiça com as próprias mãos ou manipular o sistema judicial a favor de uma questão pessoal? Pode até ser compreensível. Mas, é justificável? F. Gary Gray questiona isso em *Código de Conduta*. O roteiro escrito por Kurt Wimmer nos apresenta uma situação curiosa. Clyde (Gerard Butler) é um zeloso pai de família. Certo dia, ele vê sua esposa e filha serem assassinadas. Nick (Jamie Foxx), um promotor ambicioso, faz um acordo com um dos culpados pelo crime e é solto. Anos mais tarde, ele é encontrado morto e Clyde, mesmo sem provas concretas, é preso. A partir daí, outros envolvidos naquele crime aparecem mortos e, mesmo estando na cadeia, Clyde, na visão de Nick, é o principal suspeito. Há neste suspense certa dose de fantasia, no entanto, é inegável a maneira precisa com que o diretor conduz a história. *Código de Conduta* questiona a estrutura viciada de uma engrenagem pesada e corrupta que envolve juízes, policiais e promotores. E prova ser fácil, ou pelo menos não muito difícil, tirar proveito de uma situação se você souber como "mexer os pauzinhos".

CÓDIGO DE HONRA [1992]
SCHOOL TIES
EUA 1992

Direção: Robert Mandel

Elenco: Brendan Fraser, Amy Locane, Matt Damon, Chris O'Donnell, Ben Affleck e Andrew Lowery. Duração: 107 minutos. Distribuição: Paramount.

Se você gostou de *Sociedade dos Poetas Mortos*, com certeza vai gostar de *Código de Honra*, de Robert Mandel. Um filme que segue mais ou menos seus passos. Engana-se, porém, quem pensar que irá ver novamente um professor genial inspirando seus alunos. *Código de Honra* trata de outro assunto bem mais delicado: o anti-semitismo. David Greene (Brendan Fraser) é um jovem aplicado nos estudos e nos esportes. De família pobre, ganha uma bolsa para concluir o ensino médio no tradicional e caro Colégio St. Matthews. Ele se torna a sensação da escola até descobrirem que além de pobre, ele é judeu. O filme aborda esse tema de forma sensível. David esconde sua origem para ser melhor aceito, já que o colégio é católico. Mandel, que antes havia dirigido *F/X – Assassinato Sem Morte*, demonstra grande habilidade na direção de um elenco predominantemente jovem. *Código de Honra* é ambientado no ano de 1955. Uma época nostálgica, porém, extremamente conservadora, reacionária e racista. As transformações que vieram a ocorrer durante os anos 1960 ainda estavam muito latentes. Segundo pesquisas realizadas pelos produtores, 101 incidentes anti-semitas ocorreram em 60 colégios americanos somente em 1991. Imagine como era na época mostrada no filme.

CÓDIGO DE HONRA (2011)
PUNCTURE
EUA 2011

Direção: Adam Kassen e Mark Kassen

Elenco: Chris Evans, Mark Kassen, Michael Biehn, Vinessa Shaw, Kate Burton, Jesse L. Martin, Marshall Bell e Brett Cullen. **Duração:** 110 minutos. **Distribuição:** Focus Filmes.

No mesmo ano que o ator Chris Evans vestiu o uniforme do Capitão América pela primeira vez, ele também estrelou este drama de tribunal que foi lançado direto em vídeo no Brasil. O filme em questão, *Código de Honra*, recebeu este genérico e pavoroso título nacional. No original se chama Puncture, "punção" em bom português. Um nome que tem muito mais relação com a história contada. Dirigido pelos irmãos Adam e Mark Kassen, a partir de um roteiro escrito por Chris Lopata, o filme se concentra em um caso que envolve a indústria farmacêutica. Tudo começa quando a enfermeira Vicky (Vinessa Shaw), acidentalmente é picada por uma seringa de um paciente com AIDS. Um amigo seu, Jeffrey Danfort (Marshall Bell), desenha equipamentos para hospitais e havia criado uma ponta de agulha segura que teria prevenido aquele acidente. Jeffrey tenta negociar sua ideia com executivos da indústria e fracassa. Decide então contratar a firma dos advogados Mike Weiss (Evans) e Paul Danziger (Mark Kassen, um dos diretores do filme). *Código de Honra* se revela um filme corajoso e prova que Evans é um ator de grande potencial. Sua personagem é viciada em drogas e seu desempenho nesta luta de Davi contra Golias é comovente.

A CONDENAÇÃO
CONVICTION
EUA 2010

Direção: Tony Goldwyn

Elenco: Hilary Swank, Sam Rockwell, Melissa Leo, Minnie Driver, Thomas D. Mahard, Owen Campbell e Conor Donovan. **Duração:** 129 minutos. **Distribuição:** Vinny Filmes

Quando um filme abre com a frase "baseado em uma história real", confesso que sinto um arrepio na espinha. Claro que histórias reais podem gerar ótimos filmes. Não é esta a questão. O problema é quando isso é usado como muleta narrativa. Explico melhor: quando o diretor faz valer essa informação para nos envolver dramaticamente com uma história que já é naturalmente dramática. É mais ou menos isso o que acontece em *A Condenação*, dirigido pelo ator Tony Goldwyn. O roteiro, escrito por Pamela Gray, se inspira em um fato ocorrido em uma pequena cidade do estado de Massachusetts, nos Estados Unidos. Kenny Waters (Sam Rockwell) é o suspeito número um de qualquer crime que ocorra na região. Certo dia, uma mulher é assassinada e ele é preso e condenado à prisão perpétua. Sua irmã, Betty Anne Waters (Hilary Swank), acredita que seu irmão é inocente e decide estudar Direito para defendê-lo como advogada. Isso já bastaria para compor uma trama carregada de elementos como coragem, força de vontade e superação. Infelizmente, como destaquei no início do texto, faltou sutileza ao diretor. A história de *A Condenação* é boa e merece ser vista, porém, carece de um alguém que saiba contá-la melhor.

CONDUTA DE RISCO
MICHAEL CLAYTON
EUA 2007

Direção: Tony Gilroy

Elenco: George Clooney, Tom Wilkinson, Tilda Swinton, Sydney Pollack, Michael O'Keefe, Denis O'Hare, Julie White e Jennifer Van Dyck. Duração: 119 minutos. Distribuição: Imagem Filmes.

Filme de estreia na direção do experiente roteirista Tony Gilroy, *Conduta de Risco* é, antes de tudo, um filme de atores. Tudo gira em torno de Michael Clayton (George Clooney), que trabalha em uma grande firma de advocacia de Nova York. Sua função é limpar os nomes e os erros cometidos pelos clientes. Uma espécie de "faxineiro" de luxo. Seu passado como promotor de justiça e sua ligação familiar com a polícia são peças importantes para o "ajuste da verdade", como bem diz o cartaz do filme. Apesar de cansado de fazer o que faz, Clayton não vê saída, já que depende do que ganha lá. Gilroy explora um terreno árido. Seu filme é cheio de diálogos ágeis e muito movimento, porém, exige atenção redobrada do espectador. O elenco é um capítulo à parte. Além de Clooney, destaque especial para Tilda Swinton, que ganhou o Oscar de melhor atriz coadjuvante por sua intensa e complexa interpretação.

A CONFISSÃO [1999]
THE CONFISSION
EUA 1999

Direção: David Hugh Jones

Elenco: Alec Baldwin, Ben Kingsley, Amy Irving, Jay O. Sanders, Kevin Conway, Richard Jenkins, Chris Noth Boyd Gaines. Duração: 114 minutos. Distribuição: Spectra Nova.

O britânico David Hugh Jones teve uma carreira longa como diretor. A maioria de seus trabalhos foi para a televisão. No entanto, três filmes marcaram sua filmografia no cinema: *Nunca Te Vi, Sempre Te Amei*, de 1987; *O Processo*, de 1993; e este *A Confissão*, de 1999. Aqui, o roteiro de David Black, baseado no romance de Sol Yurick, conta a história de Fertig (Ben Kingsley), um judeu ortodoxo que vê seu filho morrer por conta de uma negligência médica. A dor faz com que, pouco tempo depois, ele vá ao hospital faça justiça com as próprias mãos matando a recepcionista, a enfermeira e o médico. Fertig então assume a culpa pelos crimes e se entrega à polícia. Isso chama a atenção do ambicioso advogado Roy Bleakie (Alec Baldwin), que assume sua defesa. Não há da parte de Bleakie a intenção de "fazer justiça". Muito pelo contrário. Sua intenção é ganhar o caso e, com isso, notoriedade. As coisas começam a se complicar diante da postura do acusado e, principalmente, quando revelações insuspeitas envolvendo questões políticas aparecem. *A Confissão* é um filme denso e cheio de boas surpresas. Jones dirige com segurança uma história bem armada e conta ainda com um elenco extremamente eficiente. Quando isso acontece, não tem erro.

O CONSELHEIRO DO CRIME
THE COUNSELOR
EUA 2013

Direção: Ridley Scott

Elenco: Michael Fassbender, Penélope Cruz, Cameron Diaz, Javier Bardem, Brad Pitt, Rosie Perez e Bruno Ganz. **Duração:** 117 minutos. **Distribuição:** Fox.

O que você espera de um filme dirigido por Ridley Scott, com um roteiro original escrito por Cormac McCarthy e estrelado por Michael Fassbender, Cameron Diaz, Javier Bardem, Penélope Cruz e Brad Pitt? A resposta seria "algo próximo do sublime", certo? Não bem isso o que acontece com *O Conselheiro do Crime*. Cormac McCarthy é um grande escritor, autor de livros como *Meridiano de Sangue*, *Onde os Fracos Não Têm Vez* e *A Estrada*. Já Ridley Scott, se tivesse dirigido apenas *Alien* e *Blade Runner*, já teria um lugar garantido no Olimpo do Cinema. Com tantos talentos envolvidos, o que poderia ter dado errado? O clássico tema da ambição é o que move a história. Um advogado (Fassbender) é noivo de Laura (Cruz) e termina se envolvendo em um esquema ilegal com seus clientes. As coisas tomam um rumo inesperado e a vida dele vira de cabeça para baixo. *O Conselheiro do Crime* é um filme que eu resumiria em uma palavra: estranho. Tem elenco legal, bons diálogos e cenas isoladas que funcionam muito bem. Falta uma unidade narrativa. Aquela "liga" especial que junta tudo. Talvez por isso, ele se saia melhor na telinha (onde normalmente vemos sem muita concentração), do que na telona (que exige uma atenção maior). Não é um filme ruim, de forma alguma. Mas, fica aquela sensação de que poderia ter sido grande.

CONSPIRAÇÃO AMERICANA
THE CONSPIRATOR
EUA 2010

Direção: Robert Redford

Elenco: James McAvoy, Robin Wright, Tom Wilkinson, Kevin Kline, Evan Rachel Wood, Justin Long, James Badge Dale, Alexis Bledel, Toby Kebbell, Johnny Simmons e Colm Meaney. Duração: 122 minutos. Distribuição: Imagem Filmes.

Em certa altura do filme *Os Imperdoáveis*, de Clint Eastwood, a personagem de English Bob, vivido por Richard Harris, diz que ninguém teria coragem de matar um rei ou uma rainha. Já um presidente... Na História dos Estados Unidos dois grandes presidentes foram assassinados: Lincoln e Kennedy. E muitos livros e filmes foram feitos a partir destes crimes. *Conspiração Americana*, dirigido em 2010 por Robert Redford, tem a premissa, como o próprio título já sugere, da existência de um complô para matar o presidente Abraham Lincoln. Escrito por James D. Solomon, o roteiro nos apresenta Mary Surratt (Robin Wright), presa como principal suspeita de uma conspiração contra o Estado. Frederick Aiken (James McAvoy) é o advogado designado para defendê-la. Seu objetivo é que ela tenha um julgamento justo. Porém, alguns segredos levarão essa história por caminhos insuspeitos. Redford é um artista extremamente coerente, tanto em seus trabalhos como ator e, principalmente, nos filmes que dirige. Mesmo que você não concorde com os argumentos apresentados, não há como negar que *Conspiração Americana* dialoga mais com o passado recente dos Estados Unidos. Em especial o governo de George Bush, pós-11 de setembro, do que com o passado que ele retrata.

COP LAND: A CIDADE DOS TIRAS
COP LAND
EUA 1997

Direção: James Mangold

Elenco: Sylvester Stallone, Harvey Keitel, Ray Liotta, Robert De Niro, Peter Berg, Janeane Garofalo, Robert Patrick, Michael Rapaport, Annabella Sciorra, Noah Emmerich, Cathy Moriarty, Frank Vincent e John Spencer. **Duração:** 104 minutos. **Distribuição:** PlayArte.

Se você pensa que Sylvester Stallone teve sua carreira limitada aos papéis de Rocky ou Rambo, está na hora de assistir a *Cop Land: A Cidade dos Tiras*. Escrito e dirigido por James Mangold, este filme de 1997 mostra Stallone em um papel dos mais corajosos para um ator que sempre teve uma forte imagem ligada à força bruta. Em *Cop Land* ele interpreta Freddy Heflin, um homem que sonhava ser policial em Nova York. No passado, por conta de um salvamento heroico, ele perdeu a audição em um dos ouvidos e isso o impediu de ter seu sonho realizado. Freddy acabou como xerife em Garrison, no subúrbio de Nova Jersey, ao lado de Nova York. O curioso é que esta pequena cidade faz jus ao título do filme. E é justamente lá, um lugar quase todo habitado por policiais, que se esconde uma rede de corrupção. Mangold, em seu segundo trabalho na direção, revela segurança e conduz a narrativa sem pressa alguma e com a dose certa de tensão e suspense. O elenco, quilométrico, não decepciona em momento algum. Mas o destaque maior é para Stallone, que engordou quase 20 quilos para o papel. Com um desempenho preciso, o ator transmite toda a frustração, fragilidade e senso de justiça de Heflin neste policial incomum e, por isso mesmo, surpreendente.

CORAÇÃO VALENTE
BRAVEHEART
EUA 1995

Direção: Mel Gibson

Elenco: Mel Gibson, Sophie Marceau, Patrick McGoohan, Catherine McCormack, Angus Mcfadyen, James Robinson, Sean Lawlor, Sandy Nelson, James Cosmo, Sean McGinley, Alan Tall, Andrew Weir, Gerda Stevenson e Ralph Riach. Duração: 177 minutos. Distribuição: Fox.

Coração Valente foi o segundo filme dirigido pelo ator Mel Gibson. Conta a saga do herói escocês William Wallace, que lutou contra a Inglaterra pela liberdade de seu país. O diretor não poupou esforços para fazer de *Coração Valente* um grande filme. Uma de suas principais inspirações, disse ele certa vez, foi o épico Spartacus, de Stanley Kubrick. Filmado em grande parte na Irlanda (algumas poucas seqüências foram feitas na Escócia), Gibson revelou-se um diretor de talento. As cenas de batalha são convincentes, bem como a condução do elenco, quase todo de atores desconhecidos. Apesar das lutas constantes e bem orquestradas, o que fica na lembrança são as motivações humanas que movem as personagens. Uma trama que envolve amor, amizade, desejo de liberdade, traição, vingança, morte e arrependimento. Sentimentos confusos e conflitantes, às vezes nobres, muitas vezes desprezíveis. Mas, é justamente aí que está a força do filme. Além do próprio Gibson, que interpreta William Wallace, três atores se destacam: Patrick McGoohan (Edward I), Sophie Marceau (Isabelle) e Angus Mcfadyen (Robert the Bruce). Como um filme de Mel Gibson não poderia existir sem uma boa polêmica, *Coração Valente* enfrentou protestos da comunidade gay por causa do tratamento dado a uma personagem homossexual da trama. Isso não impediu a boa acolhida de público e crítica, além dos diversos prêmios conquistados, entre eles, os Oscar de melhor filme, direção e fotografia.

CORAÇÕES SUJOS
BRASIL 2011

Direção: Vicente Amorim
Elenco: Tsuyoshi Ihara, Takako Tokiwa, Shun Sugata, Kimiko Yo, Celine Fukumoto, Eiji Okuda e Eduardo Moscovis. **Duração:** 90 minutos. **Distribuição:** Paris Filmes.

O filme é falado quase todo em japonês. O elenco é predominantemente nipônico. Mas, *Corações Sujos* é brasileiro e conta uma história que se passou em nosso país no final da Segunda Guerra Mundial. Dirigido por Vicente Amorim, o roteiro se baseia no livro homônimo de Fernando Morais e foi adaptado por David França Mendes. A trama gira em torno de uma comunidade japonesa do interior de São Paulo. Takahashi (Tsuyoshi Ihara) é dono de uma loja de fotografia e vive com sua esposa, Miyuki (Takako Tokiwa), que trabalha como professora primária. A rotina do casal muda completamente após o fim da Guerra. A notícia da derrota do Japão divide a comunidade. Parte dela não acredita no que é divulgado e passa a matar os "corações sujos", conterrâneos que aceitaram a vitória dos aliados como verdadeira. Temas como racismo, intolerância e fundamentalismo são explorados de maneira exemplar. O trio Morais, Mendes e Amorim recria com rigor um pedaço pouco conhecido de nossa história. Só isso já justificaria a existência do filme. No entanto, *Corações Sujos* vai além e revela ser também um excelente e profundo estudo de personagem.

CORPOS ARDENTES
BODY HEAT
EUA 1981

Direção: Lawrence Kasdan

Elenco: William Hurt, Kathleen Turner, Richard Crenna, Mickey Rourke, Ted Danson e J.A. Preston. **Duração:** 113 minutos. **Distribuição:** Warner.

Lawrence Kasdan escreveu o roteiro de dois filmes marcantes do início dos anos 1980: *O Império Contra-Ataca* e *Os Caçadores da Arca Perdida*. O passo seguinte natural seria estrear como diretor. E ele optou por fazer uma releitura de *Pacto de Sangue*, clássico filme noir dirigido em 1944 por Billy Wilder. Em *Corpos Ardentes* acompanhamos o dia-a-dia de um advogado comum e sem ambições, Ned Racine, vivido por William Hurt. A vida dele se resume aos poucos clientes que defende e aos dois amigos com quem costuma beber no bar de uma quente cidade da Flórida. Certo dia, ele conhece Matty Walker, papel de estreia de Kathleen Turner, que diz para Ned: "Você não é muito esperto. Gosto disso em um homem". Tem início um tórrido romance entre os dois que culmina na morte do milionário esposo de Matty. O diretor Kasdan, também autor do roteiro, revela um domínio absoluto de sua narrativa. Todo o elenco merece um destaque especial. Principalmente, Hurt e Turner, que exalam uma química arrebatadora quase sem igual no cinema. Preste atenção na participação de Mickey Rourke, em início de carreira. *Corpos Ardentes* é simplesmente imperdível.

Direção: Christian Vincent

Elenco: Fabrice Luchini, Sidse Babett Knudsen, Eva Iallier, Corinne Masiero, Sophie-Marie Larrouy, Fouzia Guezoum e Victor Pontecorvo. Duração: 98 minutos. Distribuição: Califórnia Filmes.

Quando alguém fala em filme de tribunal naturalmente lembramos do cinema americano. Não se trata de um ato falho, afinal, a maior parte dos filmes que se passa em tribunais é, efetivamente, feita nos Estados Unidos. No entanto, há grandes filmes jurídicos produzidos na Inglaterra e também na França, como este *A Corte*, escrito e dirigido por Christian Vincent, em 2015. Estrelado por Fabrice Luchini, mais conhecido por seus papéis cômicos, aqui ele interpreta o juiz Michel Racine, um homem contido e rigoroso. Sua rotina no tribunal é abalada quando ele percebe a presença de Ditte (Sidse Babett Knudsen), a maior paixão de sua vida, na composição de um júri que ele preside. A partir daí, tudo toma um novo rumo. Luchini, com muito talento, tira proveito dessa virada na postura do severo juiz. É fascinante acompanhar o sutil trabalho deste ator ao mostrar as mudanças no comportamento de Racine depois que põe os olhos em Ditti. O diretor-roteirista nos conduz por um drama cômico ou seria melhor chamá-lo de comédia dramática? Não importa. *A Corte* é francês até a medula e, ao mesmo tempo, universal. Isso permite que ele estabeleça um diálogo com qualquer tipo de público. O que não é nada fácil.

O CORTE
LE COUPERET — FRANÇA 2005

Direção: Costa-Gavras

Elenco: José Garcia, Karin Viard, Ulrich Tukur, Olivier Gourmet, Goerdy Monfils, Thierry Hancisse e Yvon Back. Duração: 122 minutos. Distribuição: Flashstar.

Os filmes do cineasta Costa-Gavras, nascido na Grécia e radicado na França, costumam ser comparados a documentários. Certa vez, perguntaram a ele porque tinha optado pela ficção ao invés do documento. Com muita tranqüilidade ele respondeu que fazer um documentário é muito mais difícil que uma ficção. Isso não isenta seus trabalhos de terem uma narrativa quase "documental". Os temas escolhidos pelo diretor sempre abordam questões políticas, sociais ou religiosas pertinentes. Não é diferente em *O Corte*, que ele dirigiu em 2005. A partir do romance de Donald E. Westlake, com roteiro do próprio Costa-Gavras, junto com Jean Claude Grumberg, o filme trata de um assunto bem atual. A história gira em torno de Bruno Davert (José Garcia), um desempregado que, para voltar a trabalhar, decide eliminar a concorrência, literalmente. Há, é claro, uma evidente crítica à grave crise econômica que a França e a Europa como um todo têm passado. Apesar de se perder um pouco em algumas passagens do filme, Costa-Gavras consegue fazer valer seu ponto de vista. E isso faz toda a diferença.

A COSTELA DE ADÃO
ADAM'S RIB
EUA 1949

Direção: George Cukor

Elenco: Spencer Tracy, Katharine Hepburn, Judy Holliday, Tom Ewell, Jean Hagen e David Wayne. **Duração:** 101 minutos. **Distribuição:** Warner.

A máxima "já não se fazem mais comédias como antigamente" se enquadra com perfeição em *A Costela de Adão*. A conjunção de talentos envolvidos aqui é simplesmente exemplar. Roteiro preciso escrito por Ruth Gordon e Garson Kanin. Direção sofisticada, leve e sutil do experiente George Cukor e, à frente do elenco, o casal Spencer Tracy e Katharine Hepburn e sua química especial. Tracy vive o promotor Adam Bonner. Hepburn, por sua vez, vive a advogada Amanda Bonner. Os dois são marido e mulher no filme e um determinado caso termina por colocá-los em lados opostos no tribunal. Ele na acusação e ela na defesa. Um dos primeiros filmes de postura feminista produzido por Hollywood, *A Costela de Adão* é, antes de tudo, uma deliciosa e muito engraçada comédia romântica. Os roteiristas se inspiraram em um caso real similar ao mostrado no filme. Mas, tomaram algumas "liberdades criativas" que incrementaram ainda mais o fato. A premissa, por si só, já seria suficiente para provocar gargalhadas contínuas. Porém, a já mencionada conjunção de talentos torna esta obra algo próximo do sublime.

A CRIANÇA
L'ENFANT
BÉLGICA/FRANÇA 2005

Direção: Jean-Pierre Dardenne e Luc Dardenne

Elenco: Jérémie Rénier, Déborah François, Gideon Amir, Buzz Kulik, Gerald Thomas, Olivier Gourmet, Umberto Lenzi e Stéphane Bissot. Duração: 117 minutos. Distribuição: Imovision.

Os irmãos Dardenne, Jean-Pierre e Luc, nasceram na Bélgica e começaram carreira no final dos anos 1970 dirigindo documentários. A estreia em longas ocorreu em meados da década seguinte e, desde então, colecionam prêmios de inúmeros festivais de cinema com histórias originais e contadas de maneira bem pessoal. Os Dardenne gostam de filmar com a câmara bem perto dos atores e não têm o hábito de utilizar trilha sonora. Um cinema urgente, imediato, quase documental. Os roteiros escritos pela dupla costumam focar pessoas comuns enfrentando problemas reais, porém, sem panfletagem. Em *A Criança*, de 2005, acompanhamos o drama de Bruno (Jérémie Rénier), um jovem desempregado e sem perspectiva alguma que vive de pequenos golpes. Nesse contexto, ele termina tendo um filho com sua namorada, Sonia (Déborah François). Sem condições de sustentar a si mesmo e a própria família, Bruno decide vender o bebê recém-nascido. Tudo isso sem o consentimento da mãe. Temas fortes e polêmicos fazem parte da filmografia dos Dardenne. Eles sabem trabalhar bem a construção psicológica das personagens e expor as mazelas morais de nossa sociedade. E sem cair em clichês ou parecer chatos. *A Criança* ganhou a Palma de Ouro de melhor filme em Cannes.

CRIME VERDADEIRO
TRUE CRIME
EUA 1999

Direção: Clint Eastwood

Elenco: Clint Eastwood, Isaiah Washington, LisaGay Hamilton, James Woods, Denis Leary, Bernard Hill, Diane Verona e Michael McKean. **Duração:** 127 minutos. **Distribuição:** Warner.

Se existe uma palavra que possa resumir a filmografia de Clint Eastwood, seja como ator, diretor ou produtor, esta palavra é coerência. Qualquer trabalho que leve seu nome será, no mínimo, interessante. Inclusive os chamados "filmes menores" que ele dirigiu, como é o caso deste *Crime Verdadeiro*. Baseado no romance de Andrew Klavan, o roteiro, adaptado por Paul Brickman, Stephen Schiff e Larry Gross, trata de uma injustiça. Tudo começa quando Steve Everett (Eastwood), um repórter famoso por sua bebedeiras e casos amorosos, vai cobrir os últimos dias de Frank Beechum (Isaiah Washington), um condenado à morte. O faro jornalístico de Everett faz com que ele duvide da culpabilidade de Beechum. Ele inicia então uma investigação para provar a inocência do sujeito de sua matéria. Isso tudo, poucos dias antes da execução da sentença. Não é preciso muito para perceber quem detém a verdade. Eastwood é um diretor que costuma "jogar limpo". Não é do tipo que gosta de "pregar peça" em quem acompanha suas histórias. *Crime Verdadeiro* utiliza elementos do suspense, aliados a uma estrutura que mistura investigação policial com bom jornalismo. Aqui, a máxima da boa reportagem, ou seja, ouvir sempre o outro lado, nunca se fez tão presente.

CRIMES E PECADOS
CRIMES AND MISDEMEANORS
EUA 1989

Direção: Woody Allen

Elenco: Alan Alda, Martin Landau, Woody Allen, Claire Bloom, Mia Farrow, Joanna Gleason, Sam Waterston, Anjelica Huston e Jerry Orbach. Duração: 104 minutos. Distribuição: Fox.

Woody Allen sempre foi um diretor-roteirista que buscou inspiração na obra de outros grandes cineastas como Federico Fellini e Ingmar Bergman, bem como na literatura clássica, em especial, em um livro escrito pelo russo Fyodor Dostoievsky, *Crime e Castigo*. Esta obra foi utilizada mais recentemente e de maneira sutil em Match Point. Antes disso, Allen a utilizou mais diretamente neste *Crimes e Pecados*, escrito e dirigido por ele em 1989. Muitos consideram esta obra um divisor de águas na carreira do diretor. Ele que, durante os anos 1970 trabalhou mais com comédias e ao longo dos primeiros anos da década de 1980 fez filmes para homenagear seus cineastas favoritos, neste trabalho ele encontrou um novo "jeito" para contar suas histórias. Acompanhamos Cliff Stern (Allen), um cineasta idealista que recebe uma proposta irrecusável de trabalho: filmar o perfil de badalado produtor de TV, vivido por Alan Alda. Em outro núcleo, Judah Rosenthal (Martin Landau) é um homem respeitado em sua comunidade, até descobrir que sua amante, papel de Anjelica Huston, ameaça revelar seus "podres". Em resumo, *Crimes e Pecados* é um filme que trata de escolhas. Cliff precisa decidir entre se vender ou manter sua integridade artística. Judah está dividido entre o conselho do rabino (Sam Waterston) e a recomendação de seu irmão mafioso (Jerry Orbach). Cada escolha resulta sempre em consequências e novas escolhas. Você é que não tem escolha. Caso ainda não tenha visto este filme, não perca tempo.

Direção: Carl Franklin

Elenco: Morgan Freeman, Ashley Judd, Jim Caviezel, Amanda Peet, Adam Scott, Bruce Davison, Tom Bower e Michael Shannon. Duração: 115 minutos. Distribuição: Fox.

Existem filmes que são marcantes, excepcionais. E existem aqueles que são apenas corretos ou acadêmicos. Estes costumam seguir uma linha narrativa já testada e aprovada pela maioria. São filmes, em grande parte, bem feitos, mas que carecem daquele elemento a mais que os tornaria inesquecíveis. Este é o caso de *Crimes em Primeiro Grau*, dirigido em 2002 por Carl Franklin. Tendo por base o romance de Joseph Finder, os roteiristas Yuri Zeltser e Grace Cary Bickley contam neste filme a história de Claire Kubik (Ashley Judd). Ela vê tudo desmoronar ao seu redor quando o FBI acusa seu marido, Tom Kubik (Jim Caviezel), de ter matado civis inocentes em uma operação secreta do Exército anos atrás. Claire recebe então a ajuda de Charles Grimes (Morgan Freeman), um ex-militar e agora advogado, para limpar o nome de Tom. Fazendo uso de personagens misteriosos e reviravoltas surpreendentes, *Crimes em Primeiro Grau* não procura inovar no gênero. Pelo contrário, faz uso de diversos clichês. No entanto, tem um elenco legal e adequado aos papéis que interpretam e a história, mesmo sem grandes surpresas, é bem contada e satisfatória.

CULPADO COMO O PECADO
GUILTY AS SIN
EUA 1993

Direção: Sidney Lumet

Elenco: Rebecca De Mornay, Don Johnson, Stephen Lang, Jack Warden, Dana Ivey, Ron White e Sean McCann. Duração: 108 minutos. Distribuição: Buena Vista.

Sidney Lumet dirigiu grandes clássicos envolvendo julgamentos. *12 Homens e Uma Sentença* e *O Veredicto* são apenas dois exemplos de sua extensa lista. Trata-se, portanto, de um tipo de filme que ele conhece muito bem. *Culpado Como o Pecado* é uma espécie de "licença poética" do diretor neste, digamos assim, segmento cinematográfico. Aqui, além do drama natural, há um forte elemento de suspense. O roteiro de Larry Cohen nos apresenta a advogada Jennifer Haines (Rebecca De Mornay), bonita, elegante e bem-sucedida, ela aceita defender David Edgar Greenhill (Don Johnson), um homem acusado de ter matado a própria esposa. David alega inocência e seduz Jennifer. Porém, a advogada começa a suspeitar de algumas coisas e decide investigar por conta própria a história de seu cliente. Lumet é, antes de tudo, um excepcional diretor de atores e mesmo em uma trama sem muitas surpresas como esta, é visível esta marca do cineasta. De Mornay, na época, era uma atriz em ascensão e vinha de sucessos que exploravam sua beleza e sensualidade. O mesmo pode ser dito de Johnson, ainda colhendo os frutos da popularidade adquiridos nos anos da série de TV *Miami Vice*. *Culpado Como o Pecado* é, em sua essência, um veículo promocional para seu par central de atores. Se tivesse sido dirigido por outra pessoa, talvez não chamasse a atenção. A direção de Lumet, mesmo não estando no nível de outras obras do cineasta, termina fazendo a diferença.

CULPADO POR SUSPEITA
GUILTY BY SUSPICION
EUA 1991

Direção: Irwin Winkler

Elenco: Robert De Niro, Annette Bening, George Wendt, Patricia Wettig, Sam Wanamaker, Luke Edwards, Chris Cooper, Tom Sizemore, Adam Baldwin e Martin Scorsese.
Duração: 105 minutos. **Distribuição:** Fox.

Irwin Winkler trabalha desde os anos 1960 como produtor. Foi responsável pela produção de vários filmes, entre eles: *Touro Indomável*, de Martin Scorsese, e *Rocky - Um Lutador*, estrelado por Sylvester Stallone e *Os Eleitos*, de Philip Kaufman. *Culpado Por Suspeita* foi sua estréia como diretor e roteirista. A história se passa durante o macarthismo, nos anos 1950, período em que o senador americano Joseph McCarthy promoveu uma caça aos comunistas nos Estados Unidos. O alvo principal era Hollywood. O filme conta o drama vivido pelo diretor David Merrill, papel de Robert De Niro. Ele é levado ao Senado para depor e tem sua vida virada de cabeça para baixo. O "crime" cometido: ter se negado a denunciar seus colegas. Winkler revela ter aprendido bem o ofício de dirigir trabalhando décadas na produção. Seu filme tem ritmo, aliando um roteiro bem escrito a um elenco competente e bem conduzido. Preste atenção na atuação de Scorsese. Se ele não fosse tão melhor como diretor, poderia ter investido na carreira de ator.

A DAMA DOURADA — WOMAN IN GOLD
INGLATERRA 2015

Direção: Simon Curtis

Elenco: Helen Mirren, Ryan Reynolds, Daniel Brühl, Katie Holmes, Charles Dance, Elizabeth McGovern, Jonathan Pryce e Frances Fischer. **Duração:** 109 minutos. **Distribuição:** Swen Filmes.

Uma guerra nos tira a liberdade e o convívio com nossos entes queridos. Nos tira a vida. Uma guerra pode nos tirar também objetos de grande valor. Sejam eles de valor sentimental ou não. O diretor Simon Curtis nos apresenta no filme *A Dama Dourada* um caso real que trata de todas estas perdas juntas. A partir dos relatos de E. Randol Schoenberg e Maria Altmann, o roteiro de Alexi Kaye Campbell nos conta uma história fantástica. 60 anos depois de fugir de Viena para os Estados Unidos, a judia Maria Altmann (Helen Mirren) contrata o advogado Randy Schoenberg (Ryan Reynolds) para ajudá-la a recuperar bens de sua família que foram tomados pelos nazistas. Entre estes bens está um quadro do pintor Gustav Klimt, o Retrato de Adele Bloch-Bauer, tia de Maria. O processo traz à tona questões que estavam esquecidas no passado, além de colocar Estados Unidos e Áustria em uma disputa no tribunal. *A Dama Dourada* mistura drama de guerra, com investigação e julgamentos. Apesar de algumas escorregadas, o filme se sustenta bem graças à força de sua história e à determinação de Maria, mais um ótimo desempenho de Helen Mirren.

DANIEL — EUA 1983

Direção: Sidney Lumet

Elenco: Timothy Hutton, Mandy Patinkin, Lindsay Crouse, Edward Asner, Ellen Barkin, Julie Bovasso, Tovah Feldshuh, John Rubinstein e Amanda Plummer. **Duração:** 130 minutos. **Distribuição:** Paramount.

O drama do casal Julius e Ethel Rosenberg mobilizou a opinião pública mundial no ano de 1953. Acusados governo americano de passarem segredos militares para os soviéticos, os dois foram condenados e executados. O filme *Daniel*, de 1983, dirigido pelo mestre Sidney Lumet, a partir do livro de E.L. Doctorow, que também escreveu o roteiro, parte desta história real. Ou melhor, elabora uma história de ficção tendo por base personagens reais. No caso, os irmãos Daniel (Timothy Hutton) e Susan (Amanda Plummer), filhos do casal Isaacson, Paul (Mandy Patinkin) e Rochelle (Lindsay Crouse). O filme acompanha a luta do filho para descobrir a verdade sobre a culpabilidade dos pais. *Daniel* apresenta um painel dos movimentos antibelicistas surgidos na virada dos anos 1960 para 1970. No meio deles, o jovem estudante, recém-formado, Daniel, certo de que o julgamento que condenou os Isaacson foi injusto, procura trazer luz para o caso e limpar o nome da família. Não poderia haver diretor melhor que Lumet para contar esta história. Experiente em filmes que abordam questões jurídicas, ele vinha do sucesso de *O Veredicto*, realizado no ano anterior, e nos brinda aqui com mais um filme impactante.

DANTON
O PROCESSO DA REVOLUÇÃO

FRANÇA/POLÔNIA 1982

Direção: Andrzej Wajda

Elenco: Gérard Depardieu, Wojciech Pszoniak, Patrick Chéreau, Roger Planchon, Boguslaw Linda e Roland Blanche. Duração: 131 minutos. Distribuição: Versátil.

Temas políticos são recorrentes na obra do cineasta polonês Andrzej Wajda. Na maioria dos casos, eles se limitam às questões de seu país, a Polônia. Em *Danton – O Processo da Revolução*, que ele dirigiu em 1982, o foco está voltado para duas figuras importantes da Revolução Francesa: Georges Jacques Danton e Maximilien Marie Isidore de Robespierre. O roteiro de Jean-Claude Carrière se baseia na peça *L'Affaire de Danton*, de Stanislawa Przybyszewska, e explora o período pós-revolução, conhecido como Reino do Terror. A situação está caótica na França. Todos são suspeitos e a guilhotina corta cabeças diariamente. Danton (Gérard Depardieu) e Robespierre (Wojciech Pszoniak), que quatro anos antes haviam proclamado a Declaração dos Direitos do Homem, encontram-se agora em lados opostos. Um conta com o apoio do povo. O outro tem o poder nas mãos. Wajda expõe essa luta revelando a complexidade das personagens. E tem aqui um elenco afinadíssimo. Apesar de contar uma história que aconteceu no final do Século XVIII, o filme cria conexões com o momento que o mundo vivia no início dos anos 1980 e, curiosamente, com os dias atuais. Prova inconteste de sua força e atemporalidade.

DE ILUSÃO TAMBÉM SE VIVE
MIRACLE ON 34TH STREET
EUA 1947

Direção: George Seaton

Elenco: Maureen O'Hara, John Payne, Edmund Gwenn, Gene Lockhart, Natalie Wood, Porter Hall, William Frawley e Jorome Cowan. Duração: 96 minutos. Distribuição: Fox.

Quem um dia não acreditou em Papai Noel? Crianças de várias partes do mundo esperam ansiosas pela chegada do "bom velhinho" na véspera de Natal. E se alguém dissesse ser o verdadeiro Papai Noel? Isso acontece no filme *De Ilusão Também Se Vive*, dirigido em 1947 por George Seaton. A ação se passa no período das festas natalinas. Kris Kringle (Edmund Gwenn) é contratado para trabalhar como Papai Noel em uma loja de departamentos. Tudo vai bem até o dia em que Kringle diz ser realmente o "bom velhinho". Está criada uma grande polêmica que mobiliza todo o país. Kringle é submetido a diversos exames e recebe um atestado de insanidade. O advogado Fred Gailey (John Payne), decide provar que aquela afirmação é a mais pura verdade. *De Ilusão Também Se Vive* segue a linha otimista dos filmes de Frank Capra e foi um dos primeiros trabalhos de Natalie Wood, então com nove anos, que vive a pequena Susan Walker, única pessoa que acredita ser Kringle quem ele diz ser. Esta mesma história foi refilmagem em 1994, quando recebeu no Brasil o título de *Milagre na Rua 34*, mais fiel ao original.

DE QUEM É A VIDA AFINAL?
WHOSE LIFE IS IT ANYWAY?
EUA 1981

Direção: John Badham

Elenco: Richard Dreyfuss, Christine Lahti, John Cassavetes, Bob Balaban, Kenneth McMillan, Kaki Hunter, Thomas Carter e Alba Oms. Duração: 119 minutos. Distribuição: Warner.

O cineasta John Badham é filho de mãe inglesa e pai adotivo americano. Nascido na Inglaterra e criado nos Estados Unidos, ele começou sua carreira em 1971 dirigindo séries de TV. Sua estreia no cinema aconteceu em 1976, e ao longo dos 20 anos seguintes ele se revelou um diretor bastante eclético. *De Quem é a Vida Afinal?*, de 1981, foi seu quarto longa e é, dentre as obras de sua filmografia, o mais contundente. Baseado na peça de Brian Clark, que junto com Reginald Rose escreveu o roteiro do filme, acompanhamos aqui o drama de Ken Harrison (Richard Dreyfuss). Ele é um escultor que sofre um trágico acidente de carro e fica tetraplégico. Sem movimento algum em seu corpo do pescoço para baixo, ele entra em depressão e consciente de que sua vida não será mais a mesma, aciona um advogado para pleitear nos tribunais o direito à ortotanásia, também conhecida como eutanásia passiva. Este procedimento consiste na suspensão de qualquer tipo de tratamento que prolongue a vida do paciente. Badham conduz sua narrativa com segurança e tem ao seu lado um ator como Richard Dreyfuss em estado de graça. Sem pieguices, maniqueísmo ou apelos sentimentais, *De Quem é a Vida Afinal?* faz valer o questionamento proposto pelo título. E deixa esta pergunta na nossa cabeça também.

Direção: Ken Scott

Elenco: Matthew Vaughn, Chris Pratt, Cobie Smulders, Simon Delaney, Bobby Moynihan. Duração: 105 minutos. Distribuição: Buena Vista.

Imagine a surpresa de alguém ao descobrir ser pai de 533 crianças. É o que acontece com David (Vince Vaughn), que no passado "prestou serviços" para uma clínica de fertilidade. Este é o ponto de partida do filme *De Repente Pai*, escrito e dirigido por Ken Scott. Surpresa maior ainda ele tem quando descobre que 142 delas entraram com uma ação para que sua identidade seja revelada. Para enfrentar a situação, ele conta com a ajuda de seu amigo e advogado Brett (Chris Pratt). Sabe aquele tipo de filme que funciona muito bem enquanto você o está vendo e logo depois você o esquece? É mais ou menos isso o que acontece com *De Repente Pai*. Vaughn e Pratt possuem um ótimo ritmo para a comédia e estão perfeitos aqui. A trama em si é instigante e inusitada, o que causa uma boa expectativa. No entanto, o diretor, que já havia filmado esta mesma história em sua Quebec natal com o título de *Starbuck*, escorrega feio nas armadilhas do melodrama.

DE SALTO ALTO
TACONES LEJANOS
ESPANHA 1991

Direção: Pedro Almodóvar

Elenco: Victoria Abril, Marisa Paredes, Miguel Bosé, Feodor Atkine, Pedro Diez del Corral e Ana Lizaran. Duração: 112 minutos. Distribuição: Magnus Opus.

Quando o cineasta espanhol Pedro Almodóvar assina seus filmes como "um filme de Almodóvar", ele não está sendo arrogante. Na verdade, está sendo simplesmente realista. Seu cinema é único e é só dele. Em 1991, quando escreveu e dirigiu *De Salto Alto*, Almodóvar comprovou mais uma vez que não se acomodaria no sucesso. Três anos antes ele havia conquistado o mundo com *Mulheres à Beira de Um Ataque de Nervos*. Isso não impediu que seu trabalho seguinte, *Ata-Me!*, seguisse uma trilha completamente diferente. Em *De Salto Alto*, a história gira em torno de Becky (Marisa Paredes), uma cantora que volta para Madrid 15 anos depois de ter abandonado a própria filha, Rebecca (Victoria Abril). As coisas se complicam mais ainda pelo fato de Rebecca ser casada com Manuel (Feodor Atkine), antigo amante de sua mãe. Um crime é cometido e entra em cena o cantor Miguel Bosé, em papel triplo. Um deles, impagável e, acredite, de grande beleza. *De Salto Alto* não admite um meio-termo. Almodóvar sabe provocar sem cair na vulgaridade. Kitsch, sim. Vulgar, jamais. Melodramático? Claro, até a medula. Realmente, um autêntico filme de Almodóvar.

DEMOCRACIA EM PRETO E BRANCO
BRASIL 2014

Direção: Pedro Asbeg

Documentário. Duração: 82 minutos. Distribuidora: Bretz Filmes.

Duas coisas importantes precisam ser ditas já no começo deste texto. Você não precisa gostar de futebol e muito menos ser torcedor do Corinthians para assistir a este empolgante documentário. Dirigido pelo carioca Pedro Asbeg, *Democracia em Preto e Branco* utiliza como pano de fundo a famosa ação dos jogadores do Corinthians, liderados por Sócrates e Casagrande, conhecida na época como "Democracia Corinthiana". Asbeg, que começou sua carreira como montador, desenvolve neste segundo longa, um resgate histórico muito maior. O roteiro, escrito por Arthur Muhlenberg, mistura futebol com música e política. Aparentemente, uma mistura improvável. Mas, a maneira como Asbeg conduz os depoimentos e os organiza junto com imagens de arquivo faz a diferença. O período retratado, primeira metade dos anos 1980 no Brasil, foi marcado pelo surgimento de diversas bandas de rock, além da intensa campanha nacional pelas Diretas Já. Neste contexto, surge o movimento corinthiano. *Democracia em Preto e Branco* lança um olhar bem humorado, reflexivo e irônico em um período recente de nossa História e que mudou definitivamente o rumo do país.

DEPOIS DE MAIO
APRÈS MAI
FRANÇA 2012

Direção: Olivier Assayas

Elenco: Clément Métayer, Lola Créton, Felix Armand, Carole Combes, India Menuez, Hugo Conzelmann, Mathias Renou e Léa Rougeron. Duração: 122 minutos. Distribuição: Imovision.

O cineasta francês Olivier Assayas, de uma certa forma, refez os passos de seus conterrâneos da Nouvelle Vague. Foi colaborador da revista *Cahiers du Cinéma* antes de se tornar diretor de filmes. Como jornalista, escreveu um livro, *Conversas com Bergman*, sobre o grande mestre sueco. Assayas se envolveu com o cinema no finalzinho dos anos 1970, como realizador de curtas e roteirista. Seu trabalho mais conhecido é a premiada minissérie Carlos, sobre o famoso revolucionário venezuelano que fundou uma organização terrorista. *Depois de Maio*, que ele também escreveu, acompanha um grupo de jovens, na virada dos anos 1960 para 1970, que lidam com a herança dos estudantes que enfrentaram o poder estabelecido em Maio de 1968. Gilles (Clément Métayer) se vê em um momento e em um mundo em transformação. A câmara de Assayas acerta o foco e nos transporta para dentro daqueles conflitos todos, sejam de ordem social, política ou pessoal. *Depois de Maio* ganhou dois prêmios importantes no Festival de Veneza de 2012: melhor roteiro e melhor direção.

O DESAFIO DA LEI
SWING VOTE
EUA 1999

Direção: David Anspaugh

Elenco: Andy Garcia, Harry Belafonte, Robert Prosky, Ray Walston, James Whitmore, Kate Nelligan, Milo O'Shea e Bob Balaban. **Duração:** 90 minutos. **Distribuição:** Columbia.

Nem todo filme de tribunal se concentra no julgamento em si. Muitos procuram explorar também a investigação da defesa, o debate dos jurados, o drama dos familiares. Poucos, como este *O Desafio da Lei*, procuram lançar um pouco de luz na rotina dos julgadores. Dirigido por David Anspaugh, a partir de um roteiro de Ron Bass e Jane Rusconi, o filme acompanha o empenho de um jovem juiz, Joseph Kirkland (Andy Garcia), que participa do julgamento de um recurso de uma mulher acusada de assassinato por ter feito um aborto. A questão humana prevalece neste drama que procura discutir este polêmico tema que envolve o direito à vida e a liberdade de escolha da mãe. Kirkland interage bastante com o veterano juiz Will Dunn, vivido por Harry Belafonte. *O Desafio da Lei* não é perfeito, porém, exala honestidade. E isso faz a diferença

DESAPARECIDO, UM GRANDE MISTÉRIO
MISSING
EUA 1982

Direção: Costa-Gavras

Elenco: Jack Lemmon, Sissy Spacek, John Shea, Melanie Mayron, David Clennon, Charles Cioffi, Joe Regalbuto, Janice Rule e Richard Venture. Duração: 116 minutos. Distribuição: Classic Line.

O cineasta grego Costa-Gavras começou sua carreira em 1965 e quatro anos depois, com a boa acolhida de *Z*, ganhou projeção mundial. Com filmes de forte conteúdo político, o diretor sofreu perseguições em seu país e se mudou para a França no início da década de 1970. De lá, mudou-se novamente, desta vez para os Estados Unidos, onde dirigiu *Desaparecido – Um Grande Mistério*, seu primeiro longa americano. O roteiro, escrito pelo próprio diretor, junto com Donald Stewart, tem por base o livro homônimo de Thomas Hauser. A história se passa no Chile, poucos dias depois do golpe militar que derrubou o presidente Salvador Allende e levou Augusto Pinochet ao poder. Um jornalista americano, Charles Horman (John Shea), é preso pelo novo governo. Seu pai, Ed (Jack Lemmon, em desempenho comovente), ao lado de Beth (Sissy Spacek), esposa de Charles, inicia uma cruzada para encontrar o filho. Desaparecido tem a marca registrada de Costa-Gavras. O fato de o filme ser produzido por um estúdio hollywoodiano não inibiu o diretor de suas convicções políticas. Grande sucesso no ano de seu lançamento, ganhou prêmios importantes. Entre eles: a Palma de Ouro de filme e ator, para Lemmon, no Festival de Cannes. Além do Oscar de melhor roteiro adaptado.

OS DESCENDENTES
THE DESCENDENTS
EUA 2011

Direção: Alexander Payne

Elenco: George Clooney, Shailene Woodley, Amara Miller, Grace A. Cruz, Nick Krause, Patricia Hastie, Robert Forster, Matthew Lillard, Judy Greer e Beau Bridges. Duração: 115 minutos. Distribuição: Fox.

O cineasta americano Alexander Payne estava sem dirigir um longa-metragem desde 2004, quando realizou *Sideways – Entre Umas e Outras*. O "jejum" terminou em 2011, com *Os Descendentes*. O roteiro, escrito pelo próprio Payne junto com Nat Faxon e Jim Rash, se baseia no livro de Kaui Hart Hemmings. "Meus amigos no continente pensam que só porque eu moro no Havaí, eu moro no paraíso. Como um período de férias permanente. O tempo todo tomando Mais Tais e pegando onda. Eles estão loucos?", pergunta Matt King, personagem de George Clooney, um advogado bem sucedido e um pouco "desligado" da família. Um acidente de barco com sua esposa Elizabeth (Patricia Hastie) provoca uma mudança brusca em sua vida. Isso sem contar a possibilidade de fechamento de uma negociação envolvendo as terras da tradicional família King, que deixará todos milionários. *Os Descendentes* se equilibra na linha tênue entre o drama e a comédia. Payne sabe bem onde está pisando e conduz seu filme de maneira sutil e segura. O foco principal é a reinvenção de Matt como homem e como pai. E é justamente do relacionamento dele com as duas filhas, Alexandra (Shailene Woodley) e Scottie (Amara Miller), que o filme tira seu maior trunfo. Engraçado e dramático na medida certa, *Os Descendentes* é, acima de tudo, extremamente humano. Indicado ao Oscar em cinco categorias, ganhou em apenas uma: melhor roteiro adaptado.

DESONRA
DISGRACE
AUSTRÁLIA/ÁFRICA DO SUL 1999

Direção: Steve Jacobs

Elenco: John Malkovich, Eriq Ebouaney, Jessica Haines, Charles Terties e Paula Arundell. Duração: 118 minutos. Distribuição: Flashstar.

O ator e diretor Steve Jacobs, apesar de nascido nos Estados Unidos, fez carreira na África do Sul, onde vem atuando desde 1984, principalmente na televisão. Paralelo a isso, dirigiu dois longas. Seu trabalho mais destacado como diretor é a adaptação de *Desonra*, baseado no livro do premiado escritor sul africano J. M. Coetzee e com roteiro de Anna Maria Monticelli, esposa de Jacobs. Tudo tem início na Cidade do Cabo. David Lurie (John Malkovich) é professor em uma universidade e, descendente de holandeses como é, age naturalmente como dominador. Sua vida é marcada por casamentos que não deram certo e, para complicar tudo ainda mais, ele é demitido por causa de um envolvimento com uma de suas alunas, o que gerou um processo de assédio sexual. Isso faz com que ele se mude para uma região rural onde a postura de colonizador não "cola", uma vez que lá a maioria é negra. Mesmo assim, isso não altera os planos de David, que quer apenas levar uma vida tranqüila ao lado da filha, Lucie (Jessica Haines). Tudo vai bem até eles sofrerem um violento ataque que muda a vida de ambos por completo. *Desonra* toca em feridas que continuam expostas. Mesmo tratando de questões aparentemente ligadas à realidade da África do Sul, há muito mais em discussão aqui. E isso dá a esta história um caráter universal.

O DESTINO DE UMA VIDA
LOSING ISAIAH
EUA 1995

Direção: Stephen Gyllenhaal

Elenco: Jessica Lange, Halle Barry, David Strathairn, Cuba Gooding Jr., Daisy Eagan, Regina Taylor, Joie Lee, Marc John Jefferies e Samuel L. Jackson. **Duração:** 111 minutos. **Distribuição:** Paramount.

Pais drogados que abandonam seus bebês por conta do vício fazem parte, infelizmente, de uma triste estatística noticiada diariamente. Da mesma forma, nos sensibilizamos com pessoas que recolhem essas crianças abandonadas, lhes dão carinho e segurança ao adotá-las em suas famílias. Este é o drama de *O Destino de Uma Vida*. Dirigido por Stephen Gyllenhaal, o filme começa com Khaila (Halle Berry) deixando seu filho recém-nascido em uma caixa de papelão. Enquanto ela se droga, o bebê quase morre ao ser jogado dentro de um caminhão de lixo. Socorrido, ele é levado para um hospital, onde termina sendo adotado pela assistente social Margaret (Jessica Lange). Anos depois, livre do vício, a mãe biológica descobre o paradeiro de seu filho e decide lutar pela guarda da criança. Os argumentos de cada mãe são fortes e convincentes o bastante e abrem um sempre atual debate sobre a verdadeira maternidade: mãe é quem gerou ou quem criou? O roteiro de Naomi Foster, que se baseia no romance de Seth Margolis, não entrega uma resposta pronta. Cabe a nós, espectadores, responder esta pergunta. Em tempo: o diretor é pai dos atores Jake e Maggie Gyllenhaal.

O DEUS DA CARNIFICINA
CARNAGE
FRANÇA/ALEMANHA 2011

Direção: Roman Polanski

Elenco: Jodie Foster, John C. Reilly, Kate Winslet e Christoph Waltz. Duração: 80 minutos. Distribuição: Imagem Filmes.

Roman Polanski, cineasta polonês radicado na França, adaptou a peça *Le Dieu du Carnage*, de Yasmina Reza, junto com a própria autora. O filme *O Deus da Carnificina*, assim como a peça, é centrado em um único cenário e quatro atores. Existe apenas uma seqüência externa, e vista de longe, que serve de motivo para uma conversa entre os dois casais. No caso, Nancy (Kate Winslet) e Alan (Christoph Waltz), pais de um garoto de 11 anos, que agrediu o filho de Penelope (Jodie Foster) e Michael (John C. Reilly). Os pais do menino agredido convidam os pais do menino agressor para um encontro em seu apartamento. A intenção é restabelecer a paz entre os garotos de maneira civilizada. Confinados naquele pequeno espaço, a cordialidade inicial, aos poucos vai se transformando em troca de acusações. Polanski, apesar da limitação espacial que tem, conduz a trama com dinamismo e tem no elenco um grande aliado. Os quatro atores em cena, sem exceção, estão soberbos. E o diretor aproveita para ir tirando suas máscaras, criando com isso situações quase surreais, algumas bem engraçadas, outras nem tanto. No final, temos um filme inquietante e direto em sua proposta de desnudar hipocrisias das mais diversas.

O DIA EM QUE A TERRA PAROU (1951)
THE DAY THE EARTH STOOD STILL
EUA 1951

Direção: Robert Wise

Elenco: Michael Rennie, Patricia Neal, Hugh Marlowe, Sam Jaffe e Billy Gray. Duração: 92 minutos. Distribuição: Fox.

Primeiro filme de ficção-científica a mostrar alienígenas trazendo uma mensagem de paz, *O Dia em Que a Terra Parou* foi dirigido por Robert Wise em um momento em que crescia o medo dos americanos a um possível ataque soviético. Era o começo da Guerra Fria entre as duas grandes potências mundiais. Aos olhos de hoje, é óbvio que os efeitos especiais pareçam toscos. Porém, a força deste filme não está nas trucagens. Sua verdadeira força continua intacta graças a um roteiro inteligente e ainda bastante atual. Outro mérito do filme é a direção precisa de Wise, que não perde tempo com explicações desnecessárias e imprime o ritmo certo para a história. É bom não esquecer também a qualidade do elenco, a bela fotografia em preto-e-branco de Leo Tover e a trilha sonora mais que perfeita composta por Bernard Herrmann. Filme-marco de toda uma geração de cineastas e fãs de ficção-científica, que gravaram na memória a frase "klatu barada nikto". Não vou traduzi-la aqui. Você terá que assistir ao filme para entender seu significado. Caso queira exercitar seu poder de observação, o ator James Dean faz uma ponta como um dos soldados. Um aviso importante: Foi produzida uma nova versão deste filme em 2008. Fuja dela.

O DIA QUE DUROU 21 ANOS
BRASIL 2012

Direção: Camilo Tavares

Documentário. Duração: 77 minutos. Distribuição: Pequi Filmes.

A trajetória de Camilo Tavares, diretor do documentário *O Dia Que Durou 21 Anos*, daria um filme. Filho do jornalista Flávio Tavares, ele nasceu no México durante o exílio de seu pai, que foi perseguido pelo regime militar. Boa parte de sua infância ele passou na Argentina, até retornar ao Brasil em 1979, por conta da anistia. Primeiramente, morou no Rio de Janeiro. Depois se mudou para os Estados Unidos e Inglaterra e hoje vive em São Paulo. *O Dia Que Durou 21 Anos*, que tem como foco o golpe de 1964 e a participação efetiva do governo americano, é também uma busca pela própria história do diretor. Tavares teve acesso a documentos da CIA e gravações da Casa Branca que comprovam articulações para derrubar o presidente João Goulart. O processo de pesquisa e produção do documentário levou cerca de cinco anos e começou tendo como ponto de partida as lembranças do pai do diretor. Durante o processo, Tavares teve acesso ao material que até então permanecera secreto sobre o envolvimento dos americanos. *O Dia Que Durou 21 Anos* tem uma montagem dinâmica que prende a atenção do espectador. Mesmo tratando de um tema que muitos julgam conhecer, o filme reserva boas surpresas.

O DIABO NO BANCO DOS RÉUS
SUING THE DEVIL
EUA/AUSTRÁLIA 2011

Direção: Timothy A. Chey

Elenco: Malcolm McDowell, Shannen Fields, Corbin Bernsen, Tom Sizemore, Bart Bronson, Jeff Gannon, Roslyn Gentle e Annie Lee. **Duração:** 108 minutos. **Distribuição:** Graça Filmes.

Imagine se o diabo, o demo, o coisa ruim, o anjo caído, Lúcifer em pessoa fosse processado e levado a julgamento. Seria, antes de qualquer coisa, um grande acontecimento midiático. Pois bem, algo bem parecido com isso é o que acontece no filme *O Diabo no Banco dos Réus*, escrito e dirigido por Timothy A. Chey. Graduado em Cinema e Direito, Chey conta aqui a história de Luke O'Brien (Burt Bronsen), um homem que decide processar o "cramunhão" em oito trilhões de dólares por tudo de errado que aconteceu em sua vida. Em princípio, o julgamento deveria acontecer à revelia do acusado, porém, pouco antes do prazo final, Satanás (Malcolm McDowell) aparece para se defender. E claro, contrata os melhores e mais caros advogados para a tarefa. *O Diabo no Banco dos Réus* é um filme que mistura drama e comédia com uma pitada de suspense. É também assumidamente cristão e quase fundamentalista na forma como reitera algumas questões religiosas. Vale como exercício de diversidade de pensamento. Nada mais que isso.

Direção: Walter Salles

Elenco: Gael García Bernal, Rodrigo de la Serna, Mercedes Morán, Jean Pierre Noher e Lucas Oro. Duração: 126 minutos. Distribuição: Buena Vista.

Quando o cineasta brasileiro Walter Salles decidiu contar em filme um período da vida do jovem Ernesto Guevara, ele não pensou que seu trabalho fosse envolver meio mundo. A produção foi "abraçada" por nada menos que oito países e o elenco é composto por atores de diversos países latino-americanos. O filme é baseado nos relatos escritos por Guevara e por seu amigo e companheiro de viagem Alberto Granado. A história tem início em 1952, quando o futuro líder da Revolução Cubana era um jovem estudante de medicina em Buenos Aires. Ernesto e Alberto viajam pela América do Sul em uma velha moto, La Poderosa. Essa transformadora viagem permite a ambos entender a verdadeira realidade que os rodeia. O grande trunfo deste filme é estabelecer a gênese de um mito sem sucumbir ou glorificar esse mito. O olhar carinhoso da câmara de Salles ao mostrar/descobrir um povo é comovente. Nos papéis principais temos os talentosos Gael García Bernal (Ernesto) e Rodrigo de la Serna (Alberto). Uma bela e reveladora viagem embalada por uma estupenda trilha sonora composta pelo Gustavo Santaolalla, cuja música-tema, *Al Otro Lado Del Río*, cantada por Jorge Drexler, ganhou o Oscar de melhor canção original em 2005.

O DIREITO DO MAIS FORTE À LIBERDADE
FAUSTRECHT DER FREIHEIT
ALEMANHA 1975

Direção: Rainer Werner Fassbinder

Elenco: Peter Chatel, Rainer Werner Fassbinder, Karlheinz Böhm, Adrian Hoyen e Harry Baer. Duração: 123 minutos. Distribuição: Lume Filmes.

O cineasta alemão Rainer Werner Fassbinder viveu muito pouco, apenas 37 anos. Mas, produziu bastante. Para teatro, cinema e televisão. Em meados dos anos 1970, inspirado pela obra de Douglas Sirk, ele resolveu discutir alguns preconceitos em seus filmes. *O Direito do Mais Forte à Liberdade*, de 1975, faz parte desta fase. Com roteiro dele próprio junto com Christian Hohoff, temos aqui um diferencial: sua atuação em um papel de destaque. Ele vive Franz Biberkopf, um homem que, devido à falta de dinheiro, se prostitui. Seu primeiro cliente, Max (Karlheinz Böhm), torna-se seu amigo. No dia seguinte, sua sorte muda. Ele ganha na loteria e, através de Max, conhece Eugen (Peter Chatel), por quem se apaixona. O olhar de Fassbinder não é nada animador. Em sua extensa filmografia predomina o pessimismo. O que torna *O Direito do Mais Forte à Liberdade* relevante é a maneira como o cineasta cria e dirige suas personagens. E neste caso, pode acrescentar sua brilhante atuação à frente do elenco. Acompanhamos a descida ao inferno pessoal de Franz. E não custa lembrar e destacar: poucos diretores conseguem mostrar esta queda de maneira tão poética e, ao mesmo tempo tão direta e seca, como Fassbinder.

DISQUE M PARA MATAR
DIAL M FOR MURDER
EUA 1954

Direção: Alfred Hitchcock

Elenco: Ray Milland, Grace Kelly, Robert Cummings, John Williams, Anthony Dawson, Patrick Allen, George Leigh, George Alderson e Robin Hughes. **Duração:** 105 minutos. **Distribuição:** Warner.

Alfred Hitchcock sempre soube dirigir suspenses de uma maneira bem pessoal. Outra coisa que ele gostava de fazer em seus filmes era subverter as expectativas da audiência. Nunca deixando de apresentar ao espectador toda informação que ele precisava ter para acompanhar a trama sem ser pego de surpresa. Em *Disque M Para Matar*, a brincadeira começa com os dois atores que completam o triângulo formado entre eles e a personagem de Grace Kelly. O marido dela, Ray Millard, apesar de tenista, não parece ser um esportista. A outra ponta do triângulo, da mesma forma, não aparenta ser quem diz ser. Um crime encomendado, um telefonema e uma tesoura colocarão tudo no seu devido lugar. Hitchcock manipula cada cena para que ela tenha o efeito desejado, ou seja, nos enganar e nos conduzir para um final arrebatador. Poucos diretores possuem essa habilidade desenvolvida de maneira tão apurada. Isso faz de qualquer filme dirigido pelo "mestre do suspense" uma verdadeira aula de cinema.

DISTRITO 9
DISTRICT 9
EUA/ÁFRICA DO SUL/NOVA ZELÂNDIA 2009

Direção: Neill Blomkamp

Elenco: Sharlto Copley, Jason Cope, Nathalie Boltt, Sylvaine Strike, Elizabeth Mkandawie, John Sumner, William Allen Young e Greg Melvill-Smith. Duração: 112 minutos. Distribuição: Sony.

Quantas vezes você já viu no cinema uma nave extraterrestre fora do espaço aéreo americano? Só por isso *Distrito 9* já vale o ingresso. Escrito e dirigido pelo sul-africano Neill Blomkamp, ele coloca uma imensa espaçonave flutuando sob o céu de Johanesburgo. A produção é de Peter Jackson, que após assistir ao curta-metragem *Alive in Joburg*, que Blomkamp havia realizado em 2006, resolveu "bancar" a adaptação do curta para um longa. Os extraterrestres já estão na Terra há 20 anos. Eles vivem segregados em uma área conhecida como "Distrito 9" e a tensão entre eles e os humanos é cada vez maior. Para evitar que a situação fique incontrolável, o governo decide removê-los para uma outra região. Tem início então um processo de realocação desses seres estranhos e asquerosos que são chamados pejorativamente de "camarões". É fácil perceber o que Peter Jackson viu de interessante no filme. As referências ao cinema de ficção-científica e terror são inúmeras, além, claro, da "nojeira" de algumas cenas. Os efeitos especiais ficaram sob responsabilidade da Weta, que mais uma vez comprova sua supremacia na área. Mas *Distrito 9* não se sustenta apenas em efeitos. Sua força maior está no roteiro e nas idéias que discute. Blomkamp imprime uma narrativa semi-documental e faz um uso muito criativo da câmara. Além disso, as personagens são bem construídas e convincentes. Tudo isso faz do filme uma grata surpresa e uma excelente opção para aqueles que estão cansados do "feijão com arroz" hollywoodiano.

O DOCE AMANHÃ
THE SWEET HEREAFTER
CANADÁ 1997

Direção: Atom Egoyan

Elenco: Ian Holm, Sarah Polley, Caerthan Banks, Tom McCamus, Gabrielle Rose, Maury Chaykin, Bruce Greenwood e David Hemblen. Duração: 112 minutos. Distribuição: LW Editora

A morte não é um tema fácil de lidar no cinema. A linha que separa o drama do "dramalhão" é muito tênue. O cineasta canadense Atom Egoyan adaptou o romance do escritor Russell Banks e dirigiu este tocante filme. Em *O Doce Amanhã*, acompanhamos em uma pequena cidade do interior do Canadá, um acidente envolvendo um ônibus escolar. Vinte crianças morrem na tragédia. Um advogado, Mitchell Stephens (vivido pelo ator Ian Holm), visita as famílias enlutadas para tentar convencê-los a pedir uma indenização pelo acidente. O contato com os pais das vítimas faz com que o advogado encare um drama pessoal: o vício da filha em drogas. Aos poucos, ele descobre pequenos segredos daquelas pessoas e entende melhor a dor da perda que elas enfrentam. Egoyan (que nasceu no Egito filho de pais armênios e foi criado no Canadá) trata o tema com extrema delicadeza e não utiliza recursos fáceis para comover o espectador. O drama vivido pelas famílias já é dramático o suficiente e o diretor se limita a acompanhá-lo filtrando tudo através do olhar do advogado. Com interpretações poderosas de todo o elenco, *O Doce Amanhã* é uma pequena jóia perdida nas locadoras.

DOGVILLE
DOGVILLE
DINAMARCA 2003

Direção: Lars von Trier

Elenco: Nicole Kidman, Paul Bettany, John Hurt, Philip Baker Hall, James Caan, Stellan Skarsgård, Jeremy Davies, Chloë Sevigny, Patricia Clarkson e Ben Gazzara. **Duração:** 178 minutos. **Distribuição:** Califórnia Filmes.

O cineasta dinamarquês Lars von Trier gosta de provocar e sabe como provocar. E sua provocação é sempre bem fundamentada. Em março de 1995, junto com o amigo Thomas Vinterberg, ele assinou o manifesto conhecido como Dogma 95. A proposta, em resumo, era de retorno ao básico em termos de produção cinematográfica. O curioso é que eles próprios deixaram de seguir as regras do movimento. *Dogville*, que von Trier escreveu e dirigiu em 2003, por exemplo, não tem nada de "dogmático". A história acontece nos Estados Unidos, durante os anos da Grande Depressão. Grace (Nicole Kidman), foge de um bando de gangsteres e pede refúgio em uma pequena e isolada cidade do interior. Inicialmente, ninguém quer ajudá-la. As coisas mudam por conta da intervenção de Tom (Paul Bettany), que convence os moradores a escondê-la. Em troca do "favor", Grace se compromete a realizar pequenos trabalhos para a comunidade. Com o passar dos dias, a situação de Grace só piora. Von Trier concebeu *Dogville* como a primeira parte de uma trilogia sobre a América. Muitos taxaram apressadamente o filme como antiamericano. Existe, sim, uma forte crítica à política do governo Bush e a uma pequena parcela do povo americano que segue essa cartilha. O filme, de cara, nos incomoda pela ausência completa de cenários. Tudo acontece em um enorme palco onde vemos as ruas e as casas da cidade marcadas no chão. Não há paredes nem portas, mas, as personagens agem como se elas existissem. E isso cria um efeito perturbador. Com duração de quase três horas, *Dogville* é dividido em capítulos e "capricha" no sofrimento e na vingança de sua personagem principal. Algo meio que recorrente na obra de von Trier, que costuma retratar mulheres vítimas de violência. No final, não há meio termo: ou se gosta ou se detesta. Mas, uma coisa é certa, ninguém passa incólume.

2 COELHOS
BRASIL 2012

Direção: Afonso Poyart

Elenco: Fernando Alves Pinto, Alessandra Negrini, Aldine Müller, Caco Ciocler, Robson Nunes, Marat Descartes, Thaíde, Roberto Marchese e Thogun. **Duração:** 104 minutos. **Distribuição:** Imagem Filmes.

Eu pensava que *Assassinos Por Natureza*, que Oliver Stone dirigiu em 1994, a partir de um roteiro de Tarantino, era o filme que havia utilizado o maior número de recursos visuais em sua narrativa. Isso valeu até eu assistir a *2 Coelhos*, longa de estreia do paulistano Afonso Poyart, egresso da publicidade, dos videoclipes e diretor do premiado curta *Eu Te Darei o Céu*, de 2005. O roteiro, escrito pelo próprio diretor, faz menção à famosa frase "matar dois coelhos com uma só cajadada". Na trama, Edgar (Fernando Alves Pinto) encontra-se numa espécie de encruzilhada: entre a vida no crime e o convívio com corruptos. Ele então elabora um complexo plano de justiça para por em prática o que o título sugere. Poyart brinca com as reais intenções de Edgar, porém, ao longo do filme, elas vão ficando cada vez mais claras. Ou não, como diria Gilberto Gil. *2 Coelhos* é tenso e intenso em sua proposta. Mesmo que inicialmente pareça confuso, o apuro visual da história nos conquista e envolve até o final. Forte, dinâmico e violento, o cineasta nos conduz por este intrincado suspense de ação e nos brinda com uma obra original e extremamente criativa.

DOIS DIAS, UMA NOITE
- DEUX JOURS, UNE NUIT -
BÉLGICA 2014

Direção: Jean-Pierre e Luc Dardenne

Elenco: Marion Cotillard, Fabrizio Rongione, Catherine Salée, Batiste Sornin, Pili Groyne e Simon Caudry. **Duração:** 95 minutos. **Distribuição:** Imovision.

Os irmãos cineastas belgas Jean-Pierre e Luc Dardenne são quase uma "grife" do cinema europeu engajado. A vasta filmografia da dupla não deixa dúvidas. Em *Dois Dias, Uma Noite*, que eles escreveram e dirigiram em 2014, o tema do desemprego é focado de maneira exemplar. Acompanhamos aqui uma mulher, Sandra (Marion Cotillard, estupenda), que vai retornar ao trabalho após uma crise aguda de depressão. Porém, ela descobre que perdeu seu emprego porque seus colegas preferiram receber um adicional no salário ao invés de tê-la de volta. A partir daí, no período de tempo que dá título ao filme, Sandra, com a ajuda do marido, Manu (Fabrizio Rongione), precisa convencer seus colegas a abrirem mão do dinheiro extra para que ela possa ter seu emprego de volta. *Dois Dias, Uma Noite* é um típico Dardenne. Os irmãos têm um estilo bastante peculiar de contar suas histórias. Egressos do documentário, eles conduzem a narrativa com uma simplicidade comovente. Os atores parecem pessoas comuns que estão sendo filmadas sem que tenham noção de existir uma câmara ligada perto deles. Isto não é fácil de se conseguir. Nem para quem dirige e muito menos para quem atua. Os Dardenne fazem isso como se fosse a coisa mais natural do mundo.

DOMÉSTICAS – O FILME
BRASIL 2000

Direção: Fernando Meirelles e Nando Olival

Elenco: Graziela Moretto, Cláudia Missura, Lena Roque, Tiago Moraes e Luciano Quirino. **Duração:** 88 minutos. **Distribuição:** Fox.

Domésticas – O Filme é mais uma pérola do cinema nacional que não recebeu por parte do grande público a atenção que merecia. O DVD permite esta descoberta e, podem ter certeza, ela vale a pena. O filme é muito bom já a partir dos créditos de abertura, que são são apresentados de maneira hilariante. Depois, acompanhamos o dia-a-dia de um grupo de amigas, todas domésticas, e a maneira como elas lidam com as alegrias e tristezas do cotidiano. Segundo filme do hoje consagrado diretor Fernando Meirelles (aqui, em parceria com Nando Olival), é inspirado em uma peça de teatro, porém, a adaptação se revelou bastante cinematográfica. Apesar de dar ênfase ao humor das situações vividas pelas domésticas em questão, o filme também consegue ser sério ao retratar muitos dos problemas que elas enfrentam diariamente. Um elenco bastante afinado de talentosas atrizes, na época muito pouco conhecidas, garante uma sensação de credibilidade espantosa. A impressão que fica é que elas são realmente domésticas e que o filme, na verdade, em muitos de seus momentos, seria uma espécie de documentário. Méritos do roteiro e dos diretores que conseguem fugir sempre dos clichês e apresentar soluções inesperadas para situações que em outros filmes teriam um desfecho previsível.

Direção: Alan J. Pakula

Elenco: Julia Roberts, Denzel Washington, John Lithgow, Sam Shepard, John Heard, Tony Goldwyn, William Atherton, Robert Culp, Stanley Tucci, Anthony Heald, Cynthia Nixon, Jake Weber e Hume Cronyn. Duração: 142 minutos. Distribuição: Warner.

O ano de 1993 marcou a estreia cinematográfica do escritor John Grisham. Dois de seus romances foram adaptados para o Cinema. Primeiro veio este *O Dossiê Pelicano*, dirigido por Alan J. Pakula, que também escreveu o roteiro. Depois foi a vez de *A Firma*, de Sydney Pollack. Tudo começa com a morte de dois juízes da Suprema Corte americana. Enquanto isso, em Nova Orleans, a estudante de Direito Darby Shaw (Julia Roberts), organiza uma pasta com suas conclusões sobre os crimes. E as conclusões são tão surpreendentes que caso caiam nas mãos erradas poderão provocar uma grande crise política. O dossiê de Darby vira objeto de desejo de criminosos, que passam a persegui-la. A partir daí, ela conta com a ajuda de Gray Granthan (Denzel Washington), um repórter ambicioso que vê nos dados levantados por Darby um grande furo de reportagem. Ao longo dos anos seguintes muitas outras obras de Grisham chegariam às telonas, porém, de uma certa forma, foi este *O Dossiê Pelicano* que estabeleceu o padrão Grisham no Cinema: questões que envolvem os bastidores do Direito misturados com muita ação e suspense.

12 ANOS DE ESCRAVIDÃO
12 YEARS A SLAVE
EUA 2013

Direção: Steve McQueen

Elenco: Chiwetel Ejiofor, Michael Fassbender, Lupita Nyong'o, Sarah Paulson, Benedict Cumberbatch, Paul Giamatti, Paul Dano e Brad Pitt. Duração: 134 minutos. Distribuição: Buena Vista.

O cineasta inglês Steve McQueen iniciou sua carreira em 1993 dirigindo curtas. Foram pouco mais de vinte até a estreia de seu primeiro longa, *Fome*, em 2008. Paralelo a isso, McQueen se notabilizou também como artista plástico. O segundo longa, *Shame*, foi feito em 2011 e dois anos depois ele dirigiu o vencedor do Oscar de melhor filme, *12 Anos de Escravidão*. O roteiro escrito por John Ridley, premiado com o Oscar de roteiro adaptado, tem por base os relatos de Solomon Northup. Ele era um homem livre que, entre os anos de 1841 e 1853, viveu como escravo nas fazendas do sul dos Estados Unidos. McQueen abre seu filme mostrando como era a rotina de Northup (Chiwetel Ejiofor), um músico que vivia com a família em Nova York, até ser sequestrado e vendido como escravo. Primeiro ele trabalha para o senhor Ford (Benedict Cumberbatch) e depois para o senhor Epps (Michael Fassbender). A câmara de McQueen não nos poupa de todo o sofrimento de Northup. *12 Anos de Escravidão* se diferencia bastante dos trabalhos anteriores do diretor. E isso não é um elogio. O numeroso elenco tem dois destaques: Michael Fassbender e a estreante Lupita Nyong'o, que ganhou o Oscar de melhor atriz coadjuvante. Fica então a pergunta: este filme foi o melhor do ano? Não. Ele venceu mais pelo tema histórico e pelo debate que provocou do que por suas qualidades cinematográficas. Algo comum na história da Academia de Hollywood.

OS DOZE CONDENADOS
THE DIRTY DOZEN
EUA 1967

Direção: Robert Aldrich

Elenco: Lee Marvin, Ernest Borgnine, Charles Bronson, Jim Brown, John Cassavetes, Richard Jaeckel, George Kennedy, Donald Sutherland, Trini Lopez, Ralph Meeker, Robert Ryan, Telly Savalas, Clint Walker e Robert Webber. Duração: 150 minutos. Distribuição: Warner.

Os Doze Condenados é uma das principais inspirações de Quentin Tarantino em *Bastardos Inglórios*. É também considerado por muitos um dos melhores filmes "de missão" de todos os tempos. Dirigido com segurança e, principalmente, com tempo por Robert Aldrich em 1967, *Os Doze Condenados* é um filme cheio de ritmo e agilidade narrativa, porém, sabe dar espaço às personagens para que possamos conhecê-las melhor. E não estamos falando de um elenco pequeno, a história possui pelo menos 15 protagonistas. A trama acontece durante a Segunda Guerra Mundial. O Major Reisman (Lee Marvin) precisa montar um grupo de soldados para uma missão suicida de ataque aos nazistas. Para tanto, recebe doze prisioneiros que foram condenados à morte. A proposta que é oferecida a eles é bem simples e direta: perdão do crime caso aceitem a missão e sejam bem sucedidos. Aldrich, pacientemente, monta seu tabuleiro e nos apresenta, sem pressa, cada uma das personagens. Não pense que isso seja ruim para o filme. Muito pelo contrário. Isso nos dá tempo para vermos de maneira clara as motivações de cada um. Acompanhamos o treinamento e a missão especial que é designada ao grupo. Carregado de muito humor nada correto e com um elenco de primeira, *Os Doze Condenados* foi um dos primeiros filmes, se não o primeiro, a defender a máxima "nazista bom é nazista morto". John Wayne foi o primeiro escalado para o papel do Major Reisman, mas recusou por estar dirigindo o longa *Os Boinas Verdes*.

12 HOMENS E UMA SENTENÇA
12 ANGRY MEN
EUA 1957

Direção: Sidney Lumet

Elenco: Henry Fonda, Lee J. Cobb, Ed Begley, E.G. Marshall, Jack Klugman, Jack Warden e Martin Balsam. Duração: 96 minutos. Distribuição: Fox.

O diretor Sidney Lumet é reconhecido por dominar as técnicas da narrativa cinematográfica e saber extrair desempenhos memoráveis de seus atores. Este talento já é visível em *12 Homens e Uma Sentença*, de 1957, seu filme de estreia. A carreira de Lumet se estendeu por 50 anos, até 2007, quando dirigiu seu último trabalho, *Antes Que o Diabo Saiba Que Você Está Morto*. 45 filmes ao todo. Uma média de quase um por ano. Algo realmente incomum no cinema americano moderno. Versátil e também politizado, Lumet "passeou" por diversos gêneros, porém, foi no drama que ele sempre se saiu melhor. *12 Homens e Uma Sentença* é baseado em uma peça de teatro, mas, não há nada aqui que pareça teatral. É cinema puro, do primeiro ao último fotograma. A história é centrada em um corpo de jurados confinado dentro de uma sala de um tribunal. Eles precisam decidir sobre a culpa ou não de um jovem que teria cometido um crime grave. Todas as evidências apontam para sua condenação, até que um dos jurados, vivido por Henry Fonda, expõe suas dúvidas. A partir daí, com clareza e fortes argumentos, gradativamente ele começa a iluminar aquele pesado ambiente, até então, seguro de suas posições. Não é fácil dirigir este tipo de filme. A estrutura depende muito dos diálogos e do desempenho dos atores. E mesmo quando o diretor dispõe de um ótimo roteiro e de um elenco excepcional, como é o caso aqui, nem sempre é possível escapar da "teatralização". Diferente de quase todos os filmes que tratam do Direito, este não tem como cenário o tribunal. O foco está nas pessoas que compõem o júri. Mesmo assim, é obrigatório para qualquer advogado. Filme bom é aquele em que nenhum item isolado se destaca. Quando alguém comenta: "a fotografia é muito bonita"; "a música é fantástica" ou mesmo "que trabalho de ator", desconfie. Um filme verdadeiramente bom funciona por inteiro, de maneira harmônica. Lumet nos presenteia com um drama envolvente e humano. E se um dia alguém lhe perguntar que filme pode servir como um bom exemplo da força da argumentação, responda sem hesitar: *12 Homens e Uma Sentença*.

Direção: Pete Travis

Elenco: Karl Urban, Olivia Thirbly, Rake Ayola, Lena Headey, Wood Harris, Jason Cape e Domhnall Gleeson. **Duração:** 95 minutos. **Distribuição:** Paris Filmes.

O Juiz Dredd apareceu primeiro na revista inglesa *2000 AD*, na edição de março de 1977. Criado por John Wagner e Carlos Ezquerra, ele acumula as funções de policial, juiz, júri e executor. A ação se passa em um futuro não muito distante, na cidade de Mega City Um. Em 1995, Sylvester Stallone estrelou a primeira adaptação cinematográfica no equivocado *O Juiz*, dirigido por Danny Cannon. Porém, somente 35 anos depois de sua primeira aparição nas HQs é que o cinema, finalmente, o tratou com respeito em *Dredd*, feito em 2012 por Pete Travis. O roteiro de Alex Garland se volta para o material original do herói e atinge um grau de fidelidade impressionante com sua fonte. Karl Urban encarna o papel principal com a frieza necessária. Sem tirar o capacete um momento sequer, coisa que Stallone simplesmente ignorou. No contexto da trama, por conta das inúmeras atribuições dos juízes, é essencial preservar a identidade dos agentes de justiça. *Dredd* é violento. Como é violento o futuro retratado aqui. E neste quesito, o filme foge completamente do padrão "censura 12 anos" da maioria dos filmes de super-heróis. E não poderia ser diferente. Isso faz de *Dredd* uma aventura bem acima da média no gênero.

AS DUAS FACES DE UM CRIME
PRIMAL FEAR
EUA 1996

Direção: Gregory Hoblit

Elenco: Richard Gere, Laura Linney, Edward Norton, John Mahoney, Alfre Woodard, Frances McDormand, Maura Tierney, Steven Bauer e Terry O'Quinn. Duração: 129 minutos. Distribuição: Paramount.

O americano Gregory Hoblit vinha de uma carreira de mais de dez anos na televisão. Ao longo deste período, ele dirigiu diversos episódios de seriados e alguns telefilmes. A chance de dirigir seu primeiro longa-metragem para cinema surgiu quando caiu em suas mãos o roteiro de *As Duas Faces de Um Crime*, escrito por Steve Shagan e Ann Biderman, com base no livro de William Diehl. Trata-se de um filme de tribunal misturado com boas doses de suspense. Tudo se passa em Chicago, onde um coroinha, Aaron (Edward Norton, em seu primeiro papel no cinema), é acusado de ter matado o arcebispo. O advogado Martin Vail (Richard Gere) decide defendê-lo. Afinal, aquele caso poderá lhe garantir uma excelente projeção na imprensa. Hoblit trabalha com habilidade a dúvida que se estabelece: Aaron é inocente ou culpado? Além disso, como é comum neste tipo de história, as investigações terminam por revelar segredos que deveriam permanecer escondidos. *As Duas Faces de Um Crime* "brinca" com esta dualidade e, de quebra, abre espaço para Edward Norton brilhar. Sua interpretação é intensa, delicada, complexa, frágil e marcante. Não por acaso, lhe valeu uma indicação ao Oscar de melhor ator coadjuvante.

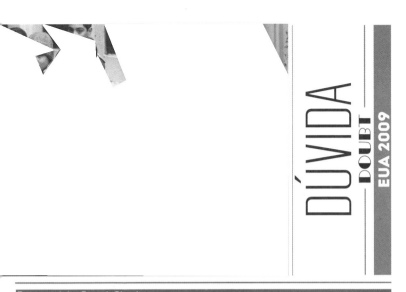

Direção: John Patrick Shanley

Elenco: Meryl Streep, Philip Seymour Hoffman, Amy Adams, Viola Davis, Alice Drummond, Carrie Preston e Joseph Foster. Duração: 104 minutos. Distribuição: Buena Vista.

O dramaturgo e roteirista americano John Patrick Shanley é mais conhecido por suas peças de teatro que por seus roteiros para cinema, como por exemplo, *O Feitiço da Lua*, de 1987. Shanley também se arriscou atrás das câmaras e dirigiu apenas dois títulos: *Joe Contra o Vulcão*, em 1990, e este *Dúvida*, quase vinte anos depois. Na verdade, *Dúvida* é a versão cinematográfica da premiada peça de mesmo nome, escrita por Shanley, em 2005. A história se passa no ano de 1964, no Colégio St. Nicholas, uma escola católica que fica no Bronx, em Nova York. Neste ambiente de extremo rigor moral e religioso, a irmã James (Amy Adams) suspeita que possa haver uma ligação afetiva entre o padre Flynn (Philip Seymour Hoffman) e um dos alunos, Donald (Joseph Miller). Isso é suficiente para que a irmã Beauvier (Meryl Streep) mova uma cruzada punitiva dentro da instituição. Shanley não entrega soluções simples para o dilema apresentado. Sua narrativa é sutil e vigorosa. E ainda conta com um elenco excepcional para dar sustentação ao filme. Não foi por acaso que Streep, Hoffman, Adams e Viola Davis, que faz o papel da mãe de Donald, foram indicados a diversos prêmios de atuação.

Direção: Alexander Payne

Elenco: Matthew Broderick, Reese Witherspoon, Chris Klein, Jessica Campbell, Delaney Driscoll, Molly Hagan, Mark Harelik, Phil Reeves e Colleen Camp. Duração: 103 minutos. Distribuição: Paramount.

Em 1999, o ator Matthew Broderick, apesar de ainda aparentar, não era mais o adolescente esperto de comédias como *Curtindo a Vida Adoidado* ou aventuras como *O Feitiço de Áquila*. Também naquele ano, a atriz Reese Witherspoon, mesmo com quase dez anos de carreira, ainda era uma bela aspirante. Da mesma forma que o roteirista e diretor Alexander Payne, que tinha no currículo alguns curtas, vídeos musicais e apenas um longa, *Ruth em Questão*. Broderick buscava se firmar em papéis adultos. Payne tentava encontrar espaço para contar suas histórias. Witherspoon queria provar que era mais que um rostinho bonito. *Eleição* foi o filme que ajudou os três a alcançar seus objetivos. O roteiro, escrito pelo próprio diretor, junto com Jim Taylor, se baseia em um romance de Tom Perrotta, mesmo autor do livro que deu origem ao filme *Pecados Íntimos*. A história gira em torno da jovem Tracy Flick (Witherspoon), aluna do colégio Carver High, que está decidida a se tornar presidente do corpo estudantil. Neste contexto, o professor Jim McAllister (Broderick), o mais popular do escola, decide lançar um outro candidato para enfrentá-la. *Eleição* é um filme que funciona como um perfeito estudo de personagem. Payne já demonstra neste segundo longa uma predileção por tramas fora do convencional. No final, todos os envolvidos saíram ganhando. Principalmente, nós, os espectadores desta divertida e curiosa "dramédia".

ELES NÃO USAM BLACK-TIE
BRASIL 1981

Direção: Leon Hirszman

Elenco: Carlos Alberto Riccelli, Bete Mendes, Fernanda Montenegro, Gianfrancesco Guarnieri, Milton Gonçalves, Rafael de Carvalho, Francisco Milani, Renato Consorte, Anselmo Vasconcelos e Lélia Abramo. **Duração:** 115 minutos. **Distribuição:** VideoFilmes.

Primeiro veio a obra teatral, escrita, dirigida e estrelada por Gianfrancesco Guarnieri. Paralelo a isso, o cineasta Leon Hirszman registrava o surgimento dos movimentos sindicais no Brasil no documentário *O ABC da Greve*, que consta como extra nesta caprichada edição especial da VideoFilmes. Em *Eles Não Black-Tie*, o conflito de gerações se estabelece quando um jovem operário, vivido por Carlos Alberto Riccelli, renega o legado de luta de seu pai e líder sindical, papel de Gianfrancesco Guarnieri, e fura a greve da fábrica, no ABC paulista. Hirszman tem familiaridade com o tema e traça aqui um rico painel da sociedade brasileira na virada dos anos 1970 para os 1980. O governo militar ainda ditava as regras no Brasil e qualquer tentativa de greve ou ação contra o poder estabelecido era punida severamente. A partir de um conflito familiar que se mistura com um conflito externo muito maior, acompanhamos uma verdadeira descida ao inferno de uma humilde e trabalhadora família de brasileiros. Quem quiser entender o país que vivemos não pode deixar de ver este filme. Simples assim.

EM MINHA TERRA
IN MY COUNTRY
INGLATERRA 2004

Direção: John Boorman

Elenco: Samuel L. Jackson, Juliette Binoche, Brendan Gleeson, Langley Kirkwood, Menzi Ngubane, Sam Ngakane, Lionel Newton e Robert Hobbs. Duração: 105 minutos. Distribuição: Columbia.

O *apartheid*, que significa "separação", é também um regime de segregação racial que vigorou na África do Sul por 36 anos, de 1948 até 1994, ano em que Nelson Mandela se elegeu presidente. Já no ano seguinte, ele instalou a Comissão da Verdade e Reconciliação. A ideia era bem simples. As vítimas da perseguição racial acusariam seus carrascos que seriam levados a julgamento e anistiados, desde que se arrependessem de seus crimes. Em *Minha Terra*, dirigido pelo inglês John Boorman, conta esta história a partir do olhar do jornalista americano Langston Whitfield (Samuel L. Jackson), enviado ao país para cobrir os eventos. Lá ele conhece a poeta Anna Malan (Juliette Binoche), que sente vergonha da herança de crueldade deixada pelos brancos. Baseado no livro de Antjie Krog, o roteiro de Anna Peacock insere essas duas personagens fictícias em um contexto real para resgatar um período importante da história recente da África do Sul.

EM NOME DA LEI
BRASIL 2016

Direção: Sérgio Rezende

Elenco: Mateus Solano, Paolla Oliveira, Chico Diaz, Eduardo Galvão e Emílio Dantas. Duração: 117 minutos. Distribuição: Fox.

O Brasil é um país com vocação natural para filmes de ação. E em tempos de ações contínuas da Polícia Federal, batizadas com nomes cinematográficos, a produção de uma obra como *Em Nome da Lei*, parece mais do que oportuna. Dirigido por Sérgio Rezende, que também escreveu o roteiro, junto com Rafael Dragaud e Rodrigo Lages, estamos diante de um filme que promete mais do que cumpre. A história gira em torno de Vitor (Mateus Solano), um juiz federal que vai trabalha na cidade de Fronteira. Lá ele toma contato com Gomes (Chico Diaz), chefe do tráfico de drogas na região. Para prendê-lo, Vitor conta com a ajuda da procuradora Alice (Paolla Oliveira) e do policial federal Elton (Eduardo Galvão). O maior problema de *Em Nome da Lei* não é sua proposta em si. A premissa, além de atual, permitiria bons desdobramentos dramáticos. No entanto, os atores, extremamente caricatos em suas interpretações, nunca convencem. Há também um certo desleixo na direção que torna algumas cenas bem irreais, ou pior, surreais. Vale pelo esforço.

EM NOME DE DEUS (2002)
THE MAGDALENE SISTERS
INGLATERRA 2002

Direção: Peter Mullan

Geraldine McEwan, Anne-Marie Duff, Nora-Jane Noome, Dorothy Duffy, Eileen Walsh e Mary Murray. Duração: 119 minutos. Distribuição: Europa Filmes.

O ator escocês Peter Mullan vem dividindo sua carreira entre a atuação e alguns esporádicos trabalhos como roteirista e diretor. *Em Nome de Deus*, que ele escreveu e dirigiu em 2002, é a obra mais destacada de sua filmografia atrás das câmeras. Tudo começa em 1964 quando três jovens são internadas no convento das Madalenas, onde funciona uma lavanderia administrada pela Igreja Católica Irlandesa. Lá, a rotina de trabalho das meninas é pesada, além das humilhações e castigos físicos que sofrem diariamente. Mullan traz à tona uma situação que até bem pouco tempo era real para muitas jovens. Sem direito algum respeitado, e pior, sem ter a quem recorrer. Para as "irmãs Madalenas" restava apenas a opção de simplesmente seguir à risca os rígidos regulamentos do convento. *Em Nome de Deus* retrata, sem maquiagem alguma, o cruel, insano e perturbador cotidiano de mulheres que, vítimas de preconceito e rejeição, muitas vezes de suas próprias famílias. Adolescentes presas por terem se comportado como adolescentes.

Direção: Jim Sheridan

Elenco: Daniel Day-Lewis, Pete Postlethwaite, John Lynch, Emma Thompson, Mark Sheppard, Beatie Edney, Corin Redgrave e Frank Harper. Duração: 133 minutos. Distribuição: Universal.

Provas forjadas. Repressão policial. Intransigência judicial. Manobras políticas. Torturas. Confissões forçadas. Condenação e prisão de inocentes. Parece algo comum em países sob regime totalitário, mas aconteceu na Inglaterra, em 1974, quando ativistas do IRA (sigla em inglês para Exército Revolucionário Irlandês) explodiram um pub. A polícia, pressionada pelo governo e pela opinião pública, resolveu mostrar serviço e incriminou cidadãos sem culpa alguma, apoiando-se em meras provas circunstanciais. No contundente *Em Nome do Pai*, dirigido por Jim Sheridan, acompanhamos a história de Giuseppe (Pete Postlethwaite) e Gerry (Daniel Day-Lewis), pai e filho, que são presos e condenados à prisão perpétua. A partir de fatos reais, o diretor não perde tempo e não poupa ninguém. Ele não deixa de destacar a questão política, porém, se aprofunda mais no drama humano, enriquecendo-o com elementos de uma tragédia clássica. Por razões diversas, pai e filho não tinham um bom relacionamento. Na vida real, eles foram colocados em celas separadas. Sheridan utiliza habilmente sua licença poética e os coloca na mesma cela. Daniel Day-Lewis e Pete Postlethwaite defendem suas personagens com dignidade e emoção, explorando sutilezas do comportamento de cada um. Sheridan vai além da simples denúncia de uma injustiça e traça com seu filme um grande painel social, político e familiar da vida de irlandeses e ingleses nas últimas décadas do século passado.

Direção: Werner Herzog

Elenco: Bruno S., Walter Ladengest, Brigitte Mira, Willy Semmelrogge, Marcus Weller e Gloria Doer. Duração: 109 minutos. Distribuição: Versátil.

O cineasta alemão Werner Herzog é dono de uma filmografia das mais inusitadas. Seu estilo, bem pessoal, costuma misturar ficção e documentário. *O Enigma de Kaspar Hauser*, filme que ele escreveu e dirigiu em 1975, não foge à regra. Baseado em fatos históricos, acompanhamos aqui o drama de um jovem que é encontrado perdido em uma praça da cidade de Nuremberg, no ano de 1828. O mistério aumenta ainda mais quando descobrem que ele não fala e não consegue ficar em pé. Afinal, o que poderíamos esperar de uma pessoa que passou a vida inteira trancada em um porão? Ele carrega uma carta onde algumas pistas de seu passado e seu nome são revelados. Claro que o estranho Kaspar Hauser (Bruno S.) se torna o assunto da pequena cidade. E Herzog aproveita sua história para fazer uma análise psicológica do ser humano. Até que ponto somos civilizados? Ou melhor, temos condições de "civilizar" alguém? São perguntas feitas pelo diretor ao longo do filme e que cabe ao espectador respondê-las. Vencedor do Grande Prêmio do Júri no Festival de Cannes, *O Enigma de Kaspar Hauser* é intrigante, provocador e as questões que ele coloca continuam bastante atuais.

ENTRE OS MUROS DA ESCOLA
ENTRE LES MURS
FRANÇA 2008

Direção: Laurent Cantet

Elenco: François Bégaudeau, Nassim Amrabt, Laura Baquela, Arthur Fogel, Boubacar Toure e Cherif Bounaïdja Rachedi. Duração: 128 minutos. Distribuição: Imovision.

Laurent Cantet é um dos cineastas franceses mais premiados da nova geração de diretores de seu país. Formado em Cinema pelo Instituto de Estudos Cinematográficos Avançados da França, ele começou sua carreira dirigindo curtas e rapidamente passou para os longas. *Entre os Muros da Escola*, que ele dirigiu em 2008 é um de seus filmes mais aclamados em festivais pelo mundo. Inspirado na história real do professor François Bégaudeau, que escreveu o livro que deu origem ao roteiro adaptado pelo próprio diretor, junto com Robin Campillo, sua história poderia acontecer em qualquer periferia de uma cidade grande. E ninguém melhor que o verdadeiro François Bégaudeau para viver seu papel no filme. Isso imprime à narrativa um senso de realidade fortíssimo. Ele e seus amigos professores se preparam para mais um ano letivo. Até aí, nada demais. Afinal, isso faz parte do trabalho de lecionar. O problema surge por conta dos conflitos que eles enfrentam no bairro onde fica localizada a escola. Por melhores que sejam as aulas e as intenções dos mestres, as diferenças culturais que muitos países europeus enfrentam tornam tudo mais difícil. Cantet nos conduz por esse verdadeiro campo minado e o faz de uma maneira que é impossível ficarmos indiferentes. *Entre os Muros da Escola* ganhou a Palma de Ouro de melhor direção no Festival de Cannes de 2008, além de muitos outros prêmios internacionais.

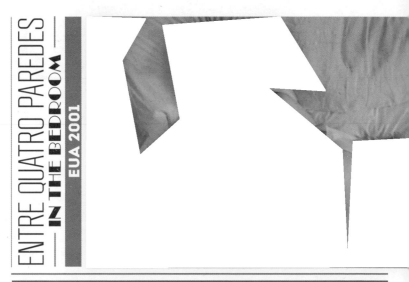

ENTRE QUATRO PAREDES
IN THE BEDROOM
EUA 2001

Direção: Todd Field

Elenco: Tom Wilkinson, Sissy Spacek, Nick Stahl, Marisa Tomei, William Mapother, Veronica Cartwright, Karen Allen e Jonathan Walsh. Duração: 130 minutos. Distribuição: Imagem Filmes.

Em condições normais, sabemos que é errado fazer justiça com as próprias mãos. E quando acontece algo trágico envolvendo um ente querido? No filme *Entre Quatro Paredes*, estreia na direção de longas do ator Todd Field, temos uma história que foge do óbvio. Apesar de flertar com ele. O roteiro do próprio diretor, junto com Robert Festinger, se baseia no conto *Killings*, escrito por Andre Dubus. Tudo se passa em uma pequena cidade litorânea. Frank (Nick Stahl), filho único, está de volta à casa dos pais, Matt (Tom Wilkinson) e Ruth (Sissy Spacek), para as férias de verão. Ele é jovem, cheio de planos e está na faculdade. Ao seu lado, a namorada Natalie (Marisa Tomei), mais velha do que ele, mãe de dois filhos e separada de Richard (William Mapother), o violento e ciumento ex-marido. Se você já antecipou os desdobramentos desta equação, te garanto, não faz a menor ideia do que vem depois. *Entre Quatro Paredes* é um pequeno-grande filme. Produção independente, se sustenta basicamente na engenhosidade de seu roteiro e no talento de seu elenco. Sem esquecer, é claro, da habilidade do diretor em nos conduzir por este intenso drama familiar que discute questões profundas ligadas às leis e à justiça e como aplicá-las e viver com suas consequências.

Direção: Nuri Bilge Ceylan

Elenco: Firat Tanis, Ahmet Mumtaz Taylan e Taner Birsel. Duração: 150 minutos. Distribuição: Filmes da Mostra.

Nuri Bilge Ceylan é o nome mais importante do moderno cinema turco. Depois do sucesso de *3 Macacos*, de 2008, criou-se uma grande expectativa sobre seu trabalho seguinte. *Era Uma Vez na Anatólia*, realizado três anos depois, não decepciona. Pelo contrário, consolida ainda mais o talento deste grande cineasta. O roteiro, escrito pelo próprio diretor, junto com sua esposa, Ebru Ceylan, e com Ercan Kesal, foge do convencional. Tudo acontece nas planícies da região de Anatólia, na Turquia. Um policial, um médico legista e um advogado conduzem dois prisioneiros, que mostrarão onde enterraram uma vítima. O tempo passa e anoitece e, por conta da escuridão, eles não conseguem apontar onde está o corpo. A situação termina por propiciar uma conversa entre o grupo principal. Ceylan não tem pressa. Sua narrativa é longa, mas, nunca arrastada. Pontuada por pausas e silêncios, nos leva à reflexão sobre inúmeras questões. A morte, sempre presente, norteia boa parte das conversas e revela um diretor-roteirista maduro e com domínio completo de sua arte. *Era Uma Vez na Anatólia* é um grande filme. Feito por e para gente grande

ERIN BROCKOVICH: UMA MULHER DE TALENTO
ERIN BROCKOVICH
EUA 2000

Direção: Steven Soderbergh

Elenco: Elenco: Julia Roberts, Albert Finney, Aaron Eckhart, Marg Helgenberger, Cherry Jones e Peter Coyote. Duração: 131 minutos. Distribuição: Columbia/Sony.

O ano 2000, pelo menos em questão de prêmios, foi o melhor da carreira do cineasta americano Steven Soderbergh. Ele realizou dois filmes. Ganhou o Oscar de melhor diretor por *Traffic* e Julia Roberts venceu na categoria de melhor atriz por *Erin Brockovich: Uma Mulher de Talento*. Este último teve o roteiro escrito por Susannah Grant e se inspira na vida real de Erin Brockovich. Divorciada e mãe de três filhos, ela começa a trabalhar em um escritório de advocacia. Certo dia, quando estava organizando os arquivos, descobre que a água de uma pequena cidade da Califórnia vem sendo poluída por uma grande companhia da região. Por conta própria, ela inicia uma investigação e levanta provas que permitem a abertura de uma ação indenizatória milionária. Soderbergh é, antes de tudo, um excelente diretor de atores. É também um ótimo contador de histórias. Em *Erin Brockovich* ele consegue reunir elementos de uma grande luta, tipo Davi e Golias, e nos entrega um grande espetáculo. Em tempo: a verdadeira Erin faz uma ponta no papel de uma garçonete.

ESCÂNDALO
SCANDAL
INGLATERRA 1989

Direção: Michael Caton-Jones

Elenco: Bridget Fonda, Ian McKellen, Joanne Whalley, John Hurt, Britt Ekland, Jeroen Krabbe, Leslie Phillips, Roland Gift, Alex Norton e Paul Brooke. Duração: 109 minutos. Distribuição: Paramount.

Sexo e política sempre renderam manchetes impactantes nos jornais, além de boas histórias para livros, filmes e séries de televisão. Tanto faz se são fictícias ou reais. Funcionam sempre. E se forem baseadas em fatos, melhor ainda. É assim com *Escândalo*, dirigido pelo inglês Michael Caton-Jones, em 1989. O roteiro de Michael Thomas se inspira no famoso caso Profumo, que aconteceu na Inglaterra em 1963. Duas prostitutas, Christine (Joanne Whalley) e Mandy (Bridget Fonda), se envolvem com o Ministro da Defesa inglês John Profumo (Ian McKellen) e Eugene Ivanov (Jeroen Krabbe), um adido soviético. O mundo ainda vivia tempos de Guerra Fria entre americanos e soviéticos. Além disso, a combinação desse quadrilátero amoroso, por si só, já é bem explosivo. Parece até ficção. Caton-Jones, que vinha da TV, estreou bem na direção de longas. *Escândalo* apresenta uma precisa reconstituição de época e reúne um elenco de peso em um tipo de trama que nunca envelhece.

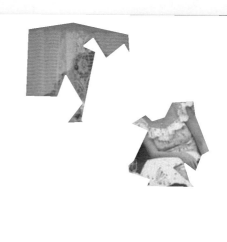

A ESCOLHA DE SOFIA
SOPHIE'S CHOICE
EUA 1982

Direção: Alan J. Pakula

Elenco: Meryl Streep, Peter MacNicol, Kevin Kline, Rita Karin e Josh Mostel. Duração: 153 minutos. Distribuição: Universal.

O cineasta americano Alan J. Pakula começou sua carreira no cinema, em 1957, produzindo filmes. Doze anos depois, estreou como diretor e, a partir daí assumiu as funções de produtor, diretor e, às vezes, roteirista de seus trabalhos. Seu nome está ligado a obras importantes da História do Cinema mundial. *O Sol é Para Todos* e *Todos os Homens do Presidente* são alguns exemplos. Um de seus filmes mais populares é *A Escolha de Sofia*, que ele escreveu (a partir do livro de William Styron), produziu e dirigiu em 1982. Sofia, papel que consolidou o talento de Meryl Streep, é uma judia polonesa que sobreviveu aos horrores de um campo de concentração nazista durante a Segunda Guerra Mundial. Morando nos Estados Unidos, ela tem duas companhias constantes: Nathan (Kevin Kline) e Stingo (Peter MacNicol). O primeiro é seu namorado. O segundo é seu melhor amigo. Sofia quer apenas reconstruir sua vida, mas, a dolorosa lembrança de uma difícil escolha que ela teve que fazer no passado ainda atormenta sua alma. *A Escolha de Sofia* é um drama comovente. Pakula conduz um elenco inspirado em uma história delicada, envolvente e arrebatadora. Indicado a cinco prêmios Oscar, ganhou apenas um: melhor atriz para Meryl Streep.

O ESCRITOR FANTASMA
THE GHOST WRITER
FRANÇA 2010

Direção: Roman Polanski

Elenco: Ewan McGregor, Pierce Brosnan, Kim Cattrall, Olivia Williams, Tom Wilkinson, James Belushi, Eli Wallach, Timothy Hutton e Robert Pugh. Duração: 128 minutos. Distribuição: Paris Filmes.

Roman Polanski tem um mandado de prisão antigo expedido pela justiça americana. Em 1977 ele transou com uma menina de 13 anos numa festa na casa de Jack Nicholson. Foi acusado de estuprar a menor e, quando estava em liberdade condicional, fugiu dos Estados Unidos temendo receber prisão perpétua. Por conta disso, no dia 26 de setembro de 2009 ele foi preso na Suíça. De dentro da prisão ele finalizou a montagem de *O Escritor Fantasma*, seu primeiro filme em cinco anos. O anterior havia sido *Oliver Twist*, lançado em 2005. Infelizmente, talvez pelo fato de estar preso, seu novo filme não teve o reconhecimento que merecia. Muita gente costuma misturar os problemas pessoais do diretor com seus trabalhos. Sua obra está acima das manchetes sensacionalistas e *O Escritor Fantasma* é mais uma prova disso. Como é recorrente nos filmes de Polanski, as coisas nunca são o que parecem ser e a personagem do "fantasma", que não tem nome, vivida pelo ator Ewan McGregor, rapidamente começa a perceber isso. Mesmo que ao longo do filme ele fale demais e sem muito critério. A impressão que passa é que os acontecimentos ao seu redor são grandes demais para que ele não consiga deixar de se envolver. O clima do filme é claustrofóbico, pontuado quase que inteiramente por um forte tom cinza na fotografia de Pawel Edelman e pela música de Alexandre Desplat, que reforça esse clima de opressão e angústia. Além de McGregor, outro nome que brilha no elenco é Pierce Brosnan, um ex-político que contrata o "fantasma" para escrever sua autobiografia. Nesse jogo de aparências e dissimulações, Polanski vai tecendo sua teia de mistérios e nos envolvendo em uma trama típica de Hitchcock, que é recheada com bons diálogos, um humor ácido e um final inesperado, porém, bastante coerente.

A ESPIÃ
ZWARTBOEK
HOLANDA 2006

Direção: Paul Verhoeven

Elenco: Carice van Houten, Sebastian Koch, Thom Hoffman, Halina Reijn, Waldemar Kobus, Derek de Lint, Christian Berkel, Dolf de Vries e Michiel Huisman. Duração: 145 minutos. Distribuição: Europa Filmes.

O diretor holandês Paul Verhoeven iniciou sua carreira na TV, nos anos 1960. Entre 1971 e 1983, realizou diversos longas para cinema em seu país de nascimento. Em 1984 mudou-se para os Estados Unidos, onde permaneceu por pouco mais de 20 anos, até retornar à Holanda para dirigir *A Espiã*. O filme conta a história de Rachel Stein/ Ellis de Vries (Carice van Houten), uma jovem judia que para sobreviver, se envolve na luta da resistência holandesa contra a ocupação nazista, em 1944. Verhoeven sempre foi um cineasta sem pudores, principalmente, na primeira fase de sua carreira. Voltar a trabalhar em sua terra e com seu idioma natal trouxeram de volta algumas características curiosas de seu estilo. Algo que ficou adormecido, ou melhor, sublimado em sua filmografia americana. A trajetória de Ellis é tão fantástica e cheia de reviravoltas que é impossível desgrudar os olhos da tela. A história resgata passagens da Segunda Guerra Mundial que não costumamos ver em filmes. Afinal, a maior parte deles é centrada em americanos, ingleses, franceses e italianos, nessa ordem. Depois, aparecem os alemães, os russos e os japoneses. Holandeses, convenhamos, é muito raro. Só isso já seria um bom motivo para assistir ao filme. No entanto, existe uma razão mais forte ainda: *A Espiã* é um melodrama de guerra que não tem vergonha de ser melodramático.

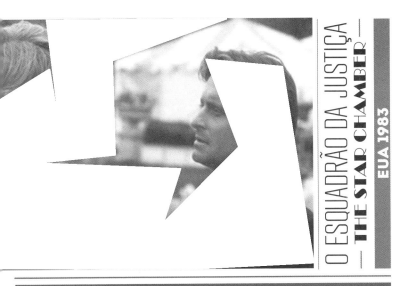

Direção: Peter Hyams
Elenco: Michael Douglas, Hal Holbrook, Yaphet Kotto, Sharon Gless e James Sikking. Duração: 109 minutos. Distribuição: Fox.

Muitas vezes sentimos vontade de fazer justiça com as próprias mãos. Bem, é exatamente isso que o juiz Steve Hardin (Michael Douglas) decide fazer no filme *O Esquadrão da Justiça*, dirigido em 1983 por Peter Hyams. Você pode perguntar: mas ele já não faz justiça como juiz? Nem sempre ele consegue. Há falhas no sistema, ou melhor, lacunas na legislação, que permitem que alguns criminosos escapem impunes dos crimes que cometeram. É aí que entra em ação o grupo que dá título ao filme. Hardin, junto com outros juízes, tomam a justiça para si e punem os criminosos que conseguem escapar do rigor da lei. Hyams filma tudo com bastante ritmo e capricha no suspense. Afinal, é fácil despertar no espectador o efeito catártico de se sentir vingado por não ter como fazer algo mais efetivo contra a impunidade que muitos criminosos desfrutam. No cinema, funciona que é uma beleza. Na vida real, como costumam dizer, são outros quinhentos.

ESQUECER, NUNCA
THEY WON'T FORGET
EUA 1937

Direção: Mervyn LeRoy

Elenco: Claude Rains, Gloria Dickson, Edward Norris, Otto Kruger, Allyn Joslyn, Linda Perry, Lana Turner, Elisha Cook Jr. e Cy Kendall. **Duração:** 95 minutos. **Distribuição:** Warner.

Durante pouco mais de 40 anos o americano Mervyn LeRoy dirigiu quase 80 filmes. Uma média impressionante de aproximadamente dois filmes por ano. O curioso é que alguns de seus trabalhos nem foram creditados, como é o caso de *Esquecer, Nunca*, que ele realizou em 1937. O roteiro, escrito por Robert Rossen e Aben Kandel, se baseia no romance *Death in the Deep South*, de Ward Greene, que por sua vez se inspira em um fato ocorrido no início do século passado em uma pequena cidade do sul dos Estados Unidos. Tudo tem início com o brutal assassinato da jovem Mary Clay (Lana Turner, então com 16 anos, em seu primeiro papel). Um ambicioso advogado, Andy Griffin (Claude Rains), vê no caso a chance de se projetar e, quem sabe, abrir caminho para chegar direto ao Senado. Ele incrimina um ex-professor da garota, Robert Hale (Edward Norris). As evidências contra o acusado são apenas circunstanciais, o que não impede Griffin de manipular tudo com a ajuda de um inescrupuloso repórter. *Esquecer, Nunca* mexe com questões sérias e que mesmo passado tanto tempo de sua realização continuam bastante atuais. Este filme de LeRoy não envelheceu um dia sequer.

ESTADO DE SÍTIO
ÉTAT DE SIÈGE
FRANÇA 1973

Direção: Costa-Gavras

Elenco: Yves Montand, Jacques Wever, Renato Salvatori, Jean-Luc Bideau, Evangeline Peterson, O.E. Hasse e Mario Montilles. Duração: 119 minutos. Distribuição: Europa Filmes.

O grego Costa-Gavras chamou a atenção do mundo com o impactante *Z*, em 1969. Criou-se então uma grande expectativa em relação aos seus trabalhos seguintes e ele não decepcionou. Já no ano seguinte realizou *A Confissão* e três mais tarde foi a vez deste *Estado de Sítio*. A partir de uma história escrita por Franco Solinas, com roteiro do próprio Solinas junto com o diretor, o filme se inspira em acontecimentos reais. No caso, a morte do agente americano Dan Mitrione pelo grupo guerrilheiro Tupamaro, em Montevidéu, no Uruguai, em agosto de 1970. O mundo vivia ainda tempos de Guerra Fria entre as duas superpotências, Estados Unidos e União Soviética. Os países da América do Sul viviam, em sua grande parte, sob regimes militares que recebiam ajuda dos americanos. Neste contexto, o alterego de Mitrione, aqui chamado de Santore e vivido pelo ator Yves Montand, é sequestrado pelos Tupamaros. Eles querem em troca a liberação dos presos políticos. Gavras imprime em *Estado de Sítio* um ritmo vertiginoso. Pense em uma aula de história política sul americana e você terá em *Estado de Sítio* uma aula magna.

Direção: David Leaf e John Scheinfeld

Documentário. Duração: 99 minutos. Distribuição: Mostra/Cultura.

Depois do fim dos Beatles, no final dos anos 1960, John Lennon decidiu se mudar para os Estados Unidos. Mais precisamente para Nova York. A fama mundial da banda inglesa permite imaginar que ele seria bem recebido em qualquer país do mundo. Não foi isso o que aconteceu. O documentário *Os EUA Contra John Lennon*, da dupla David Leaf e John Scheinfeld, cobre um período de cerca de dez anos, entre 1966 e 1976. Somos apresentados a um artista que se utiliza do fato de ser uma figura famosa para protestar em defesa dos direitos civis e da paz mundial e contra a Guerra do Vietnã. Essa postura ativista de Lennon preocupou o governo americano, na época presidido por Richard Nixon. O FBI e a CIA monitoraram todos os passos do músico e montaram um extenso dossiê contra o ex-beatle. Por diversas vezes e de muitas maneiras tentaram expulsá-lo do país. Composto por raras imagens de arquivo e com depoimentos de nomes importantes da cultura e da política americana, *Os EUA Contra John Lennon* vai além do simples relato de um artista empenhado em lutar contra injustiças. Os diretores traçam um painel mais amplo da vida de Lennon mostrando um lado de sua personalidade e de sua vida pessoal pouco conhecido do grande público.

ESTÔMAGO
BRASIL 2007

Direção: Marcos Jorge.

Elenco: João Miguel, Babu Santana, Fabíula Nascimento, Carlo Briani, Zeca Cenovicz, Paulo Miklos, Jean Pierre Noher, Andrea Fumagalli, Luiz Brambila e Pedro Moreira. Duração: 113 minutos. Distribuição: Europa.

Dirigido pelo curitibano Marcos Jorge, *Estômago* não pretende tratar da alta gastronomia. O roteiro, escrito pelo próprio diretor, junto com Cláudia da Natividade, Lusa Silvestre e Frabrizio Donvito, tem por intenção mostrar a rotina de uma pessoa comum que frequenta boteco e restaurante de "PF" (prato feito). Isto é representado pelas "coxinhas" que o retirante Nonato, vivido pelo ator João Miguel, aprende a fazer como ninguém. Na trama ele aprimora seu talento natural e chega até a trabalhar em um fino restaurante italiano. O diretor utiliza uma narrativa não-linear para compor um painel humano dos mais simbólicos. Em essência, o filme fala mesmo é de relações de poder e neste ponto, a cozinha, ou melhor, nosso "estômago", tem papel fundamental. É assim que Nonato vai marcando seu território e ascendendo dentro de todos os ambientes por onde trafega, seja o boteco, o restaurante ou o presídio. A câmara de Marcos Jorge tem um carinho especial pela personagem principal, mas, não tira o foco do elenco de apoio. Zulmiro (Zeca Cenovicz), Íria (Fabíula Nascimento), Giovanni (Carlo Briani) e Bujiú (Babu Santana) também brilham. Basta ver as cenas em que Zulmiro ensina Nonato a fazer coxinhas ou a que Íria abre a geladeira de madrugada para comê-las. Ou ainda nas sequências em que Giovanni apresenta a cozinha e ensina como comprar os produtos e por último, a grande ceia dentro do presídio. *Estômago* vai sempre além do que é mostrado e seus aspectos técnicos ajudam sobremaneira a realçar as qualidades do roteiro e da direção. Merecem destaque a bela trilha sonora composta pelo italiano Giovanni Venosta; a fotografia criativa de Toca Seabra; a montagem envolvente de Luca Alverdi e os cenários criados por Jussa Perussolo. Tudo em *Estômago* trabalha a favor da história. Preste atenção no primeiro e no último plano. Eles são engenhosamente complementares.

ESTRANHA COMPULSÃO
COMPULSION
EUA 1959

Direção: Richard Fleischer

Elenco: Orson Welles, Dean Stockwell, Bradford Dillman, E.G. Marshall, Martin Milner, Richard Anderson e Robert F. Simon. Duração: 103 minutos. Distribuição: Continental.

Onze anos depois de Alfred Hitchcock ter realizado *Festim Diabólico*, o diretor Richard Fleischer volta àquela mesma história em *Estranha Compulsão*. Na verdade, o material original é o mesmo, um fato que aconteceu em Chicago no ano de 1924. O roteiro de Richard Murphy, baseado no livro de Meyer Levin, nos apresenta os jovens, ricos e homossexuais Judd Steiner (Dean Stockwell) e Artie Strauss (Bradford Dillman). Eles acreditam ser intelectualmente bem superiores aos demais mortais e para provar esta superioridade, matam um rapaz, sem motivo algum, apenas por querer. Um detalhe, sempre um detalhe, passa despercebido e os dois são levados a julgamento pelo crime. As famílias contratam então o advogado Jonathan Wilk (Orson Welles) para defendê-los. *Estranha Compulsão* é uma espécie de versão estendida de *Festim Diabólico*. Não tem e não pretende repetir o mesmo brilhantismo técnico da versão de Hitchcock, mas, é eficientíssimo em sua narrativa e ainda conta com Welles em desempenho soberbo. E olha que aparece apenas depois da metade do filme. Sua argumentação na defesa dos rapazes é, para dizer o mínimo, perfeita.

Direção: Roberto Girault

Elenco: Jorge Lavat, Norma Lazareno, Cristina Obregón, Pablo Cruz Guerrero, José Carlos Ruiz, Jorge Luís Moreno e Jeannine Derbez. Duração: 95 minutos. Distribuição: Califórnia Filmes.

Longa-metragem de estreia do produtor, roteirista e diretor mexicano Roberto Girault, *O Estudante*, de 2009, é aquele tipo de filme que poderíamos chamar de inspirador e edificante. Acompanhamos aqui o drama de Chano (Jorge Lavat), um homem de 70 anos de idade que decide estudar Literatura na universidade. O choque de gerações é inevitável, e, como em qualquer obra que trate de um ritual de passagem, obstáculos aparecerão no caminho. Girault comente alguns erros que são comuns em trabalhos de diretores estreantes. Porém, nada que prejudique a narrativa do filme, que, em alguns momentos, escorrega no sentimentalismo manipulador. Apesar da evidente pouca experiência dos jovens do elenco, a interação deles com Chano é bastante convincente. No final, aquela presença estranha revela-se o catalisador de muitas transformações e o saldo final é bem positivo. Em tempo: existe um filme argentino, dirigido em 2011 por Santiago Mitre, com mesmo título e tema.

Direção: René Allio

Elenco: Claude Hébert, Jacqueline Millière, Joseph Leportier, Annick Géhan e Nicole Géhan. Duração: 105 minutos. Distribuição: Versátil.

O cineasta francês René Allio começou seu envolvimento com as artes cênicas montando cenários para filmes e peças. Ao longo de quase 30 anos de carreira, ele mesclou trabalhos cinematográficos com teatrais, além de algumas óperas e telefilmes. Sua obra mais conhecida tem um título quilométrico: *Eu, Pierre Rivière Que Degolei Minha Mãe, Minha Irmã e Meu Irmão*. O roteiro, escrito por Pascal Bonitzer, Jean Jourdheuil e Serge Toubiana, foi adaptado de um livro do filósofo Michel Foucault. A história é real e aconteceu no interior da França, no ano de 1835. Somos apresentados ao jovem camponês Pierre Rivière (Claude Hébert), que matou, a golpes de foice, sua mãe (que estava grávida), sua irmã de 18 e seu irmão de sete anos. Allio trabalhou com pessoas simples que vivem no mesmo local onde os crimes foram cometidos. Apesar de o título já antecipar o que acontece no filme, o impacto e a perturbação permanecem. É impossível passar incólume pela narrativa seca, direta e incrivelmente real contada por Allio.

EXODUS
EXODUS
EUA 1960

Direção: Otto Preminger

Elenco: Paul Newman, Eva Marie Saint, Ralph Richardson, Peter Lawford, Sal Mineo, John Derek, Hugh Griffith, Gregory Ratoff, Jill Haworth, Felix Aylmer, David Opatoshu e Martin Miller. Duração: 208 minutos. Distribuição: Fox.

O cineasta austríaco Otto Preminger flertou muito rapidamente com o teatro antes de optar em definitivo pelo cinema. Diretor dos mais ecléticos, trabalhou com diferentes gêneros cinematográficos, sempre com muita competência e elegância. De família judia, terminou imigrando para os Estados Unidos em meados dos anos 1930. *Exodus*, que ele dirigiu em 1960, teve o roteiro escrito por Dalton Trumbo, a partir do livro de Leon Uris. O filme narra a história de Ari Ben Canaan (Paul Newman), líder da resistência israelense que libera 300 judeus que estavam nos campos de detenção na ilha de Chipre. Ele os leva em um navio de carga até a Palestina. Apesar dos perigos, Ari tem um ideal: a fundação do Estado de Israel. Preminger não carrega nas tintas e com muita habilidade conduz uma trama de longa duração, mas, que não cansa nunca. Mesmo passado tantas décadas de sua produção, o tema central continua bastante atual. Apesar da atuação correta de Newman, quem rouba a cena é Sal Mineo, que interpreta Dov Landau, papel que lhe rendeu uma indicação ao Oscar de melhor ator coadjuvante. Grandioso, tenso e espetacular, *Exodus* é o tipo de filme que Hollywood sempre soube fazer muito bem.

Direção: Scott Derrickson
Elenco: Jennifer Carpenter, Campbell Scott, Tom Wilkinson, Laura Linney, Colm Feore, Joshua Close e Mary Beth Hurt. Duração: 119 minutos. Distribuição: Columbia.

Filmes que misturam gêneros exigem um cuidado redobrado de seus diretores. Em *O Exorcismo de Emily Rose*, estreia do cineasta americano Scott Derrickson, há um inusitado cruzamento entre terror e drama de tribunal. A mistura é das mais inusitadas e, por mais incrível que possa parecer, funciona muito bem. O roteiro, escrito pelo próprio diretor, junto com Paul Harris Boardman, nos conta a história de Emily Rose (Jennifer Carpenter), uma jovem que manifesta sinais de possessão. É chamado então o Padre Moore (Tom Wilkinson), responsável por trabalhos de exorcismo. Porém, nem tudo sai como planejado. Isso faz com que o promotor Ethan Thomas (Campbell Scott), leve o padre a enfrentar um julgamento, onde é defendido pela advogada Erin Bruner (Laura Linney). *O Exorcismo de Emily Rose* é supostamente inspirado em um acontecimento real. Derrickson trabalha bem os elementos dos dois gêneros que abraça e seu filme termina por se revelar uma boa surpresa.

O EXPRESSO DA MEIA-NOITE
MIDNIGHT EXPRESS
EUA/INGLATERRA 1978

Direção: Alan Parker

Elenco: Brad Davis, John Hurt, Bo Hopkins, Randy Quaid, Irene Miracle, Mike Kellin, Paolo Bonacelli, Paul Smith e Norbert Weisser. Duração: 120 minutos. Distribuição: Sony.

O Expresso da Meia-Noite foi um dos grandes sucessos cinematográficos do final dos anos 1970. Baseado na história real do americano William (Billy) Hayes, que, ao tentar embarcar no aeroporto de Istambul, na Turquia, com cerca de dois quilos de haxixe em pacotes presos no corpo, foi detido pela polícia alfandegária. Pela tentativa de tráfico de drogas, ele é julgado, condenado e "jogado" na pior das prisões, onde sofre torturas e humilhações nas mãos do diretor do lugar. A única maneira de escapar é pegando o "expresso" do título. Escrito por Oliver Stone, que ganhou um Oscar de roteiro adaptado, a partir do livro escrito pelo verdadeiro Billy Hayes, em parceria com o jornalista William Hoffer, *O Expresso da Meia-Noite* é dirigido com tintas fortes pelo inglês Alan Parker. O papel principal foi entregue ao estreante em cinema Brad Davis e, de uma certa forma, marcou bastante toda a sua carreira futura. Contundente, provocador, violento e, ao mesmo tempo, carregado de humanidade, *O Expresso da Meia-Noite* é um filme marcante e de quebra, tem uma belíssima trilha sonora, composta por Giorgio Moroder, também premiada com um Oscar.

O FABULOSO DOUTOR DOOLITTLE
DOCTOR DOLITTLE
EUA 1967

Direção: Richard Fleischer

Elenco: Rex Harrison, Samantha Eggar, Anthony Newley e Richard Attenborough. Duração: 152 minutos. Distribuição: Fox.

Em condições normais, dificilmente este filme seria comentado aqui. Mas, como toda regra tem uma exceção, *O Fabuloso Doutor Dolittle* ganha um lugar de destaque. A razão é assumidamente pessoal e nostálgica. Trata-se do filme mais antigo que eu tenho a lembrança de ter visto em minha vida. Eu tinha quatro anos de idade e guardei muitas das cenas que vi. Em especial, as que mostravam Dolittle falando com os animais e a do famoso caracol cor-de-rosa gigante. Dirigido por Richard Fleischer, uma espécie de "pau para toda obra", a história se inspira nos livros escritos por Hugh Lofting, e teve sua adaptação feita por Leslie Bricusse. O médico veterinário John Dolittle (Rex Harrison) gosta mais de bicho do que de gente. O fato de poder falar com os animais reforça ainda mais esta predileção. Ao mesmo tempo em que cria situações que levam o bom doutor a ser julgado. Contextualizando *O Fabuloso Doutor Dolittle* na Hollywood daquela década, é preciso entender o seguinte: os estúdios americanos estavam completamente perdidos. Em 1964, *Mary Poppins*, um musical, obteve muito sucesso. No ano seguinte, *A Noviça Rebelde*, outro musical, havia feito mais sucesso ainda. Os executivos da Fox acreditavam que o publico estava ávido por musicais. Dolittle foi mais um deles. Apesar das muitas indicações ao Oscar, inclusive para melhor filme, o fracasso foi retumbante. Na verdade, existem alguns problemas nesta produção. E o principal deles talvez tenha sido a escalação de Rex Harrison para o papel principal. De qualquer maneira, há pontos positivos e até mesmo bem avançados para a época em que o filme foi feito. E isso já justifica a conferida.

FACA DE DOIS GUMES
BRASIL 1989

Direção: Murilo Salles

Elenco: Paulo José, Marieta Severo, Pedro Vasconcelos, José de Abreu, Flávio Galvão, José Lewgoy, Paulo Goulart e Ursula Canto. Duração: 97 minutos. Distribuição: Cinema Brasil Digital.

O cineasta carioca Murilo Salles começou sua carreira no final dos anos 1960, quando dirigiu seu primeiro curta. No início dos anos 1970 ele se consolidou como diretor de fotografia, até estrear na direção de um longa, em 1984, com o filme *Nunca Fomos Tão Felizes*. Seu segundo longa, *Faca de Dois Gumes*, foi feito cinco anos depois. O roteiro, escrito pelo próprio diretor, junto com Leopoldo Serran e Alcione Araújo, tem por base o livro homônimo de Fernando Sabino. Neste drama policial, algo bem raro na cinematografia brasileira, acompanhamos a história de Jorge Bragança (Paulo José), um advogado famoso que descobre que sua esposa o está traindo com seu melhor amigo. Ele planeja então se vingar dos dois e arma um plano perfeito. Porém, não há como se prever o imprevisível. *Faca de Dois Gumes* prova que existem boas tramas policiais faladas em português e Murilo Salles conduz sua narrativa com muito suspense e uma tensão constante. Destaque especial para o excepcional Paulo José, um ator sutil e inteligente que consegue transmitir todo o conflito interior de sua personagem.

FANTASMAS DO PASSADO
GHOSTS OF MISSISSIPPI
EUA 1983

Direção: Rob Reiner

Elenco: Alec Baldwin, James Woods, Whoopi Goldberg, Virginia Madsen, Susanna Thompson, Craig T. Nelson, Lucas Black e William H. Macy. Duração: 130 minutos. Distribuição: Warner.

O ator e diretor Rob Reiner já havia realizado um grande filme de tribunal, *Questão de Honra*, em 1992. Quatro anos depois resolveu voltar ao gênero com este *Fantasmas do Passado*. A diferença é que agora ele estava lidando com uma história real. O roteiro, escrito por Lewis Colick, se inspira na luta de Myrlie Evers (Whoopi Goldberg), que lutou bravamente ao longo de 30 anos para que um racista branco pagasse pelo crime que cometeu. No caso, a morte de Medgar Evers, ativista na luta pelos direitos civis dos negros e marido de Myrlie. Apesar de parecer um tema essencialmente americano, *Fantasmas do Passado* consegue romper a barreira regional. A luta desta viúva é muito maior e abrangente do que parece. E Rob Reiner é um diretor sensível e excelente na arte de contar histórias. Em tempo: os três filhos do verdadeiro Evers, junto com a filha de Martin Luther King, participam como atores do filme.

FESTIM DIABÓLICO
ROPE
EUA 1948

Direção: Alfred Hitchcock

Elenco: James Stewart, John Dall, Farley Granger, Joan Chandler, Cedric Hardwicke, Constance Collier, Douglas Dick, Edith Evanson e Dick Hogan. **Duração:** 80 minutos. **Distribuição:** Universal.

Alfred Hitchcock era um diretor que adorava desafios. Quando realizou *Festim Diabólico*, seu primeiro trabalho colorido, ele decidiu experimentar algo radical: rodar o filme inteiro em plano-sequência, ou seja, sem cortes. Na verdade, existem oito cortes. Porém, eles são tão sutis que a impressão que temos ao assistir ao filme é que eles realmente não existem. A trama, baseada em peça escrita por Patrick Hamilton, que por sua vez se inspirou em um fato verídico, conta a história de dois jovens brilhantes que estrangulam um colega com uma corda (daí o título original) e escondem o corpo dentro de um baú. Na sequência, chamam um grupo de pessoas, inclusive os pais e a namorada da vítima, para um jantar. Eles querem provar com isso que cometeram o crime perfeito. Philip (Farley Granger) e Brandon (John Dall), cheios de confiança e com um forte sentimento de superioridade, enfrentam até um antigo professor, Rupert Cadell, vivido por James Stewart. Com uma direção milimetricamente objetiva, Hitchcock utiliza tudo em cena para contar sua história. Atores, objetos e cenários ajudam na tarefa e fazem de *Festim Diabólico* um caso único na filmografia deste genial diretor e na história do cinema.

FILADÉLFIA
PHILADELPHIA
EUA 1993

Direção: Jonathan Demme

Elenco: Tom Hanks, Denzel Washington, Jason Robards, Antonio Banderas, Mary Steenburgen, Joanne Woodward, Bradley Whitford e Charles Napier. **Duração:** 125 minutos. **Distribuição:** Sony.

Primeiro filme de um grande estúdio a abordar um tema até então considerado proibido: a AIDS. *Filadélfia* já estava na cabeça do diretor Jonathan Demme há algum tempo. A recepção negativa da comunidade gay ao seu filme anterior, *O Silêncio dos Inocentes*, aliado à morte do melhor amigo de sua mulher, vítima da AIDS, fez com que Demme decidisse que era hora de fazer este filme. Nos Estados Unidos, Filadélfia é conhecida como a cidade do amor fraterno. Ironicamente, é lá que se desenrola a trama de preconceitos e de falta de solidariedade que cerca a vida de Andrew Beckett (Tom Hanks), advogado brilhante, homossexual, que após manifestar os sinais de portador do vírus HIV, é demitido da firma onde trabalha, sem justa causa. Ele contrata então um advogado, Joe Miller (Denzel Washington), para defendê-lo. *Filadélfia* é mais um filme de tribunal que um drama intimista. Demme só conseguiu produzi-lo graças ao sucesso de *O Silêncio dos Inocentes*. Além do Oscar de melhor ator para Tom Hanks, o filme ganhou também o de melhor canção para Streets of Philadelphia, de Bruce Springsteen. Preste atenção na seqüência em que Beckett traduz para Miller uma ária da ópera *La Mamma Morta*, cantada por Maria Calas. Com sensibilidade e intensidade dramática, Demme mostra a "morte", ou melhor, a certeza de sua inevitável chegada.

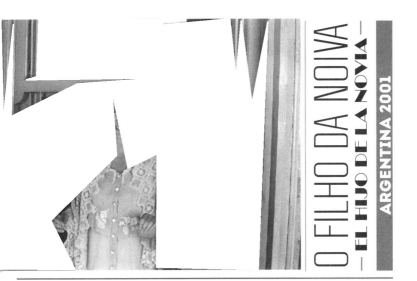

Direção: Juan Jose Campanella

Elenco: Ricardo Darin, Héctor Alterio, Norma Aleandro, Eduardo Blanco e Natalia Verbeke. Duração: 124 minutos. Distribuição: Europa Filmes.

O cinema brasileiro tem mais história que o cinema argentino. Porém, o cinema feito no país de nossos "hermanos" tem feito mais história que o daqui. Surge então uma pergunta bem simples: o que é que eles têm que nós não temos? A resposta é mais simples ainda: eles conseguem dialogar com seu público, ou melhor, com qualquer público. *O Filho da Noiva*, de Juan Jose Campanella, é aquele tipo de filme ao mesmo tempo simples e complexo. Cheio de camadas e passível de diversas interpretações, ele consegue funcionar em diferentes níveis e gêneros. Tem humor, drama, suspense e romance. Fala de amor, ternura, amizade, relacionamentos e sentimentos. Lida com questões sociais, religiosas, culturais, políticas e econômicas. Nos faz rir, chorar e se emocionar. Não estou exagerando. O filme de Campanella passeia por tudo isso com lirismo, desenvoltura e criatividade. Uma direção segura, um roteiro envolvente e um elenco dos sonhos que reúne duas gerações de grandes atores em plena forma. Tenha certeza de uma coisa: nosso futebol talvez ainda seja melhor, mas, em matéria de cinema, na melhor das hipóteses, estamos empatados.

FILHOS DA ESPERANÇA
CHILDREN OF MEN
INGLATERRA 2006

Direção: Alfonso Cuáron

Elenco: Clive Owen, Chiwetel Ejiofor, Julianne Moore, Michael Caine, Charlie Hunnam e Peter Mullan. Duração: 109 minutos. Distribuição: Universal.

Estamos em 2027. Sem que ninguém saiba a razão, as mulheres do planeta não conseguem mais engravidar. O último ser humano que nasceu tem 18 anos e acabou de morrer. Neste mundo, o homem não consegue mais se reproduzir. Isso destrói seu futuro e deixa o presente sem sentido algum. As coisas se complicam mais ainda quando uma mulher finalmente aparece grávida. Cabe a Theo (Clive Owen) conduzi-la a um lugar seguro para que o bebê possa nascer. Uma missão que se revela das mais difíceis. Não é por acaso que o nome da personagem de Owen é "Deus", em grego. Dirigido pelo mexicano Alfonso Cuáron, *Filhos da Esperança* é uma adaptação do livro *Children of Men*, da escritora inglesa P.D. James. Cuáron é um diretor de forte apelo visual. Ele nos passa a sensação de que aquele mundo existe mesmo. Trata-se de uma ficção-científica sem apelos fáceis, feita para espectadores pensantes. Um filme inquietante e perturbador que nos faz avaliar melhor algumas posturas que costumamos tomar no nosso dia-a-dia, muitas vezes sem ponderação. Um filme que nos provoca e ao qual não conseguimos ficar indiferentes. E isso é muito salutar.

O FIO DA SUSPEITA
CITIZEN KANE
EUA 1985

Direção: Richard Marquand

Elenco: Glenn Close, Jeff Bridges, Peter Coyote, Robert Loggia, John Dehner, Leigh Taylor-Young, Karen Austin, Lance Henriksen e Michael Dorn. Duração: 105 minutos. Distribuição: Columbia.

Joe Eszterhas foi o roteirista mais bem pago do mundo na primeira metade dos anos 1990. Seu jeito especial de combinar sexo, crime e suspense lhe trouxe fama e dinheiro. Seu terceiro roteiro, *O Fio da Suspeita*, dirigido em 1985 por Richard Marquand, já antecipava estes elementos. Eszterhas vinha do sucesso de *Flashdance* e deu uma guinada em sua carreira. Na trama, Page Forrester (Maria Mayenzet), herdeira de uma grande fortuna, é brutalmente assassinada. Seu marido, Jack (Jeff Bridges), é acusado do crime e contrata a advogada Teddy Barnes (Glenn Close), para defendê-lo. Marquand conduz seu filme no limite, ou melhor, no "fio da suspeita" proposto no título. A coisa se complica quando advogada e cliente se envolvem romanticamente. Jeff Bridges esbanja charme e carisma na pele do suposto criminoso. O diretor é hábil o suficiente para nos conduzir pelos olhos da cada vez mais apaixonada personagem vivida por Glenn Close. O que potencializa sobremaneira o suspense em torno do verdadeiro culpado pela morte de Page.

A FIRMA
THE FIRM
EUA 1993

Direção: Sydney Pollack

Elenco: Tom Cruise, Jeanne Tripplehorn, Gene Hackman, Hal Holbrook, Wilford Brimley, Ed Harris, Holly Hunter, David Strathairn, Gary Busey e Paul Sorvino. Duração: 154 minutos. Distribuição: Paramount.

A mistura proposta por *A Firma* prometia ser explosiva. Afinal, trata-se de um filme dirigido pelo experiente Sydney Pollack. Com roteiro adaptado do primeiro best-seller de John Grisham. E um elenco de grandes atores encabeçado por Tom Cruise no auge da popularidade. Não tinha como dar errado. E não deu. *A Firma* é um eletrizante drama de suspense que, além de manter a tensão em alta, ainda traz ao debate um tema dos mais oportunos: a ética na profissão. Mitch McDeere (Cruise) é um jovem advogado cheio de esperança e de ideais. Ele sonha com uma carreira promissora. E quando recebe um convite para trabalhar em um escritório de advocacia, pronto, seus sonhos se realizarão. As coisas começam a mudar quando ele descobre alguns segredos dos clientes da empresa onde trabalha. Mitch encara, a partir daí, um dilema ético dos mais profundos e intensos. O roteiro, adaptado por Robert Towne, David Rabe e David Rayfiel, traz os elementos necessários para que Pollack desenvolva em *A Firma* uma estrutura que vai nos envolvendo gradativamente. E por conta disso, este clima tenso chega a um ponto de intensidade sufocante.

A FITA BRANCA
DAS WEISSE BAND
ALEMANHA/ÁUSTRIA 2009

Direção: Michael Haneke

Christian Friedel, Ernst Jacobi, Leonie Benesch, Ulrich Tukur, Ursina Lardi, Fion Mutert, Michael Kranz, Steffi Kühnert e Maria-Victoria Dragus. Duração: 144 minutos. Distribuição: Imovision.

O cineasta austríaco Michael Haneke nunca foi um diretor/roteirista de meias palavras ou adepto de concessões e tons suaves em suas histórias. Vendo seus filmes, podemos detestá-los ou adorá-los, porém, nunca ficarmos indiferentes. Formado em Filosofia e Psicologia e com passagens pela televisão e pelo teatro, Haneke é também professor de Cinema e sempre tem algo a dizer. Em *A Fita Branca*, filme que escreveu e dirigiu em 2009, ele fala sobre estranhos eventos que perturbam a calma de uma pequena vila no interior da Alemanha, às vésperas da Primeira Guerra Mundial. Aparentemente isolados, esses "incidentes" aos poucos vão se revelando parte de algo maior e assustador, o que deixa a população do lugar em pânico. O professor da escola local (Christiani Friedel) investiga os acontecimentos à procura do responsável e termina por descobrir uma verdade perturbadora. Segundo Haneke, o filme trata da gênese do nazismo. A rigorosa disciplina imposta pelos pais do vilarejo, que tem como símbolo maior a "fita branca" do título, estaria na raiz da postura rancorosa e punitiva de boa parte dos jovens alemães que anos mais tarde apoiariam Hitler. A bela e impactante fotografia em preto-e-branco de Christian Berger reforça ainda mais o clima tenso do filme. Haneke nos provoca, nos instiga a pensar. E isso é muito bom.

A FOGUEIRA DAS VAIDADES
THE BONFIRE OF THE VANITIES
EUA 1990

Direção: Brian De Palma

Elenco: Tom Hanks, Melanie Griffith, Bruce Willis, Morgan Freeman, F. Murray Abraham, Kim Cattrall, Saul Rubinek, Kevin Dunn e Kirsten Dunst. Duração: 125 minutos. Distribuição: Warner.

Imagine um diretor talentoso. Um ator querido por suas comédias e estrelando seu primeiro papel dramático. Um outro ator em ascensão após um sucesso inesperado. Um livro de autor badalado. Tudo, simplesmente tudo, conspirava a favor da versão cinematográfica de *A Fogueira das Vaidades*. Dirigido por Brian De Palma, que vinha dos sucessos de *Scarface* e *Os Intocáveis*. Estrelado por Tom Hanks, que buscava novos rumos para sua carreira. E Bruce Willis, logo depois o estouro de *Duro de Matar*. Além do roteiro de Michael Cristofer, adaptado do best-seller homônimo de Tom Wolfe. O filme conta a história de Sherman McCoy (Hanks), um bem sucedido corretor de Wall Street. Certa noite, sua vida vira de ponta cabeça quando ele pega um caminho errado e vai parar no Bronx. Misture tudo isso com um jornalista ambicioso, Peter Fallow (Willis) e outras personagens sem muitos escrúpulos. *A Fogueira das Vaidades* faz jus ao título que tem. De Palma abre sua narrativa com um belíssimo plano-seqüência e depois nos conduz por um mundo de especulações, aparências e dissimulações. A maneira sarcástica como ele retrata suas personagens não deixa dúvida alguma sobre o caráter delas. O mundo daquela época não estava preparado para se ver na telona. Esta deve ter sido uma das razões do fracasso do filme. Hoje, ele pode ser visto com outros olhos e ser reconhecido por suas muitas qualidades.

Direção: Roger Mitchell

Elenco: Ben Affleck, Samuel L. Jackson, Toni Collette, Sydney Pollack, Richard Jenkins, Jennifer Dundas, Amanda Peet e Matt Malloy. Duração: 98 minutos. Distribuição: Paramount.

Muitos acidentes de trânsito, por mais banais que pareçam, às vezes provocam mudanças bruscas no comportamento das pessoas. Principalmente, se quem se envolve neles estiver passando por alguma provação. Em *Fora de Controle*, dirigido em 2002 por Roger Mitchell, é isso o que acontece com Gavin Banek (Ben Affleck) e Doyle Gipson (Samuel L. Jackson). O primeiro é um advogado que está atrasado para uma reunião no tribunal. O segundo é um pai que está à espera de uma decisão judicial para ter assegurado o seu direito de ver os próprios filhos. Os dois terminam se envolvendo em um pequeno acidente de trânsito e isso basta para que a vida de ambos, a partir da raiva que sentem, entre em um processo de autodestruição. O roteiro de Chap Taylor e Michael Tolkin, apesar de aparentemente exagerado, deixa claro que a mais boba das situações pode resultar em catástrofe dependendo do momento em que elas aconteçam e do estado de espírito das pessoas envolvidas. O título nacional não poderia ser mais acertado.

FRANCES
FRANCES
EUA 1982

Direção: Graeme Clifford

Elenco: Jessica Lange, Sam Shepard, Kim Stanley, Anjelica Huston, Bart Burns, Jeffrey DeMunn, Jordan Charney e Lane Smith. Duração: 139 minutos. Distribuição: Colecione Clássicos.

O diretor australiano Graeme Clifford começou sua carreira em meados dos anos 1970 na TV de seu país. Ao longo das décadas seguintes ele dirigiu inúmeros episódios de seriados e alguns telefilmes. Para o Cinema, ele realizou poucos trabalhos e o primeiro e mais importante deles foi *Frances*, de 1982. A partir de um roteiro escrito por Eric Bergren, Christopher De Vore e Nicholas Kazan, o filme se inspira na história real da atriz Frances Farmer. Na virada dos anos 1930 para 1940, ela teve uma ascensão meteórica, porém, trágica, em Hollywood. Interpretada aqui por Jessica Lange, *Frances* começa mostrando a jovem, então com 16 anos, escrevendo uma redação onde contesta a existência de Deus. Isso provoca uma grande polêmica na cidade do interior onde ela mora com a mãe (Kim Stanley). As coisas pioram quando ela começa a fazer teatro, sem o apoio da família e vai passar uma temporada em Moscou. Ao voltar, torna-se uma grande estrela, porém, novos problemas surgem, o que transforma sua vida em um verdadeiro inferno. Com direção irregular de Clifford, *Frances* se sustenta na intensa, carismática e marcante interpretação de Jessica Lange.

A FRATERNIDADE É VERMELHA
TROIS COULEURS: ROUGE
FRANÇA 1994

Direção: Krzysztof Kieslowski

Elenco: Jean-Louis Trintignant, Irène Jacob, Frédérique Feder, Jean-Pierre Lorit, Samuel Lebihan, Juliette Binoche e Julie Delpy. Duração: 99 minutos. Distribuição: Versátil.

Uma senhora aparece nos três filmes da Trilogia das Cores, de Krzysztof Kieslowski, tentando colocar uma garrafa dentro de um compartimento de reciclagem. Em *A Liberdade é Azul*, Julie (Juliette Binoche) não a vê. Em *A Igualdade é Branca*, Dominique (Julie Delpy) a vê e se limita a sorrir. Em *A Fraternidade é Vermelha*, Valentine (Irene Jacob) vê a senhora e a ajuda. Essa cena apenas reforça o que já sabemos sobre a personalidade de Valentine, uma mulher sempre disposta a ajudar as pessoas. E também os animais, afinal, o ponto de partida da história deste terceiro filme é o atropelamento de uma cadela. Por causa dele, ela conhece um juiz aposentado (Jean-Louis Trintignant), cujo endereço constava da coleira do animal. Os dois não poderiam ser mais diferentes um do outro e, apesar disso, desenvolvem uma bela amizade. O roteiro, escrito por Kieslowski, em parceria com Krzysztof Piesiewicz, é o mais tocante, otimista e envolvente da trilogia. Talvez até de toda a carreira deste cineasta polonês. Ao contrário dos dois primeiros, a trama se passa em Genebra, e não em Paris. E não me pergunte com é que a senhora aparece nos três filmes. Encaro isso como "licença poética". Valentine é modelo e tem um namorado ciumento que está sempre viajando. O juiz vive isolado, é uma pessoa amarga que passa os dias gravando as conversas dos vizinhos. A vida dessas duas personagens se cruzam e paralelamente acompanhamos a vida de um jovem estudante de Direito, que parece repetir a vida do juiz aposentado. No final, Kieslowski nos deixa um belo testamento, nesta que foi sua última obra-prima (ele veio a falecer dois anos depois). *A Fraternidade é Vermelha* é um filme cheio de "ão": compaixão, perdão, redenção, conexão, ligação, comunicação e salvação. Sem maniqueísmo e com uma fluidez que poucos cineastas conseguem atingir. Ao final, vendo a maneira como o diretor "junta" as personagens principais da trilogia, bate na hora aquela vontade de rever tudo outra vez.

FRUITVALE STATION — A ÚLTIMA PARADA
FRUITVALE STATION
EUA 2013

Direção: Ryan Coogler

Elenco: Michael B. Jordan, Melonie Diaz, Octavia Spencer, Kevin Durand, Chad Michael Murray, Ariana Neal e Ahna O'Reilly. Duração: 90 minutos. Distribuição: Paris Filmes.

Escrito e dirigido pelo estreante Ryan Coogler, *Fruitvale Station – A Última Parada* tem por base uma história real. O filme acompanha as 24 horas finais de Oscar Grant (Michael B. Jordan), um jovem de 22 anos que foi morto por um policial em Oakland, na Califórnia. E não se trata de spoiler aqui no texto. O diretor já abre o filme revelando seu final. O dia em questão é o 31 de dezembro de 2008. Oscar é apresentado como um bom filho e também como pai zeloso de uma garotinha de quatro anos. Coogler adota uma narrativa quase documental e concentra seu relato a partir do ponto de vista da vítima. Esta postura chega a omitir alguns fatos que foram revelados durante o julgamento do policial, que teria confundido uma arma de choque por uma arma com balas. O crime aconteceu na estação de metrô que dá título ao filme. Apesar destas "liberdades", *Fruitvale Station* é um drama comovente. E muito disso se deve ao talento do ator Michael B. Jordan. Um nome a ser acompanhado com atenção.

O FUGITIVO
THE FUGITIVE
EUA 1993

Direção: Andrew Davies

Elenco: Harrison Ford, Tommy Lee Jones, Sela Ward, Joe Pantoliano, Jeroen Krabbé, Tom Wood, Ron Dean, Andreas Katsulas e Julianne Moore. **Duração:** 131 minutos. **Distribuição:** Warner.

A história do Dr. Richard Kimble já era conhecida do grande público. Acusado de matar a esposa, o médico foi condenado à morte e graças a um acidente inesperado, consegue escapar. Ele inicia então uma jornada solitária com duas preocupações em mente: fugir da polícia e encontrar o verdadeiro culpado para provar sua inocência. Inspirado em um seriado de grande sucesso nos anos 1960, o filme *O Fugitivo* tem Harrison Ford, um dos atores mais populares do cinema, no papel principal. O diretor Andrew Davies não era um novato no gênero, mas, nunca tinha dirigido uma grande produção como esta. A trama apresenta personagens conhecidas e carismáticas interpretadas pelos atores certos, com destaque para Ford e Tommy Lee Jones, que faz o delegado federal Samuel Gerard, seu perseguidor. Tudo isso aliado a uma direção segura, um roteiro enxuto e uma montagem de tirar o fôlego. Outro detalhe interessante diz respeito às duas personagens centrais. Kimble e Gerard são tão excepcionais que nos vemos vivendo um grande paradoxo ao assistir ao filme. O tempo todo torcemos pelo médico em fuga, que sabemos que é inocente, e também por seu perseguidor, que tem uma personalidade incomum. Isso só aumenta a tensão, o que torna *O Fugitivo* um exemplo bem acabado do bom cinema de entretenimento.

O GALANTE MR. DEEDS
MR. DEEDS GOES TO TOWN
EUA 1936

Direção: Frank Capra

Elenco: Gary Cooper, Jean Arthur, George Bancroft, Lionel Stander, Douglass Dumbrille, Raymond Walburn, H.B. Warner e Walter Catlett. **Duração:** 115 minutos. **Distribuição:** Columbia.

Longfellow Deeds, de *O Galante Mr. Deeds*; ao lado de John Doe, de *Adorável Vagabundo*; de Jefferson Smith, de *A Mulher Faz o Homem*; e de George Bailey, de *A Felicidade Não Se Compra*, compõem uma espécie de "quarteto fantástico" do universo cinematográfico de Frank Capra. Os quatro são heróis íntegros e lutam contra forças bem maiores do que eles. Quase todas, obras do acaso. Em *O Galante Mr. Deeds*, Longfellow Deeds (Gary Cooper) leva uma vida simples no interior. Em sua rotina, nada o alegra mais que tocar sua tuba. Certo dia, ele descobre ser herdeiro de uma milionária herança em Nova York. Deeds se vê então cercado de luxo, riqueza e pessoas interesseiras. Ciente da fortuna que herdou, decide doá-la aos mais necessitados. Taxado com louco, é processado e levado ao tribunal para ser submetido a um exame de sanidade mental. Robert Riskin escreveu o roteiro a partir de uma história de Budington Kelland. E Frank Capra, com seu estilo único de valorização do homem comum fez de *O Galante Mr. Deeds* mais uma de suas obras-primas. E ainda ganhou seu segundo Oscar de melhor diretor.

GANDHI
INGLATERRA/ÍNDIA 1982

Direção: Richard Attenborough

Elenco: Ben Kingsley, Candice Bergen, Edward Fox, John Gielgud, Trevor Howard, John Mills, Martin Sheen, Ian Charleson, Saeed Jaffrey, Amrish Puri e Roshan Seth. Duração: 191 minutos. Distribuição: Sony.

Seu nome de batismo era Mohandas Karamchand Gandhi. Mas ele entrou para a história e será eternamente lembrado pelo título de Mahatma, que significa em sânscrito "a grande alma". E Gandhi era realmente uma grande alma. Foi ele quem defendeu o princípio da não violência, o Satyagraha. Esta postura tornou possível a conquista da independência de seu país, a Índia, do domínio inglês. O cineasta britânico Richard Attenborough, a partir do roteiro de John Briley, decidiu levar às telas a vida deste grande homem. *Gandhi*, de 1982, é este filme. Um projeto que Attenborough acalentou por cerca de duas décadas. Ambicioso em sua proposta, e não teria com ser diferente, a obra procura nos conduzir pelas passagens mais importantes da trajetória deste líder pacifista. Um dos grandes achados do filme é a presença do então novato Ben Kingsley no papel título. Além da semelhança física, Kingsley nos entrega uma atuação carregada de emoção, sutilezas e magnetismo. É impossível tirar os olhos da tela sempre que ele aparece. E ele está presente em praticamente todas as cenas do filme. *Gandhi* é uma produção que não poupou recursos para contar sua história. Além do enorme elenco principal, composto por atores ingleses e indianos, há também um significativo número de figurantes, algo em torno de 15 mil pessoas. Apesar do caráter acadêmico que Attenborough imprimiu, a personagem retratada tem vida própria e consegue se sobressair. Indicado a 11 prêmios Oscar, *Gandhi* terminou por levar oito deles, inclusive os de melhor filme, diretor, ator, roteiro, fotografia e montagem.

GANHAR OU GANHAR
WIN WIN
EUA 2011

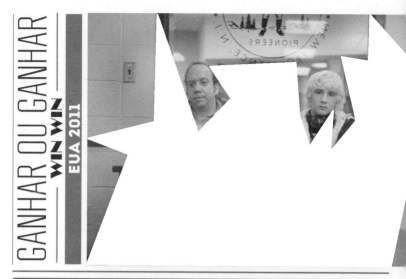

Direção: Tom McCarthy

Elenco: Paul Giamatti, Amy Ryan, Jeffrey Tambor, Bobby Cannavale, Burt Young e Alex Shaffer. **Duração:** 106 minutos. **Distribuição:** Fox.

O ator, roteirista e diretor americano Tom McCarthy vinha de dois sucessos em festivais, *O Agente da Estação* e *O Visitante*, quando realizou este *Ganhar ou Ganhar*. O roteiro, escrito por ele próprio, a partir de uma história dele junto com Joe Tiboni, nos apresenta Mike Flaherty (Paul Giamatti). Mike atua como advogado e está à beira da falência. Ele é casado com Jackie (Amy Ryan), tem duas filhas pequenas e nas horas vagas é treinador de luta romana de uma escola da cidade. Por conta das dificuldades financeiras que enfrenta, Mike acaba por aplicar um pequeno golpe. Em decorrência disso, aparece em sua casa o jovem Kyle (Alex Shaffer), que termina por se revelar um ótimo atleta de luta romana. Até surgir um outro problema do passado do garoto. Quando uma situação qualquer termina sendo benéfica para ambos os lados, dizemos que se trata de "ganha-ganha". É o que acontece em *Ganhar ou Ganhar*. McCarthy conduz sua narrativa de maneira extremamente envolvente. E é apoiado por uma trama de fácil identificação: pessoas comuns vivendo situações comuns. Além disso, o elenco, em especial Paul Giamatti e Amy Ryan estão fantásticos.

Direção: David Fincher

Elenco: Ben Affleck, Rosamund Pike, Carrie Coon, Neil Patrick Harris, Tyler Perry, Kim Dickens, Patrick Fugit, David Clennon, Lisa Banes, Missi Pyle e Sela Ward. Duração: 148 minutos. Distribuição: Fox.

Desde que iniciou sua carreira no cinema, em 1992 com *Alien³*, David Fincher vem se firmando como um dos mais perfeccionistas cineastas de sua geração. Basta conferir sua sólida filmografia composta por obras como *Se7en*, *Clube da Luta* e *A Rede Social*, entre outros. Fincher tem domínio total da narrativa de suas histórias e a câmara nunca tem limitação de movimento. Não é diferente em *Garota Exemplar*, que ele dirigiu em 2014. O filme é uma adaptação do romance de mesmo nome escrito por Gillian Flynn, que também escreveu o roteiro. Originalmente, os direitos do livro foram comprados pela atriz Reese Witherspoon, que queria fazer o papel principal. Ela ficou sabendo do interesse de Fincher no projeto e o procurou com a oferta de direção. Para sua surpresa, ele não conseguia vê-la no papel de Amy e a convenceu de sua visão. Foi escalada então Rosamund Pike para o papel e Ben Affleck, até pelo seu histórico pessoal com a imprensa sensacionalista, para viver Nick Dunne, o marido de Amy. *Garota Exemplar* mexe com diversas questões, mas, em primeiro plano, nos conduz por uma intrincada teia de suspense. Além disso, tece uma nada sutil crítica à imprensa do espetáculo e às falsas aparências. Parece muita coisa para um filme só, mas, em se tratando de Fincher, tudo flui de maneira orgânica e envolvente.

GERMINAL
GERMINAL
FRANÇA 1993

Direção: Claude Berri

Elenco: Gérard Depardieu, Miou-Miou, Jean Carmet, Judith Henry, Renaud Danner, Jean-Roger Milo, Laurent Terzieff, Anny Duperey e Jean-Pierre Bisson. Duração: 160 minutos. Distribuição: Lume.

O cineasta francês Claude Berri começou sua carreira trabalhando como ator. Muito rapidamente percebeu que atuar não era seu forte. Migrou para a direção e teve sob seu comando os maiores nomes do cinema de seu país. Ele obteve grande sucesso de público e crítica com as adaptações de *Jean de Florette* e *A Vingança de Manon*, ambas realizadas em 1986. Sete anos depois ele adaptou uma das maiores obras da literatura francesa e mundial, *Germinal*, de Émile Zola. A obra retrata o surgimento dos movimentos grevistas a partir da revolta de um grupo de trabalhadores de minas de carvão, na França do século XIX. Zola é considerado o pai da literatura naturalista e *Germinal* é seu livro mais conhecido. Berri procurou ser fiel ao espírito do texto original. O filme não nos poupa da miséria em que vivem as personagens principais. Alguns até encontram paralelo com outra obra marcante e contemporânea, *Os Miseráveis*, de Victor Hugo. No entanto, *Germinal* é bem mais contundente no painel que traça da sociedade e dos poderosos da época. Contando com um elenco estelar e uma produção requintada, é aquele tipo de filme que primeiro chama atenção por conta da força de suas imagens e depois, nos encanta e envolve por causa das questões sociais que traz para discussão. Em resumo: um bom exemplo de espetáculo com conteúdo.

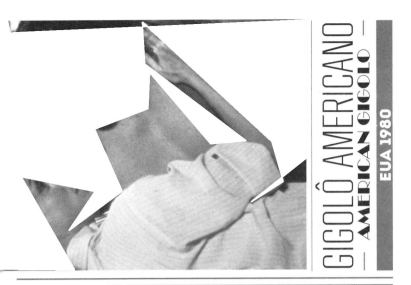

GIGOLÔ AMERICANO
AMERICAN GIGOLO
EUA 1980

Direção: Paul Schrader
Elenco: Richard Gere, Lauren Hutton, Hector Elizondo, Bill Duke e Carol Bruce.
Duração: 117 minutos. **Distribuição:** Paramount.

Em 1980, o ator Richard Gere ainda não era um símbolo sexual. Com pouco tempo de carreira e apenas quatro filmes no currículo, ele era um astro em ascensão. Já Paul Schrader, em seu terceiro trabalho como diretor, tinha um nome forte no mercado. Todavia, ele era mais conhecido e respeitado como roteirista, tendo escrito os roteiros de obras fundamentais como *Taxi Driver* e *Touro Indomável*, ambas de Martin Scorsese. Neste contexto, Gere e Schrader uniram forças e realizaram *Gigolô Americano*, filme que transformou a carreira dos dois. O roteiro original, de autoria do próprio diretor, nos apresenta Julian Kay (Gere), um sofisticado e elegante "acompanhante". A rotina dele é "agradar" as clientes que mantém sua agenda sempre cheia. Tudo vai bem até ele se tornar o principal suspeito de um assassinato. É visível neste filme a maneira solta e leve com que Schrader o conduz. Quem viu seus filmes anteriores pode constatar isso facilmente. Além do mais, *Gigolô Americano* traz à tona a procura por redenção, tema recorrente nos trabalhos do roteirista e diretor. A prostituição mostrada aqui é limpa, organizada, sensual e cheia de estilo. Gere se revelou o "veículo" ideal para esta proposta e, a partir daí, se transformou no "Richard Gere" que conhecemos até hoje.

GINGER E ROSA
GINGER & ROSA
INGLATERRA/DINAMARCA/CANADÁ/CROÁCIA 2012

Direção: Sally Potter

Elenco: Elle Fanning, Alice Englert, Christina Hendricks, Alessandro Nivola, Jodhi May, Oliver Platt, Timothy Spall e Annette Bening. Duração: 90 minutos. Distribuição: Paris Filmes.

A cineasta inglesa Sally Potter começou sua carreira no final dos anos 1960 dirigindo curtas experimentais. A estreia em longas aconteceu em 1983 e foi somente em 1992, quando ela realizou *Orlando – A Mulher Imortal*, baseado na obra de Virginia Woolf, que seu nome chamou a atenção. *Ginger e Rosa*, que Potter escrever e dirigiu em 2012, é um relato de forte caráter autobiográfico. Estamos em Londres, no ano de 1962. Ginger (Elle Fanning) e Rosa (Alice Englert) são amigas inseparáveis. Elas não querem ter uma vida igual à de suas mães, o que provoca um choque de gerações. Além disso, existe o medo de um confronto nuclear entre Estados Unidos e União Soviética. Afinal, a história se passa em plena Guerra Fria entre as duas superpotências. Potter conduz sua narrativa de maneira leve e intensa ao mesmo tempo. É visível o olhar carinhoso que ela demonstra para com o período em que viveu sua adolescência. Em especial, a maneira como Ginger é apresentada. Apesar de o título trazer também o nome de Rosa, o filme gira em torno da menina ruiva, alter-ego da diretora-roteirista. E Elle Fanning, uma das mais talentosas atrizes de sua geração, dá conta do recado com segurança. Alice Englert não fica atrás e o elenco de apoio também é dos melhores. A cineasta abre espaço para que todos brilhem em cena e nos presenteia com uma bela, poética e nostálgica viagem ao seu próprio passado.

GLÓRIA FEITA DE SANGUE
PATHS OF GLORY
EUA 1957

Direção: Stanley Kubrick

Elenco: Kirk Douglas, Ralph Meeker, Adolphe Menjou, George Macready, Wayne Morris, Richard Anderson, Joseph Turkel e Susanne Christian. **Duração:** 88 minutos. **Distribuição:** Versátil/Cultura.

Quarto longa-metragem dirigido por Stanley Kubrick, *Glória Feita de Sangue* é considerado pelos estudiosos do cineasta, seu primeiro grande filme. Ele, que em pouco mais de 45 anos de carreira dirigiu apenas 13 películas, foi versátil e criativo o bastante para "visitar" diferentes gêneros cinematográficos. E é justamente a partir de *Glória Feita de Sangue* que a marca "Stanley Kubrick" se estabelece. Aqui, trabalhando pela primeira vez com um astro de Hollywood, no caso, Kirk Douglas. O curioso é que neste filme ele teve a melhor das experiências com o ator, tanto que aceitou o convite dele para dirigir logo depois o épico *Spartacus*, onde enfrentou a pior das experiências em trabalhar com um astro, agora também produtor. Mas isto é outra história. Em *Glória Feita de Sangue* acompanhamos um drama de guerra aparentemente simples, porém, carregado de uma complexa e profunda análise do comportamento humano. Tudo começa dentro de um seguro castelo, onde um general recebe de um outro general o desafio de tomar uma posição inimiga. A missão suicida é entregue ao coronel Dax (Douglas), que mesmo certo se tratar de uma ação fadada ao fracasso, decide cumprir a ordem superior. E o que era esperado efetivamente acontece. Para cobrir a "burrada", os próprios mandantes da missão decidem acusar três soldados inocentes como culpados pelo erro. Diante de um jogo de cartas marcadas, a única pessoa que se opõe àquele teatro encomendado é Dax, que assume a defesa de seus subordinados. Kubrick nunca teve um olhar muito generoso para com o ser humano. E isso pode ser constatado facilmente em toda a sua filmografia. *Glória Feita de Sangue* deixa esta postura bem clara e expõe, sem meias palavras, a visão de mundo do diretor. Uma curiosidade: Kubrick se apaixonou pela atriz alemã Susanne Christian durante as filmagens e se casou com ela no ano seguinte.

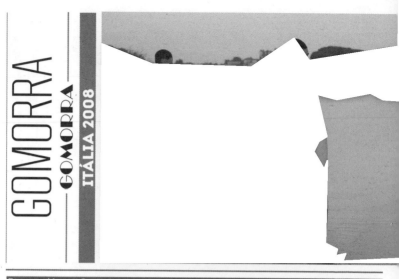

GOMORRA
GOMORRA — ITÁLIA 2008

Direção: Matteo Garrone

Elenco: Salvatore Abruzzese, Simone Sacchettino, Salvatore Ruocco, Vincenzo Fabricino, Vincenzo Altamura, Italo Renda, Gianfelice Imparato, Maria Nazionale, Salvatore Striano e Carlo Del Sorbo. **Duração:** 137 minutos. **Distribuição:** Paris.

Dirigido por Matteo Garrone e baseado no livro homónimo de Roberto Saviano, *Gomorra* foi um dos filmes mais aplaudidos no Festival de Cannes de 2008 e vencedor do Premio Especial do Júri. Trata-se de uma história de ficção, porém, com fortes vínculos com a realidade ao mostrar como funciona o crime organizado na Itália. Não por acaso, o autor do livro e o diretor foram jurados de morte. A trama acontece nas províncias de Nápoles e Caserta, onde os moradores têm que enfrentar e obedecer as regras do sistema conhecido por Camorra. O roteiro apresenta cinco histórias que seguem em paralelo e traçam um painel vigoroso que se sustenta no tripé poder, dinheiro e sangue. É incrível ver a maneira como o crime se ramifica na vida das pessoas mais comuns. Garrone se inspirou nos policiais americanos dos anos 1970 e no cinema político italiano da mesma época. Outra marca forte de *Gomorra* é seu caráter documental. O elenco, composto por atores desconhecidos do grande público, é de extrema eficiência, o que reforça ainda mais o realismo do filme. Seco, envolvente, direto e impactante *Gomorra* é mais que imperdível, é obrigatório.

GRANDES OLHOS
BIG EYES
EUA/CANADÁ 2014

Direção: Tim Burton

Elenco: Amy Adams, Christoph Waltz, Krysten Ritter, Danny Huston, Jon Polito, Jason Schwartzman e Terence Stamp. **Duração:** 106 minutos. **Distribuição:** Paris Filmes.

Tim Burton é um cineasta que possui uma marca. E sempre que sai algum novo trabalho dele, há a expectativa de se vê aquela assinatura. No caso de Burton, quando ele dirigiu *Grandes Olhos*, este padrão parecia não se fazer presente. Inspirado na história real da pintora Margaret Keane, vivida por Amy Adams, o roteiro de Scott Alexander e Larry Karaszewski lida basicamente com uma questão que envolve a disputa em tribunal por direitos autorais. A ação tem início nos anos 1950 e nos apresenta uma Margaret extremamente bem-sucedida na comercialização de suas obras. O problema, e é aí que o filme se concentra, diz respeito ao uso dos quadros de Margaret por seu marido, Walter Keane (Christoph Waltz), que os vende com se fossem seus. Claro que existem outras questões como a baixa auto estima da pintora, por exemplo. Uma das características do estilo Burton de contar histórias é visível: o gosto pelo estranho. E a vida dos Keane era bem estranha mesmo. Mas não é isso o que se sobressai. No final, seguimos a trajetória de crescimento espiritual, humano e artístico de uma mulher. E abrir nossos olhos para isso é o que o diretor tenta neste filme.

A GUERRA DE HART
HART'S WAR
EUA 2002

Direção: Gregory Hoblit

Elenco: Bruce Willis, Colin Farrell, Terrence Howard, Vicellous Reon Shannon, Marcel Lures, Cole Hauser, Linus Roache e Sam Worthington. Duração: 125 minutos. Distribuição: Fox.

O diretor americano Gregory Hoblit parece adorar um drama de julgamento. Boa parte de sua filmografia explora esse tipo de filme e não é diferente neste *A Guerra de Hart*. O roteiro de Billy Ray e Terry George, baseado no livro de John Katzenbach, nos apresenta Tomas Hart (Colin Farrell). Ele é estudante de Direito e se alistou para lutar com os Aliados na Segunda Guerra Mundial. No entanto, é capturado pelos nazistas e levado para um campo de concentração. Um crime ocorre. Um prisioneiro, negro, é acusado de matar outro prisioneiro, branco, que era racista. O coronel McNamara (Bruce Willis) propõe que seja realizado um julgamento e designa Hart para defender o acusado. Na verdade, McNamara tem outro plano em vista. *A Guerra de Hart* foge do clichê "nazista mal". Na verdade, são eles, os alemães que funcionam como moderadores da questão ao exigir seriedade na condução do julgamento. O tema não é dos mais fáceis, mas resulta em um filme correto e bem estruturado.

A GUERRA DOS ROSES
THE WAR OF THE ROSES
EUA 1989

Direção: Danny DeVito

Elenco: Michael Douglas, Kathleen Turner, Danny DeVito, Sean Astin, Heather Fairfield, Marianne Sägerbrecht, Peter Donat e Dan Castellaneta. Duração: 116 minutos. Distribuição: Fox.

Danny DeVito estreou como diretor quase ao mesmo tempo em que começou sua carreira de ator. Entre 1973 e 1986 ele dirigiu alguns curtas, telefilmes e episódios de séries de TV até estrear como diretor de cinema com a comédia *Jogue a Mamãe do Trem*, em 1987. Dois anos depois, ele reuniu novamente os atores Michael Douglas e Kathleen Turner, com quem havia contracenado em *Tudo Por Uma Esmeralda* e *A Jóia do Nilo*, em seu segundo filme, *A Guerra dos Roses*. O roteiro de Michael Leeson, tem por base o livro de Warren Adler, e nos apresenta o casal Oliver (Douglas) e Barbara (Turner). Eles são casados há 18 anos e querem se divorciar. Até aí, nada fora do comum. Os problemas começam quando ambos decidem permanecer na luxuosa casa onde moram. Oliver e Barbara, que pareciam, e na verdade eram, tão apaixonados, iniciam a feroz guerra do título para expulsar o outro da mansão. E no meio dos dois, o advogado Gavin D'Amaro (DeVito). *A Guerra dos Roses* capricha no humor ácido e na crítica ao consumismo desenfreado. Uma cutucada nada sutil na sociedade da época e que, mesmo passado tanto tempo, continua valendo.

Direção: Philippe Claudel

Elenco: Kristin Scott Thomas, Elsa Zylberstein, Serge Hazanavicius, Laurent Grevill e Frederic Pierrot. Duração: 117 minutos. Distribuição: Paramount.

Existem filmes que quando você ouve ou lê sobre o conteúdo do roteiro já associa a um determinado país. É o caso de *Há Tanto Tempo Que te Amo*, que tem "cara" de cinema francês. Escrito e dirigido pelo estreante Philippe Claudel, o filme conta a história de Juliette (Kristin Scott Thomas), uma mulher que acaba de sair da prisão por ter matado o próprio filho. Ela vai morar com a irmã mais nova, Léa (Elsa Zylberstein). As duas não se conhecem muito bem. A partir daí, abre-se um novo recomeço para ambas. O filme de Claudel é carregado de amargura, porém, é também cheio de amor e de esperança. Uma história assim não se sustentaria sem a presença de duas grandes atrizes em cena e neste quesito, *Há Tanto Tempo Que Te Amo* é soberbo. Scott Thomas e Zylberstein conseguem transmitir todas as emoções de suas personagens, sem exageros. Algo que seria até justificável dado o teor dramático do filme. Apesar de alguns "tropeços" na direção, que de vez em quando perde um pouco o ritmo, trata-se de uma história comovente e humana.

Direção: Margarethe von Trotta

Elenco: Barbara Sukowa, Janet McTeer, Julia Jentsch, Megan Gay, Nicholas Woodeson, Tom Leick, Ulrich Noethen e Harvey Friedman. Duração: 113 minutos. Distribuição: Esfera Filmes.

Hannah Arendt nasceu na Alemanha e, por conta de sua origem judaica, migrou para os Estados Unidos para fugir da perseguição nazista. Tornou-se uma das pensadoras mais influentes do Século XX. A cineasta Margarethe von Trotta, também alemã, começou sua carreira como atriz, em meados dos 1960. Na década seguinte, casada com o diretor Volker Schlöndorff, passou a dirigir também. Atrás das câmaras, von Trotta sempre teve uma predileção por figuras históricas femininas. Não por acaso, seu trabalho mais conhecido é a cinebiografia de *Rosa Luxemburgo*, realizada em 1986. Naquela ocasião, ela conheceu a atriz Barbara Sukowa, que fez o papel principal. A parceria é retomada em *Hannah Arendt*, de 2012. O roteiro, escrito pela própria diretora junto com Pam Katz, se concentra em um período marcante da vida da filósofa. No início dos anos 1960, Hannah Arendt é contratada pela revista New Yorker para ir a Jerusalém acompanhar o julgamento do nazista Adolf Eichmann. A série de cinco artigos que ela escreve apresenta uma visão diferente da esperada e provoca um escândalo na comunidade judaica. A narrativa adotada por von Trotta é precisa nas opções que faz e Sukowa encarna sua personagem com convicção. *Hannah Arendt* é aquele tipo raro de filme que continua conosco depois que acaba. E isso é muito bom.

HERÓI POR ACIDENTE
HERO
EUA 1992

Direção: Stephen Frears

Elenco: Dustin Hoffman, Geena Davis, Andy Garcia, Joan Cusack, Maury Chaykin, Kevin J. O'Connor, Stephen Tobolowsky, Christian Clemenson, Tom Arnold e Chevy Chase. Duração: 118 minutos. Distribuição: Sony.

A música de fundo da abertura de *Herói Por Acidente*, deixa bem claro qual a fonte que inspirou o diretor inglês Stephen Frears. Trata-se da música de *A Felicidade Não Se Compra*, de Frank Capra. Como bem disse o crítico Sérgio Augusto, da *Folha de São Paulo*, Frears não só revisita o cinema de Capra, mas o atualiza e tem com referência principal *Adorável Vagabundo*. O filme conta a história de um trambiqueiro, Bernie LaPlante (Dustin Hoffman) que vive de pequenos golpes e sempre às voltas com a polícia. Gale Gayley (Geena Davis) é a repórter mais famosa do Canal 4 e no momento cobre uma onda de suicídios que ocorrem na cidade. Para ela, o mais importante é o sensacionalismo da notícia, nunca os seres humanos envolvidos. No fundo, Gale sonha com uma matéria que resgate os reais valores da vida. Por último, temos John Buber (Andy Garcia), ex-combatente do Vietnã, hoje vivendo dentro de um carro velho como um mendigo catador de latas. O destino trata de juntar a vida dessas três personagens. Voltando de uma premiação em Nova York, o avião no qual Gale viaja faz um pouso forçado. Bernie está passando por perto e, muito a contragosto, salva os 54 passageiros do voo 104. No dia seguinte, pega uma carona com o mendigo Bubber e conta o ocorrido. Quando a TV oferece uma recompensa em dinheiro para que o "o anjo do voo 104" apareça e dê uma entrevista, Bubber toma o lugar de Bernie e torna-se o herói da América. O diretor faz bom uso das nuances do roteiro de David Webb Peoples. A necessidade que temos de acreditar em heróis e principalmente a forma como a mídia manipula nossas vidas para aumentar seus índices de audiência. A personagem que melhor retrata isso é o chefe de Gale, interpretado por Chevy Chase, curiosamente não creditado. Frears vai além ao mostrar a fragilidade do ser humano e como é possível transformar essa fraqueza em triunfo.

A HISTÓRIA DE UM SOLDADO
A SOLDIER'S STORY
EUA 1984

Direção: Norman Jewison

Elenco: Howard E. Rollins Jr., Adolph Caesar, Denzel Washington, Wings Hauser, Dennis Lipscomb, Art Evans, Patti LaBelle e Alan Grier. **Duração:** 101 minutos. **Distribuição:** Sony.

Norman Jewison é um cineasta de sólida carreira. Versátil e habilidoso na arte de contar histórias, seu nome é sinônimo de qualidade. Em todos os aspectos. Ele iniciou a carreira trabalhando para a televisão de seu país natal, o Canadá, em 1952, e lá permaneceu por cerca de dez anos, até a estreia no cinema. *A História de Um Soldado*, que ele dirigiu em 1984, se baseia na peça teatral de mesmo nome, escrita por Charles Fuller, também autor do roteiro. A ação se passa no final da Segunda Guerra Mundial, em uma base negra, o Forte Neal, do Exército americano. É lá que acontece o assassinato de um dos soldados. O Capitão Davenport (Howard E. Rollins Jr.), também advogado, é designado para investigar o crime. Jewison conduz sua trama com suspense, o que cria em nós uma tensão contínua. O elenco, composto por jovens atores, entre eles Denzel Washington, em seu segundo papel no cinema, é competentíssimo. *A História de Um Soldado* discute questões raciais latentes em uma sociedade que não sabe conviver com a diferença. Quem realmente matou o soldado? O roteiro reconta sua história em flashbacks e desperta emoções contraditórias que nos fazem questionar nossa própria percepção do que estamos vendo. Um filme que consegue mexer com a gente até o final. E isso não é pouco.

A HISTÓRIA OFICIAL
LA HISTORIA OFICIAL
ARGENTINA 1985

Direção: Luis Puenzo

Elenco: Hector Alterio, Norma Alejandro, Hugo Arana, Guillermo Battaglia, Chela Ruiz, Patricio Contreras, Chunchuna Villafañe e Analia Castro. Duração: 113 minutos. Distribuição: Paragon.

Antes de estrear como cineasta, o argentino Luis Puenzo se estabeleceu como um bem-sucedido diretor de comerciais. O primeiro longa, *Luces de Mis Zapatos*, de 1973, não chamou tanta atenção. Mas, o segundo sim. Realizado em 1985, *A História Oficial* parte de um roteiro original do próprio Puenzo, junto com Aída Bortnik, e conta um drama familiar. Tudo se passa em Buenos Aires, no período da ditadura militar. Alicia (Norma Alejandro) é casada com Roberto (Hector Alterio). Eles vivem felizes com a filha adotiva, Gaby (Analia Castro). Até a chegada de uma amiga, Ana (Chunchuna Villafañe), que estava exilada. Isto faz com que eles tomem ciência da verdadeira situação política de seu país. *A História Oficial* relata situações que poderiam ter acontecido não só na Argentina, mas em qualquer outro país da América do Sul entre as décadas de 1960 e 1980. Contundente e tocante, esta obra de Puenzo foi, durante muito tempo, o maior expoente do moderno cinema argentino. Principalmente, por ter ganho, em 1986, o Oscar de melhor filme estrangeiro. E também por ter revelado ao mundo os atores Hector Alterio e Norma Alejandro, o mesmo casal de *O Filho da Noiva*, dirigido por Juan José Campanella 16 anos depois.

O HOMEM DA CAPA PRETA
BRASIL 1986

Direção: Sérgio Rezende

Elenco: José Wilker, Marieta Severo, Jonas Bloch, Carlos Gregório, Paulo Vilaça e Tonico Pereira. Duração: 120 minutos. Distribuição: Paramount.

A figura polêmica e populista do deputado carioca Tenório Cavalcanti merecia um filme à altura. E o diretor Sérgio Rezende, em seu segundo longa, não se intimidou e fez este *O Homem da Capa Preta* com todo gás de um estreante. O roteiro foi escrito por ele próprio, junto com Tairone Feitosa e José Louzeiro, a partir de fatos narrados nos jornais e revistas dos anos 1950. Tenório era um político bastante reacionário e resolvia suas questões "na bala". Vestido sempre de capa preta, cartola e empunhando uma metralhadora, que ele chamava de "Lurdinha", não havia debate que não terminasse em tiro. José Wilker, com sua postura altiva e sua voz imponente, transforma Tenório em uma personagem maior que a vida. *O Homem da Capa Preta* talvez seja o ponto alto da carreira de Sérgio Rezende e é um grande clássico do cinema nacional. Um filme que merece ser revisto sempre.

O HOMEM ERRADO
THE WRONG MAN
EUA 1956

Direção: Alfred Hitchcock

Elenco: Henry Fonda, Vera Miles, Anthony Quayle, Harold J. Stone e Charles Cooper. Duração: 105 minutos. Distribuição: Warner.

Hitchcock adorava colocar pessoas comuns em situações incomuns, tema recorrente em muitos de seus filmes. Em *O Homem Errado* a premissa está de volta. O roteiro de Maxwell Anderson e Angus MacPhail nos apresenta Manny Balestrero (Henry Fonda), um músico que é confundido com um assaltante e preso. Hitchcock vinha de uma comédia, *O Terceiro Tiro*, e da refilmagem de um clássico que ele havia dirigido ainda na Inglaterra, *O Homem Que Sabia Demais*. Sua filmografia é, em sua maioria, carregada de humor com pitadas de fina ironia. *O Homem Errado* é diferente. A situação enfrentada por Manny é pesada, densa, angustiante. E ele não poderia ter escolhido outro ator que não Henry Fonda para este papel. Belissimamente fotografado em preto e branco por Robert Burks e com uma trilha sonora inspirada de Bernard Herrmann, *O Homem Errado* é mais uma obra-prima entre as muitas obras-primas do mestre do suspense. Em tempo: preste atenção nas referências católicas.

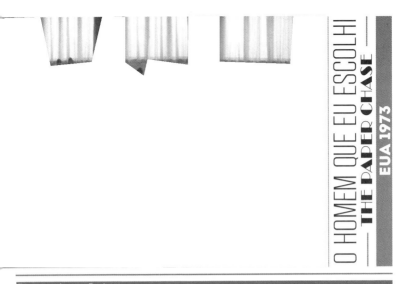

Direção: James Bridges

Elenco: Timothy Bottoms, John Houseman, Lindsay Wagner, Graham Beckel, James Naughton, Edward Herrmann e Craig Richard Nelson. Duração: 113 minutos. Distribuição: Fox.

O americano James Bridges nasceu em Paris. Não a capital da França, mas, uma pequena cidade do interior do estado de Arkansas. A maior parte de sua carreira foi como roteirista de filmes e séries de televisão. No cinema, seus poucos filmes foram marcados pelos temas propostos ou pelas polêmicas que geraram, como por exemplo: *Suplício de Uma Vida*, *A Síndrome da China*, *Cowboy do Asfalto*, *Perfeição* e este *O Homem Que Eu Escolhi*, que ele dirigiu em 1973. O roteiro, do próprio diretor, é uma adaptação do romance de John Jay Osborn Jr. e conta a história, ou melhor, o duelo entre um jovem estudante de Direito e seu professor. James T. Hart (Timothy Bottoms) está no primeiro ano na Universidade Harvard. Inteligente e dedicado, ele só pensa em concluir o curso e sobreviver às aulas do temido professor Kingsfield (John Houseman). Com o passar do tempo, ele ganha a confiança do mestre, até que algo não planejado acontece: Hart se envolve com a filha de Kingsfield, a bela Susan (LIndsay Wagner, pouco antes do seriado *A Mulher Biônica*). Temos aqui um filme marcado por um excelente estudo de personagem. Ou melhor, dois bem parecidos. Este filme deu a Houseman o Oscar de melhor ator coadjuvante e foi transformado em série de TV cinco anos depois, com o próprio reprisando o mesmo papel ao longo de quatro temporadas.

O HOMEM QUE FAZIA CHOVER
MAN OF THE WIRE
EUA 1997

Direção: Francis Ford Coppola

Elenco: Matt Damon, Claire Danes, Jon Voight, Danny DeVito, Mickey Rourke, Mary Kay Place, Danny Glover, Teresa Wright, Johnny Whitworth, Dean Stockwell, Virginia Madsen, Randy Travis e Andrew Shue. Duração: 134 minutos. Distribuição: Paramount.

É comum ouvirmos a afirmação de que a verdadeira arte nasce natural e espontaneamente. Se isso for mesmo verdade, obras feitas sob encomenda não teriam mérito artístico algum. Shakespeare foi pago para escrever quase todas as suas peças. Tom Jobim compôs muitas músicas assim também. E uma das obras-primas do cinema mundial, *O Poderoso Chefão*, de Francis Ford Coppola, foi realizada neste modelo. Na verdade, a arte simplesmente existe e independe desta questão mundana de preço. Se há um verdadeiro artista por trás dela, não importa se houve ou não um contrato prévio. Quando Coppola leu o livro de John Grisham, *O Homem Que Fazia Chover*, demonstrou interesse na obra e em pouco tempo escreveu um roteiro. A Paramount bancou a produção e o filme obteve sinal verde. A trama centra seu foco na luta de um jovem e idealista advogado, Rudy Baylor (Matt Damon), que está em início de carreira e enfrenta uma grande empresa de planos de saúde. Quem conhece outros trabalhos do diretor, vai estranhar a maneira acadêmica com que ele dirige este filme. Isso torna este *O Homem Que Fazia Chover* um filme menor, mas, nunca pequeno do cineasta. O elenco foi muito bem escolhido e a história flui leve e com os lados bem definidos. Sabemos, desde a primeira cena, por quem devemos torcer. Essa foi a impressão que eu tive e acredito que tenha sido a intenção do diretor. Se foi isso mesmo, o objetivo foi alcançado. O filme simplesmente funciona.

O HOMEM QUE MATOU O FACÍNORA
THE MAN WHO SHOT LIBERTY VALANCE
EUA 1962

Direção: John Ford

Elenco: John Wayne, James Stewart, Vera Miles, Lee Marvin, Edmond O'Brien, Andy Devine, Ken Murray, John Carradine e John Qualen. Duração: 123 minutos. Distribuição: Paramount.

O que esperar de um western dirigido por John Ford e estrelado por James Stewart e John Wayne? Apenas o melhor. E isso, é o que não falta em *O Homem Que Matou o Facínora*. A obra de Ford, em especial os faroestes que ele dirigiu, se vistos em ordem cronológica, traçam um rico painel do velho oeste americano. Para ser mais preciso, seus filmes mostram claramente a evolução do típico cowboy. Da juventude à maturidade e da inocência à amargura. Jimmy Stewart interpreta Ransom Stoddard, um advogado honesto e idealista da cidade grande que se muda para a pequena Shinbone e decide fazer valer as leis no lugar. Contra ele, temos a figura de Liberty Valance (Lee Marvin), um bandido da região. Tom Doniphon, vivido por John Wayne, sabe manejar bem um revólver e tem um rancho no vilarejo. Ele e Ransom ficam amigos e no coração de ambos, uma mesma paixão, Hallie (Vera Miles). *O Homem Que Matou o Facínora* é considerado por muitos estudiosos de cinema o filme-testamento de seu diretor e do próprio gênero. Não por acaso, depois dele nenhum outro western daquele período conseguiu se destacar. Foi preciso que o italiano Sergio Leone reinventasse o faroeste para que ele tivesse uma sobrevida digna sob a direção de um Clint Eastwood, por exemplo. O filme também "brinca" com dois planos de realidade: aquela que acreditamos que aconteceu e aquela que realmente aconteceu. A frase final resolve de maneira magnificamente pragmática esse dilema. Um grande Ford, um grande western. Um grande filme. Imperdível. Obrigatório. E ponto final.

O HOMEM QUE NÃO VENDEU SUA ALMA
A MAN FOR ALL SEASONS
INGLATERRA 1966

Direção: Fred Zinnemann

Elenco: Paul Scofield, Wendy Hiller, Robert Shaw, Leo McKern, Orson Welles, Susannah York, Nigel Davenport e John Hurt. Duração: 120 minutos. Distribuição: Sony.

Fred Zinnemann nasceu na Áustria, onde cresceu sonhando tornar-se um violinista. Terminou estudando Direito e mais tarde, apaixonado pelo cinema americano, migrou para os Estados Unidos, onde começou carreira como diretor. Rapidamente se estabeleceu e ganhou fama como um excelente diretor de atores. Boa parte dos atores que ele dirigiu foram indicados ao Oscar. *O Homem Que Não Vendeu Sua Alma*, de 1966, é considerado o ponto alto de uma carreira cheia de pontos altos. Com roteiro de Robert Bolt, baseado em sua peça, o filme conta a história de Thomas More (Paul Scofield), que se envolve numa delicada situação quando é obrigado a aprovar o divórcio de Henrique VIII (Robert Shaw), rei da Inglaterra, que quer se casar com uma amante. Dividido entre seus deveres com a coroa britânica e sua consciência de fiel católico, More toma uma decisão que dá início a um intricado jogo político-religioso. A direção elegante e precisa de Zinnemann nos coloca no meio desse fogo cruzado verbal de ideias, postura e ética. Um filme que não sentiu o peso do tempo. Foi vencedor, em 1967, de seis Oscar, entre eles os de melhor filme, diretor, ator e roteiro.

Direção: Terry George

Elenco: Don Cheadle, Joaquin Phoenix, Nick Nolte, Sophie Okonedo, Xolani Mali, Desmond Dube, Hakeem Kae-Kazim e Fana Mokoena . Duração: 121 minutos. Distribuição: Imagem Filmes.

No final do século 20, mais precisamente em 1994, o mundo assistiu e nada fez para impedir o massacre, no período de aproximadamente três meses, de 800 mil pessoas em Ruanda, na África. Antiga colônia belga, Ruanda havia conquistado sua independência em 1962. A partir daí, os dois maiores grupos étnicos do país, os hutus e os tutsis, entraram em atrito ao longo das décadas seguintes. Até que em abril de 1994, extremistas hutus massacraram os tutsis. A ONU, que exercia na época um governo provisório, nada conseguiu fazer. O filme *Hotel Ruanda*, dirigido em 2004, pelo norte irlandês Terry George, autor também do roteiro, ao lado de Keir Pearson, faz um recorte impactante desta triste história. Paul Rusesabagina (Don Cheadle) trabalha como gerente de um hotel na capital Kigali e vendo o horror se alastrar em seu país, decide ajudar a todos que procuram por socorro. Ele abriga e salva a vida de mais de 1.200 pessoas e luta para escapar com sua própria família e contar ao mundo o que está acontecendo em sua terra. *Hotel Ruanda* se inspira em fatos e o diretor, com estilo quase documental, nos conduz e nos envolve por inteiro neste drama real. Impossível não se indignar com as situações mostradas. E pior, saber que muito pouco foi feito.

HUMANIDADE E BALÕES DE PAPEL
NINJO KAMI FUSEN
JAPÃO 1937

Direção: De Sadao Yamanaka

Elenco: Chojuro Kawarasaki, Kanemon Nakamura, Tsuruzo Nakamura, Sukezo Sukedakaya e Shizue Yamagishi. Duração: 86 minutos. Distribuição: Versátil.

A Versátil vem prestando um serviço inestimável aos cinéfilos brasileiros. Através de seus lançamentos, tivemos acesso a filmes raros e fundamentais de países como Brasil, Suécia, França, Espanha, Itália e Japão. Deste último, uma obra em particular merece ser aplaudida de pé: *Humanidade e Balões de Papel*, dirigida em 1937 por Sadao Yamanaka. Cineasta pertencente à primeira grande geração de diretores nipônicos, Yamanaka faleceu precocemente durante a guerra contra a China. Entre 1932 e 1937 ele dirigiu 24 filmes e deste total, apenas três foram preservados. *Humanidade e Balões de Papel* foi seu último trabalho. O roteiro de Shintaro Mimura conta uma história que se passa no século XVIII em uma região bem pobre do interior do Japão. Somos apresentados a Unno (Chojuro Kawarasaki), um ronin (samurai sem mestre), que luta para sobreviver em meio a um grupo de pessoas que enfrenta situação igual à sua. Yamanaka faz um filme de samurai atípico. Sua narrativa se aproxima mais do intimismo de Yasujiro Ozu do que do tom épico de Akira Kurosawa. A abordagem do diretor consegue, ao mesmo tempo, discutir um problema social e ser o retrato de um momento histórico. E o melhor, sem abrir mão da poesia.

Direção: Norman Jewison

Elenco: Denzel Washington, Deborah Kara Unger, Vicellous Shannon, Liev Schreiber, Josh Hannah, Dan Hedaya, Clancy Brown, David Paymer e Rod Steiger. Duração: 124 minutos. Distribuição: Buena Vista.

Quanto se mistura preconceito racial com provas circunstanciais, isso costuma gerar erros judiciais irreparáveis. Foi o que aconteceu com o pugilista Rubin "Hurricane" Carter. Em 1966, prestes a conquistar o Cinturão de Ouro no boxe, foi preso acusado de um triplo assassinato e permaneceu na cadeia por quase 20 anos. O filme *Hurricane: O Furacão*, dirigido pelo veterano Norman Jewison teve seu roteiro escrito por Armyan Bernstein e Dan Gordon, inspirado no livro de Rubin Carter, Sam Chaiton e Terry Swinton. Fica evidente, desde o início, a inocência de Carter, vivido soberbamente por Denzel Washington. Também fica claro que o boxeador foi vítima, em grande medida, de perseguição por conta da cor de sua pele. Além da visível falta de sorte de estar no lugar errado na hora errada. Durante o período em que esteve preso Carter recebeu o apoio de muitos artistas, entre eles, Bob Dylan, que compôs a contundente *Hurricane* em sua homenagem. A sina do boxeador injustamente condenado só começou a mudar quando o jovem negro Lesra (Vicellous Shannon), após ler o livro que relata o ocorrido, se convence da inocência do ídolo. Com a ajuda de seus mentores, Sam (Liev Schreiber) e Lisa (Deborah Kara Unger), o caso é então reaberto e Rubin Carter finalmente é julgado novamente. *Hurricane: O Furacão* é um filme que toma partido e defende seu posicionamento com força e convicção. E diante dos fatos relatados, toma o partido certo.

A IGUALDADE É BRANCA
TROIS COULEURS: BLANC
FRANÇA 1994

Direção: Krzysztof Kieslowski

Elenco: Zbigniew Zamachowski, Julie Delpy, Janusz Gajos, Jerzy Stuhr, Grzegorz Warchol, Juliette Binoche e Florence Pernel. Duração: 89 minutos. Distribuição: Versátil.

O cineasta polonês Krzysztof Kieslowski dá continuidade à sua "trilogia das cores" com esta segunda parte, *A Igualdade é Branca*. Inspirado pelas cores e lemas nacionais da França, em comemoração ao bicentenário da Revolução Francesa, Kieslowski, junto com o roteirista Krzysztof Piesiewicz nos apresenta a história de Karol (Zbigniew Zamachowski), um polonês que se casa com a francesa Dominique (Julie Delpy) e muda-se para Paris. O casamento não dá certo e eles se separam. Karol passa a mendigar e depois de muitos contratempos, volta para a Polônia. Lá, ele enriquece e, ainda apaixonado por Dominique, planeja uma singular vingança contra a ex-esposa. Diferente do forte drama da primeira parte da trilogia, o tom de *A Igualdade é Branca* está mais próximo de uma comédia. Isso fez com que alguns críticos classificassem esta parte dois como a mais fraca das três. O que é um erro dos mais graves. Existem trilogias que são pensadas de maneira isolada. Não é o caso aqui. Kieslowski pensou sua trilogia como uma história só. Da mesma forma que Dominique teve uma pequena participação em *A Liberdade é Azul*, agora é Julie (Juliette Binoche), que faz uma aparição em *A Igualdade é Branca*.

Direção: Denis Villeneuve

Elenco: Lubna Azabal, Mélissa Désormeaux-Poulin, Maxim Gaudette, Rémy Girard, Allen Altman, Mohamed Majd e Nabil Sawalha. Duração: 130 minutos. Distribuição: Imovision.

Denis Villeneuve, cineasta canadense nascido em Quebec, chamou a atenção de todos em 2011 quando concorreu a diversos prêmios, incluindo o Oscar de melhor filme estrangeiro, por *Incêndios*. Ao som de *You and Whose Army?*, do álbum Amnesiac do Radiohead, a voz única de Thom Yorke nos transporta, já nesta cena de abertura, para dentro da história do filme, que vai sendo contada de maneira fragmentada, alternando passado e presente. O ponto de partida é a leitura do testamento de Nawal Marwan (Lubna Azabal) aos seus dois filhos, os gêmeos Simon (Maxim Gaudette) e Jeanne (Mélissa Désormeaux-Poulin). Além de uma exigência bem clara sobre a maneira como quer ser enterrada, eles recebem duas cartas: uma para ser entregue ao pai deles (que julgavam morto) e a outra ao irmão (que eles desconheciam ter). Com roteiro do próprio diretor, baseado em uma peça escrita pelo libanês radicado no Canadá Wadji Mouawad, *Incêndios* te conduz por caminhos trágicos e surpreendentes, tendo como pano de fundo os eternos conflitos do Oriente Médio. À medida que Jeanne parte em busca da história de sua mãe para poder realizar seus últimos desejos, nós, espectadores, vamos conhecendo junto com ela a jornada percorrida por Nawal. Deduzimos que esta história possa ter acontecido no Líbano pelo fato de seu autor ser libanês. Em nenhum momento do filme é dito o nome do país onde ela ocorre. Na verdade, isso é o que menos importa. O drama apresentado aqui poderia ter acontecido em qualquer país do mundo onde reine a explosiva combinação de intolerância religiosa com crise política. *Incêndios* é forte, tenso e impactante. É aquele tipo de filme que nos dá uma sacudida. E isso é muito bom.

OS INCONFIDENTES
BRASIL/ITÁLIA 1972

Direção: Joaquim Pedro de Andrade

Elenco: José Wilker, Paulo César Pereio, Fernando Torres, Luiz Linhares, Carlos Kroeber, Margarida Rey, Teresa Medina, Wilson Grey e Suzana Gonçalves. **Duração:** 100 minutos. **Distribuição:** VideoFilmes.

Nas aulas de História do Brasil aprendemos que a Inconfidência Mineira foi uma revolta sufocada pelo governo de Portugal, no ano de 1789, na capitania de Minas Gerais. Considerado um dos mais importantes movimentos sociais do país, teve na figura de Joaquim José da Silva Xavier, o Tiradentes, o seu nome maior. Em 1972, ano em que se comemorou os 150 anos da independência do Brasil, o governo militar estimulou a produção de filmes históricos. Dessa leva saiu *Independência ou Morte*, de Carlos Coimbra, e este *Os Inconfidentes*, de Joaquim Pedro de Andrade. Enquanto o primeiro era bem "chapa branca", este outro se revelou muito mais ousado. O roteiro, escrito pelo próprio diretor, junto com Eduardo Escorel, usa como base poemas de Tomás Antonio Gonzaga, Alvarenga Peixoto, Cláudio Manuel da Costa e de Cecília Meireles, além dos diálogos, retirados inteiramente dos depoimentos oficiais registrados nos Autos da Devassa. Andrade vinha do sucesso de seu filme anterior, *Macunaíma*, feito três anos antes, onde esbanjou criatividade e um apurado senso de brasilidade. Não é diferente aqui. De maneira corajosa, irônica e provocadora, ele parte de um recorte bem específico, o papel dos intelectuais à frente dos acontecimentos políticos do período retratado. *Os Inconfidentes*, que traz José Wilker no papel de Tiradentes, nos propõe um olhar diferente, porém, difícil para quem está acostumado com soluções fáceis. O filme, de maneira inteligente, "finge" enaltecer os valores defendidos pelos militares, mas, insere um debate importante sobre a liberdade de expressão e o papel do Estado e da sociedade e de seus pensadores neste contexto.

O INDOMÁVEL
ASSIM É MINHA VIDA
NOBODY'S FOOL
EUA 1994

Direção: Robert Benton

Elenco: Paul Newman, Jessica Tandy, Melanie Griffith, Bruce Willis, Dylan Walsh, Josef Sommer e Philip Seymour Hoffman. Duração: 111 minutos. Distribuição: NBO Editora.

O cineasta gaúcho Jorge Furtado disse certa vez em uma entrevista que ele é um roteirista que dirige. Esta mesma afirmação serve para o americano Robert Benton, que começou carreira em 1967 escrevendo o roteiro do icônico *Bonnie e Clyde – Uma Rajada de Balas* e cinco anos depois passou também a dirigir. Mas o que isso quer dizer? É simples: existe o chamado "filme de roteirista". Aquele tipo de filme que se sustenta na força de seu roteiro e que não possui características cinematográficas em sua estrutura narrativa. *O Indomável – Assim é Minha Vida*, que Benton escreveu e dirigiu em 1994 é um bom exemplo. A trama se baseia em um livro escrito por Richard Russo e conta a história de Sully (Paul Newman), um homem de 60 anos visto por todos como um perdedor. Ele vive na pequena North Bath, onde ninguém mais acredita nele. Exceto sua antiga professora, Miss Beryl (Jessica Tandy). *O Indomável*, além do seu roteiro, se sustenta também no talento de seu elenco, em especial, Paul Newman, que faz valer todo seu carisma no papel-título.

A INFORMANTE
THE WHISTLEBLOWER
ALEMANHA/CANADÁ 2010

Direção: Larysa Kondracki

Elenco: Rachel Weisz, Monica Bellucci, Benedict Cumberbatch, Vanessa Redgrave, David Strathairn, Nikolaj Lie Kaas e David Hewlett. Duração: 111 minutos. Distribuição: Swen Filmes.

A Informante é o longa-metragem de estreia da cineasta canadense Larysa Kondracki. Antes, ela havia realizado apenas um curta, Viko. O filme se baseia em uma história real e teve seu roteiro escrito pela própria diretora, junto com Eilis Kirwan. Acompanhamos o drama de Kathy Bolkovac (Rachel Weisz), uma policial do estado americano de Nebraska, que aceita trabalhar para a Organização das Nações Unidas como pacificadora na Bósnia, no período de reconstrução pós-guerra. Dedicada e competente, Kathy quer apenas ajudar as pessoas de um país devastado. No entanto, ela termina por se confrontar com uma complexa rede de corrupção e tráfico de mulheres. E o pior: tudo acobertado pela ONU, no que se tornou um dos maiores escândalos da história da Organização. A câmara de Kondracki em *A Informante* não nos poupa um minuto sequer do sofrimento a que são submetidas as mulheres, muitas ainda meninas. Acompanhamos, de maneira sempre tensa, a angústia de Kathy e seu esforço em fazer justiça. De forte carga dramática, é impossível não nos envolvermos com a situação apresentada. A diretora conduz tudo com segurança e precisão. E Rachel Weisz no papel principal, contando ainda com um ótimo elenco de apoio, nos convence por inteiro.

O INFORMANTE — THE INSIDER — EUA 1999

Direção: Michael Mann

Elenco: Al Pacino, Russell Crowe, Christopher Plummer, Diane Venora, Philip Baker Hall, Lindsay Crouse, Michael Gambon e Rip Torn. **Duração:** 157 minutos. **Distribuição:** Buena Vista.

Para começo de conversa, Russell Crowe merecia ter ganho o Oscar de melhor ator por *O Informante*, e não por *Gladiador*. Este filme, dirigido por Michael Mann em 1999 tem como base o artigo *O Homem Que Sabia Demais*, escrito pela jornalista Marie Brenner e publicado na revista Vanity Fair. Mann, junto com Eric Roth, escreveu o roteiro. Temos aqui dois protagonistas: Lowell Bergman (Al Pacino) e Jeffrey Wigand (Crowe). O primeiro, é produtor de um dos programas mais famosos da televisão americana, o 60 Minutos. O segundo, é um ex-pesquisador de uma grande fábrica de cigarros. Wigand concede uma entrevista à Bergman, onde revela que a indústria do tabaco utiliza substâncias químicas que provocam o vício. Mais do que um ataque às companhias de cigarros, O Informante discute o papel da mídia em nossa sociedade. A pergunta que fica é a seguinte: até que ponto as empresas de comunicação de massa são independentes? O conflito maior do filme se desenvolve justamente nesta questão. Um tema aparentemente árido, mas que é conduzido por Mann com precisão cirúrgica e ritmo vertiginoso. O fabuloso elenco, além de Pacino e Crowe, tem a presença marcante de Christopher Plummer, no papel do apresentador Mike Wallace. Indispensável para estudantes de jornalismo. Imperdível para quem gosta de cinema.

OS INFRATORES
LAWLESS
EUA 2012

Direção: John Hillcoat

Elenco: Shia LaBeouf, Tom Hardy, Jason Clarke, Guy Pearce, Jessica Chastain, Gary Oldman, Mia Wasikowska, Dane DeHaan, Bill Camp e Noah Taylor. Duração: 116 minutos. Distribuição: Imagem Filmes.

O cineasta australiano John Hillcoat iniciou carreira em meados dos anos 1980 dirigindo videoclipes. A estreia em longa-metragem aconteceu em 2005, com o faroeste *A Proposta*, que tinha roteiro escrito pelo músico Nick Cave. Depois, ele migrou para os Estados Unidos, onde dirigiu *A Estrada*, adaptado do livro homônimo de Cormac McCarthy. *Os Infratores* é seu terceiro longa. Ele retoma a parceria com Nick Cave, que escreveu o roteiro inspirado no livro de Matt Bondurant, neto de Jack Bondurant, vivido no filme pelo ator Shia LaBeouf. A história se passa na década de 1930, durante a Lei Seca americana, período em que era proibido produzir e vender bebidas alcoólicas. Os irmãos Bondurant, Forrest (Tom Hardy), Howard (Jason Clarke) e o caçula Jack desafiam a lei. Eles enfrentam alguns problemas com a polícia local, mas, fora isso, não têm do que reclamar. Afinal, os negócios vão bem. A situação se complica quando Charlie Rakes (Guy Pearce), um policial de Chicago, chega disposto a capturá-los. Hillcoat é um diretor que filma com elegância e sabe criar o clima certo para as cenas. *Os Infratores* estabelece de imediato uma empatia entre nós, espectadores, e os irmãos Bondurant. Além disso, o filme conta ainda com as presenças luminosas das atrizes Jessica Chastain (Maggie) e Mia Wasikowska (Bertha).

OS INTOCÁVEIS
THE UNTOUCHABLES
EUA 1987

Direção: Brian De Palma

Elenco: Kevin Costner, Sean Connery, Andy Garcia, Charles Martin Smith e Robert De Niro. Duração: 119 minutos. Distribuição: Paramount.

Séries de televisão nem sempre se transformam em bons filmes quando adaptados para o cinema. Existem exceções, claro, e *Os Intocáveis*, dirigido por Brian De Palma em 1987, é uma delas. Inspirada no seriado de mesmo nome, grande sucesso da TV entre os anos de 1959 e 1963, a luta do agente federal Eliot Ness contra Al Capone tem neste filme seu expoente máximo. A conjunção de fatores favoráveis em torno do projeto já anunciava seu potencial de se tornar uma obra-prima. É preciso deixar bem claro aqui que estamos falando de um filme encomendado. Mas Hollywood está cheia de obras-primas encomendadas. E neste caso em particular, a Paramount soube combinar bem todos os elementos necessários: um diretor criativo e no auge da forma (Brian De Palma); um astro em ascensão (Kevin Costner); um elenco de apoio impecável (vou citar só dois nomes: Robert De Niro e Sean Connery, que ganhou o Oscar de melhor ator coadjuvante); um excelente roteirista (David Mamet); um dos melhores compositores do mundo (Ennio Morricone); e para completar a equipe, um famoso e talentoso estilista (Giorgio Armani), cuidou dos figurinos. *Os Intocáveis* é um filme tão destinado à perfeição que até uma seqüência improvisada ficou melhor que o previsto. Uma das últimas cenas do filme, aquela em que Eliot Ness se dirige à estação de trem para capturar o contador de Capone. Segundo o roteiro original deveria acontecer um grande confronto entre Ness e os capangas de Capone dentro do vagão de trem. A Paramount vetou a cena por conta do alto custo. De Palma improvisou transferindo a ação para a escadaria da estação de trem de Chicago, e de quebra, fez uma belíssima homenagem ao clássico filme russo *O Encouraçado Potemkin* e a famosa cena da escadaria de Odessa. Em uma palavra: filmaço.

INTRIGAS DE ESTADO
STATE OF PLAY
EUA 2009

Direção: Kevin MacDonald

Elenco: Russell Crowe, Ben Affleck, Rachel McAdams, Helen Mirren, Robin Wright Penn, Jason Bateman, Jeff Daniels e Josh Mostel. Duração: 126 minutos. Distribuição: Universal.

Adaptação para o cinema de uma minissérie de mesmo nome produzida pela BBC britânica, o filme *Intrigas de Estado*, dirigido por Kevin MacDonald, transfere a ação da Inglaterra para os Estados Unidos e começa com duas sequências aparentemente isoladas para, a partir daí, revelar uma conspiração envolvendo um congressista e, mais importante, destacar a necessidade de uma imprensa independente e investigativa. Nesse campo, somos apresentados aos jornalistas vividos por Russell Crowe e Rachel McAdams. O primeiro é um jornalista da chamada "velha escola", enquanto que a segunda escreve para o *blog* do jornal e trata a notícia de uma maneira bem distinta. As investigações das mortes do início da história terminam por unir os dois no mesmo trabalho e estabelece entre eles a clássica relação mentor/pupilo. MacDonald imprime um ritmo quase documental e extrai de todo o elenco uma interpretação extremamente convincente. Misturando gêneros diversos com competência, *Intrigas de Estado* ainda presta em sua sequência final uma bela e comovente homenagem à mídia impressa já mostrada em um filme.

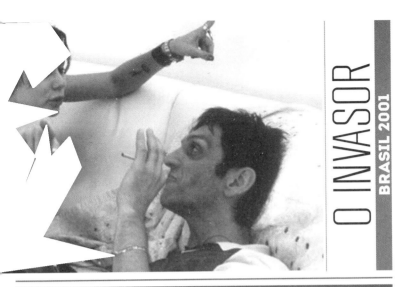

O INVASOR
BRASIL 2001

Direção: Beto Brant

Elenco: Marco Ricca, Alexandre Borges, Paulo Miklos, Mariana Ximenes, Malu Mader e George Freire. Duração: 97 minutos. Distribuição: Europa Filmes.

Beto Brant é dono de uma filmografia bem pessoal e coerente. A maioria de seus trabalhos foi feita a partir de obras criadas e/ou adaptadas pelo escritor/roteirista Marçal Aquino, como é o caso deste *O Invasor*. Aqui estamos diante da história de três amigos de faculdade que se tornam sócios em uma construtora. Os negócios e as relações entre eles vão bem até que Estevão (George Freire), o sócio majoritário, ameaça acabar com a sociedade. Os outros dois, Ivan (Marco Ricca) e Gilberto (Alexandre Borges), desesperados, decidem matar Estevão. Para executar a tarefa, Gilberto contrata um assassino profissional, Anísio (Paulo Miklos, da banda Titãs, em sua estréia como ator). O matador passa a agir como se fosse o novo sócio da construtora. Além de se envolver com Marina (Mariana Ximenes), filha de Estevão, começa a se meter nos negócios da empresa. Beto Brant narra essa trama cheia de reviravoltas de maneira frenética, nervosa e angustiante. Dependendo do ponto de vista, todos são "invasores" e isso imprime ao filme uma sensação de constante surpresa.

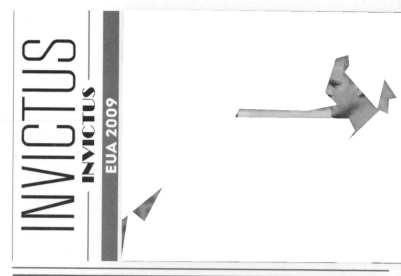

Direção: Clint Eastwood

Elenco: Morgan Freeman, Matt Damon, Tony Kgoroge, Patrick Mofokeng, Matt Stern, Julian Lewis Jones, Adjoa Andoh e Marguerite Wheatley. Duração: 134 minutos. Distribuição: Warner.

O grande estadista sul-africano ficou preso por 27 anos, vítima do *apartheid*, antigo regime de segregação racial da África do Sul. Durante esse período, diz ele, o poema *Invictus*, escrito pelo poeta inglês William Ernest Henley o manteve focado em seu objetivo. Ele foi libertado em 1990 e em 1994 concorreu às eleições e tornou-se presidente de seu país. O ator Morgan Freeman, amigo pessoal de Mandela, sempre quis contar sua história. O próprio Mandela disse prá ele certa vez que os dois se pareciam muito e que Freeman poderia interpretá-lo no cinema. Depois de ter lido o livro *Invictus – Conquistando o Inimigo*, escrito pelo jornalista inglês John Carlin, ele encontrou o material ideal para realizar o projeto. Freeman convidou o amigo Clint Eastwood para dirigir o filme, que inicialmente se chamaria *The Human Factor*. Depois batizado de *Invictus* por causa do poema já citado, o livro, assim como o filme, fazem um recorte de um período marcante da vida de Mandela, quando ele decide apoiar o time de *rugby*, um esporte popular entre os brancos. O país sediaria a Copa do Mundo de Rugby e Mandela viu aí a chance de unir seu povo em torno de um objetivo comum. Para isso, contou com a ajuda do capitão do time, Francois Pienaar, vivido por Matt Damon. Ao contrário de boa parte das cinebiografias que procuram contar toda a vida do biografado em celulóide, aqui foi escolhido um período emblemático da vida de Mandela. Um período que resume toda a sua humanidade, pragmatismo e alma de estadista. A direção de Eastwood é segura e severa, como de costume. Sua narrativa clássica é sempre envolvente e consegue criar suspense até em momentos que sabemos, pela própria história, que não aconteceram. Freeman e Damon também estão perfeitos em seus papéis e a interação entre eles é espantosa. Impossível resistir ao "fator humano" dessa pequena grande obra. *I am the master of my fate. I am the captain of my soul*. Eu sou o mestre do meu destino. Eu sou o capitão da minha alma.

O JARDINEIRO FIEL
— THE CONSTANT GARDENER —
INGLATERRA/ALEMANHA 2005

Direção: Fernando Meirelles

Elenco: Ralph Fiennes, Rachel Weisz, Hubert Kounde, Danny Huston, Daniele Harford, Packson Ngugi, Damaris Itenyo Agweyu e Bill Nighy. Duração: 128 minutos. Distribuição: Universal.

Depois do sucesso internacional de *Cidade de Deus* era natural que o brasileiro Fernando Meirelles fosse convidado para dirigir um filme no exterior. Muitos convites foram recusados. Inclusive para dirigir um 007. Meirelles, sabiamente, optou por um projeto menor, mais ousado e que lhe desse mais liberdade de ação. Daí seu envolvimento com *O Jardineiro Fiel*, adaptado do livro de John Le Carré, para muitos, uma obra difícil de ser filmada. O próprio autor pensava assim, até assistir ao filme pronto. Na trama, Justin Quayle (Ralph Fiennes) trabalha para o governo inglês e é transferido para o Quênia. Ele viaja com sua esposa, Tessa (Rachel Weisz) que, pouco tempo depois, é encontrada morta. As investigações preliminares apontam para um crime passional. Porém, Quayle inicia sua própria investigação e descobre segredos e armações que envolvem governos e a indústria farmacêutica na África. A câmara de Meirelles continua inquieta e não para um minuto. Ela mostra todos os detalhes do que aparece em cena. Além disso, uma precisa construção da vida e das motivações das personagens deixa tudo completo. A partir daí, o envolvimento é total. *O Jardineiro Fiel* é, antes de mais nada, uma bela história de amor.

JARDINS DE PEDRA
GARDENS OF STON
EUA 1987

Direção: Francis Ford Coppola

Elenco: James Caan, Anjelica Huston, James Earl Jones, Dean Stockwell, Sam Bottoms, Lawrence Fishburne, D.B. Sweeney e Mary Stuart Masterson. **Duração:** 110 minutos. **Distribuição:** Columbia.

Existem filmes de guerra que se concentram no campo de batalha. Existem também aqueles que mostram a fase de treinamento dos recrutas. Há os que acompanham a tensão dos soldados antes de irem para a guerra. E existem os que têm como foco o que acontece depois que o conflito termina. Ou melhor, o que acontece com os soldados depois que morrem em combate. *Jardins de Pedra*, dirigido por Francis Ford Coppola em 1987, se insere neste último grupo. O roteiro, escrito por Ronald Bass, adapta o romance de mesmo nome de Nicholas Proffitt. Somos apresentados ao Sargento Clell Hazard (James Caan), responsável pelo Cemitério Nacional de Arlington. É lá onde os heróis mortos na guerra são enterrados. Ele acredita não fazer mais sentido levar a luta adiante. Ao contrário do jovem Jackie Willow (D.B. Sweeney), que não vê a hora em entrar em ação. *Jardins de Pedra* vai na contramão do esperado e por conta disso, talvez não tenha sido entendido quando de seu lançamento. Hoje, a distância fez com que sua narrativa carregada de melancolia o tornasse uma obra digna do cineasta que a realizou. E melhor, mostra uma faceta da guerra muito pouco explorada pelo cinema.

JEAN DE FLORETTE
JEAN DE FLORETTE
FRANÇA/ITÁLIA/SUÍÇA 1986

Direção: Claude Berri

Elenco: Yves Montand, Gérard Depardieu, Daniel Auteuil e Margarita Lozano. Duração: 116 minutos. Distribuição: Versátil.

O cineasta francês Claude Berri não fez parte da *Nouvelle Vague*. Apesar de ter se envolvido em mais de 120 produções, era pouco conhecido fora de seu país. Em quase 56 anos de carreira, trabalhou como ator, produtor, roteirista e diretor. Era muito querido na França, onde conquistou o respeito do público por conta de seu talento para contar histórias. *Jean de Florette*, que ele dirigiu 1986, é um de seus filmes mais populares. A trama se baseia no livro de Marcel Pagnol, adaptado pelo próprio Berri, em parceria com Gérard Brach. Estamos na França, no início dos anos 1920. Mais precisamente, na bela região da Provença. Existe uma disputa no local envolvendo uma nascente abandonada. O dono da propriedade vem a morrer e dois fazendeiros, vividos por Yves Montand e Daniel Auteuil, decidem enganar o herdeiro da terra, Jean (Gérard Depardieu), bloqueando a nascente. A intenção deles é forçar a queda do valor da propriedade para que eles possam comprá-la bem barato. O roteiro enxuto e inspirado, aliado a uma estupenda fotografia, mais um elenco de primeira e uma direção segura fazem deste filme uma experiência memorável. *Jean de Florette* é a primeira parte de uma história maior, que continua com *A Vingança de Manon*.

JOGADA DE GÊNIO
FLASH OF GENIUS
EUA 2008

Direção: Marc Abraham

Elenco: Greg Kinnear, Lauren Graham, Dermot Mulroney, Alan Alda e Tatiana Maslany. Duração: 120 minutos. Distribuição: Universal.

Marc Abraham tem uma longa carreira como produtor e estreou na direção em 2008 com *Jogada de Gênio*. Inspirado em uma história real, o roteiro de Philip Railsback tem por base um artigo escrito por John Seabrook. Acompanhamos aqui a luta de Robert Kearns (Greg Kinnear), que no início dos anos 1960 criou um dispositivo utilizado até hoje pelos carros no mundo todo. Naquela época ele era professor em uma universidade e sua invenção encheu sua família de esperança. A indústria automobilística se apropriou de seu invento sem dar o devido crédito. Kearns desafiou então as grandes corporações do setor para fazer valer seus direitos pela criação do revolucionário dispositivo. *Jogada de Gênio* não foge à cartilha dos filmes de superação. E isso, de forma alguma, é ruim. Pelo contrário. Kinnear empresta carisma suficiente a Kearns para que torçamos por ele desde a primeira cena. A lembrança de outra história parecida vem logo à mente. No caso, a de *Tucker - Um Homem e Seu Sonho*, dirigido por Francis Ford Coppola dez anos antes. Abraham não tem o mesmo talento de Coppola atrás das câmeras, mas, conduz seu filme com segurança e abre espaço para os atores brilharem em cena. E isso basta.

Direção: Oliver Stone

Elenco: Kevin Costner, Kevin Bacon, Tommy Lee Jones, Laurie Metcalf, Gary Oldman, Michael Rooker, Jay O. Sanders, Sissy Spacek, Donald Sutherland, Jack Lemmon, Joe Pesci, Walter Matthau e Vincent D'Onofrio. Duração: 206 minutos. Distribuição: Warner.

Oliver Stone é um cineasta obcecado na defesa de sua visão de mundo. Boa parte de sua filmografia atesta isso. Basta ver *Salvador*, *Platoon*, *Nascido em 4 de Julho*, *The Doors*, *Assassinos Por Natureza* e este *JFK*. Por mais clichê que possa parecer, ninguém filma tão bem suas próprias obsessões como Oliver Stone. Você pode até questionar o ponto de vista que ele defende, mas, tem que reconhecer que ele o faz com muita competência técnica e convicção. Em *JFK – A Pergunta Que Não Quer Calar*, ele utiliza o material de dois livros, *No Julgamento dos Assassinos* (de Jim Garrison) e *Fogo Cruzado: O Complô Que Matou Kennedy* (de Jim Marrs), para escrever um roteiro, junto com Zachary Sklar, que busca revelar a verdade por trás do assassinato do presidente americano John Fitzgerald Kennedy. Não cabe julgar aqui se a teoria conspiratória apresentada por Stone é correta ou não. O ideal é assistir ao filme pelo que ele tem de melhor: sua bela fotografia e sua estupenda montagem. Ambas ganhadoras do Oscar. O elenco quilométrico, encabeçado por Kevin Costner, que vive o promotor de justiça Jim Garrison, também merece destaque. Bem como a direção que, apesar da quantidade de personagens em cena e da trama e subtramas que mostra, não perde o foco em momento algum. Uma curiosidade: o filme foi lançado nos cinemas com 189 minutos de duração. A única versão disponível em DVD é a do diretor, que tem 17 minutos adicionais.

O JUIZ (2014)
THE JUDGE
EUA 2014

Direção: David Dobkin

Elenco: Robert Downey Jr., Robert Duvall, Billy Bob Thornton, Vera Farmiga, Vincent D'Onofrio, Jeremy Strong, Dax Shepard, Leighton Meester e Ken Howard. **Duração:** 141 minutos. **Distribuição:** Warner.

O ator Robert Downey Jr. teve sua carreira revitalizada após o sucesso de Homem de Ferro. Isso lhe trouxe de volta fama e o poder de direcionar melhor suas escolhas. Uma delas foi a de investir na produção de filmes. E este *O Juiz* é o primeiro fruto deste novo direcionamento artístico. Escrito por Nick Schenk e Bill Dubuque, o filme tem direção de David Dobkin e nos apresenta Hank Palmer (Downey Jr.), um advogado bem-sucedido. Ele volta à sua cidade natal para o velório da mãe. A recepção que tem da família não é das mais amigáveis. Em especial, por parte de seu pai, Joseph Palmer (Robert Duvall), um juiz aposentado. As coisas se complicam ainda mais quando o pai de Hank é acusado pela polícia de ser responsável pela morte de um homem. Apesar das diferenças, Hank decide defender Joseph no tribunal e esta ação se transforma no catalisador de fortes emoções do passado de ambos. *O Juiz* trafega entre questões bem pessoais misturadas com a rotina de um processo judicial. E ainda nos reserva momentos que nos permitem reavaliar decisões tomadas lá atrás e que permanecem refletindo no comportamento do presente. Apesar de carregar um pouco na dosagem melodramática que a história naturalmente tem, o desempenho da dupla Downey Jr. e Duvall justifica o embarque neste drama familiar.

JUÍZO
BRASIL 2007

Direção: Maria Augusta Ramos

Documentário. Duração: 90 minutos. Distribuição: VideoFilmes.

Segunda parte da trilogia escrita e dirigida por Maria Augusta Ramos sobre o sistema judiciário brasileiro. *Juízo* dá continuidade à realidade mostrada três anos antes em *justiça*. Desta vez, a diretora acompanha um grupo de jovens, menores de 18 anos, que são levados perante um tribunal. São meninos e meninas, todos pobres, acusados de roubo, tráfico de drogas e homicídio. Por força da legislação, os infratores reais foram substituídos por jovens que vivem em favelas e enfrentam as mesmas dificuldades dos retratados. Quanto aos operadores da justiça e os familiares dos indiciados, estes são todos pessoas reais exercendo suas atividades cotidianas. Maria Ramos filmou as audiências mostradas no filme nas dependências da 2ª Vara da Infância e da Juventude do Rio de Janeiro e visitou também o Instituto Padre Severino, local de reclusão dos menores infratores. *Juízo* segue a mesma linha narrativa utilizada pela diretora no filme anterior. O título tem um duplo sentido. É uma palavra dita continuamente aos jovens, tipo, algo que eles precisam ter. E, ao mesmo tempo, tem relação com a estrutura judicial a qual eles estão submetidos. Mais uma vez Maria Ramos nos apresenta um painel contundente de um estado que se diz justo. Será mesmo?

JULGAMENTO EM NUREMBERG
JUDGEMENT AT NUREMBERG
EUA 1961

Direção: Stanley Kramer

Elenco: Spencer Tracy, Burt Lancaster, Marlene Dietrich, Judy Garland, Maximilian Schell, Richard Widmark e Montgomery Clift. Duração: 187 minutos. Distribuição: Silver Screen.

Filmes com elencos estelares costumam significar "muita cobertura para pouco recheio". Claro que existem exceções e *Julgamento em Nuremberg*, dirigido em 1961 por Stanley Kramer, é uma delas. Kramer vinha do sucesso de *O Vento Será Tua Herança*, filme de tribunal realizado no ano anterior, quando assumiu a produção e direção deste novo trabalho. O roteiro de Abby Mann, premiado com o Oscar, conta a história de um juiz americano, Dan Haywood (Spencer Tracy), que é convocado para conduzir o julgamento de quatro juízes alemães. Eles são acusados de terem usado o cargo para facilitar algumas ações do governo nazista contra os judeus durante a Segunda Guerra Mundial. A sessão de julgamento, como o título já antecipa, acontece na cidade de Nuremberg, na Alemanha. Na defesa dos acusados, o jovem advogado Hans Rolfe (Maximilian Schell, vencedor do Oscar de melhor ator coadjuvante por este papel). Kramer conduz este drama de tribunal com sua competência habitual, auxiliado aqui por uma montagem mais do que precisa de Frederic Knudtson. Mas, apesar de tudo isso, *Julgamento em Nuremberg* não seria o mesmo sem a qualidade de seu elenco. Todos estão perfeitos, para dizer o mínimo. De quebra, os fãs de *Jornada nas Estrelas* poderão conferir a participação de William Shatner, cinco anos antes de ele assumir a personagem do Capitão Kirk.

JULGAMENTO FINAL
CLASS ACTION
EUA 1991

Direção: Michael Apted

Elenco: Gene Hackman, Mary Elizabeth Mastrantonio, Colin Friels, Joanna Merlin, Laurence Fishburne, Donald Moffat, Jan Rubes, Matt Clark e Fred Dalton Thompson. **Duração:** 110 minutos. **Distribuição:** Fox.

Em uma disputa judicial que chega aos tribunais, o cinema já mostrou diversas situações possíveis. Amigos que se encontram em lados opostos, assim como professores e ex-alunos, e também marido e mulher. Em *Julgamento Final*, dirigido em 1991 por Michael Apted, temos um duelo diferente. O roteiro original escrito por Carolyn Shelby, Christopher Ames e Samantha Shad coloca uma filha, Maggie Ward (Mary Elizabeth Mastrantonio), enfrentando seu pai, Jedediah Ward (Gene Hackman). O processo em questão envolve uma fábrica de automóveis e os dois advogados da família Ward se enfrentam perante o juiz e o corpo de jurados. Claro que há questões familiares mal resolvidas que vêm à tona e tudo isso termina se misturando ao caso que está em julgamento. Apted é um diretor de perfil acadêmico, ou seja, sabe contar bem suas histórias, porém, não é um autor, não tem uma marca. Aqui, com Hackman à frente do elenco, um ator que mesmo calado e parado, rouba qualquer cena, não tem como errar. Ainda mais, tendo ao seu lado uma jovem e talentosa atriz como Mastrantonio. O saldo final é, para dizer o mínimo, empolgante.

JULIA
JULIA
EUA 1977

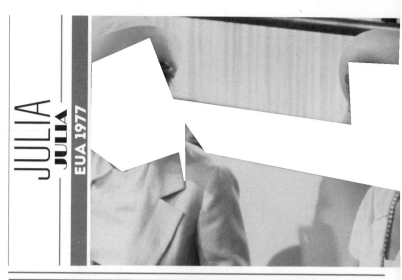

Direção: Fred Zinnemann

Elenco: Jane Fonda, Vanessa Redgrave, Jason Robards, Hal Holbrook, Meryl Streep, Dora Doll, Maximilian Schell, Rosemary Murphy e Elisabeth Mortensen. Duração: 117 minutos. Distribuição: Classic Line.

Penúltimo trabalho do diretor austríaco radicado nos Estados Unidos Fred Zinnemann. Ele, que começou sua carreira no início dos anos 1930 e dirigiu obras importantes como *Matar ou Morrer*, *A Um Passo da Eternidade* e *O Homem Que Não Vendeu Sua Alma*, entre outros. *Julia*, de 1977, é baseado no livro de memórias da escritora Lillian Hellman e teve seu roteiro escrito por Alvin Sargent. A história gira em torno de duas amigas de infância, Julia (Vanessa Redgrave) e Lillian (Jane Fonda). A vida das duas toma rumos diferentes. A primeira vai estudar na Europa e a segunda se torna escritora estimulada pelo marido, o autor de romances policiais Dashiell Hammett, vivido no filme pelo ator Jason Robards. As duas se reencontram na década de 1930, no período de ascensão do nazismo. Lillian recebe um convite para ir até a União Soviética e Julia pede sua ajuda. O que primeiro chama a atenção no filme é a qualidade de seu elenco. Não por acaso, quatro de seus atores foram indicados ao Oscar de atuação, dois deles, Vanessa Redgrave e Jason Robards, foram premiados. O excelente roteiro de Alvin Sargent também ganhou o Oscar. No total, foram onze indicações. Zinnemann era um diretor da geração clássica de Hollywood e *Julia* prova que ele não "perdeu a mão". Em tempo: este foi o filme de estréia da atriz Meryl Streep.

JÚLIO CÉSAR (1953)
JULIUS CAESAR
EUA 1953

Direção: Joseph L. Mankiewicz

Elenco: Marlon Brando, James Mason, John Gielgud, Louis Calhern, Edmond O'Brien, Greer Garson, Deborah Kerr, George Macready, Alan Napier e John Hoyt. **Duração:** 120 minutos. **Distribuição:** Warner.

William Shakespeare talvez seja o mais cinematográfico dos dramaturgos. Seu texto se adapta muito bem à linguagem dos filmes. Exemplos não faltam e *Júlio César* é apenas mais um deles. Há quem diga até ser esta a melhor adaptação de um texto shakespeariano para as telas. Escrito e dirigido por Joseph L. Mankiewicz, a história começa pouco tempo depois do assassinato de César (Louis Calhern). Estamos nos idos de março do ano 44 AC. É neste contexto que Marco Antonio (Marlon Brando) consegue reverter a situação e iniciar uma perseguição sistemática aos conspiradores responsáveis pela morte de César. Mankiewicz, além de grande diretor, é também um excepcional roteirista. Aqui, tendo em mãos uma obra rica em grandes personagens como *Júlio César*, ele tira total proveito. Ainda mais tendo a seu dispor um elenco de primeira. Marlon Brando, ainda em começo de carreia (este é seu quarto trabalho no cinema e a terceira indicação seguida ao Oscar de melhor ator), sem desmerecer os demais atores, brilha com muita intensidade. E quem sai ganhando somos nós.

A JURADA
THE JUROR
EUA 1996

Direção: Brian Gibson

Elenco: Demi Moore, Alec Baldwin, Joseph Gordon-Levitt, Anne Heche, James Gandolfini, Lindsay Crouse, Tony Lo Bianco, Jack Gilpin, Todd Susman e Michael Constantine. Duração: 118 minutos. Distribuição: Columbia.

É comum criticarmos as traduções dadas aos títulos dos filmes no Brasil. No entanto, existem felizes exceções e este *A Jurada* é uma delas. Dirigido por Brian Gibson, a partir do roteiro de Ted Tally, por sua vez baseado no romance de George Dawes Green, o título nacional é um achado. Tudo gira em torno de Annie Lard (Demi Moore), uma mulher que vive com seu filho Oliver (Joseph Gordon-Levitt) e certo dia aceita o convite para participar de um júri popular. As coisas se complicam quando aparece a figura do Professor (Alec Baldwin). A partir daí, ele começa a chantageá-la. O júri do qual Annie participa julgará um notório mafioso e o Professor ameaça matar Oliver se sua mãe não conseguir mudar o veredicto do julgamento. Gibson imprime o clima tenso necessário na condução desta história. O resto, fica por conta do elenco bem escalado. De volta ao título nacional, *A Jurada*, tradução literal para português do "the juror" original, aqui ganha um duplo sentido que não possui em inglês. Annie é uma jurada no julgamento e também está "jurada" de morte.

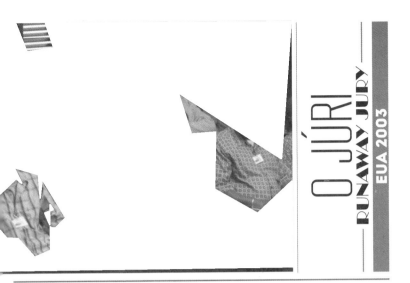

Direção: Gary Fleder

Elenco: John Cusack, Rachel Weisz, Gene Hackman, Dustin Hoffman, Bruce Davison, Bruce McGill, Jeremy Piven, Cliff Curtis, Jennifer Beals, Nestor Serrano e Joanna Going. Duração: 127 minutos. Distribuição: Fox.

O escritor John Grisham explorou em sua obra praticamente todos os aspectos do Direito. Tudo sempre misturado com muito suspense e ação. Uma fórmula bastante eficiente e com elementos de fácil transposição para o cinema. Depois de ter advogados como personagens principais, Grisham mudou um pouco o foco em *O Júri*. O filme, dirigido em 2003 por Gary Fleder, teve o roteiro escrito por Brian Koppelman, David Levien, Rick Cleveland e Matthew Chapman. Tudo gira em torno de Nicholas Easter (John Cusack), que é membro de um júri. Há também Marlee (Rachel Weisz), uma mulher misteriosa que negocia veredictos pela melhor oferta. No meio deles, o duelo particular entre Wendell Rohr (Dustin Hoffman) e Rankin Fitch (Gene Hackman), que atuam em lados opostos de uma disputa que envolve o comércio de armas. Fleder não é um cineasta dos mais inspirados. E isso é visível aqui, mas não compromete o resultado final. As qualidades de *O Júri* decorrem da premissa da trama e do carisma do elenco. Ver Hackman e Hoffman juntos em cena, não tem preço.

JUSTA CAUSA
JUST CAUSE
EUA 1995

Direção: Arne Glimcher

Elenco: Sean Connery, Laurence Fishburne, Kate Capshaw, Blair Underwood, Ed Harris Ruby Dee, Christopher Murray, Scarlett Johansson e Ned Beatty. Duração: 102 minutos. Distribuição: Warner.

A história de *Justa Causa*, filme dirigido em 1995 por Arne Glimcher, tem cara de trama conhecida. Pelo menos, é o que parece quando tudo começa. Porém, à medida que a ação avança, o roteiro, escrito por Jeb Stuart e Peter Stone, a partir do livro de John Katzenbach, vai nos pregando boas surpresas. À frente do elenco, Sean Connery no papel do professor de Direito Paul Armstrong. Ele é famoso por sua firme posição contra a pena de morte. Isso faz com que seja procurado para defender Bobby Earl (Blair Underwood), um jovem negro preso e condenado à morte sob a acusação de ter cometido um bárbaro assassinato. Armstrong analisa as provas colhidas pelo detetive Tanny Brown (Laurence Fishburne) e descobre algumas falhas na condução do processo. Glimcher conduz sua narrativa no piloto automático. Há reviravoltas interessantes e Ed Harris em uma atuação assustadora. Existem filmes que começam mal e depois melhoram. Há outros, no entanto, que seguem o caminho contrário, começam bem e terminam mal. Infelizmente, este é o caso de *Justa Causa*. O final, apesar de catártico e coerente, contradiz por inteiro a premissa original.

justiça
BRASIL 2004

Direção: Maria Augusta Ramos

Documentário. Duração: 100 minutos. Distribuição: VideoFilmes.

Maria Augusta Ramos nasceu em Brasília e se formou em Música. Estudou na França e na Inglaterra e também na Holanda, onde fez um curso de Direção e Edição. Dirigiu alguns curtas e longas, além de uma série de documentários para a televisão holandesa. *justiça*, assim mesmo, com letras minúsculas, é o primeiro de uma trilogia sobre o sistema judiciário brasileiro. Escrito, dirigido e co-editado por Maria Ramos, o filme ganhou muitos prêmios em festivais pelo mundo. Indo direto ao assunto, acompanhamos aqui a rotina de defensores públicos, juízes, promotores e réus. A câmara da diretora não deixa escapar nada. Ela mostra, em detalhes, como funciona toda a estrutura da máquina judicial de nosso país. E ela não é bonita. Sem filtro algum, vemos a realidade cruel de quem efetivamente precisa de Justiça. O olhar de Maria Ramos nos faz perceber nuances de um sistema que está preso dentro de si mesmo. Isso torna *justiça* um documentário não apenas urgente, mas, fundamental.

JUSTIÇA CEGA
INTERNAL AFFAIRS
EUA 1990

Direção: Mike Figgis

Elenco: Richard Gere, Andy Garcia, Laurie Metcalf, Nancy Travis, William Baldwin e Annabella Sciorra. Duração: 115 minutos. Distribuição: Paramount.

Nunca consegui entender a razão do título brasileiro para *Internal Affairs*. A expressão poderia ser traduzida ao pé da letra como "assuntos internos". No filme se refere à "corregedoria" da polícia, que investiga a ação de policiais corruptos. Nesse ponto, o título português, *Ligações Sujas*, consegue ser mais fiel ao original. Na trama, acompanhamos a rotina de Dennis Peck, interpretado muito à vontade por Richard Gere. Ele é aquele tipo de policial que conhece bem a lei e sabe burlá-la como poucos. Andy Garcia vive Raymond Avila, um investigador que tem como missão colher provas para levar Peck para trás das grades. Desde o primeiro encontro dos dois, se estabelece um clima de múltiplas tensões: física, psicológica e sexual. Peck é um manipulador nato e tem o "dom" da palavra. Avila é competente, porém, ansioso e inseguro. O diretor Mike Figgis conduz este policial com mão firme e encontra na dupla principal de atores a chave para contar sua história. *Justiça Cega* foi realizado em 1990, mas parece um daqueles bons policiais dos anos 1970.

JUSTIÇA CORRUPTA
TRUE BELIEVER
EUA 1989

Direção: Joseph Ruben

Elenco: James Woods, Robert Downey Jr., Margaret Colin, Yuji Okumoto, Kurtwood Smith, Charles Hallahan, Tom Bower e Luís Guzmán. Duração: 104 minutos. Distribuição: Sony.

O americano Joseph Ruben iniciou sua carreira em 1974 atuando em três frentes: roteiro, produção e direção. Porém, somente dez anos depois é que ele chamou a atenção com *A Morte nos Sonhos*. Em 1989, surpreendendo todos, Ruben realiza um drama de tribunal, *Justiça Corrupta*. Roteiro de estreia de Wesley Strick, o filme se concentra na figura de Eddie Dodd, vivido com paixão pelo ator James Woods. No passado ele foi um famoso defensor dos direitos civis. Hoje, desiludido, se sustenta defendendo traficantes de drogas. As coisas tomam um novo rumo quando Roger Baron (Robert Downey Jr.), um advogado idealista, o procura e pede que ele reabra o caso de um crime que aconteceu oito anos atrás. A busca de Dodd e Baron pela verdade faz com que os dois entrem em contato com uma intricada rede corrupção envolvendo promotores, policiais e grupos racistas. Ruben conduz a ação com um pé no drama e outro no suspense. Tudo temperado com muita ação e reviravoltas que nos mantém com os olhos grudados na tela o tempo inteiro.

Direção: Norman Jewison

Elenco: Al Pacino, Jack Warden, John Forsythe, Lee Strasberg, Christine Lahti, Jeffrey Tambor e Craig T. Nelson. Duração: 119 minutos. Distribuição: Columbia.

Antes de assumir a cadeira de diretor, Barry Levinson foi roteirista de séries e programas de TV. Depois, escreveu dois roteiros para Mel Brooks e, junto com Valerie Curtin, foi o responsável pelo roteiro de *Justiça Para Todos*, dirigido por Norman Jewison em 1979. E o título não poderia ser mais apropriado. Arthur Kirkland, vivido com garra e emoção por Al Pacino, é um advogado honesto e idealista. Ele é daqueles que acredita e defende com todas as forças que só existe uma justiça. E esta justiça, efetivamente, não é privilégio dos poderosos. Kirkland é tão cioso de seus princípios que, já no começo do filme é preso por desacato a um juiz. Tempos depois, ele termina por se confrontar com uma situação que irá testá-lo sobremaneira e da qual ele deverá decidir entre sua carreira e sua integridade. Esta sequência, em particular, é, para dizer o mínimo, empolgante. *Justiça Para Todos* foi feito a partir de uma intensa e profunda pesquisa por parte dos roteiristas e do diretor. Há aqui uma severa crítica ao sistema judiciário americano. Tão severa que até provocou mudanças no Poder Judiciário e na Ordem dos Advogados dos Estados Unidos. E isso não é pouco.

JUSTIÇA VERMELHA
RED CORNER
EUA 1997

Direção: Jon Avnet

Richard Gere, Bai Ling, Bradley Whitford, Byron Mann, Peter Donat, Robert Stanton, Tsai Chin, James Hong e Tzi Ma. Duração: 123 minutos. Distribuição: PlayArte.

Talvez este filme não fosse mais produzido hoje. Ou caso fosse, seria talvez bem diferente. Atualmente, o mercado chinês é muito importante para o cinema hollywoodiano. Em *Justiça Vermelha*, filme dirigido por Jon Avnet em 1997, a partir do roteiro de Robert King, um advogado americano, Jack Moore, papel de Richard Gere, é preso na China. Tudo começa quando ele vai ao país fechar um negócio milionário. No dia seguinte, Moore acorda ao lado do cadáver de uma garota de programa. A rigorosa lei chinesa para casos como este aponta para uma condenação certa. A partir daí, a vida de Moore depende de Shen Yuelin (Bai Ling), advogada indicada pelo governo local para defendê-lo. Antes de ser produzido, o roteiro original de King situava sua ação na Rússia. Havia uma clara intenção de criticar o sistema jurídico de um país comunista. Entre a finalização do roteiro e o início da produção, a legislação russa foi mudada e o estúdio decidiu transferir a ação da Rússia para a China. O que torna *Justiça Vermelha* um filme relevante é perceber que ele continua bem atual. E o mais estarrecedor é constatar que muitos países ditos democráticos fazem uso de práticas antes associadas aos totalitários comunistas. Sinal dos tempos.

JUVENTUDE SELVAGEM
THE YOUNG SAVAGES
EUA 1961

Direção: John Frankenheimer

Elenco: Burt Lancaster, Shelley Winters, Dina Merrill, Edward Andrews, Vivian Nathan, Telly Savalas e John David Chandler. Duração: 103 minutos. Distribuição: Fox.

John Frankenheimer é um cineasta que merece atenção sempre. Dono de uma extensa filmografia que teve início em 1954, ele ganhou experiência primeiro na televisão, dirigindo episódios de seriados e alguns telefilmes. Seu longa de estreia no cinema foi *No Labirinto do Vício*, de 1957. O segundo, feito quatro anos depois, é este *Juventude Selvagem*. Baseado no livro de Evan Hunter, o roteiro, escrito por Edward Anhalt e J.P. Miller, conta a história de um menino cego que é morto por uma gangue de jovens. Três membros do grupo são pegos pela polícia e levados a julgamento. Entra em cena Hank Bell (Burt Lancaster), que decide investigar o caso com mais cuidado e descobre que muita coisa não é bem o que parece. Frankenheimer é um diretor econômico e objetivo. Longe de ser maniqueísta, ele nos apresenta uma história sem inocentes ou culpados. Tudo, afinal de contas, é bastante relativo. E vai depender sempre do momento e das circunstâncias.

Direção: Robert Benton

Elenco: Dustin Hoffman, Meryl Streep, Jane Alexander, JoBeth Williams e Justin Henry. Duração: 105 minutos. Distribuição: Sony.

O mais comum, na maioria das histórias que tratam de disputa judicial entre pais e mães pela guarda de filhos, é seguir o ponto de vista das mães. Muitas vezes, há uma vitimização da mulher e uma demonização do homem. *Kramer vs. Kramer* opta por um caminho diferente: o lado do pai. O filme é dirigido por Robert Benton, que também escreveu o roteiro, a partir do romance homônimo de Avery Corman. Somos apresentados ao casal Ted Kramer (Dustin Hoffman) e Joana Kramer (Meryl Streep). Os dois têm um filho de seis anos, Billy (Justin Henry). Certo dia, após uma discussão, Joana vai embora de casa e deixa Ted sozinho com o filho. A partir daí, ele precisa aprender a conciliar o trabalho com as atividades de pai e dono de casa. Tudo ia bem até que Joana reaparece e decide lutar pela guarda do filho. *Kramer vs. Kramer* lida com muitas questões ao mesmo tempo. Drama familiar, ritual de passagem e filme de tribunal estão presentes aqui. A experiência de Benton como roteirista lhe permitiu adquirir a maturidade necessária para contar esta história sem cair em clichês. Indicado a nove prêmios Oscar, o filme ganhou em cinco categorias: melhor filme, diretor, ator (para Dustin Hoffman), roteiro e atriz coadjuvante (para Meryl Streep).

LARANJA MECÂNICA
A CLOCKWORK ORANGE
INGLATERRA 1971

Direção: Stanley Kubrick

Elenco: Malcolm McDowell, Patrick Magee, Michael Bates, Warren Clarke, John Clive, Adrienne Corri, Carl Duering, Paul Farrell e David Prowse. Duração: 136 minutos. Distribuição: Warner.

Stanley Kubrick já morava na Inglaterra há pouco mais de dez anos e vinha do sucesso estrondoso de *2001 - Uma Odisséia no Espaço* quando anunciou este novo projeto. *Laranja Mecânica* é baseado no livro de mesmo nome escrito por Anthony Burgess e teve o roteiro adaptado pelo próprio Kubrick. Em um futuro próximo, porém indefinido, acompanhamos o dia-a-dia do jovem Alex, vivido pelo quase iniciante Malcolm McDowell. Ele tem apenas três interesses na vida: estupro, ultraviolência e Beethoven. A visão amarga de Kubrick para nosso futuro só não é pior que o desprezo que ele demonstra em seu filme pelos governantes da máquina estatal. Isso até suaviza um pouco a falta de perspectiva que muitos jovens, como Alex, por exemplo, têm em relação ao mundo e ao convívio em sociedade. Apesar de a personagem ser deplorável em todos os aspectos, a habilidade do diretor e, principalmente, a maneira carismática com que ela é interpretada por McDowell, dão uma dimensão muito maior do que inicialmente esperávamos. *Laranja Mecânica*, mesmo depois de tantos anos de seu lançamento, continua perturbador e assustadoramente atual. Kubrick, e isso fica claro ao analisarmos sua filmografia, sempre foi um cineasta descrente da raça humana. Para ele, o ser humano não tem salvação. Para nós, infelizmente, ele realizou apenas 13 filmes e este é, seguramente, uma de suas grandes obras-primas.

LEGALMENTE LOIRA
LEGALLY BLONDE
EUA 2001

Direção: Robert Luketic

Elenco: Reese Witherspoon, Luke Wilson, Selma Blair, Matthew Davis, Victor Garber e Jennifer Coolidge. Duração: 96 minutos. Distribuição: Fox.

Antes de mais nada, é preciso deixar bem claro que, apesar das aparências, *Legalmente Loira* é um filme de superação. Vejamos sua personagem principal, a loira em questão, Elle Woods, papel de Reese Witherspoon. Ela mora em Beverly Hills, é rica, chique, bonita e fútil. Até aí, estamos diante do modelo estereotipado de boa parte das loiras retratadas pelo cinema americano. Ela é "dispensada" pelo namorado justamente por causa disso. Ele vai estudar Direito em Harvard e Elle não se enquadra nos seus planos. Para provar que não é um ser inferior e determinada a reconquistar seu amor, Elle se matricula em Harvard também e se torna vítima de todos os preconceitos que a maioria das loiras sofre. *Legalmente Loira* é uma divertida comédia que explora justamente as "agruras" enfrentadas por mulheres que não têm culpa de terem nascido com cabelos dourados. Este filme dirigido por Robert Luketic mostra também que o poder exercido pelos fios de ouro, quando usados para o bem, pode ajudar as pessoas e resolver até uma disputa judicial. Reese Witherspoon nasceu para esse papel. Mesmo tendo ganho um Oscar por seu trabalho em *Johnny e June*, é como Elle Woods que ela será sempre lembrada.

LEIS DA ATRAÇÃO
LAWS OF ATTRACTION
EUA ALEMANHA 2004

Direção: Peter Howitt

Elenco: Julianne Moore, Pierce Brosnan, Michael Sheen, Frances Fisher, Parker Posey, Nora Dunn, Mike Doyle e Allan Houston. **Duração:** 93 minutos. **Distribuição:** Imagem Filmes.

O ator e diretor britânico Peter Howitt visita em *Leis da Atração* o velho tema dos opostos que se atraem. O próprio título já antecipa isso. Temos aqui dois advogados especialistas em divórcio: Audrey Woods (Julianne Moore) e Daniel Rafferty (Pierce Brosnan). Os dois são simultaneamente contratados por um casal que está se separando. Já no primeiro encontro duas coisas ficam bem evidentes: eles se estranham, mas, ao mesmo tempo, se sentem atraídos um pelo outro. E é justamente desta mistura de sentimentos que vem toda a graça do filme. Moore e Brosnan exageram um pouco na interpretação, bem acima do tom ideal. Não sei se por vontade própria ou por orientação do diretor. O roteiro de Aline Brosh McKenna e Robert Harling não é dos mais originais. Quando isso acontece, ficamos na dependência de um bom elenco. O de *Leis da Atração* não é ruim. Porém, parece está no piloto automático. Uma pena. A trama poderia render mais. Mesmo com um tema tão batido.

O LEITOR
THE READER
EUA/ALEMANHA 2008

Direção: Stephen Daldry

Elenco: Kate Winslet, Ralph Fiennes, David Kross, Jeanette Hain, Susanne Lothar, Alicia Wilms, Florian Bartholomäi, Max Mauff, Bruno Ganz e Lena Olin. Duração: 124 minutos. Distribuição: Imagem Filmes.

Muitas histórias já foram contadas sobre a Segunda Guerra Mundial. O inglês Stephen Daldry resolveu contar uma bem inusitada em *O Leitor*. Tendo por base o livro de Bernhard Schlink, o roteiro de David Hare nos apresenta Hanna Schmitz (Kate Winslet). Certo dia, ela ajuda Michael Berg, vivido pelos atores David Kross (jovem) e Ralph Fiennes (adulto) e, a partir daí, a vida de ambos muda para sempre. Apesar das muitas diferenças entre os dois: de idade, classe social e instrução, Hanna e Michael iniciam um relacionamento que tem como ponto alto justamente o momento em que ele lê livros para ela. De repente, Hanna desaparece sem deixar pista alguma de seu paradeiro. Tempos depois, Michael, agora estudante de Direito, ao acompanhar um julgamento de criminosos de guerra, reencontra Hanna no banco dos réus. Daldry é um diretor habilidoso e que sabe transitar de maneira segura pelos limites do melodrama. *O Leitor* traz Kate Winslet em desempenho memorável e marcante em sua carreira. Tão marcante que lhe rendeu diversos prêmios de atuação, entre eles o Oscar de melhor atriz em 2009.

O LENHADOR
THE WOODSMAN
EUA 2004

Direção: Nicole Kassell

Elenco: Kevin Bacon, Kyra Sedgwick, Benjamin Bratt, Eve, Mos Def, David Alan Grier, Carlos Leon, Hanna Pilkes, Michael Shannon e Kevin Rice. Duração: 87 minutos. Distribuição: Imagem Filmes.

A americana Nicole Kassell se formou em Cinema pela Universidade de Nova York. Sua maior experiência em audiovisual é na televisão, onde dirigiu vários episódios de seriados. Mas na telona, ela estreou com um longa de grande impacto: *O Lenhador*, de 2004. A base é uma peça escrita por Steven Fechter e adaptada por ele próprio junto com a diretora. O filme gira em torno de um homem, Walter (Kevin Bacon), que está em liberdade após 12 anos presos por pedofilia. Ele volta para sua cidade natal com o intuito de recomeçar sua vida. O passado continua a atormentá-lo. Afinal, há muitos olhos que o observam à distância, na espera de alguma recaída. Nicole Kassell lida aqui com um tema espinhoso e bastante delicado. Nas mãos de um cineasta menos talentoso, seria um prato cheio para cair em lugares comuns ou situações caricatas. Não é o que acontece em *O Lenhador*. Falando nisso, o título se refere ao trabalho de Walter em uma serraria. Há momentos de silêncio e uma narrativa intimista com Kevin Bacon em uma atuação inspirada, sensível e comovente.

Direção: Andrey Zvyagintsev

Elenco: Alexeï Serebriakov, Elena Liadova, Roman Madianov, Anna Ukolova e Vladimir Vdovitchenkov. Duração: 141 minutos. Distribuição: Imovision.

O simples fato de o filme *Leviatã*, dirigido em 2014 por Andrey Zvyagintsev, ter sido rejeitado pelo governo de Vladimir Putin e pela Igreja Ortodoxa Russa já é motivo mais do que suficiente para que ele seja conferido. Vencedor do prêmio de melhor roteiro no Festival de Cannes e do Globo de Ouro de melhor filme estrangeiro, *Leviatã* foi indicado ao Oscar, mas perdeu para o polonês *Ida*. O roteiro, escrito pelo próprio diretor, junto com Oleg Negin, gira em torno de Kolia (Alexeï Serebriakov) e sua luta contra Vadim (Roman Madianov), o corrupto prefeito da cidade onde ele mora. A história se passa na região do Mar de Barents, no norte da Rússia. Kolia tem uma oficina e vive com sua mulher e um filho. Vadim quer tirar tudo o que ele tem. Primeiro, com suborno. Depois, de maneira mais agressiva. *Leviatã*, apesar das pressões que recebeu, "caiu no gosto" do povo russo e tornou-se um grande sucesso. Zvyagintsev faz uso aqui de uma passagem bíblica do Livro de Jó, para traçar um retrato crítico e bastante ácido da vida atual em seu país. E pelos protestos oficiais que enfrentou quando do lançamento, deve ter tocado fundo na ferida.

A LIBERDADE É AZUL
TROIS COULEURS: BLEU
FRANÇA 1993

Direção: Krzysztof Kieslowski

Elenco: Juliette Binoche, Benoit Regent, Hélène Vincent, Florence Pernel, Charlotte Very, Emmanuelle Riva, Hugues Quester e Julie Delpy. Duração: 100 minutos. Distribuição: Versátil.

O cineasta polonês Krzysztof Kieslowski, quem diria, foi rejeitado por duas vezes quando tentou ingressar na Escola de Cinema de Lodz, na Polônia, a mesma que formou Andrzej Wajda e Roman Polanski. Ele não desistiu e na terceira tentativa obteve êxito e iniciou seus estudos de cinema. Depois de formado, começou a carreira de diretor em seu país natal e mais tarde, por questões políticas, migrou para a França. Quando da comemoração dos 200 anos da Revolução Francesa, em 1993, Kieslowski recebeu uma encomenda para realizar três filmes inspirados nas três cores da bandeira do país: azul, branco e vermelho. Bem como nos lemas nacionais: liberdade, igualdade e fraternidade. Nascia aí a "trilogia das cores". O primeiro filme, *A Liberdade é Azul*, com roteiro do próprio diretor, junto com Krzysztof Piesiewicz, conta a história de Julie (Juliette Binoche), uma mulher traumatizada que perdeu o marido e a filha em um trágico acidente de carro. Não existe acontecimento mais antinatural do que um pai ou mãe enterrar seu filho. Aos poucos, Julie procura se libertar do passado e reencontrar a vontade de viver. O cinema de Kieslowski é impregnado de dor e, paradoxalmente, de esperança. Passa, na maioria das vezes, uma sensação de melancolia e aqui, esse sentimento é dos mais fortes. *A Liberdade é Azul* é um filme que devemos ver com calma e paciência. O resultado final compensa plenamente. Uma dica: veja até o fim dos créditos e, se possível, assista aos outros dois filmes desta trilogia, *A Igualdade é Branca* e *A Fraternidade é Vermelha*.

LINCOLN
LINCOLN
EUA 2012

Direção: Steven Spielberg

Elenco: Daniel Day-Lewis, Tommy Lee Jones, Sally Field, David Strathairn, Joseph Gordon-Levitt, James Spader, Lee Pace, Jackie Earle Haley, Michael Stuhlbarg, John Hawkes, Tim Blake Nelson, Jared Harris e Hal Holbrook. **Duração:** 153 minutos. **Distribuição:** Fox.

Alguns filmes precisam ser vistos mais de uma vez. É o caso de *Lincoln*, dirigido por Steven Spielberg e com Daniel Day-Lewis no papel-título. Não se trata de um filme perfeito. Pelo contrário. Existem muitas falhas, seqüências desnecessárias e imprecisão histórica. Porém, ao fazer seu recorte, Spielberg propõe um debate e consegue "fugir" um pouco dos maneirismos sentimentais que vinha utilizando em seus trabalhos. O roteiro de Tony Kushner, inspirado no livro de Doris Kearns Goodwin, aborda um período de pouco mais de cinco meses na vida do 16º presidente americano. E se concentra, principalmente, no mês de janeiro de 1865, quando houve um grande esforço de Lincoln, no início de seu segundo mandato, para aprovar a 13ª Emenda, que visava abolir permanentemente a escravidão nos Estados Unidos. Corrupção, compra de votos, troca de favores e outros artifícios que achamos serem comuns apenas no Brasil, foram utilizados nessa operação. Com isso, o presidente também esperava acabar com a Guerra de Secessão e unir novamente o país. Alguns poderão achá-lo arrastado e enfadonho. Seu foco maior está nos diálogos. E eles são muitos e ótimos. Além disso, temos mais de cem personagens em cena com fala. Isso exige uma atenção redobrada por parte do espectador. Spielberg acalentava dirigir um filme sobre um dos mais queridos presidentes americanos há bastante tempo. Day-Lewis foi sua escolha original. No início, ele recusou o papel, que durante algum tempo ficou com Liam Neeson. O tempo passou e o projeto ficou parado. Quando a produção foi retomada, o diretor conseguiu convencer Day-Lewis, que se transformou em Abraham Lincoln. Sua interpretação é tão rica em detalhes que deixa a impressão, ou melhor, a certeza, que Lincoln andava daquele jeito, olhava daquele jeito e falava daquele jeito. É preciso também fazer justiça aos outros atores do elenco. Nesse quesito, *Lincoln* é intocável. Bem como na parte técnica. Não por acaso, das 12 indicações ao Oscar que o filme recebeu, ganhou em apenas duas: ator e direção de arte.

A LISTA DE SCHINDLER
SCHINDLER'S LIST
EUA 1993

Direção: Steven Spielberg

Elenco: Liam Neeson, Ben Kingsley, Ralph Fiennes, Caroline Goodall, Jonathan Sagalle, Embeth Davidtz, Ludger Pistor, Beata Paluch e Beatrice Macola. Duração: 195 minutos. Distribuição: Universal.

Considerado por muitos como a obra-prima de Steven Spielberg, *A Lista de Schindler* era um projeto que originalmente seria dirigido por Martin Scorsese. Quando Spielberg decidiu assumi-lo, Scorsese teve como compensação a produção de *Cabo do Medo*. Não que Spielberg não soubesse desde o início da existência do roteiro. Ele apenas não se sentia preparado para dirigi-lo, uma vez que a história lidava com fortes elementos de sua herança judia. Spielberg iniciou as filmagens de *A Lista de Schindler* na Polônia, logo após a conclusão de *Jurassic Park*, cuja montagem ele acompanhou através de videoconferência. O filme conta a história real de Oskar Schindler (Liam Neeson), um vaidoso e ambicioso industrial alemão que durante o regime nazista termina por salvar a vida de 1.100 judeus. Por decisão do diretor, o filme foi fotografado em preto-e-branco por Janusz Kaminski. Spielberg disse que não conseguia enxergar aquele período em cores. Além da carismática personagem principal, vivida com segurança por Neeson, outra forte presença em cena é a do oficial nazista Amon Goeth, interpretado pelo então desconhecido Ralph Fiennes. *A Lista de Schindler* foi o grande vencedor do Oscar 1994, quando conquistou sete prêmios: melhor filme, direção, roteiro adaptado, fotografia, montagem, cenografia e trilha sonora. Preste atenção na sequência de apresentação de Oskar Schindler, um primor de concisão cinematográfica.

Direção: Steven Spielberg

Elenco: Goldie Hawn, William Atherton, Ben Johnson, Michael Sacks, Gregory Walcott, Steve Kanaly, Louise Latham e Harrison Zanuck. Duração: 110 minutos. Distribuição: Universal.

Louca Escapada foi o primeiro filme para cinema dirigido por Steven Spielberg. O longa anterior, *Encurralado*, foi feito para TV. Este filme marca também o início da parceria entre Spielberg e o compositor John Williams. Baseado em uma história real, *Louca Escapada* conta o drama de Lou Jean Poplin (Goldie Hawn), uma mãe desesperada para recuperar o filho que foi levado para adoção. Ela convence o marido (William Atherton) a fugir da prisão e seguirem para a cidade de Sugarland. No meio da fuga, as coisas se complicam quando eles seqüestram um patrulheiro (Michael Sacks). O que termina por transformar a ação do casal na maior caçada humana da história do Texas. Até aquele momento, a experiência do diretor se limitava aos trabalhos que ele havia realizado na televisão. Com esse filme, surge o Spielberg que conhecemos. Um cineasta com um dom natural para contar histórias. A maior parte delas, envolvendo dramas de famílias que estão se desfazendo ou fantasias infanto-juvenis. *Louca Escapada* tem um pouco desses dois universos. Com um bom roteiro, um elenco sob medida e um excelente domínio técnico para filmar em estradas (obtido com Encurralado), o diretor estreante deu conta do recado. Sua direção, inspirada e segura, deixa evidente neste primeiro filme, uma assinatura própria que seria aprimorada nos trabalhos seguintes.

LÚCIO FLÁVIO
O PASSAGEIRO DA AGONIA
BRASIL 1977

Direção: Hector Babenco

Elenco: Reginaldo Faria, Ana Maria Magalhães, Milton Gonçalves, Paulo César Pereio, Lady Francisco, Ivan Cândido e Grande Otelo. Duração: 118 minutos. Distribuição: Europa Filmes.

Na primeira metade da década de 1970, o carioca Lúcio Flávio ganhou fama nacional pelos assaltos que fez. E, principalmente, pela fugas espetaculares, já que nenhuma prisão conseguia segurá-lo. O jornalista José Louzeiro, a partir de uma entrevista, escreveu um livro que foi adaptado por ele, junto com Jorge Durán e Hector Babenco e virou filme em 1977. Babenco, que havia dirigido seu primeiro longa, *O Rei da Noite*, dois anos antes, assumiu a direção de *Lúcio Flávio – O Passageiro da Agonia*. Com Reginaldo Faria no papel título, a história se concentra nos momentos finais da vida do marginal, jurado de morte por organizações criminosas. É visível a evolução do diretor em relação ao seu filme anterior. Ele, que já havia demonstrado talento incomum na direção de atores, aprimora ainda mais este talento com *Lúcio Flávio*. E de uma certa forma, estabelece um padrão por personagens que vivem à margem da sociedade. O que se tornaria sua marca registrada.

Direção: Elia Kazan

Elenco: Gregory Peck, Dorothy McGuire, John Garfield, Laura Z. Hobsons, Celeste Holm, Anne Revere, June Havoc, Jane Wyatt e Dean Stockwell. Duração: 118 minutos. Distribuição: Fox.

Nascido na Turquia, filho de gregos, Elia Kazan migrou para os Estados Unidos com sua família ainda muito jovem. Na primeira metade dos anos 1940 ganhou fama como diretor teatral na Broadway e foi, junto com Lee Strasberg, um dos fundadores do Actors Studio. O cinema foi um caminho natural, onde estreou em 1945. *A Luz é Para Todos*, de 1947, é seu quarto longa. Considerado muito ousado para a época, o roteiro, escrito por Moss Hart, que por sua vez é uma adaptação do romance de Laura Z. Hobson, aborda o tema do antissemitismo. O repórter Philip Green (Gregory Peck), se faz passar por judeu para escrever uma matéria sobre o assunto. Isso o torna alvo de ódio e preconceito. O mais curioso é que esse filme foi lançado apenas dois anos depois do fim da Segunda Guerra Mundial. Kazan demonstra completo domínio narrativo e conduz uma trama carregada de tensão. Este filme deu ao diretor seu primeiro Oscar, o que fez com que sua carreira se consolidasse em Hollywood, até seu envolvimento no processo do macarthismo (caçada anticomunista empreendida pelo senador Joseph McCarthy), quando apresentou alguns nomes de colegas ao Comitê. A Luz é Para Todos recebeu oito indicações ao Oscar e ganhou três: melhor filme, direção e atriz coadjuvante para Celeste Holm, que no filme faz o papel da editora de moda Anne Dettrey.

M – O VAMPIRO DE DÜSSELDORF
ALEMANHA 1931

| Direção: Fritz Lang |

Elenco: Peter Lorre, Ellen Widmann, Inge Landgut, Gustaf Gründgens, Friedrich Gnass, Paul Kemp, Theo Lingen, Ernst Stahl-Nachbaur, Franz Stein e Otto Wernicke. Duração: 111 minutos. Distribuição: Continental.

Fritz Lang nasceu na Áustria, se firmou na Alemanha e passou também por Hollywood. Junto com Robert Wiene e F. W. Murnau revolucionou o cinema alemão e mundial ao longo dos anos 1920 e 1930. Além das experiências visuais e narrativas do expressionismo, essa "trinca" de cineastas nos legou obras fundamentais. Em 1931, Lang já era um artista consolidado e respeitado, principalmente após o sucesso de *Metrópolis*, realizado em 1927. *M – O Vampiro de Düsseldorf* foi seu primeiro filme sonoro. A tecnologia do som ainda era muito recente. Tinha pouco mais de quatro anos. Inquieto e criativo, o diretor se inspira em uma notícia real que havia lido nos jornais sobre um assassino de crianças e em parceria com Thea von Harbou escreveu o roteiro. A história se passa nos anos 1920, em Düsseldorf, onde um criminoso, Hans Beckert (Peter Lorre), conhecido como M, sequestra e mata crianças sem que a polícia saiba o que fazer para capturá-lo. Lang utiliza bem a nova tecnologia e faz um uso muito inteligente do som, que tem aqui papel importante e orgânico na condução e resolução da trama. Além disso, o diretor, fiel às raízes expressionistas, trabalha de maneira sublime a iluminação do filme, o que potencializa ainda mais o clima tenso da história. Enfim, uma obra-prima.

MACHUCA
CHILE/ESPANHA/INGLATERRA/FRANÇA 2004

Direção: André Woods

Elenco: Matías Quer, Ariel Mateluna, Manuela Martelli, Aline Küppenheim, Ernesto Malbran, Tamara Acosta e Francisco Reyes. Duração: 116 minutos. Distribuição: VideoFilmes.

O chileno André Woods se formou em Economia em sua Santiago natal e se mudou para Nova York, onde fez um curso de Cinema. De volta ao seu país iniciou sua carreira de cineasta, em 1994, com o curta *Reunião de Família*. Em 1997 foi a vez de *Histórias de Futebol*, sua estreia em longas, um filme que fez muito sucesso em sua terra. *Machuca*, de 2004, seu quarto longa, foi a obra que o projetou internacionalmente. Com roteiro do próprio diretor, escrito junto com Eliseo Altunaga, Roberto Brodsky e Mamoun Hassan, temos aqui o golpe político ocorrido no Chile a partir de um ponto de vista inusitado: o olhar de duas crianças. Gonzalo Infante (Matías Quer) estuda em uma escola particular católica onde o padre coordenador distribui bolsas de estudos para os mais pobres. Um dos contemplados é Pedro Machuca (Ariel Mateluna). Nasce então uma forte amizade entre os dois meninos de classes sociais bem distintas. Vem o golpe militar de Pinochet que derruba o governo de Allende. A partir daí acompanhamos tudo pelo olhar de Pedro. São mudanças profundas na vida do país. *Machuca* trata da perda da inocência de uma nação que vê seus direitos básicos serem violados sem pudor algum. Woods nos conduz por uma viagem carregada de emoção e de conflitos intensos que, infelizmente, não ficaram restritos ao Chile. Em menor ou maior grau, algo semelhante aconteceu em muitos países da América Latina.

MALCOLM X
MALCOLM X
EUA 1992

Direção: Spike Lee

Elenco: Denzel Washington, Angela Bassett, Albert Hall, Al Freeman Jr., Delroy Lindo, Spike Lee, Theresa Randle, Kate Vernon e Giancarlo Esposito. Duração: 202 minutos. Distribuição: Versátil.

Martin Luther King e Malcolm X foram os dois maiores nomes da luta pela igualdade de direitos entre brancos e negros nos Estados Unidos nos anos 1960. Desde que começou a trabalhar com cinema, Spike Lee sonhava em levar às telas a vida de Malcolm X. Projeto mais ambicioso de sua carreira, o cineasta aproveitou o sucesso de *Faça a Coisa Certa* e *Febre da Selva* para levantar o financiamento necessário para a produção. Ao contrário de Luther King, que sempre pregou o diálogo e a tolerância, Malcolm X tinha uma postura bem diferente. Com Denzel Washington no papel-título, Lee conduz seu filme com fúria e convicção. O roteiro, escrito pelo próprio diretor, junto com Arnold Perl, tem por base o livro *A Autobiografia de Malcolm X*, de Malcolm X e Alex Haley. O painel apresentado por Lee é bem abrangente e cobre cerca de 20 anos da vida do ativista. *Malcolm X*, o filme, é tenso, explosivo e polêmico. E não teria como ser diferente.

MAR ADENTRO
MAR ADENTRO
ESPANHA 2004

Direção: Alejandro Amenábar

Elenco: Javier Bardem, Belén Rueda, Mabel Rivera, Celso Bugallo e Lola Dueñas. Duração: 125 minutos. Distribuição: Fox.

O direito à vida. Será que este direito é realmente pleno? E se nossa vida não estiver como gostaríamos que ela estivesse? É este o drama vivido por Ramón (Javier Bardem), no drama *Mar Adentro*, dirigido em 2004 pelo chileno radicado na Espanha Alejandro Amenábar. O roteiro, escrito por ele próprio junto com Mateo Gil, se inspira em uma história real. Ramón, após sofrer um acidente no mar, ficou tetraplégico e acamado por quase 30 anos. Ele, depois de muito sofrimento por depender dos outros, deseja apenas uma coisa: morrer. E luta com todas as forças pelo direito de terminar com sua vida. Amenábar não se deixa levar pelas armadilhas fáceis que uma história como esta propicia. Pelo contrário, ele foge com louvor de todas elas. E para tanto conta com o talento de Javier Bardem, um ator que se entrega de corpo e alma aos papéis que interpreta. *Mar Adentro* nos coloca o dilema de Ramón e nos faz refletir sobre questões delicadas e polêmicas que não costumamos encarar.

Direção: J.C. Chandor

Elenco: Kevin Spacey, Paul Bettany, Jeremy Irons, Zachary Quinto, Demi Moore, Simon Baker, Stanley Tucci, Penn Badgley e Mary McDonnell. Duração: 107 minutos. Distribuição: Paris Filmes.

Será que é possível realizar um filme que fale da gênese da crise financeira que abalou o mundo em 2008 sem parecer chato, hermético ou didático demais? O diretor e roteirista estreante J.C. Chandor consegue este feito em *Margin Call – O Dia Antes do Fim*. Tudo acontece no intervalo de 24 horas dentro de uma empresa de investimento. Um dos analistas, Peter Sullivan (Zachary Quinto), acessa dados que comprovam a quebra iminente da firma. Isso provoca uma reação em cadeia de decisões rápidas que precisam ser tomadas para minimizar as perdas e com isso salvar os envolvidos do desastre que se aproxima. Quinto, mais conhecido hoje como o novo Spock de Star Trek, foi um dos produtores e conseguiu reunir um elenco respeitável em torno do projeto. Há muita discussão sobre finanças e investimentos, mas, há também um grande debate ético. O roteiro não se afasta um minuto sequer das questões relevantes que envolvem as decisões tomadas pelo chefe maior, John Tuld (Jeremy Irons) e suas consequências, aqui representadas por Sam Rogers, personagem de Kevin Spacey. *Margin Call* passou muito rapidamente pelos cinemas brasileiros e seu lançamento em DVD é uma oportunidade para se conhecer melhor o funcionamento de toda essa grande, estranha e desconhecida engrenagem financeira.

Direção: Lucía Puenzo

Elenco: Àlex Brendemühl, Natalia Oreiro, Guillermo Pfening, Florencia Bado, Elena Roger, Diego Peretti e Ana Pauls. Duração: 93 minutos. Distribuição: Imovision.

A roteirista e diretora argentina Lucía Puenzo convive com o cinema desde que nasceu. Ela é filha do cineasta Luis Puenzo, primeiro diretor de seu país a ganhar um Oscar, no caso, o de melhor filme estrangeiro, em 1986, por *A História Oficial*. Lucía estreou primeiro como roteirista de TV, em 2001. A estreia como diretora veio somente em 2007, com o polêmico *XXY*, que trata da paixão de um hermafrodita. *O Médico Alemão*, que ela escreveu e dirigiu em 2013, é seu terceiro longa. A ação se passa no início dos anos 1960. Uma família em viagem pela Patagônia conhece Helmut (Àlex Brendemühl), um médico que oferece ajuda. Eles não sabem que Helmut esconde um grande segredo. Encantados com os conhecimentos e as boas maneiras do médico, deixam que ele se envolva cada vez mais em suas vidas. Lucía Puenzo mexe em um vespeiro, mesmo que não se aprofunde em algumas questões como poderia. Mas, traça neste *O Médico Alemão* um retrato preciso da sociedade argentina. Tanto de seu passado recente, como também de seu presente.

MEIA-NOITE NO JARDIM DO BEM E DO MAL
(MIDNIGHT IN THE GARDEN OF GOOD AND EVIL)
EUA 1997

Direção: Clint Eastwood

Elenco: Kevin Spacey, John Cusack, Paul Hipp, Jack Thompson, Alison Eastwood, Jude Law, Dorothy Loudon, Anne Haney, Kim Hunter, Bob Gunton, Irma P. Hall e Geoffrey Lewis. Duração: 155 minutos. Distribuição: Warner.

Clint Eastwood é um cineasta que sempre prima pela objetividade e economia. Não por acaso causou certa estranheza quando ele anunciou que dirigiria a adaptação do livro *Meia-Noite no Jardim do Bem e do Mal*, de John Benendt, feita pelo roteirista John Lee Hancock. Tudo acontece em Savannah, no estado da Geórgia. O jornalista John Kelso (John Cusack) vai até lá para escrever uma reportagem sobre a famosa festa de Natal promovida por Jim Williams (Kevin Spacey). Williams é um excêntrico milionário colecionador de artes. Durante a festa, seu amante Billy Hanson (Jude Law) é assassinado e ele é acusado do crime. Kelso fica então em Savannah para o julgamento e nesse meio-tempo conhece a exótica fauna humana do lugar. Comparado a outros trabalhos do diretor, *Meia-Noite no Jardim do Bem e do Mal* nem parece um Clint Eastwood tradicional. Mas é justamente aí que um artista talentoso e surpreendente como Eastwood se sobressai. Ele costuma dizer que metade de um filme depende da escalação dos atores. E neste quesito, não há o que se questionar aqui. Todos estão simplesmente perfeitos. E olha que eu nem falei do belo e poético título.

MEMÓRIAS DO CÁRCERE
BRASIL 1984

Direção: Nelson Pereira dos Santos

Elenco: Carlos Vereza, Glória Pires, José Dumont, Wilson Grey, Nildo Parente, Joffre Soares, Stela Freitas, Marcos Palmeira, Cássia Kiss, Tonico Pereira, Fábio Barreto, Monique Lafont e Jorge Cherques. Duração: 197 minutos. Distribuição: Bretz Filmes.

Indo direto ao ponto, *Memórias do Cárcere*, que Nelson Pereira dos Santos adaptou da obra literária de Graciliano Ramos, é, ao mesmo tempo, uma das melhores adaptações já feita de um livro; um dos melhores filmes nacionais de todos os tempos; o ponto máximo da filmografia de seu diretor e o mais contundente e inspirado trabalho do ator Carlos Vereza. O filme, assim como o livro, relata a prisão do escritor alagoano Graciliano Ramos, ocorrida em março de 1936, no auge da ditadura do governo de Getúlio Vargas. Temos aqui, como disse o próprio diretor, "o cárcere como uma metáfora da sociedade brasileira". Na época de seu lançamento, em 1984, o Brasil passava por grandes mudanças políticas após 20 anos de regime militar. Não há espaço para a pieguice nem para o melodrama barato em *Memórias do Cárcere*. Quando um cineasta conhece a fundo a obra de um escritor, como é o caso de Nelson Pereira dos Santos em relação à obra de Graciliano Ramos, tudo fica mais fácil e funciona à perfeição. Já havia sido assim com a adaptação de Vidas Secas. E o que dizer dos atores? Carlos Veneza, no papel de Graciliano, e a jovem Glória Pires, como sua esposa Heloísa, brilham intensamente, assim como todo o elenco. Sem falar da impecável parte técnica. Apesar de parecer clichê, *Memórias do Cárcere* é, resumido em uma única palavra, obrigatório!

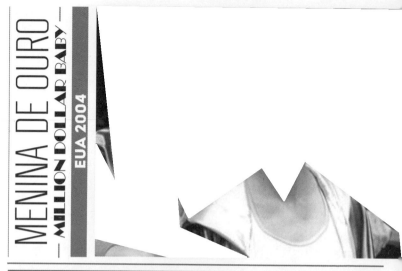

MENINA DE OURO
MILLION DOLLAR BABY
EUA 2004

Direção: Clint Eastwood

Elenco: Hilary Swank, Clint Eastwood, Morgan Freeman, Anthony Mackie, Brian O'Byrne, Jay Baruchel e Margo Martindale. **Duração:** 132 minutos. **Distribuição:** Europa.

Conheço muita gente que ainda não viu *Menina de Ouro* porque acha que é um filme de boxe. O filme é sobre uma lutadora de boxe, tem muita luta de boxe e se passa basicamente em dois cenários: uma academia de boxe e um ringue de boxe. Mas não se deixe enganar pelas aparências. *Menina de Ouro* não é um filme de ou sobre boxe. A essência desta obra-prima produzida, dirigida e estrelada por Clint Eastwood é aquela segunda chance que todo ser humano procura e merece ter. Maggie Fitzgerald (Hilary Swank) já passou dos 30, sempre foi uma lutadora e sonha se tornar boxeadora profissional. Ela procura Frankie Dunn (Eastwood), um treinador que vive sozinho e amargurado por ter perdido o contato com a única filha. A união dos dois se revela duplamente benéfica. A história é contada por Scrap (Morgan Freeman), melhor amigo de Frankie e uma espécie de faz-tudo da academia. *Menina de Ouro* é denso e impactante. Eastwood não costuma brincar em serviço. Seus filmes possuem uma consistência e uma coerência raros no cinema americano ou em qualquer outro cinema feito no mundo. Ele sempre filma com elegância e economia. Nada parece estar fora do lugar ou colocado de maneira excessiva. Outra importante característica de sua filmografia é o trabalho dos atores, todos bem escolhidos e com desempenhos memoráveis. Não por acaso, Hilary Swank e Morgan Freeman ganharam o Oscar de melhor atriz e melhor ator coadjuvante por este filme, bem como Clint Eastwood, que ganhou dois: filme e direção. *Menina de Ouro* consegue ser ao mesmo tempo triste e alegre, agressivo e sensível, pessimista e esperançoso. Estados de espírito e sentimentos antagônicos, mas que convivem harmoniosamente. Talvez a personagem do aluno magricela, Danger, vivido por Jay Baruchel, seja a melhor síntese deste belo e tocante filme de mestre Eastwood.

MENINOS NÃO CHORAM
BOYS DON'T CRY
EUA 1999

Direção: Kimberly Peirce

Elenco: Hilary Swank, Chloë Sevigny, Peter Sarsgaard, Brendan Sexton III, Alison Foland, Alicia Goranson, Matt McGrath, Rob Campbell e Jeannetta Arnette. Duração: 118 minutos. Distribuição: Fox.

A cineasta americana Kimberly Peirce começou a carreira no cinema dirigindo curtas-metragens. Em 1999 ela realizou seu primeiro longa, *Meninos Não Choram*, e chamou a atenção de todo o mundo. O roteiro, escrito por ela junto com Andy Bienen, se baseia na história real de Teena Brandon, uma adolescente que inverte a ordem de seu nome e se transforma em Brandon Teena. Ela foge de casa e se muda para uma pequena cidade do interior do estado de Nebraska. Lá, vive como homem e sente, pela primeira vez, a sensação de poder ser quem ela realmente é. Porém, o que parecia ser o paraíso, se transforma por inteiro. Hilary Swank, que já vinha tentando, há quase uma década, encontrar bons papéis na televisão e no cinema, teve em *Meninos Não Choram* sua grande chance de reconhecimento. Seu trabalho é irretocável, para dizer o mínimo. Trabalho que foi devidamente premiado com o Oscar de melhor atriz naquele ano. A câmara de Peirce também não se deixa levar pelo sensacionalismo que o tema suscita. O filme é seco e direto, tipo um soco no estômago. O drama vivido por Teena/Brandon é palpável, nos envolve e sensibiliza. Para um filme de diretora estreante e que consegue tratar uma questão delicada sem cair em clichês, não há nada mais a dizer.

O MENSAGEIRO
THE MESSENGER
EUA 2009

Direção: Oren Moverman

Elenco: Ben Foster, Woody Harrelson, Samantha Morton, Jena Malone e Steve Buscemi. **Duração:** 112 minutos. **Distribuição:** Paris Filmes.

Estreia na direção do roteirista Oren Moverman, *O Mensageiro*, de 2009, é um drama de guerra, depois da guerra. A história, escrita pelo próprio Moverman, junto com Alessandro Camon, é centrada no trabalho dos soldados mensageiros. Aqueles que têm a difícil tarefa de informar as famílias da morte de seus filhos e companheiros em combate. O jovem Will Montgomery (Ben Foster) conta com a ajuda e acompanhamento do veterano Tony Stone (Woody Harrelson). Além do trabalho estressante, os dois enfrentam problemas pessoais. O mais experiente ensina ao novato algumas regras importantes que não podem ser quebradas neste tipo de missão. Moverman conduz seu filme com mão firme. Ele conta com um roteiro bem amarrado e uma dupla de atores em estado de graça. Harrelson, e principalmente Foster, assumem uma postura séria e contida. E isso não impede que o turbilhão de emoções internas que eles experimentam seja transmitido através dos olhos e da linguagem corporal. *O Mensageiro* nos apresenta um dilema comovente e discute temas relevantes de maneira simples e objetiva, quase documental. Sem pieguices e lugares comuns. Enfim, um filme adulto. Para adultos.

O MENTIROSO
LIAR, LIAR
EUA 1997

Direção: Tom Shadyac
Elenco: Jim Carrey, Maura Tierney, Jennifer Tilly, Justin Cooper, Swoosie Kurtz e Cary Elwes Duração: 87 minutos. Distribuição: Universal.

Não se deixe enganar. *O Mentiroso* é muito mais que uma comédia com o "careteiro" Jim Carrey. Primeiro, o termo "careteiro" não faz jus ao talento desse comediante canadense. Carrey é um ator "físico", na melhor tradição de Jerry Lewis, por exemplo. Ele sabe como poucos utilizar seu corpo a favor do humor. Segundo, é muito mais difícil fazer comédia do que drama. E Jim Carrey se sai muito bem nos dois gêneros. Mas voltemos ao filme dirigido por Tom Shadyac. *O Mentiroso* conta a história de Fletcher Reede (Carrey), um advogado brilhante que sabe mentir como ninguém e utiliza esse "dom" em seu trabalho. O sucesso profissional teve um custo muito alto para ele. Acabou com seu casamento e o tem afastado do convívio com o filho. Justamente na véspera do dia mais importante de sua carreira, Fletcher não consegue participar da festinha de aniversário do filho. O menino, triste com a ausência do pai e cansado de suas desculpas, faz um pedido: que ele não consiga mentir por um dia inteiro. Shadyac imprime o ritmo certo para contar sua história e tem em Jim Carrey o ator perfeito para o papel. *O Mentiroso*, aparentemente, é uma comédia, muito engraçada por sinal. Porém, consegue tratar de outras questões mais sérias. Estão lá o eterno embate entre carreira e família. Por também ser um filme de tribunal, há uma discussão que envolve ética profissional e opções de conduta. Parece muita coisa para um filme de pouco mais de 80 minutos e que tem como meta principal fazer rir. E essa é a grande surpresa que ele nos reserva.

O Mercado de Notícias — Brasil 2014

Direção: Jorge Furtado

Documentário. Duração: 94 minutos. Distribuição: Casa de Cinema.

O gaúcho Jorge Furtado é dono de uma das mais ricas filmografias do cinema nacional. Seja nos curtas, longas ou trabalhos para a televisão, Furtado possui uma assinatura. Ela se revela na utilização de elementos intertextuais, ou seja, estabelece diálogos com mídias diferentes. *Ilha das Flores*, seu curta mais famoso, realizado em 1989, já fazia uso deste recurso. E o mesmo pode ser percebido em toda a obra do cineasta. Em *O Mercado de Notícias*, de 2014, também. Furtado resgata uma peça inglesa, escrita em 1625 pelo dramaturgo Ben Johnson, para discutir o jornalismo nos dias de hoje. O mais curioso é que mesmo passados quase quatro séculos do ano em que a peça foi encenada, ela continua bastante atual. E olha que na época o jornalismo era algo muito recente. Havia apenas três anos que o primeiro jornal tinha começado a circular. *Mercado de Notícias* procura discutir o papel da imprensa em nossa sociedade. E o faz através de uma feliz mistura entre o texto da peça original, que é encenada por atores, com depoimentos de profissionais da área. A integração entre "ficção" e "realidade" é perfeita. E o debate, dos mais ricos.

O MERCADOR DE VENEZA
— THE MERCHANT OF VENICE —
INGLATERRA/EUA/ITÁLIA/LUXEMBURGO 2004

Direção: Michael Radford

Elenco: Al Pacino, Jeremy Irons, Joseph Fiennes, Lynn Collins e Charlie Cox. Duração: 138 minutos. Distribuição: Califórnia Filmes.

O dramaturgo inglês William Shakespeare talvez seja o autor com o maior número de obras adaptadas para o cinema. Sinônimo de qualidade incontestável, qualquer filme que seja baseado em uma peça escrita por ele, já atrai um público cativo. E quando a adaptação é excelente, como é o caso deste *O Mercador de Veneza*, o pacote é perfeito. O cineasta Michael Radford escreveu o roteiro e dirigiu esta versão que traz à frente do elenco o grande Al Pacino, no papel de Shylock. A história se passa em Veneza, no século XVI. O jovem nobre Bassanio (Joseph Fiennes) pediu dinheiro emprestado ao amigo Antonio (Jeremy Irons). Seu objetivo é viajar a Belmont para pedir a mão de Portia (Lynn Collins) em casamento. No entanto, Antonio não lhe empresta o dinheiro. Ele recorre então ao agiota Shylock. O amigo pede dinheiro ao negociador pessoalmente, prometendo-lhe um pedaço de sua própria carne caso não haja pagamento. Com uma belíssima reconstituição de época e um elenco de primeira linha, *O Mercador de Veneza* é envolvente e arrebatador. Radford tem mão firme e conduz a trama com elegância e agilidade neste espetáculo que encanta os olhos e estimula a mente. No final, resulta no melhor de dois mundos. Como tudo de Shakespeare, consegue ser erudito e popular ao mesmo tempo.

MEU NOME NÃO É JOHNNY
BRASIL 2008

Direção: Mauro Lima

Elenco: Selton Mello, Cleo Pires, Cássia Kis Magro, Júlia Lemmertz, Eva Todor e André de Biasi. Duração: 126 minutos. Distribuição: Sony.

O roteirista e diretor brasileiro Mauro Lima, desde o início de sua carreira em meados dos anos 1990, vem realizando trabalhos tanto no cinema como na televisão. Um de seus filmes mais populares é *Meu Nome Não é Johnny*, de 2008. O roteiro, escrito por Lima, junto com Mariza Leão, tem por base a autobiografia de João Guilherme Fiúza, vivido no filme pelo ator Selton Mello. A história de passa nos anos 1980, no Rio de Janeiro. Filho de pais separados, João, ou "Johnny", leva uma vida completamente sem limites. Para ele, parafraseando uma canção dos Titãs, "a vida até parece uma festa". E daquelas intensas e que nunca acabam. Inicialmente consumidor, aos poucos e até para sustentar o próprio vício, João passar também a traficar. *Meu Nome Não é Johnny* poderia facilmente cair no lugar comum dos filmes de caráter edificante e moralista. Felizmente, Lima escapa das armadilhas e entrega uma história que se faz valer pela dramaticidade que suscita. Além de Selton Mello, outros nomes se destacam no elenco: Cleo Pires, que vive Sofia, a namorada; Júlia Lemmertz, que faz sua mãe e Cássia Kis Magro, que interpreta a juíza.

MEU PRIMO VINNY
MY COUSIN VINNY
EUA 1992

Direção: Jonathan Lynn

Elenco: Joe Pesci, Ralph Macchio, Marisa Tomei, Fred Gwynne, Mitchell Whitfield, Lane Smith, Austin Pendleton e Bruce McGill. **Duração:** 119 minutos. **Distribuição:** Fox.

O americano Jonathan Lynn começou sua carreira no início dos anos 1970. Primeiro, como roteirista de seriados de televisão. A partir de 1985, passou a dirigir. A maioria de sua obra se concentra na TV. Porém, ele realizou alguns filmes para cinema. E o mais conhecido deles é a comédia de tribunal *Meu Primo Vinny*, de 1992. Com roteiro original escrito por Dale Launer, esta obra se destaca por adicionar o humor a um gênero normalmente associado ao drama. Tudo gira em torno de dois amigos, Bill (Ralph Macchio) e Stan (Mitchell Whitfield), que durante uma viagem pelo interior dos Estados Unidos, se envolvem em um caso de homicídio. Presos por engano, eles são levados para julgamento em uma corte do Alabama e sem dinheiro algum para pagar um bom advogado, só resta a Bill chamar por seu primo, Vinny Gambini (Joe Pesci). Por se tratar de uma comédia, Vinny é tudo, menos um brilhante advogado. E a maneira como ele chega na pequena cidade, trazendo junto sua namorada, Mona Lisa (Marisa Tomei), já garante a conferida. Ela é o sonho de quase todos os homens. Além de bonita e sexy, sabe tudo sobre carros. Extremamente à vontade em cena, este papel deu a Tomei o Oscar de melhor atriz coadjuvante e marcou sua filmografia. *Meu Primo Vinny* é divertido e, em certa medida, anárquico em sua proposta de extrair boas risadas de um julgamento. Algo raro em Hollywood.

MEU TIO MATOU UM CARA
BRASIL 2005

Direção: Jorge Furtado

Elenco: Darlan Cunha, Sophia Reis, Lázaro Ramos, Dira Paes, Ailton Graça, Renan Gioelli e Deborah Secco. Duração: 84 minutos. Distribuição: Fox.

O gaúcho Jorge Furtado costuma dizer que é um roteirista que dirige. Isso é verdade. Porém, se ele tivesse dito que é um diretor que escreve, não estaria errado também. Furtado tem mais experiência com roteiros e é nessa área que ele criou um estilo, uma marca. Seus trabalhos como diretor, tanto os curtas como os longas, são criativos e bem dirigidos, mas, o que sempre se sobressai é o texto. Seu terceiro filme, *Meu Tio Matou Um Cara*, é uma versão estendida de um pequeno conto seu. Na trama, Duca (Darlan Cunha), um garoto de 15 anos, junto com os amigos Isa (Sophia Reis) e Kid (Renan Gioelli), tenta provar a inocência do tio Éder (Lázaro Ramos), acusado de matar o ex-marido da namorada, Soraya (Deborah Secco). A história se passa em Porto Alegre, mas, poderia ser qualquer outra cidade, uma vez que o diretor suprimiu referências à capital gaúcha. Furtado trabalha com um elenco de atores jovens e veteranos e tira um ótimo rendimento de todos. Tem ação, drama, suspense, comédia e romance. Um filme que retrata a vida de adolescentes e famílias de classe média, sem cair em clichês e sem agredir nossa inteligência. Uma curiosidade: A personagem de Deborah Secco se chamava originalmente Fátima. Com as filmagens já concluídas, o diretor escutou a música *Soraya Queimada*, de Zéu Abreu, e por causa dela, decidiu mudar o nome da personagem. Vendo o filme pronto, percebe-se que a mudança foi mais do que acertada.

Direção: Neil Jordan

Elenco: Liam Neeson, Aidan Quinn, Stephen Rea, Alan Rickman, Julia Roberts, Ian Hart, Jer O'Leary e Sean McGinley. Duração: 133 minutos. Distribuição: Warner.

O cineasta irlandês Neil Jordan vinha de dois sucessos seguidos: *Traídos Pelo Desejo* e *Entrevista Com o Vampiro*. Poderia, então, levar adiante qualquer projeto. Ao invés de se acomodar, preferiu o caminho mais difícil, porém, mais autônomo. Jordan decidiu contar a história de um herói de seu país. Nasceu aí *Michael Collins: O Preço da Liberdade*, que ele escreveu e dirigiu em 1996. Collins, vivido pelo ator Liam Neeson, é o fundador do IRA, sigla em inglês para Exército Revolucionário Irlandês. A história começa em 1916, quando o exército britânico sufoca por completo os rebeldes irlandeses que lutavam contra o Governo. Collins estava entre os poucos que sobreviveram e adota, a partir daí, uma postura bem radical para enfrentar os ingleses. Jordan é um diretor que rende mais quando filma em sua terra natal. E, principalmente, quando tem controle sobre o próprio material, como é o caso aqui. Afinal, ele já havia escrito o roteiro doze anos antes. A narrativa nos faz acompanhar a vida de Collins durante um período que vai de 1916 até 1922. Um ponto interessante no filme é a maneira como ele dialoga com o presente. *Michael Collins: O Preço da Liberdade* é um grande filme que foi pouco visto quando estreou nos cinemas. O DVD permite que esta lacuna seja preenchida.

1984
INGLATERRA 1984

Direção: Michael Radford

Elenco: John Hurt, Richard Burton, Suzanna Hamilton, Cyril Cusack, Gregor Fisher e James Walker. **Duração:** 113 minutos. **Distribuição:** Lume.

Em 1948, quando o escritor inglês George Orwell escreveu seu mais famoso livro, *1984*, talvez ele nunca tenha pensado que sua história pudesse se tornar realidade e muito menos que um dos termos criados por ele, o "grande irmão", se tornaria nome de um *reality show*. Orwell imaginou uma ditadura totalitária, na qual o Estado controla cada gesto de cada cidadão. Entre eles, Winston Smith (John Hurt), um humilde funcionário que se apaixona por Julia (Suzanna Hamilton) e tenta enfrentar a repressão imposta pelo sistema que tudo ouve e tudo vê. O cineasta Michael Radford adaptou e dirigiu *1984* e conseguiu recriar em imagens todo o clima opressivo relatado no livro. Além do elenco fantástico, que traz Richard Burton no papel de O'Brien, seu último trabalho como ator, o filme também possui uma direção de arte impactante, além de uma fotografia carregada de tons escuros e que proporciona a atmosfera perfeita para esta feroz e sempre atual crítica ao totalitarismo.

Direção: Erik Poppe

Elenco: Juliette Binoche, Nikolaj Coster-Waldau, Maria Doyle Kennedy, Chloë Annette e Larry Mullen Jr. Duração: 117 minutos. Distribuição: Europa Filmes.

Antes de abraçar o cinema, o norueguês Erik Poppe trabalhou muitos anos como repórter fotográfico. Seu envolvimento com a sétima arte começou em 1994, primeiro como diretor de fotografia. A estreia como diretor aconteceria quatro anos depois. *Mil Vezes Boa Noite*, que ele dirigiu em 2013, tem muito de sua experiência como fotógrafo de conflitos pelo mundo. O roteiro, escrito por ele próprio, junto com Harald Rosenlow-Eeg, conta a história de Rebecca (Juliette Binoche), uma fotógrafa de guerra, talvez a melhor do mundo em atividade. Ela se encontra dividida entre seu trabalho e sua família, no caso, seu marido Marcus (Nikolaj Coster-Waldau) e a filha do casal. Só o fato de se tratar de um filme da Noruega, já seria suficiente para garantir a conferida. Além disso, ter no elenco a talentosa atriz francesa Juliette Binoche só reforça a urgência em assistir a esta obra. Sem contar a maneira impactante com que Poppe conduz sua narrativa. Porém, existe um outro fator mais relevante ainda: são poucos os filmes que tratam de questões tão profundas e pessoais como *Mil Vezes Boa Noite*. É de fundamental importância valorizar trabalhos como este, que fazem do Cinema uma arte maior. Com "C" maiúsculo.

MILK: A VOZ DA IGUALDADE
EUA 2008

Direção: Gus Van Sant

Elenco: Sean Penn, Emile Hirsch, Josh Brolin, James Franco, Diego Luna, Alison Pill, Victor Garber e Danis O'Hare. **Duração:** 126 minutos. **Distribuição:** Universal.

O cineasta Gus Van Sant sempre foi um artista defensor de ideias e possuidor de um apurado senso de realidade. Ao longo de sua carreira ele realizou filmes que tratam dos mais diversos e polêmicos temas, porém, nunca foi panfletário. Seu foco maior sempre foi as personagens e suas histórias. A vida do ativista gay Harvey Milk, conhecido também como o "Prefeito da Rua Castro", já esteve nos planos de outros cineastas. Ele foi o primeiro homossexual assumido eleito para um cargo público nos Estados Unidos. O roteiro escrito por Dustin Lance Black retrata o período que começa em 1972, quando Milk ainda morava em Nova York, até seu assassinato em São Francisco seis anos depois. Van Sant mistura cenas filmadas com atores com imagens de arquivo e junto com seu diretor de fotografia, Harris Savides, dá ao filme um tom de cor comum nos anos 1970. A reconstituição de época é rica em detalhes, em especial nas roupas e nos cortes de cabelo. O elenco inteiro brilha em cena e Sean Penn, que faz o papel principal, consegue brilhar mais ainda ao compor um Harvey Milk carregado de paixão, honestidade, coragem e humanidade sem nunca cair na pieguice ou na caricatura. *Milk*, pelo fato de não "levantar bandeiras", tem também uma outra característica muito importante: ele defende toda e qualquer luta pela igualdade de direitos. Sejam eles dos homossexuais, das mulheres, dos negros ou dos imigrantes. Qualquer outra luta se encaixaria em seu roteiro. Está aí a autêntica "voz da igualdade" que Gus Van Sant conduz como poucos.

MINHA TERRA, ÁFRICA
MATÉRIEL BLANC
FRANÇA/CAMARÕES 2009

Direção: Claire Denis

Elenco: Isabelle Huppert, Christopher Lambert, Nicolas Duvauchelle, Isaach De Bankolé e William Nadylam. Duração: 105 minutos. Distribuição: Imovision.

Claire Denis nasceu em Paris, mas se criou na África, onde sua família passou por diversos países devido ao trabalho de seu pai, oficial do exército francês. Formada em Cinema, iniciou a carreira trabalhando como assistente de Jacques Rivette, Jim Jarmusch, Costa-Gavras e Wim Wenders. Seu estilo é econômico e vigoroso. Suas histórias, aparentemente simples, carregam uma complexidade assustadora. E isso é visível em todos os fotogramas de *Minha Terra, África*. A partir do roteiro escrito pela própria diretora em parceria com Marie N'Diaye e Lucie Borleteau, acompanhamos um drama bem atual, as rebeliões em países africanos. Maria Vial (Isabelle Huppert) é dona de uma fazenda onde cultiva café. Indiferente ao perigo, ela se recusa a largar sua plantação e só pensa em concluir a colheita. Seu ex-marido, André (Christopher Lambert) teme por sua vida. Mas nada parece fazer Maria se render, demonstrar fraqueza ou covardia. A câmara de Denis está presente mostrando tudo o que acontece com as personagens e nunca toma partido. Aqui, não há mocinhos e bandidos. O filme, em momento algum, é maniqueísta. Denis monta sua trama como se fosse um imenso tabuleiro onde pessoas (ou seriam peças?), tentam defender seu espaço, seu lugar no mundo. A narrativa não segue em ordem cronológica, mas isso não deixa a trama confusa, pelo contrário, trabalha sempre a favor da história. E o que dizer do elenco? Ou melhor, o que dizer da atuação de Isabelle Huppert? Ela é simplesmente uma força da natureza. Não dá para imaginar outra atriz no seu lugar. *Minha Terra, África* é assim: direto, intenso, envolvente e arrebatador. Da mesma forma que Maria e seu continente.

MINHA VIDA EM COR-DE-ROSA
MA VIE EN ROSE
BÉLGICA 1997

Direção: Alain Berliner

Elenco: Michèle Laroque, Jean-Philippe Ecoffey, Hélène Vincent, Georges Du Fresne, Daniel Hanssens e Laurence Bibot. Duração: 88 minutos. Distribuição: Classic Line.

Minha Vida em Cor-de-Rosa foi o primeiro longa do cineasta belga Alain Berliner. Com roteiro dele próprio, junto com Chris Vander Stappen, o filme parte de seu título irônico para contar uma história comovente. Ludovic (George Du Fresne), um garoto de sete anos, vive com sua família nos arredores de Paris. A aparente tranquilidade é quebrada em uma festa de aniversário, quando Ludovic aparece vestido de menina. Do susto inicial de todos, passando pelo entendimento de tratar-se de uma brincadeira, *Minha Vida em Cor-de-Rosa* discute a aceitação de alguém que é diferente. Berliner nos conduz por uma narrativa que mescla drama, fantasia, humor e lirismo sem levantar bandeiras. De maneira sutil e corajosa, o roteirista e diretor escancara uma situação que ultrapassa a questão da descoberta da sexualidade em tão tenra idade. O debate proposto aqui inclui outras questões bem mais complexas e se não aponta culpados, deixa bem clara a posição do cineasta em relação a tudo que é mostrado. Convém destacar que este filme não seria o mesmo sem o desempenho tocante do menino-ator Georges Du Fresne. *Minha Vida em Cor-de-Rosa* foi indicado a diversos prêmios pelo mundo e ganhou o Globo de Ouro de melhor filme estrangeiro no ano de seu lançamento.

MINHA VIDA SEM MIM
MY LIFE WITHOUT ME
CANADÁ/ESPANHA 2003

Direção: Isabel Coixet

Elenco: Sarah Polley, Mark Ruffalo, Scott Speedman, Deborah Harry, Amanda Plummer, Leonor Watling e Maria de Medeiros. Duração: 109 minutos. Distribuição: Imagem Filmes.

O que você faria se soubesse que iria morrer muito em breve? A atitude mais comum seria se desesperar. Talvez poucas pessoas fizessem o que Ann (Sarah Polley) faz em *Minha Vida Sem Mim*. Ela leva uma vida simples e, na medida do possível, feliz ao lado do marido Don (Scott Speedman), das filhas e da mãe (Deborah Harry). Quando descobre sua doença, decide guardar segredo e preparar o caminho para que a vida de seu entes queridos tomem um rumo legal sem ela por perto. Dirigido com extrema delicadeza e sensibilidade pela espanhola Isabel Coixet, *Minha Vida Sem Mim* nunca cai no caminho fácil da pieguice. Uma história como esta tem todos os elementos de um dramalhão. Coixet cria personagens carismáticas e consistentes, o que faz com que acreditemos em todas as situações que são mostradas. O curioso de tudo fica concentrado na postura de Ann. A proximidade da morte traz para ela uma visão bem pragmática, objetiva e simples da vida. E isso termina por conduzir suas decisões derradeiras.

MINHAS MÃES E MEU PAI
THE KIDS ARE ALL RIGHT
EUA 2010

Direção: Lisa Cholodenko

Elenco: Annette Bening, Julianne Moore, Mark Ruffalo, Mia Wasikowska, Josh Hutcherson, Yaya DaCosta, Kunal Sharma e Eddie Hassell. Duração: 106 minutos. Distribuição: Imagem Filmes.

Da mesma maneira que *O Segredo de Brokeback Mountain* contava uma história de amor que poderia acontecer com qualquer casal, *Minhas Mães e Meu Pai* segue o mesmo caminho. Aqui temos o casal formado por Nic (Annette Bening) e Jules (Julianne Moore). Elas são casadas e vivem em harmonia com dois filhos adolescentes, Joni (Mia Wasikowska) e Laser (Josh Hutcherson). Os dois foram concebidos por inseminação artificial e pouco antes da mudança de Joni, que vai começar o seu curso superior, Laser pede sua ajuda para encontrar o pai biológico dos dois. O pai de ambos é o mesmo homem, Paul (Mark Ruffalo). A partir daí, com a presença "paterna" na família, todos passam por mudanças inesperadas em suas vidas. A diretora e roteirista Lisa Cholodenko se inspirou em fatos de sua própria vida para criar sua história, que escreveu junto com Stuart Blumberg. Com delicadeza e segurança, ela conduz sua trama e conta com um elenco inspiradíssimo. Bening e Moore convencem como um casal que vive junto há bastante tempo. Daquele tipo em que um completa a frase do outro. Os filhos, bem resolvidos e sem grilos por pertencerem a uma família diferente do convencional, encontram no casal de jovens atores o ponto certo de interpretação e completando a turma, o sempre eficiente Mark Ruffalo. Sem levantar bandeiras ou questões morais, o filme de Cholodenko se limita a contar uma história que poderia ter acontecido em qualquer família que tenha recorrido a um procedimento de inseminação artificial. *Minhas Mães e Meu Pai*, título nacional para *The Kids Are All Right*, algo como "as crianças estão bem", é leve, divertido e humano. Em Portugal, a tradução foi literal. Lá ele se chama *Os Miúdos Estão Bem*.

MINORITY REPORT – A NOVA LEI
MINORITY REPORT
EUA 2002

Direção: Steven Spielberg

Elenco: Tom Cruise, Max von Sydow, Colin Farrell, Samantha Morton, Peter Stormare, Steve Harris, Neal McDonough e Tim Blake Nelson. Duração: 145 minutos. Distribuição: Fox.

Imagine um mundo onde o crime não existe. Melhor dizendo, ele nem chega a existir. Estamos no ano de 2054 e nessa realidade, o futuro pode ser previsto e as pessoas são presas antes de cometerem seus crimes. O Departamento de Justiça possui uma divisão de elite chamada de Pré-Crime, que age a partir de provas fornecidas pelos pre-cogs, três paranormais que vêem o que vai acontecer antes que aconteça. E eles não falham nunca. Tudo funciona com a precisão de um relógio suíço. Até o oficial John Anderton (Tom Cruise), o dedicado chefe da divisão, ser acusado de um crime que ainda não cometeu. Baseado em um conto de Philip K. Dick, adaptado por Scott Frank e Jon Cohen, essa é a premissa de *Minority Report – A Nova Lei*. Com direção de Steven Spielberg, o que primeiro chama atenção no filme é o seu senso de realismo. Spielberg contou com a colaboração de um grupo de cientistas de diversas áreas que anteciparam invenções que serão realidade em um futuro próximo. Visualmente impactante e com um ritmo de tirar o fôlego, *Minority Report* é cheio de boas surpresas. Duas curiosidades: 1) os nomes do pre-cogs homenageiam três grandes autores da literatura de mistério: Agatha (Christie), Arthur (Conan Doyle) e Dashiell (Hammett); 2) os diretores Cameron Crowe e Paul Thomas Anderson e a atriz Cameron Diaz fazem ponta no filme como passageiros na cena do ônibus e do trem.

MISSISSIPI EM CHAMAS
MISSISSIPI BURNING
EUA 1988

Direção: Alan Parker

Elenco: Gene Hackman, Willem Dafoe, Frances McDormand, Brad Dourif, R. Lee Ermey, Gailard Sartain, Stephen Tobolowsky, Michael Rooker e Kevin Dunn. Duração: 127 minutos. Distribuição: Fox.

Sem maiores rodeios, *Mississipi em Chamas* começa mostrando dois bebebouros bem diferentes. Um para "brancos" e outro para pessoas "de cor". Depois, vemos três ativistas defensores dos direitos civis sendo emboscados em uma estrada. O sumiço deles provoca uma das maiores investigações da história dos Estados Unidos. Dois agentes do FBI são designados para conduzir os trabalhos: Alan Ward (Willem Dafoe) e Rupert Anderson (Gene Hackman). O primeiro só age de acordo com o manual de instruções. O segundo, mais pragmático, costuma seguir seu instinto. Junte preconceito racial, fanatismo religioso, estagnação econômica e atraso cultural em um mesmo caldeirão. Este é o cenário tenso e explosivo de *Mississipi em Chamas*, filme dirigido pelo inglês Alan Parker. O roteiro de Chris Gerolmo, inspirado em fatos reais ocorridos na primeira metade dos anos 1960, não deixa espaço para amenidades. Tudo é seco e direto. Quente e sufocante. Sem embromações e sem máscaras. A vigorosa direção de Parker e o desempenho soberbo de todo o elenco, fazem deste filme um dos mais contundentes a discutir a questão racial no cinema americano. Em uma palavra: imperdível.

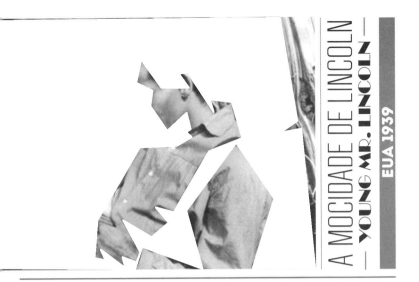

Direção: John Ford

Elenco: Henry Fonda, Alice Brady, Marjorie Weaver, Arleen Whelan, Richard Cromwell, Pauline Moore, Donald Meek, Eddie Collins e Judith Dickens. Duração: 100 minutos. Distribuição: Silver Screen.

O ano de 1939 foi particularmente produtivo para o cineasta John Ford. Em apenas 12 meses ele realizou três grandes filmes: *No Tempo das Diligências*, *Ao Rufar dos Tambores* e *A Mocidade de Lincoln*. Este último conta a história do primeiro caso defendido pelo jovem Abraham Lincoln em um tribunal. Ele precisa defender dois irmãos acusados de terem linchado um homem. Existem muitas maneiras de se fazer uma cinebiografia. A mais comum é tentar resumir toda a vida de uma pessoa em cerca de duas horas de filme. A maneira mais inteligente é destacar um momento emblemático da vida do biografado que reúna os aspectos mais importantes de sua personalidade. Um jovem Henry Fonda interpreta com muita convicção e empatia o jovem senhor Lincoln e Ford, ao utilizar uma estrutura narrativa aparentemente simples, transforma em imagens um período pouco conhecido da rica trajetória deste homem honesto e dedicado que, anos mais tarde, se tornaria um dos mais importantes presidentes dos Estados Unidos. Uma grande história contada por um grande diretor. Maior do que a vida, como os americanos costumam dizer.

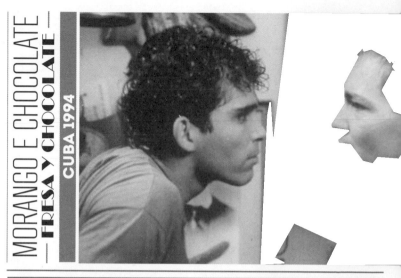

Direção: Tomás Gutiérrez Alea e Juan Carlos Tabio

Elenco: Jorge Perugorria, Vladimir Cruz, Mirta Ibarra, Francisco Gattorno, Jorge Angelino e Marilyn Solaya. Duração: 103 minutos. Distribuição: Versátil.

Dirigido pelos cubanos Tomás Gutiérrez Alea e Juan Carlos Tabio, *Morango e Chocolate* conquistou inúmeros prêmios em diversos festivais de cinema pelo mundo, entre eles, o Prêmio Especial do Júri e o Urso de Prata do Festival de Berlim e de melhor filme nos festivais de Havana e de Gramado. O roteiro se baseia no conto *El Bosque, El Lobo y El Hombre Nuevo*, de Sanel Paz. Conta a história de dois amigos, David e Diego, e a luta de ambos para viver uma vida sem máscaras. David estuda Sociologia e Diego é homossexual. Os dois tentam compreender a complexidade do mundo que os cerca e fazer valer seus ideais e valores. Em resumo, eles querem simplesmente um mundo mais justo e solidário. Aplaudido pelos cubanos, é, até hoje, uma das maiores bilheterias daquele país. O filme atraiu a atenção do mundo quando começou a ganhar prêmios nos festivais internacionais onde era exibido. O filme não retrata aquela situação clichê de cubanos em pequenas embarcações tentando migrar para os Estados Unidos. *Morango e Chocolate* é uma comédia dramática realizada com o típico e único tempero latino. Um filme otimista, que com certeza descansará a vista daqueles que querem fugir um pouco da maneira americana de fazer cinema e contar histórias.

A MORTE E A DONZELA
DEATH AND THE MAIDEN
INGLATERRA/FRANÇA/EUA 1994

Direção: Roman Polanski

Elenco: Sigourney Weaver, Ben Kingsley e Stuart Wilson. **Duração:** 105 minutos. **Distribuição:** NBO Entertainment.

Roman Polanski, cineasta polonês nascido na França, sempre se deu muito bem com adaptações de peças e obras literárias. Para falar a verdade, ele sempre se deu bem com qualquer tipo de história, adaptada ou original. No entanto, os filmes que Polanski dirigiu a partir de um texto teatral estão acima da média. Explico melhor. É comum que um filme adaptado de uma peça fique "teatral" demais. Isso não acontece com os trabalhos de Polanski. E *A Morte e a Donzela*, obra que ele realizou em 1994, inspirada na peça de mesmo nome escrita pelo chileno Ariel Dorfman, é um ótimo exemplo. O próprio autor, junto com Rafael Yglesias, cuidou do roteiro. Acompanhamos aqui o drama de uma mulher, Paulina (Sigourney Weaver), que foi presa e torturada 15 anos atrás durante a repressão militar no Chile. Certo dia, por acaso, ela encontra Roberto (Ben Kingsley), o homem que a torturou. Paulina decide então fazê-lo pagar por seus crimes. Mas, será que Roberto é realmente o seu algoz? O texto de Dorfman e Yglesias trabalha esta dúvida e a direção de Polanski não se furta disso. Quase toda a ação acontece em um mesmo cenário. Isso costuma exigir muito do elenco. E neste quesito, o diretor conta com dois estupendos atores nos papéis principais. Weaver e Kingsley estão, para dizer o mínimo, perfeitos em cena. *A Morte e a Donzela* é um filme contundente. Como diria meu irmão Douglas, "feito por gente grande para gente grande".

MOTHER
A BUSCA PELA VERDADE
MADEO

CORÉIA DO SUL 2009

Direção: Joon-ho Bong

Elenco: Hye-ja Kim, Bin Won, Ku Jin, Yoon Jae-Moon e Mi-sun Jun. Duração: 128 minutos. Distribuição: Paris Filmes.

O cineasta sul-coreano Joon-ho Bong, apesar de ter participado de diversos festivais de cinema, só ficou conhecido no Ocidente por conta do sucesso de seu filme de terror *O Hospedeiro*. Isso abriu as portas para outros trabalhos seus. Como é o caso de *Mother – A Busca Pela Verdade*. A partir de uma história original sua, cujo roteiro ele escreveu junto com Eun-kyo Park, este filme fala de um amor incondicional: o de uma mãe por seu filho. A atriz Hye-ja Kim faz o papel de uma mulher apresentada simplesmente como a "mãe". Seu filho, Do-joon (Bin Won), é sua razão de viver. Ele já é adulto, mas continua dependente e se comporta, digamos assim, de uma maneira um pouco fora do padrão. Certo dia, uma garota é encontrada morta e Do-joon é acusado de ser o responsável pelo assassinato. O que vem depois só piora a situação e cabe agora à mãe agir por conta própria e provar a inocência de seu filho. Ela então inicia uma investigação em busca do verdadeiro assassino. *Mother – A Busca Pela Verdade* tem todos os elementos de um clássico "quem fez" e Joon-ho Bong utiliza muito bem tudo isso a favor da história. Com vigor e precisão, acompanhamos a jornada de uma mãe e, ao mesmo tempo, a maneira original de um diretor contar uma história já conhecida de um jeito diferente, estimulante e provocador. Só não me pergunte o por que de o título do filme no Brasil ser em inglês.

Direção: Hal Ashby

Elenco: Peter Sellers, Shirley MacLaine, Jack Warden, Melvyn Douglas e Richard Basehart. Duração: 130 minutos. Distribuição: Warner.

Muito Além do Jardim é baseado no livro *O Videota*, do polonês Jerzy Kosinski, que também escreveu o roteiro do filme. Conta a história do jardineiro Chance (Peter Sellers), que passou a vida isolado de tudo ao seu redor cuidando apenas de seu jardim. Ele não sabe ler ou escrever e conhece o mundo apenas através da televisão. Todo o seu conhecimento se resume ao cultivo das plantas e ao que viu na TV. Por uma série de circunstâncias ele se torna conselheiro do presidente dos Estados Unidos e de alguns poderosos que ficam maravilhados com sua imensa e profunda sabedoria. *Muito Além do Jardim* foi realizado em 1979, mas continua bastante atual. O diretor Hal Ashby conduz a trama com grande habilidade e critica de maneira sutil e inteligente uma sociedade fascinada por celebridades e vazia de conteúdo. Além do excelente roteiro e da direção inspirada, o filme não seria o mesmo sem o elenco de atores que foi escalado. Em especial Peter Sellers, em seu último trabalho (ele veio a falecer poucos meses depois do lançamento). A maneira como ele compôs a personagem Chance é primorosa. Sellers, que sempre foi um ator mais "físico", imprimiu ao jardineiro um comportamento mais contido, tímido, desligado e de olhar distante. Impossível imaginar outro ator nesse papel. *Muito Além do Jardim* é corrosivo, contundente e resistiu bem ao teste do tempo. Como diria Chance: "eu gosto de ver".

Direção: Costa-Gavras

Elenco: Jessica Lange, Armin Mueller-Stahl, Frederic Forrest, Donald Moffat, Lukas Haas e Michael Rooker. Duração: 124 minutos. Distribuição: Lume.

O cineasta grego Costa-Gavras é conhecido mundialmente por seus dramas políticos. Nesta terceira obra que ele dirigiu nos Estados Unidos, a trama foge um pouco do seu padrão habitual. O roteiro escrito por Joe Eszterhas mistura nazismo com melodrama familiar e filme de tribunal. Acompanhamos a luta da advogada Anne Talbot (Jessica Lange) para defender seu pai, Mike Laszlo (Armin Mueller-Stahl), acusado de crimes de guerra. Seria ele realmente culpado das acusações? Costa-Gavras trabalha bem essa dúvida ao longo de todo o filme. As reviravoltas do roteiro às vezes atrapalham um pouco, porém, a competência de todo o elenco auxilia sobremaneira o trabalho do diretor. *Muito Mais Que Um Crime* trata de um assunto delicado e polêmico. Nas mãos de um diretor menos talentoso o filme poderia ter se transformado em um dramalhão. Costa-Gavras, habituado com temas políticos e assuntos espinhosos, soube navegar por águas turbulentas sem cair em soluções fáceis e clichês do gênero.

Direção: Frank Capra

Elenco: James Stewart, Jean Arthur, Claude Rains, Edward Arnold, Guy Kibbee, Thomas Mitchell e Beulah Bondi. Duração: 130 minutos. Distribuição: Sony.

O siciliano Frank Capra mudou-se para os Estados Unidos quando era adolescente e tornou-se o maior defensor dos ideais americanos. Capra acreditava que um indivíduo seria capaz de mudar o ambiente em que vivia. Ele defendia a honradez de princípios, a bondade de coração, a pureza de espírito e a força de vontade. Sua filmografia é repleta de personagens com essas características. Jefferson Smith, personagem de James Stewart em *A Mulher Faz o Homem*, ao lado de George Bailey, de *A Felicidade Não Se Compra*, são os dois mais bem acabados exemplos do cinema capriano. Neste filme, Smith é um jovem idealista que é indicado para assumir a vaga de um senador de seu estado em Washington. Lá chegando, ele descobre que a corrupção é generalizada e que ricos empresários manipulam os políticos de acordo com seus interesses. Apesar de ter quase 80 anos, o filme continua bastante atual. Escândalos envolvendo o Congresso continuam na pauta do dia. Aos olhos de hoje, a trama pode até parecer um pouco ingênua. Mas, não podemos esquecer que Capra sempre foi fiel aos seus princípios e mesmo se utilizando de uma aparente ingenuidade, consegue discutir questões de grande relevância. Uma curiosidade interessante: *A Mulher Faz o Homem* foi banido da Alemanha nazista e sofreu cortes e/ou alterações na Itália (de Mussolini), na Espanha (de Franco) e em Portugal (de Salazar). Talvez o cinema de Capra não seja tão ingênuo assim.

NA CAPTURA DOS FRIEDMANS
CAPTURING THE FRIEDMANS
EUA 2003

Direção: Andrew Jarecki

Documentário. Duração: 107 minutos. Distribuição: Alpha Vídeo.

O músico e diretor americano Andrew Jarecki trabalhava na televisão quando decidiu realizar seu primeiro documentário para cinema. A ideia era contar a história de David Friedman, um famoso palhaço de Nova York. No entanto, as coisas tomaram um rumo completamente distinto quando ele descobriu que o pai e o irmão caçula de David haviam sido presos sob acusação de pedofilia. Nasceu aí *Na Captura dos Friedmans*, que foi indicado em 2004 ao Oscar de melhor documentário. Era 1987 e a família Friedman estava reunida para o jantar do Dia de Ação de Graças. A polícia chega e prende Arnold, o pai. Dias depois é a vez de Jesse, o filho mais novo, também ser preso. Arnold dava aulas de computação no porão da casa, onde abusava sexualmente dos alunos com a cumplicidade de Jesse. A prisão, as acusações e o julgamento geram um grande espetáculo midiático. Ao mesmo tempo, revelam a fragilidade das ações policiais e do sistema judicial. Seriam os Friedmans realmente culpados? Jarecki não toma partido em momento algum. E é justamente esta isenção que torna seu documentário tão contundente. O julgamento final é nosso. Além dos depoimentos gravados, o diretor também faz uso de imagens feitas pela própria família dos acusados. *Na Captura dos Friedmans* escapa das armadilhas que costumam transformar histórias semelhantes em narrativas comuns e cheias de opiniões tendenciosistas. Jarecki não quer "fazer a cabeça" de ninguém. E, pelo explosivo conteúdo de seu filme, nem precisa.

Direção: Eugenio Derbez

Elenco: Eugenio Derbez, Loreto Peralta, Karla Souza, Jessica Lindsey, Hugo Stiglitz e Melissa Temme. Duração: 116 minutos. Distribuição: Califórnia Filmes.

O mexicano Eugenio Derbez é o nome onipresente na "dramédia" *Não Aceitamos Devoluções*. Ele é o produtor, diretor, ator principal e também autor do roteiro original, junto com Guillermo Ríos e Leticia López Margalli. O filme conta a história de Valentin (Derbez), um mulherengo sem trabalho fixo. Sua vida vira por completo quando certo dia uma mulher, Julie (Jessica Lindsay), aparece em sua casa e lhe entrega um bebê, uma menina, que seria dele. Os anos se passam e Maggie (Loreto Peralta) cresce na companhia do pai, que agora trabalha em Hollywood como dublê em filmes de ação. Tudo ia bem até que Valentin recebe nova visita de Julie querendo sua filha de volta. *Não Aceitamos Devoluções* obteve uma excelente acolhida do público, tanto no México como nos Estados Unidos. Apesar de derrapar no melodrama em algumas cenas, tem na carismática menina Loreto Peralta um achado. Ela, sozinha, justifica a conferida. Além disso, a trama alterna momentos muito engraçados com outros mais tocantes e consegue prender a atenção do espectador durante toda a projeção.

Direção: Oliver Stone

Elenco: Tom Cruise, Raymond J. Barry, Carolina Kava, Tom Berenger, Frank Whaley, Jerry Levine, Stephen Baldwin, Kyra Sedgwick e Willem Dafoe. Duração: 144 minutos. Distribuição: Universal.

Oliver Stone é um cineasta obcecado em exorcizar seu passado e expor seus demônios interiores. Um dos períodos mais marcantes de sua vida foi quando serviu o Exército na Guerra do Vietnã. Este conflito terminou por fazê-lo realizar uma trilogia sobre o tema, iniciada em 1987 com *Platoon* e concluída em 1993 com *Entre o Céu e a Terra*. Entre os dois, ele dirigiu *Nascido em 04 de Julho*, de 1989. O filme tem por base o livro autobiográfico de Ron Kovic, que auxiliou Stone no roteiro. O título pode até evocar um sentimento patriótico por conta da data de comemoração da independência dos Estados Unidos. No entanto, o diretor lança aqui um olhar amargo sobre a dura realidade dos veteranos de guerra. Kovic, vivido com convicção por Tom Cruise, foi lutar por seu país em uma terra distante, onde após ser ferido, volta paraplégico. Recebido como herói, Kovic sente rapidamente um duplo preconceito: um veterano que perdeu a guerra e encontra-se deficiente físico. Ele inicia então uma luta reivindicando seus direitos de cidadão, negados pela pátria que foi defender. *Nascido em 04 de Julho* acompanha a trajetória de Kovic, da sua juventude idealista até a fase pós-guerra em que decide unir forças com outros deficientes em torno de uma causa comum e exigir um mínimo de respeito. Stone é um cineasta obcecado, como eu já disse, mas poucos diretores filmam tão bem suas obsessões como ele. Indicado a oito prêmios Oscar, terminou vencedor em duas categorias: direção e montagem.

A NAVE DA REVOLTA
THE CAINE MUTINY
EUA 1954

Direção: Edward Dmytryk

Elenco: Humphrey Bogart, Jose Ferrer, Van Johnson, Fred MacMurray e Tom Tully. Duração: 123 minutos. Distribuição: Sony.

Edward Dmytryk nasceu no Canadá e se criou em São Francisco, nos Estados Unidos. Iniciou o trabalho no cinema, em 1929, como assistente de montagem. Depois, atuou algum tempo como montador até estrear na direção em 1935. Ao longo de 50 anos de carreira dirigiu quase 60 filmes e montou outros 20. Uma de suas obras mais marcantes é *A Nave da Revolta*, que ele dirigiu em 1954. O roteiro de Stanley Roberts e Michael Blankfort se baseia no premiado romance de Herman Wouk. A ação se passa durante a Segunda Guerra Mundial. Os tripulantes do Caine, um navio de pequeno porte que opera como caça-minas, está completamente exausta. O clima fica mais tenso ainda com a chegada do comandante Queeg (Humphrey Bogart), autoritário e obcecado por limpeza. Na verdade, todos sofrem com o estresse do trabalho e uma situação limite leva o imediato Maryk (Van Johnson) a assumir o comando em um momento de crise. Isso termina por levá-lo à corte marcial para ser julgado por traição. *A Nave da Revolta* consegue ser extremamente tenso nas sequencias dentro do navio. E mais tenso ainda nas cenas que se passam no julgamento de Maryk. Com um apuro técnico primoroso e um elenco de primeira, é impossível não se deixar levar por esta envolvente e vibrante história.

NENHUM A MENOS
YI GE DOU BU NENG SHAO
CHINA 1999

Direção: Zhang Yimou

Elenco: Wei Minzhi, Zhang Huike, Tian Zhenda, Gao Enman, Sun Zhimei, Feng Yuying e Li Fanjan. **Duração:** 106 minutos. **Distribuição:** Sony.

O cineasta chinês Zhang Yimou é um artista que se sai bem com muito e também com pouco. Explicando melhor, ele costuma alternar filmes intimistas e de baixo orçamento com obras caras e grandiosas. E dirige ambas com a mesma competência. *Nenhum a Menos*, de 1999, faz parte do primeiro grupo. A partir do roteiro escrito por Xiangsheng Shi, acompanhamos o drama da menina professora Wei (Wei Minzhi), que assume o lugar de um professor que entra em licença. Como a evasão na escola é muito grande, ela recebe um desafio: ganhará um prêmio se conseguir manter os alunos na sala de aula. Como o próprio título já anuncia, um dos estudantes abandona a turma, o que faz com que Wei vá atrás dele na cidade grande. Zhang Yimou é preciso ao detalhar o trabalho e o empenho da professora em atingir seu objetivo. Apesar das dificuldades, ela busca ajuda e enfrenta situações difíceis e, principalmente, um momento de "síndrome do pequeno poder", quando esbarra na "autoridade" de um funcionário da emissora de televisão. Vencedor do Leão de Ouro no Festival de Veneza de 1999, *Nenhum a Menos* é simples, direto e emocionante.

NESTE MUNDO E NO OUTRO
A MATTER OF LIFE AND DEATH
INGLATERRA 1946

Direção: Michael Powell e Emeric Pressburger

Elenco: David Niven, Kim Hunter, Roger Livesey, Marius Goring, Robert Coote, Raymond Massey, Robert Atkins, Kathleen Byron e Richard Attenborough. Duração: 104 minutos. Distribuição: Versátil.

A dupla de roteiristas/produtores/diretores inglesa formada por Michael Powell e Emeric Pressburger realizou entre 1940 e 1960 alguns dos mais importantes filmes da cinematografia britânica. Em *Neste Mundo e no Outro* eles contam a história de Peter (David Niven), um piloto da Real Força Aérea que durante a Segunda Guerra Mundial tem seu avião atingido. Ao relatar tudo pelo rádio para a enfermeira June (Kim Hunter), os dois se apaixonam. Ele pula do avião sem paraquedas e deveria ter morrido, porém, por um descuido do agente celeste responsável pelo setor, ele sobrevive. Como as contas no Céu não batem, o erro deve ser corrigido. Só resta a Peter apelar para um tribunal superior, já que não foi culpa dele ter escapado da morte. *Neste Mundo e no Outro* é mais uma "inspirada" tradução brasileira. No original, o filme se chama *A Matter of Life and Death*, algo como "Uma Questão de Vida e Morte". Powell e Pressburger retratam a Terra utilizando um belíssimo *technicolor*. O Céu é mostrado em um monótono preto-e-branco. O diretor de fotografia Jack Cardiff trabalha de maneira primorosa as diferenças de tons entre os planos terrestre e celeste. Com diálogos espirituosos que fazem referências bem colocadas ao cinema e, principalmente, ao clima e ao jeito de ser ingleses, *Neste Mundo e no Outro* é uma pequena obra-prima do cinema britânico que merece ser descoberta e apreciada. Uma curiosidade: nos Estados Unidos o filme foi chamado de *Stairway to Heaven* (Escada Para o Céu), porque os distribuidores americanos disseram que nenhuma película faria sucesso por lá tendo a palavra "morte" no título.

NEVE SOBRE OS CEDROS
SNOW FALLING ON CEDARS
EUA 1999

Direção: Scott Hicks

Elenco: Ethan Hawke, Youki Kudoh, Max von Sydow, James Cromwell, Rick Yune, James Rebhorn, Sam Sheppard e Richard Jenkins. Duração: 127 minutos. Distribuição: Universal.

O diretor britânico Scott Hicks nasceu em Uganda, na África e se criou na Inglaterra e na Austrália. Depois de realizar muitos documentários para TV e alguns vídeos musicais, sua carreira sofreu uma guinada a partir de 1996, por conta do sucesso mundial de *Shine – Brilhante*. Três anos depois Hicks dirigiu este *Neve Sobre os Cedros*. Baseado no livro de David Guterson, o próprio diretor adaptou o roteiro, junto com Ron Bass. Trata-se de uma história de intolerância racial que se passa nos anos 1950, ainda marcados pelas feridas da Segunda Guerra Mundial. Um crime é cometido e um pescador, Kazuo Miyamoto (Rick Yune), de ascendência japonesa, é acusado de assassinato. O caso chama a atenção da imprensa local e o repórter Ishmael Chambers (Ethan Hawke) é designado para cobrir o julgamento. Ele descobre então que o réu é marido de Hatsue (Youki Kudoh), sua antiga namorada, que junto com sua família foi levada para um dos muitos campos de isolamento de japoneses no período da guerra. Chambers decide ajudar Hatsue e inicia uma investigação por conta própria. *Neve Sobre os Cedros*, infelizmente, não obteve a atenção devida do público quando de seu lançamento nos cinemas. Uma pena. Hicks nos brinda aqui com uma história forte e tratada de forma séria e adulta, sem fazer uso de maniqueísmos. E isso faz toda a diferença.

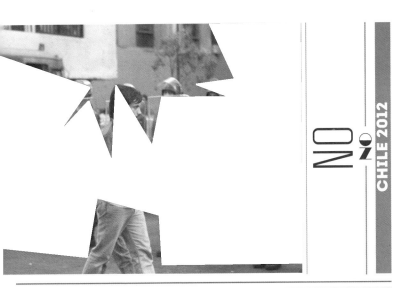

Direção: Pablo Larrain
Elenco: Gael Garcia Bernal, Alfredo Castro, Antonia Zegers, Luis Gnecco e Jaime Vadell.
Duração: 118 minutos. Distribuição: Imovision.

Quarto longa-metragem do cineasta chileno Pablo Larraín, *No*, de 2012, encerra a trilogia sobre a ditadura no Chile, composta por *Tony Manero*, de 2008, e *Post Morten*, de 2010. O roteiro foi escrito pelo próprio Larraín, a partir da peça *El Plebiscito*, de Antonio Skármeta, mesmo autor de *O Carteiro e o Poeta*. A história se passa no ano de 1988 e gira em torno do plebiscito que pôs fim ao regime ditatorial de Augusto Pinochet. Somos apresentados a René Saavedra (Gael Garcia Bernal), um publicitário exilado que volta ao Chile para trabalhar na campanha do "não". Daí o título do filme. Saavedra dispõe de poucos recursos e trabalha sob forte pressão e vigilância do governo. Larraín utiliza equipamentos da época para criar suas imagens. Isso provoca certo estranhamento, que funciona muito bem na história. Outro fator interessante diz respeito ao próprio Saavedra. Suas motivações não ficam claras, de início. Isso cria uma sensação de desconforto. Tanto na personagem, como em nós, espectadores. E Gael Garcia Bernal tira proveito disso em sua atuação. *No* foi o filme chileno indicado ao Oscar de melhor estrangeiro. Ficou entre os finalistas, mas, não venceu na categoria. Foi premiado no Festival de Cannes e ganhou também o Cinema Para a Paz.

NORMA RAE
NORMA RAE
EUA 1979

Direção: Martin Ritt

Elenco: Sally Field, Beau Bridges, Ron Leibman, Pat Hingle, Gail Strickland, Noble Willingham e Grace Zabriskie. Duração: 110 minutos. Distribuição: Fox.

Martin Ritt, ao longo de 40 anos de carreira, construiu uma filmografia sólida e rica em questões de cunho social e histórico. *Norma Rae*, por exemplo, que ele dirigiu em 1979, retrata a luta de uma mulher, vivida por Sally Field, que batalha por melhores condições de trabalho na pequena cidade de Hinleyville, no sul dos Estados Unidos. A ação se passa durante o verão de 1978. Norma é mãe solteira e mora com os pais. Todos são empregados da indústria têxtil local. Há muitos pontos positivos no roteiro de Irving Ravetch e Harriet Frank Jr. O maior deles é dar voz a uma mulher. Algo raríssimo em produções hollywoodianas. Norma, apesar das pressões que sofre e dos perigos que corre, não desiste de sua luta para montar um sindicato na região. Não se trata de uma luta pessoal. Ou melhor, é pessoal sim, porém, visa também um benefício para todos que trabalham e são explorados pela fábrica. Ritt, com firmeza e sensibilidade, dá espaço para que Sally Field brilhe neste papel que mudou sua carreira e garantiu seu primeiro Oscar como atriz principal.

Direção: Ryan Murphy

Elenco: Mark Ruffalo, Julia Roberts, Taylor Kitsch, Jim Parsons, BD Wong, William DeMeritt e Matt Bomer. Duração: 132 minutos. Distribuição: Warner.

Telefilme produzido pelo canal pago HBO, *The Normal Heart*, ou "O Coração Normal", em bom português, conta uma história que se passa em Nova York, em meados dos anos 1980, na época do surgimento da AIDS. O roteiro de Larry Kramer se baseia em sua própria peça teatral, vencedora do prêmio Tony, e foi dirigido por Ryan Murphy, mais conhecido pelas séries de TV Nip/Tuck, Glee e American Horror Story, que criou. São muitas personagens que giram em torno de Ned Weeks (Mark Ruffalo), ativista gay que inicia uma árdua luta para expor a verdade sobre a doença e cobrar uma ação mais efetiva do governo para combatê-la. Diversos atores e atrizes, notórios pela defesa de causas LGBT, se fazem presentes neste filme, como Julia Roberts, Matt Bomer e Jim Parsons, do seriado *The Big Bang Theory*. Não é preciso ser defensor da causa para se envolver e se emocionar com *The Normal Heart*. A história contada aqui é carregada de amor e humanidade. E isso, simplesmente basta para chamar nossa atenção.

Direção: Richard Eyre

Elenco: Cate Blanchett, Judi Dench, Bill Nighy, Michael Maloney e Juno Temple. Duração: 91 minutos. Distribuição: Fox.

O inglês Richard Eyre não dirigiu tantos filmes assim para o cinema. Boa parte de seus trabalhos como diretor ou produtor se concentra na televisão. Cineasta de perfil acadêmico, Eyre realizou três filmes marcantes na primeira década do século XXI: *Iris*, *A Bela do Palco* e este *Notas Sobre Um Escândalo*. Com roteiro de Patrick Marber, baseado no romance de Zoe Heller, o filme é, antes de tudo, um grande exercício de atuação para duas grandes atrizes: Judi Dench e Cate Blanchett. A primeira vive Barbara Covett, professora de uma escola pública de Londres, que vive sozinha e tem perfil dominador. Já a segunda, que interpreta Sheba Hart, é a nova e simpática professora de artes da escola. A rotina de Barbara muda quando ela conhece Sheba, a amiga com quem sempre sonhou. Porém, o envolvimento de Sheba com um dos alunos provoca uma revelação e uma reação furiosa por parte de Barbara. A fotografia escura do filme já antecipa o clima pesado que permeia a história. Em *Notas Sobre Um Escândalo*, o diretor tira proveito não apenas dos aspectos técnicos, mas, em especial, do elenco, que corresponde plenamente.

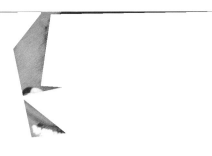

NOTÍCIAS DE UMA GUERRA PARTICULAR

BRASIL 1999

Direção: João Moreira Salles e Kátia Lund
Documentário. Duração: 56 minutos. Distribuição: Videofilmes.

Quando o primeiro *Tropa de Elite* tornou-se o maior sucesso do mercado de dvds piratas do Brasil, os camelôs começaram a vender o documentário *Notícias de Uma Guerra Particular* como se fosse a "parte 2" do filme de José Padilha. O curioso é que, de uma certa maneira, os dois têm muito em comum. Dirigido por João Moreira Salles e Kátia Lund, *Notícias de Uma Guerra Particular* contém a gênesis de três grandes filmes brasileiros realizados na primeira década do Século XXI: *Cidade de Deus*, *Ônibus 174* e o próprio *Tropa de Elite*. Ao traçar um amplo painel das origens do tráfico de drogas e das causas da violência no Rio de Janeiro, os dois diretores, com um incrível poder de síntese (apenas 56 minutos), conseguem atingir seus objetivos. Sem cair em maniqueísmos desnecessários, a história é contada por múltiplos protagonistas. Traficantes, moradores, jornalistas, policiais, enfim, todos que compõem o grande mosaico de uma cidade como o Rio de Janeiro estão presentes. Em especial, temos a figura do capitão Rodrigo Pimentel, então oficial do BOPE. Aqui, cabe um capítulo especial. Pimentel, pouco tempo depois, participa da ação envolvendo o sequestro do *Ônibus 174*. Mais tarde, ele se desliga da corporação e escreve um livro, *Elite da Tropa*, que conta uma história narrada por um certo capitão Nascimento. O livro serve de base para o roteiro do filme *Tropa de Elite*. Esta edição especial traz extras imperdíveis. Temos o documentário *Santa Marta: Duas Semanas no Morro*, dirigido em 1987 por Eduardo Coutinho, além da íntegra de muitas das entrevistas. Simplesmente indispensável para compreendermos as raízes de um problema social grave do cotidiano de qualquer grande cidade brasileira.

OBRIGADO POR FUMAR
— THANK YOU FOR SMOKING —
EUA 2005

Direção: Jason Reitman

Elenco: Aaron Eckhart, Maria Bello, Sam Elliott, Katie Holmes, David Koechner, Rob Lowe, William H. Macy, J.K. Simmons e Robert Duvall. Duração: 92 minutos. Distribuição: Fox.

Longa de estreia do cineasta Jason Reitman, que antes havia realizado seis curtas, *Obrigado Por Fumar*, com roteiro escrito por ele próprio, a partir do livro de Christopher Buckley, é um achado. A trama gira em torno de um porta-voz da indústria de cigarros, Nick Naylor (Aaron Eckhart), que utiliza todo seu carisma para manipular informações que favoreçam seus empregadores. Ele defende o direito de fumar do cidadão, mesmo sabendo que isso pode matar as pessoas. Nick, como efeito colateral de seu trabalho, lida com o filho de 12 anos e o exemplo que essa atividade pode passar para ele. No meio do caminho, a ira de um senador (William H. Macy), que lidera uma campanha antitabagista. O grande mérito de Reitman, como roteirista e diretor, é lidar com um tema nada fácil de maneira inteligente e divertida. Como costuma dizer o próprio Nick no filme: "Se quiser um trabalho fácil, vá trabalhar para a Cruz Vermelha". Eckhart esbanja charme em sua interpretação e, apesar do que ele defende e da maneira como manipula tudo, é uma personagem irresistível. Depois de poucos minutos já estamos torcendo por ele. Preste atenção neste alerta: O Ministério da Saúde adverte, *Obrigado Por Fumar* é viciante.

Direção: David Mamet

Elenco: William H. Macy e Debra Eisenstadt. Duração: 90 minutos. Distribuição: MGM/Fox.

O americano David Mamet, antes de se consagrar como roteirista e diretor de cinema, fez sólida carreira nos palcos como dramaturgo. Muitas de suas peças viraram filme. Algumas dirigidas por outros diretores. Outras por ele próprio. É o caso de *Oleanna*, que nasceu no teatro, em 1992, e dois anos depois chegou ao cinema. A história se concentra em duas personagens, uma aluna (Debra Eisenstadt) e um professor (William H. Macy). Entre eles se estabelece um jogo tenso de sedução e poder. A aluna procura o professor para pedir explicações sobre uma avaliação. Insatisfeita, ela decide virar a situação e o acusa de tê-la assediado sexualmente. *Oleanna* trafega em uma linha tênue. Mamet conduz a narrativa de uma maneira única. Ele "brinca" com nossas expectativas e isso gera em nós, espectadores, a sensação de estarmos em uma montanha-russa. Qualquer tipo de assédio é, em sua essência, fruto de uma relação de poder. Seja ele autêntico ou não. E isso gera questionamentos que nos provocam e ficam conosco muito tempo depois que sobem os créditos finais.

A ONDA
DIE WELLE
ALEMANHA 2008

Direção: Dennis Gansel

Elenco: Jürgen Vogel, Max Riemelt, Frederick Lau, Jennifer Ulrich, Christiane Paul, Jacob Matschenz, Cristina do Rego, Maximilian Vollmar e Max Mauff. Duração: 106 minutos. Distribuição: Paramount.

Os cineastas alemães não se furtam a tratar de temas espinhosos do passado recente de seu país. É comum vermos a cada ano um novo filme lidando com assuntos polêmicos que há muito pouco tempo acompanhávamos pelos noticiários da televisão. Em *A Onda*, dirigido por Dennis Gansel e inspirado em uma história real que aconteceu na Califórnia nos anos 1960, somos apresentados ao professor de ensino médio Rainer Wegner (Jürgen Vogel). Em uma de suas aulas sobre autocracia, ele percebe o desinteresse de seus alunos e propõe uma experiência: colocar em prática os mecanismos do fascismo e do poder. Wegner assume o posto de líder do grupo, cria o lema "força pela disciplina" e chama o movimento de "a onda". O que ele não esperava é que os alunos levassem tão a sério aquele experimento. E o jogo, que começou como uma tentativa de "animar" a turma, fica sério demais e difícil de controlar. Gansel utiliza um elenco de jovens atores desconhecidos, o que reforça ainda mais o senso de realidade do filme. O debate proposto pelo diretor nos faz rever alguns conceitos e deixa claro que certas ideias continuam perigosas.

ÔNIBUS 174
BRASIL 2002

Direção: José Padilha e Felipe Lacerda

Documentário. Duração: 118 minutos. Distribuição: Vinny Filmes.

Muita gente conhece o diretor José Padilha por conta do sucesso dos dois *Tropa de Elite*, pela polêmica em torno da refilmagem de RoboCop ou ainda pela série Narcos, da Netflix. Antes de tudo isso, Padilha chamou a atenção do mundo com o impactante documentário *Ônibus 174*, seu trabalho de estreia, em parceria com Felipe Lacerda. O filme resgata através de imagens de telejornais o sequestro de um ônibus que circulava pela Zona Sul do Rio de Janeiro, em junho de 2000. O sequestrador, Sandro do Nascimento, teve sua ação televisionada em rede nacional. Já na sequência de abertura, o diretor diz a que veio. As imagens que ele utiliza para abrir o filme mostram a dimensão do caos social em que vive uma grande cidade brasileira. Padilha, ao lado do roteirista Bráulio Mantovani, traça um painel extremamente realista a partir de um grave drama cotidiano. A questão da violência urbana e suas origens são colocadas em discussão da maneira mais crua e direta possível, utilizando vasto material captado pelas lentes dos telejornais que cobriram o sequestro. Não por acaso, *Ônibus 174* foi vencedor de mais de dez prêmios e abriu as portas do mundo para seu diretor. Esta mesma história foi romanceada no filme *Última Parada 174*, dirigido em 2008 por Bruno Barreto.

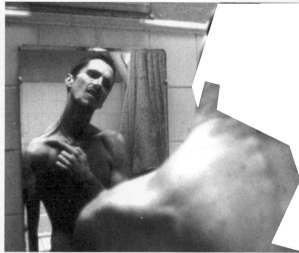

O OPERÁRIO
THE MACHINIST
EUA/ESPANHA 2004

Direção: Brad Anderson

Elenco: Christian Bale, Jennifer Jason Leigh, Aitana Sanchez-Gijon, John Sharian, Michael Ironside, Larry Gillard Jr. e Anna Massey. **Duração:** 101 minutos. **Distribuição:** Paramount.

Uma produção espanhola, dirigida por um americano e estrelada por um ator galês. *O Operário* é um ótimo exemplo de globalização. Dirigido em 2004 por Brad Anderson, a partir de um roteiro original de Scott Kosar, o filme apresenta Christian Bale em um dos papéis mais marcantes de sua carreira. Aqui ele vive Trevor Reznik, um homem em completa degradação. Sua rotina pode ser bem resumida em uma palavra: pesadelo. Ele simplesmente não consegue dormir. Anderson trabalha com precisão as possibilidades de um roteiro que esconde mais do que apresenta. Na verdade, a história estabelece uma dúvida constante. Reznik é consumido por um forte sentimento de culpa. E, aos poucos, vamos nos inteirando de sua complexa personalidade. Bale nos brinda aqui com uma interpretação das mais ricas em gestos e olhares sutis e expressivos. A justiça dos homens, como se diz, pode até falhar. No entanto, a justiça interior, aquela que muitas vezes nem nos damos conta, essa assume facetas inesperadas e surpreendentes. *O Operário* lida com estes elementos e cria em nós angústias e pensamentos que não vão embora facilmente. Em tempo: Bale emagreceu quase trinta quilos para o papel e em seguida precisou engordar novamente para viver o *Batman*, no primeiro filme da trilogia de Christopher Nolan.

A OUTRA HISTÓRIA AMERICANA
AMERICAN HISTORY X
EUA 1998

Direção: Tony Kaye

Elenco: Edward Norton, Edward Furlong, Avery Brooks, Fairuza Balk, Elliott Gould, Stacy Keach e Beverly D'Angelo. Duração: 119 minutos. Distribuição: Warner.

O cineasta londrino Tony Kaye radicou-se nos Estados Unidos. Lá, ele começou a carreira dirigindo videoclipes, muitos deles premiados. Além disso, Kaye também dirige documentários e no ano de 1998 estreou na direção de longas com o filme *A Outra História Americana*. O roteiro original de David McKenna relata um contundente drama familiar que tem racismo e intolerância como panos de fundo. Derek Vinyard (Edward Norton) é líder de uma gangue que prega a supremacia racial branca. Sua postura agressiva e preconceituosa provoca uma reviravolta em sua vida. E tudo se complica ainda mais quando ele percebe que seu irmão Danny (Edward Furlong) está seguindo seus passos. Para um filme de estreia, Kaye demonstra segurança na condução da trama e coragem pelo tema escolhido. *A Outra História Americana* toca fundo em uma ferida que, infelizmente, continua aberta. E pior, não apenas nos Estados Unidos.

O PAGADOR DE PROMESSAS
BRASIL 1962

Direção: Anselmo Duarte

Elenco: Leonardo Villar, Glória Menezes, Dionísio Azevedo, Geraldo Del Rey, Norma Bengell, Othon Bastos, Roberto Ferreira e Antonio Pitanga. Duração: 95 minutos. Distribuição: Dynafilmes.

Primeiro veio a peça teatral, escrita pelo dramaturgo Dias Gomes e encenada em 1960. Muito tempo depois, em 1988, a TV Globo produziu uma minissérie baseada na peça. Porém, a versão mais conhecida e premiada de *O Pagador de Promessas* é a adaptação cinematográfica que Anselmo Duarte escreveu e dirigiu em 1962. Acompanhamos aqui a saga de Zé do Burro (Leonardo Villar). Ele e sua mulher Rosa (Glória Menezes) vivem perto de Salvador, na Bahia, em uma pequena propriedade. O apelido de Zé não é por acaso. Ele é dono de um burro, de quem não se separa nunca e que o ajuda na labuta diária com a terra. Quanto seu animal de estimação é atingido por um raio, Zé vai até um terreiro de macumba e faz uma promessa à Santa Bárbara. Se o burro for salvo ele carregará uma cruz de madeira até igreja da santa na capital. Aí começa o drama de Zé. Lá chegando, o padre Olavo (Dionísio Azevedo), o impede de entrar na "casa de Deus". Zé do Burro quer apenas o direito de poder pagar sua promessa. Muitas questões políticas, sociais e religiosas são discutidas neste que é um dos mais importantes filmes brasileiros, vencedor em 1962 da Palma de Ouro no Festival de Cannes.

O PAGAMENTO FINAL
CARLITO'S WAY
EUA 1993

Direção: Brian De Palma

Elenco: Al Pacino, Sean Penn, Penelope Ann Miller, John Leguizamo, Luis Guzmán, James Rebhorn, Joseph Siravo, Adrian Pasdar e Viggo Mortensen. Duração: 144 minutos. Distribuição: Universal.

Dez anos depois de *Scarface*, o diretor Brian De Palma e o ator Al Pacino se reuniram outra vez em *O Pagamento Final*. Com roteiro de David Koepp, baseado na série de livros escritos por Edwin Torres, a trama gira em torno de Carlito Brigante (Pacino). Ele, que era temido como o grande chefão da droga, consegue sair da prisão graças ao trabalho de Kleinfeld (Sean Penn), seu advogado. Para surpresa geral, Carlito quer largar a vida de crimes e reata o romance com Gail (Penelope Ann Miller), sua ex-namorada. Mas, nem sempre as coisas acontecem como são planejadas. De Palma é um cineasta que prima pela essência das imagens. Nos seus filmes, o visual é sempre, no mínimo, espetacular, algo bem próximo do sublime. Poucos diretores conseguem ser tão cinematográficos como ele. E o que dizer do elenco? Pacino e Penn à frente, sozinhos já são sinônimos de excelência. Além deles, todos os demais estão soberbos. Em especial, o na época pouco conhecido John Leguizamo, que faz um Benny Blanco assustador. *O Pagamento Final* é intenso e cheio de boas e inesperadas surpresas. Em se tratando de um filme de mafiosos, isto é sempre bem-vindo.

PAI PATRÃO
PADRE PADRONE
ITÁLIA 1977

Direção: Paolo e Vittorio Taviani

Omero Antonutti, Saverio Marconi, Marcella Michelangeli, Fabrizio Forte, Marino Cenna, Stanko Molnar e Nanni Moretti. Duração: 113 minutos. Distribuição: Versátil.

Os irmãos Paolo e Vittorio Taviani já tinham seus nomes estabelecidos no cenário cinematográfico italiano quando realizaram *Pai Patrão*, em 1977. Foi a partir dele, que os dois se tornaram conhecidos mundialmente, após ganharem a Palma de Ouro no Festival de Cannes. O roteiro do filme, adaptado pelos próprios diretores, tem por base o relato autobiográfico de Gavino Ledda. A história se passa no interior da Itália, em uma região bem atrasada que ainda mantém tradições da época do feudalismo. Gavino (quando criança, Fabrizio Forte e quando adulto, Saverio Marconi), sonha se libertar de seu rigoroso pai (Omero Antonutti). Ao ficar adulto, se alista no serviço militar e descobre que sua situação pouco mudou. É aí que ele descobre que só existe uma maneira para se libertar por completo. *Pai Patrão* é forte, direto e cruel ao mostrar a vida de Gavino, porém, é belo e poético ao mesmo tempo. Os irmãos Taviani costumam trabalhar muito bem essa aparente dicotomia. Além de vencer em Cannes, o filme também foi premiado no Festival de Berlim, no Bafta da Inglaterra e no Globo de Ouro, dos Estados Unidos.

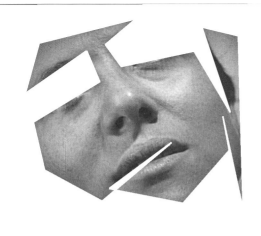

A PAIXÃO DE JOANA D'ARC
LA PASSION DE JEANNE D'ARC
FRANÇA 1928

Direção: Carl Theodor Dreyer

Elenco: Maria Falconetti, André Berley, Maurice Schutz, Antonin Artaud, Michel Simon, Jean D'Yd, André Lurville, Jacques Arna, Alexandre Mihalesco, Henri Maillard, Henry Gaultier, Paul Jorge e Eugène Silvain. **Duração:** 82 minutos. **Distribuição:** Versátil.

A vida do cineasta dinamarquês Carl Theodor Dreyer daria um filme. Filho de mãe solteira, aos dois anos foi entregue para adoção. Criado por uma família luterana, ele estudou em boas escolas e teve uma educação religiosa muito rígida. Trabalhou em escritórios, tornou-se jornalista, fundou um jornal, se envolveu com aviação e descobriu o cinema. Começou trabalhando como roteirista, depois passou para a montagem e, por fim, estreou como diretor. *A Paixão de Joana d'Arc* é um de seus filmes mais conhecidos. A questão da fé sempre foi um tema recorrente na filmografia de Dreyer. Marco do cinema mudo e da história do Cinema, o filme conta a história da jovem francesa que liderou seus compatriotas na luta contra os estrangeiros. Apesar deste ato de heroísmo, foi presa, torturada e condenada à morte acusada de blasfêmia. A atriz Maria Falconetti, que vive a santa guerreira, tem seu rosto filmado em planos fechados e de ângulos inusitados. Sua expressividade é comovente e Dreyer tira proveito disso para realçar ainda mais a agonia de uma mulher que simplesmente lutava em defesa de seu país. *A Paixão de Joana d'Arc* é considerado um dos dez melhores filmes de todos os tempos. Uma obra simplesmente obrigatória.

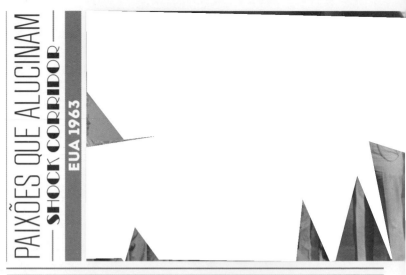

PAIXÕES QUE ALUCINAM
SHOCK CORRIDOR
EUA 1963

Direção: Samuel Fuller
Elenco: Peter Breck, Constance Towers, Gene Evans, James Best e Hari Rhodes.
Duração: 101 minutos. Distribuição: Aurora/Versátil.

O roteirista, produtor e diretor americano Samuel Fuller era um artista que acreditava no poder da força transformadora do cinema. Seus filmes refletiam de maneira contundente sua visão de mundo. Ex-veterano da Segunda Guerra Mundial, Fuller estreou como diretor no final dos anos 1940 e realizou mais de 30 filmes que influenciaram diversas gerações de cineastas em todo o mundo. *Paixões Que Alucinam*, que ele escreveu e dirigiu em 1963, é considerado pela crítica sua obra-prima. Produção de baixíssimo orçamento, conta a história de um ambicioso jornalista, Johnny Barrett (Peter Breck), que assume o compromisso de desvendar um assassinato ocorrido dentro de um hospício. Ele quer ganhar um Pulitzer e para isso, com a ajuda da namorada, Cathy (Constance Towers), se interna como louco na instituição onde o crime ocorreu. O contato com os outros internos, aos poucos, transforma aquela "brincadeira" inicial em algo mais sério. Johnny começa a perder sua lucidez e o diretor faz do manicômio um microcosmo da sociedade americana. Política, jornalismo, psicanálise e loucura, temas sempre recorrentes na carreira de Fuller estão presentes em *Paixões Que Alucinam*. De quebra, o DVD traz um excelente documentário produzido pelo British Film Institute sobre o cineasta.

Direção: Franklin J. Schaffner

Elenco: Steve McQueen, Dustin Hoffman, Victor Jory, Don Dordon, Anthony Zerbe, George Coulouris, Gregory Sierra, Robert Deman e Bill Mumy. Duração: 151 minutos. Distribuição: Flashstar.

O americano Franklin J. Schaffner nasceu no Japão. Seu pai, que era pastor protestante, trabalhava lá na época. Aos cinco anos ele voltou para os Estados Unidos, onde cresceu, se formou em Direito e serviu a Marinha na Segunda Guerra Mundial. Fisgado pelo audiovisual, estreou na televisão em 1949 e lá ficou até 1963, quando fez seu primeiro longa para o cinema. Sua filmografia é de apenas 14 longas, porém, três deles são icônicos: *O Planeta dos Macacos*, de 1968; *Patton - Rebelde ou Herói?*, de 1970; e *Papillon*, de 1973. Este último, com roteiro de Dalton Trumbo e Lorenzo Semple Jr, é uma adaptação do livro autobiográfico de Henri Charrière. A história, por mais incrível que pareça, foi resultado de um erro jurídico. Henri "Papillon" Charrière, vivido intensamente por Steve McQueen, é condenado injustamente à prisão perpétua. Enviado para a Ilha do Diabo, um presídio francês na Guiana Francesa, ele só pensa em uma coisa: fugir. Lá, fica amigo de Louis Dega (Dustin Hoffman) e enfrenta, além do fato do ter sido preso sem ser culpado do crime, as condições de total desumanidade do sistema penal. Papillon é um filme marcante em diversos aspectos. Seja pela forte e intensa história que conta ou pelo desempenho da dupla central de atores, sem esquecer a direção precisa de Schaffner e todos os aspectos técnicos envolvidos. Estamos diante de um filme que é, como os americanos costumam dizer, maior do que a vida.

PARANORMAN
PARANORMAN
EUA 2012

Direção: Chris Butler e Sam Fell

Animação. Duração: 93 minutos. Distribuição: Universal.

A primeira coisa que chama atenção em *ParaNorman* é que se trata de uma animação que utiliza o processo de stop motion, uma das técnicas mais antigas do cinema, que consiste em filmar os objetos quadro a quadro. Depois que o filme acaba, fica claro que ele não poderia ter sido feito de outra maneira. Afinal, *ParaNorman* presta homenagem aos clássicos do cinema de terror e possui um profundo senso nostálgico. Dirigido pela dupla Chris Butler e Sam Fell, o filme é um primor narrativo. Butler trabalhou com Tim Burton em *A Noiva Cadáver* e com Henry Selick em *Coraline e o Mundo Secreto*. É dele o roteiro. Fell foi um dos diretores de *Por Água Abaixo*, dos estúdios Aardman, um dos expoentes na utilização da técnica de *stop motion*, assim como os estúdios Laika, que produziu *ParaNorman* e *Coraline*. O trocadilho do título já é um achado. Norman é um garoto que tem o dom de ver e conversar com os mortos. Claro que ninguém acredita nele. Nem em casa e muito menos na escola. Certo dia, o tio dele fala sobre um importante ritual que acontece todos os anos na cidade que tem como objetivo proteger todos de uma maldição lançada por uma bruxa no passado. *ParaNorman* tem aquela qualidade rara de dialogar com diferentes públicos. É um filme que dá medo e empolgação nas crianças, ao mesmo tempo em que agrada e diverte os adultos. E ainda trata de uma série de questões atuais como bullying, por exemplo. Parece muita coisa para uma animação, mas, o corajoso Norman tira tudo de letra.

O PASSADO [2013]
LE PASSÉ
FRANÇA/ITÁLIA 2013

Direção: Asghar Farhadi

Elenco: Bérénice Bejo, Ali Mosaffa, Tahar Rahim, Pauline Burlet, Elyes Aguis, Sabrina Ouazani e Babak Karimi. **Duração:** 131 minutos. **Distribuição:** Califórnia Filmes.

Até bem pouco tempo, quando se falava em cinema iraniano, o primeiro nome que vinha à mente era o de Abbas Kiarostami. Desde 2009 outro nome vem se destacando: Asghar Farhadi. Com apenas dois filmes: *Procurando Elly* e *A Separação*, ele se firmou como um cineasta talentoso e de grande potencial. Em *O Passado*, do qual também é o autor do roteiro, somos apresentados ao casal Ahmad (Ali Mosaffa) e Marie (Bérénice Bejo). Separados há quatro anos, ele viaja de Teerã até Paris, a pedido dela, por conta do divórcio. Os dois não tiveram filhos e este fato, segundo o juiz, é um facilitador. A primeira impressão que o filme passa é a de que se trata de uma espécie de continuação do filme anterior do diretor, o já citado *A Separação*, que ganhou o Oscar de melhor filme estrangeiro em 2012. Mas Farhadi não é um diretor previsível. Muito pelo contrário. Seus trabalhos são carregados de sutilezas e viradas inesperadas. Além disso, ele dirige com economia e criatividade. A cena inicial no aeroporto já resume bem a situação presente e futura de Ahmad e Marie. E, na mesma medida, nos prepara para um mergulho gradual no passado deles e dos que os rodeiam. Farhadi é um excepcional diretor de atores e filma tudo com uma simplicidade impressionante. O elenco responde à altura e nos "entrega" desempenhos arrebatadores nesta pulsante história de acertos e desencontros entre pessoas que se amam e se magoam.

PECADOS DE GUERRA
CASUALTIES OF WAR
EUA 1989

Direção: Brian De Palma

Elenco: Michael J. Fox, Sean Penn, Don Harvey, John C. Reilly, John Leguizamo, Thuy Thu Le, Erik King e Ving Rhames. Duração: 113 minutos. Distribuição: Columbia.

Quando *Pecados de Guerra* foi lançado, em 1989, Michael J. Fox já era um ator bastante popular por conta do sucesso de *De Volta Para o Futuro*. Sean Penn tinha fama de briguento e era mais conhecido como o ex-marido de Madonna. O diretor Brian De Palma era considerado um dos maiores talentos da nova geração de diretores surgida em Hollywood nos anos 1970. O trio se uniu em torno do roteiro de David Rabe, que conta um drama de guerra. Estamos no Vietnã, em 1966, onde um grupo de cinco soldados americanos, liderados pelo sargento Tony Meserve (Sean Penn), levam Oanh (Thuy Thu Le), uma garota vietnamita, para fora de sua aldeia. Ela termina sendo estuprada e morta, apesar dos esforços do soldado Eriksson (Michael J. Fox), que se recusa a participar da violência e tenta salvá-la. Isso cria uma tensão entre Meserve e Eriksson, que aumenta ainda mais quando o caso é denunciado. De Palma explora um lado da guerra que é pouco mostrado nos filmes. A maioria deles se preocupa com os feitos heróicos. Em *Pecados de Guerra* o conflito é interno, dentro do próprio pelotão, contra eles mesmos. A batalha que se trava aqui fere qualquer lampejo de civilidade e humanidade. E a lente de De Palma não se esquiva de nos mostrar tudo, sem meias palavras. Um filme que não recebeu a atenção que merecia quando de seu lançamento e que agora, em DVD, tem a chance de ser descoberto.

PERFUME DE MULHER (1992)
SCENT OF A WOMAN
EUA 1992

Direção: Martin Brest

Elenco: Al Pacino, Chris O'Donnell, James Rebhorn, Gabrielle Anwar, Philip Seymour Hoffman, Bradley Whitford, Nicholas Sadler e Frances Conroy. Duração: 156 minutos. Distribuição: Universal.

O italiano Dino Risi já havia contado esta história em 1974, com Vittorio Gassman no papel que deu o primeiro Oscar de atuação para Al Pacino. Esta refilmagem de *Perfume de Mulher*, feita em 1992 pelo americano Martin Brest, não foge muito do filme original. Pelo menos em sua premissa básica. Somos apresentados ao ex-coronel do exército, Frank Slade (Pacino). Ele é cego e contrata o estudante Charlie Simms (Chris O'Donnell) para acompanhá-lo em um final de semana em Nova York, durante o feriado de Ação de Graças. Frank tem tudo planejado. E seu estilo arrogante e desbocado nos faz acreditar que ele levará seu intento até o fim. Ao mesmo tempo em que Frank põe em prática seu plano, Charlie enfrenta um dilema moral em sua escola. Dilema este que culmina em uma eloquente sequencia de julgamento. *Perfume de Mulher* nos traz Al Pacino em grande desempenho e de quebra ainda os brinda com uma bela cena de dança de tango, ao som de *Por Una Cabeza*, de Carlos Gardel. Além disso, alguns valores importantes são apresentados e discutidos de maneira bem direta. O que provoca uma boa reflexão no espectador.

PERIGOSAMENTE JUNTOS
LEGAL EAGLES
EUA 1986

Direção: Ivan Reitman

Elenco: Robert Redford, Debra Winger, Daryl Hannah, Brian Dennehy, Terence Stamp, Steven Hill e Christine Baranski. **Duração:** 116 minutos. **Distribuição:** Universal.

O diretor canadense Ivan Reitman vinha do estrondoso sucesso do primeiro *Caça-Fantasmas* quando realizou *Perigosamente Juntos*, uma comédia que trata de um triângulo amoroso envolvendo dois advogados e uma cliente. Com um roteiro escrito por Jim Cash e Jack Epps Jr., a partir de uma ideia do próprio diretor, o filme exala, antes de tudo, muito charme. Robert Redford vive Tom Logan, um assistente da promotoria que termina mudando de lado e assume a defesa de Chelsea Deardon (Daryl Hannah), acusada de roubo. No tribunal, ele confronta a advogada Laura Kelly (Debra Winger) e está formado o triângulo. Reitman sabe imprimir o ritmo certo em suas comédias e não é diferente aqui. *Perigosamente Juntos* revela boas surpresas e reviravoltas ao misturar humor com pitadas de suspense, mistério e drama de tribunal. Não se trata de uma obra fundamental, no entanto, é muito divertida e deixa a impressão de que o elenco se divertiu muito também.

PERSÉPOLIS
PERSEPOLIS
FRANÇA 2007

Direção: Vincent Paronnaud e Marjane Satrapi
Animação. Duração: 96 minutos. Distribuição: Europa Filmes.

A maioria das pessoas costuma associar histórias em quadrinhos com tirinhas cômicas ou aventuras de super-heróis. Desconhecem a diversidade narrativa dos gibis que servem, além dos conhecidos exemplos já citados, para contar dramas humanos e históricos de grande impacto. E quando a inspiração vem da própria vida do autor, o caráter pessoal reforça ainda mais a dramaticidade dos eventos narrados. É o caso de *Persépolis*, criada inicialmente como HQ, no ano 2000, pela iraniana radicada na França Marjane Satrapi. A adaptação para o cinema veio sete anos depois, feita pelo diretor Vincent Paronnaud, junto com a própria autora, ambos também responsáveis pelo roteiro. Acompanhamos o relato autobiográfico de Satrapi a partir de sua infância, quando o Irã estava sob o comando do Xá Reza Pahlavi. Depois, foi a vez da revolução religiosa e cultural promovida pelo Aiatolá Khomeini e drásticas mudanças que a levaram a se mudar para a Europa. Mais tarde, ela retorna ao seu país para então se fixar na França. *Persépolis* acompanha todo esse processo de transformação de Marji e do Irã ao longo de quase três décadas. O olhar que nos guia é o de uma espectadora crítica, privilegiada e que não faz uso de maniqueísmos. Há aqui um resgate histórico, e ao mesmo tempo sentimental, de uma cultura milenar. O filme, assim como o material original, utilizam o humor como um dos fios condutores para analisar os fatos vividos por Marji em sua terra natal e fora dela. Questões políticas, familiares, religiosas, culturais e de direitos humanos pontuam por inteiro esta bela e tocante animação de gente grande.

O PESO DE UM PASSADO
RUNNING ON EMPTY
EUA 1988

Direção: Sidney Lumet

Elenco: Christine Lahti, Judd Hirsch, River Phoenix, Martha Plimpton, Steven Hill, David Margulies e Lynne Thigpen. Duração: 117 minutos. Distribuição: Warner.

Sidney Lumet é aquele tipo de cineasta que você pode assistir a qualquer filme que ele tenha dirigido sem medo. Não importa qual seja. Pode ser um dos mais famosos, como *12 Homens e Uma Sentença*, *Um Dia de Cão* ou *O Veredicto*, ou mesmo um não tão conhecido assim, como este *O Peso de Um Passado*. Aqui ele nos mostra o drama de uma família que vive em constante fuga. O roteiro de Naomi Foner conta a história de Arthur (Judd Hirsch) e Annie Pope (Christine Lahti), um casal de pacifistas que, junto com o filho Danny (River Phoenix), vive sob falsa identidade. No passado, eles feriram acidentalmente um homem durante um atentado a uma fábrica de bombas. No presente, eles decidem que é hora de se separar do único filho para que ele possa levar uma vida normal. Lumet é mestre neste tipo de filme. Ele, como poucos, sabe retratar dramas humanos com inteligência e sensibilidade. Não há espaço para soluções fáceis em *O Peso de Um Passado*. Tudo é orgânico e funciona com perfeição. Sem pieguices. Essa diferença é a marca dos grandes diretores.

Direção: Stephen Frears

Elenco: Judi Dench, Steve Coogan, Anna Maxwell Martin, Mare Winningham, Barbara Jefford, Peter Hermann, Michelle Fairley e Sophie Kennedy Clark. Duração: 98 minutos. Distribuição: Paris Filmes.

Filmes baseados em fatos costumam assumir uma postura edificante. Alguns "forçam" um pouco a barra. Outros tentam "abarcar" muitos acontecimentos e terminam se perdendo. *Philomena*, dirigido pelo inglês Stephen Frears, consegue escapar de todas estas armadilhas e entrega uma história enxuta e comovente. Na medida certa. O roteiro, escrito pelo ator Steve Coogan, junto com Jeff Pope, é uma adaptação do livro *O Filho Perdido de Philomena Lee*, de autoria do jornalista Maxwell Sixsmith, vivido por Coogan no filme. A personagem do título é interpretada por duas atrizes. Na juventude, por Sophie Kennedy Clark. E na velhice, por Judi Dench. Ela engravidou e foi mandada pelos pais para um convento, onde seu filho terminou sendo entregue para adoção. 50 anos depois, após revelar sua história para Sixsmith, os dois iniciam uma intensa busca pelo paradeiro do filho perdido. *Philomena* tem situações que, nas mãos de um diretor sem talento, se transformaria facilmente em um grande melodrama açucarado. Frears conduz sua narrativa com leveza e muito bom humor e abre espaço para que os atores brilhem. Em especial, Dench e Coogan, que possuem uma química mais que perfeita em cena.

Direção: Alan Parker

Elenco: Bob Geldof e Bob Hoskins. Duração: 95 minutos. Distribuição: Sony BMG.

Quando a banda *Pink Floyd* lançou o álbum *The Wall* em 1979, muitos viram naquele vinil duplo um marco revolucionário na música pop. Um disco que dividiu opiniões, mas que, indiscutivelmente, era um divisor de águas. Conceitual por inteiro, o trabalho resumia de maneira delirante um conjunto de fantasias envolvendo as angústias de uma super estrela do rock que, aos poucos, começa a enlouquecer isolado em um quarto de hotel. Assombrado pelo peso da fama e por fantasmas do passado, Pink, o popstar em questão, dialoga consigo mesmo e com o mundo ao seu redor em busca de respostas para suas perguntas. Três anos depois do lançamento do disco, o cineasta Alan Parker realizou a versão cinematográfica desta obra fundamental do *Pink Floyd*, agora transformada em verdadeiro marco cultural. A aposta era das mais difíceis, porém, de maneira hábil, Parker conseguiu recriar em película o mesmo clima claustrofóbico e angustiante do vinil. Bob Geldof, líder e vocalista da banda *Boomtown Rats*, assume aqui o papel de Pink e nos conduz nessa viagem de visual alucinante e música arrebatadora. Parker mistura tudo com seqüências de animação estonteantes e compõe uma incontestável ópera rock de tirar o fôlego.

PIXOTE
A LEI DO MAIS FRACO
BRASIL 1981

Direção: Hector Babenco

Elenco: Fernando Ramos da Silva, Marília Pêra, Jardel Filho, Jorge Julião, Gilberto Moura, Edilson Lino, Zenildo Oliveira Santos e Israel Feres David. Duração: 128 minutos. Distribuição: Europa Filmes.

Hector Babenco, o mais brasileiro dos cineastas argentinos, tinha apenas dois longas no currículo: *O Rei da Noite* e *Lúcio Flávio – O Passageiro da Agonia*. Surgiu então *Pixote – A Lei do Mais Fraco*, que Babenco adaptou a partir do livro de José Louzeiro. A exemplo de *Lúcio Flávio*, também baseado em um livro de Louzeiro, somos conduzidos ao submundo de uma grande cidade. Enquanto no filme anterior tratava da vida de um criminoso carismático e inteligente, em *Pixote* conhecemos um lado cruel e, infelizmente, bem real de São Paulo. Uma realidade que mostra crianças que perdem sua inocência em um mundo de crimes, drogas e prostituição. Um dia-a-dia violento e sem esperança. O filme de Babenco, de maneira quase documental, não enfeita nada. A vida desse grupo de garotos é mostrada em cores fortes e saturadas. Sem filtro algum. O diretor trabalhou com meninos de rua, e com isso, consegue uma autenticidade assombrosa. O próprio ator principal, Fernando Ramos da Silva, encontrava-se em situação semelhante a que viveu no filme. Com muita habilidade Babenco conseguiu driblar a forte censura da época e conquistou muitos prêmios no Brasil e no exterior, o que abriu as portas para trabalhos fora do país. *Pixote* terminou fechando um círculo onde a arte imitou a vida, que por sua vez imitou a arte. O ex-menino de rua que virou ator e conheceu o mundo, terminou por voltar para as ruas e acabou morto pela polícia. Um filme forte, contundente e obrigatório.

PODER ABSOLUTO
ABSOLUTE POWER
EUA 1997

Direção: Clint Eastwood

Elenco: Clint Eastwood, Gene Hackman, Ed Harris, E.G. Marshall, Laura Linney, Scott Glenn, Alison Eastwood, Judy Davis e Dennis Haysbert. Duração: 121 minutos. Distribuição: Warner.

Com roteiro de William Goldman, baseado no livro de David Baldacci, *Poder Absoluto* conta uma intricada história que envolve um ladrão, Luther Whitney, vivido pelo próprio diretor, Clint Eastwood. Ele presencia, durante um roubo, a morte da esposa de um milionário. Um detalhe curioso é que esta mulher é amante do presidente dos Estados Unidos, papel de Gene Hackman. Luther precisa agora lidar com a polícia, na figura do policial Seth (Ed Harris) e com o serviço secreto do governo. Um verdadeiro jogo de gato e rato se estabelece. Paralelo a isso, existe uma relação mal resolvida entre ele e sua filha Kate (Laura Linney). Eastwood filma com a elegância de costume uma trama que tem seus furos narrativos, porém, não deixa de ser envolvente em momento algum. O elenco estelar contribui bastante para isso, no entanto, quem rouba a cena sempre que aparece é Ed Harris. A maneira como ele compôs Seth é primorosa, aliando o apuro e a perspicácia de um bom investigador com um misto de admiração e respeito por Luther.

O PODER E A LEI
THE LINCOLN LAWYER — EUA 2011

Direção: Brad Furman

Elenco: Matthew McConaughey, Josh Lucas, Marisa Tomei, Ryan Phillippe, William H. Macy, John Leguizamo, Michael Peña, Frances Fisher e Bryan Cranston. **Duração:** 119 minutos. **Distribuição:** Swen Filmes.

Na maioria das vezes, o cinema retrata os advogados como pessoas idealistas, glamourosas, agressivas ou manipuladoras. Não é comum filmes que mostram advogados de porta de cadeia. *O Poder e a Lei*, segundo longa dirigido por Brad Furman, é uma exceção. O roteiro, escrito por John Romano, se baseia no livro de Michael Connelly e acompanha a rotina de Michael Haller (Matthew McConaughey). De dentro de seu Lincoln (daí o título original, que poderia ser traduzido como "o advogado do Lincoln"), ele percorre a cidade em busca de casos de fácil resolução. Haller atende, basicamente, motoqueiros, prostitutas e traficantes. Até o dia em que é contratado para defender Louis Roulet (Ryan Phillippe), um jovem playboy acusado de agressão e tentativa de estupro. Mas, o que parecia ser simples e rápido, se transforma em algo bem mais complexo. O que revela muito do caráter de Haller, uma pessoa aparentemente ambígua e amoral. E McConaughey é convincente em todos os momentos. Ele, que interpretou papéis sérios no início da carreira, depois, caiu na vala comum dos galãs e ficou preso por um tempo em filmes de pouca expressão. Hoje, recebe elogios ao seu trabalho como ator. Principalmente, depois de ter ganhado um Oscar. Muitos acreditam que *Clube de Compras Dallas* foi o grande divisor de águas em sua filmografia. Ledo engano. Na verdade, foi com este *O Poder e a Lei* que ele voltou a ser mais criterioso na escolha de seus filmes.

O PODER VAI DANÇAR
CRADLE WILL ROCK
EUA 1999

Direção: Tim Robbins

Elenco: Hank Azaria, Rubén Blades, John Cusack, Angus Macfadyen, Cherry Jones, Bill Murray, Joan Cusack, Cary Elwes, Susan Sarandon, John Turturro, Bob Baladan, Emily Watson e Vanessa Redgrave. Duração: 132 minutos. Distribuição: Dreamland Filmes.

O americano Tim Robbins tem um sólida carreira como ator. O que poucos sabem é que ele também é um excelente diretor. Seu primeiro trabalho na direção foi *Bob Roberts*, de 1992. Três anos depois ele realizou *Os Últimos Passos de Um Homem*, que deu o Oscar de melhor atriz para Susan Sarandon, então sua esposa. Este *O Poder Vai Dançar*, de 1999, é seu terceiro longa. Com roteiro do próprio Robbins, o filme conta uma história que se passa em Nova York, no ano de 1936 e se inspira em acontecimentos reais. O jovem Orson Welles (Angus Macfadyen), cinco anos antes de realizar Cidadão Kane, enfrenta grandes dificuldades para encenar um musical. Ele e sua trupe de artistas lutam contra poderosos da mídia e do governo pelo direito de poderem se expressar livremente. O elenco, gigantesco, é um capítulo à parte. Robbins tem uma ótima noção de ritmo e consegue manter o espectador ligado na história o tempo todo. *O Poder Vai Dançar* pode ser visto como um hino à liberdade de expressão; um olhar carinhoso e saudosista de uma época mais engajada ou quem sabe, apenas mais uma obra maniqueísta "made in Hollywood". Veja e tire suas conclusões.

O PODEROSO CHEFÃO PARTE II
THE GODFATHER: PART II
EUA 1974

Direção: Francis Ford Coppola

Elenco: Al Pacino, Robert Duvall, Diane Keaton, Robert De Niro, John Cazale, Talia Shire, Lee Strasberg e Richard Bright. Duração. 202 minutos. Distribuição: Paramount.

Existem continuações e existe "a continuação". *O Poderoso Chefão – Parte II* se enquadra naquela categoria especial, raríssima até, de seqüências que superam o original. E olha que o original em questão é *O Poderoso Chefão*, uma obra-prima absoluta. O diretor Francis Ford Coppola, dois anos depois do primeiro filme, novamente junto com o escritor Mario Puzo, conseguiu uma proeza que muitos consideravam impossível: superar-se. A Parte II da saga da família Corleone é mais dramática, mais operística, mais trágica, mais shakespeariana, mais tudo... se comparada à Parte I. A narrativa segue duas linhas temporais distintas. Acompanhamos a ascensão de Michael (Al Pacino) como líder da família, ao mesmo tempo em que é mostrada a chegada à América de seu futuro pai, o jovem Vito Corleone (Robert De Niro). *O Poderoso Chefão – Parte II* consegue contar muitas histórias em uma. Além dos Corleone, temos aqui um rico painel da história americana no século XX. Nenhum outro filme conseguiu traçar um mosaico tão diversificado e preciso da expansão capitalista dos Estados Unidos. Michael quer legalizar os negócios da família, ao mesmo tempo em precisa lidar com uma comissão do Senado que investiga suas ações. Qualquer coisa que eu venha a escrever sobre o filme não fará jus à sua grandiosidade e importância dentro da história do Cinema e da cultura pop universal. A família Corleone faz parte de nosso imaginário coletivo. São quase como "parentes" nossos. Duas curiosidades: *O Poderoso Chefão – Parte II* foi a primeira continuação a ganhar o Oscar de melhor filme (igual ao original). E Vito Corleone foi a primeira personagem a ser premiada duplamente com o Oscar de atuação (Marlon Brando, pela *Parte I* e Robert De Niro, pela *Parte II*). Além desses dois, o filme ganhou também os prêmios de direção, roteiro adaptado e trilha sonora.

PONTE DOS ESPIÕES
BRIDGE OF SPIES
EUA 2015

Direção: Steven Spielberg

Elenco: Tom Hanks, Mark Rylance, Amy Ryan, Sebastian Koch, Alan Alda, Eve Hewson, Austin Stowell e Joshua Harto. **Duração:** 142 minutos. **Distribuição:** Fox.

Tom Hanks e Steven Spielberg, além de vizinhos, são amigos há muito tempo. Já produziram juntos algumas séries de TV e mantém uma ótima parceria no cinema. *Ponte dos Espiões* é o quarto filme da dupla. O roteiro, escrito por Matt Charman e pelos irmãos Ethan e Joel Coen, se inspira em uma história real. Tudo acontece no auge da Guerra Fria entre americanos e soviéticos. James Donovan (Hanks) é um advogado especializado em seguros que é convocado para defender Rudolf Abel (Mark Rylance), acusado de ser um espião russo. O clima de hostilidade entre os dois países faz com que Donovan seja hostilizado por ter aceitado a defesa de um comunista. A relação que se estabelece entre Donovan e Abel é, acima de tudo, de respeito mútuo. Tempos depois, Donovan é convocado novamente pelo governo para intermediar uma negociação de troca entre um piloto americano capturado e o espião russo preso, no caso, Abel. Como excelente contador de histórias que é, Spielberg conduz *Ponte dos Espiões* com mão segura. Além disso, tem a seu favor dois atores estupendos: Hanks e Rylance, que ganhou o Oscar de melhor ator coadjuvante por este papel. Mesmo que o diretor "derrape" em algumas cenas que poderiam ter sido suprimidas, o resultado final é bastante satisfatório e a postura de Donovan no julgamento de Abel, das mais íntegras.

Direção: Milos Forman

Elenco: Woody Harrelson, Edward Norton, Courtney Love, James Cromwell, Crispin Glover, Vincent Schiavelli e Norm MacDonald. Duração: 129 minutos. Distribuição: Columbia.

Quando Milos Forman, cineasta tcheco radicado nos Estados Unidos, dirigiu *O Povo Contra Larry Flynt* em 1996, não imaginou que seu filme continuaria tão atual. O roteiro que ele tinha, escrito por Scott Alexander e Larry Karaszewski, se inspirava na vida do editor da revista pornográfica *Hustler*, muito popular nos anos 1970. Misturando comédia com drama de tribunal, o filme utiliza a figura de Flynt, vivido de maneira estupenda por Woody Harrelson, para tratar de um tema maior: a liberdade de expressão. Flynt sempre provocou polêmicas e enfrentou inúmeros processos judiciais movidos por religiosos e organizações de direita. Alvo de ameaças constantes chegou até a sofrer um atentado que o deixou paralítico. Forman explora todas as nuances da personalidade de Flynt e faz uso dos excessos do mesmo para defender seu ponto de vista. Com muita ironia e bom humor, o cineasta conta ainda com um elenco de apoio inusitado. Nele se destacam Edward Norton, que faz o advogado de Flynt; a cantora Courtney Love, viúva de Kurt Cobain, do Nirvana, como sua esposa; e o próprio Larry Flynt, que faz uma ponta no papel do juiz Morrissey.

PRETO OU BRANCO
BLACK OR WHITE
EUA 2014

Direção: Mike Binder

Elenco: Kevin Costner, Octavia Spencer, Anthony Mackie, Gillian Jacobs, Bill Burr e Jillian Estell. Duração: 121 minutos. Distribuição: Fox.

O ator, roteirista e diretor americano Mike Binder tem uma carreira dividida entre o cinema e a televisão. Um de seus trabalhos mais conhecidos é a série de TV *The Mind of a Married Man*, que ele próprio estrelava; e o filme *A Outra Face da Raiva*, de 2005. Em 2014, ele escreveu e dirigiu este *Preto ou Branco*. Kevin Costner interpreta o advogado Elliot Anderson, recém-viúvo que cuida da neta Eloise (Jillian Estell). Tudo vai bem até que Rowena (Octavia Spencer), avó paterna de Eloise, aparece e reivindica a guarda da neta. O clima esquenta por conta da disputa entre os dois avós. Rowena defende que Eloise não tem a educação afro tradicional que precisa. Ressentimentos do passado voltam a assombrar a vida de Elliot. E no meio disso tudo, a questão racial termina ganhando corpo. *Preto ou Branco* poderia ter sido um filme maior. Não no sentido da duração. Mas sim no tratamento das questões que nos apresenta. Binder não explora devidamente os temas propostos e termina por cair nas armadilhas fáceis de intermináveis clichês.

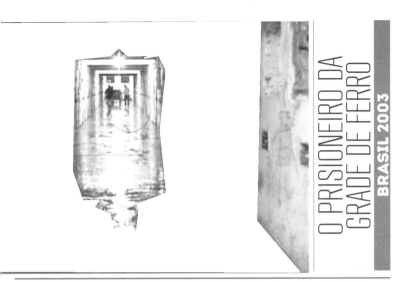

Direção: Paulo Sacramento
Documentário. Duração: 123 minutos. Distribuição: Califórnia Filmes.

O filme *Carandiru*, que Hector Babenco dirigiu em 2003, é um dos maiores sucessos do cinema brasileiro. Baseado no livro do doutor Dráuzio Varella, são mostrados relatos dos prisioneiros do maior presídio que já existiu no Brasil. O drama vivido pelos detentos é romanceado. Não é o que acontece no documentário *O Prisioneiro da Grade Ferro*. Estréia na direção do montador Paulo Sacramento, ex-presidente da seção paulista da Associação Brasileira de Documentaristas. Ele acompanhou o dia-a-dia dos presidiários durante os sete meses que antecederam a desativação e implosão do complexo penitenciário. Sacramento acertou já na abertura ao iniciar seu documentário pelo final, ou seja, pela implosão do prédio. A partir daí, o tempo volta e a história é contada pelo diretor e pelos próprios detentos, que puderam usar a câmera livremente. Isso confere ao filme um senso de realidade dos mais fortes. A inspiração de Sacramento ao realizar *O Prisioneiro da Grade de Ferro* veio do livro de mesmo nome, escrito em 1983 pelo jornalista Percival de Souza. O olhar do diretor e dos presos desnuda a precariedade e as falhas gritantes de nosso sistema prisional. Tudo é mostrado de maneira direta, crua, sem maquiagem e com muita inteligência.

O PROCESSO
LE PROCÈS
FRANÇA/ALEMANHA/ITÁLIA 1962

Direção: Orson Welles

Elenco: Anthony Perkins, Romy Schneider, Jeanne Moreau, Arnoldo Foà, Suzanne Flon, Michael Lonsdale e Orson Welles. Duração: 119 minutos. Distribuição: Versátil/Saraiva.

Poucos cineastas aplicaram a expressão "menos é mais" de maneira tão eficiente quanto Orson Welles. Ele, que contou com uma produção generosa e controle total apenas em *Cidadão Kane*, seu filme de estreia, viu, a partir daí, os estúdios se afastarem cada vez mais. Mesmo *A Marca da Maldade*, de 1958, só foi produzido pela Universal por pressão do astro Charlton Heston, que queria trabalhar com Welles. Seu filme seguinte, *O Processo*, veio a ser dirigido somente quatro anos depois, na Europa. Welles conseguiu ajuda de produtores franceses, alemães e italianos para bancar o baixo orçamento do novo projeto. Ele próprio adaptou a obra clássica do escritor tcheco Franz Kafka. *O Processo* conta a história de Josef K. (Anthony Perkins), um homem que certo dia acorda e percebe que a polícia está em seu quarto para prendê-lo. Josef K. está sendo investigado e é levado a julgamento por algo que ele próprio não faz a mínima ideia do que seja. Welles utiliza aqui, mais do que em seus outros filmes, a lições aprendidas com o Expressionismo Alemão. A construção dos cenários, a marcação dos atores, a iluminação, a magnífica fotografia em preto e branco e o posicionamento da câmara fazem desta obra uma das melhores, se não a melhor adaptação já feita de um texto kafkaniano. A introspecção característica de Kafka encontra a perfeição na grandiosidade das imagens de Welles. *O Processo* é um filme arrebatador. Em tempo: existe uma outra versão para cinema desta mesma história, feita em 1993 por David Hugh Jones e com Anthony Hopkins no papel principal.

O PROCESSO DE JOANA D'ARC
PROCÈS DE JEANNE D'ARC
FRANÇA 1962

Direção: Robert Bresson

Elenco: Florence Delay, Jean-Claude Fourneau, Marc Jacquier, Roger Honorat, Jean Gillibert, André Régnier e Michel Herubel. Duração: 65 minutos. Distribuição: Versátil.

A história de Joana D'Arc, santa padroeira da França, já foi contada inúmeras vezes no cinema. Existem três versões famosas. A primeira delas, *A Paixão de Joana D'Arc*, foi dirigida na França, em 1928, pelo dinamarquês Carl Theodor Dreyer. Quase três décadas depois, tivemos *Joana D'Arc*, com Ingrid Bergman, em 1954, sob a direção do italiano Robert Rossellini. E este *O Processo de Joana D'Arc*, escrito e dirigido pelo francês Robert Bresson, em 1962. O roteiro usou como base as transcrições do julgamento da guerreira francesa. Bresson, rigoroso em sua narrativa, reconstrói com precisão o período compreendido entre a prisão, julgamento e execução de Joana D'Arc (Florence Delay). Fiel ao seu estilo, o diretor nos envolve com um fortíssimo senso de realismo. Adepto do movimento neorrealista italiano, Bresson dirige aqui um elenco composto por poucos atores profissionais e extrai de Florence Delay um desempenho dos mais comoventes. *O Processo de Joana D'Arc* faz jus à grandeza de espírito desta importante mulher que, não por acaso, virou santa em seu país natal.

O PROFETA
UN PROPHÈTE
FRANÇA 2009

Direção: Jacques Audiard

Elenco: Tahar Rahim, Niels Arestrup, Adel Bencherif, Hichem Yacoubi, Reda Kateb e Slimane Dazi. Duração: 155 minutos. Distribuição: Sony.

Quando foi lançado em 2009, *O Profeta*, de Jacques Audiard, foi comparado ao nosso *Cidade de Deus* e também foi chamado de *O Poderoso Chefão* francês. Além dessas duas influências, é visível em cada fotograma ecos da obra de Quentin Tarantino, presente nos diálogos inspirados e principalmente, na trilha sonora. Ao longo daquele ano recebeu diversas indicações e ganhou algumas delas, como o Bafta, da Academia Britânica, na categoria de melhor filme estrangeiro. Com um roteiro ágil escrito a oito mãos por Jacques Audiard, Thomas Bidegain, Abdel Raouf Dafri e Nicolas Peufaillit, *O Profeta* conta a trajetória de Malik El Djebena (Tahar Rahim), um jovem de 19 anos, analfabeto e de origem árabe. Ele é preso e ao contrário do que possa parecer, a prisão se transforma em um curso intensivo de aprendizagem e graduação nas artes do crime e da sobrevivência. Audiard mostra sem máscaras o funcionamento do sistema carcerário, onde Malik é obrigado por César (Niels Arestrup), chefe da gangue que controla o lugar, a executar diversas tarefas, de tráfico de drogas até assassinatos. Aos poucos, ele conquista a confiança do líder, porém, em segredo, ele desenvolve seus próprios planos. Com um roteiro bem escrito, atores mais que perfeitos (e não por acaso vencedores de diversos prêmios de interpretação) e uma direção segura e de extrema criatividade, *O Profeta* é um filme, sem trocadilhos, poderoso. E de quebra, ainda usa como pano de fundo o fim da moeda francesa, o franco, e a adoção da nova moeda comum adotada pela União Européia, o euro. A prisão funciona como um microcosmo dessa Europa, unida pelo dinheiro, porém, cheia de conflitos internos por conta de suas misturas raciais, étnicas e culturais. Basta prestar atenção na amassada nota de 50 francos que Malik carrega no bolso quando é preso. Isso é só a ponta do iceberg.

Q & A: SEM LEI, SEM JUSTIÇA
EUA 1990

Direção: Sidney Lumet

Elenco: Nick Nolte, Timothy Hutton, Armand Assante, Patrick O'Neal, Luis Guzmán, Charles S. Dutton, Paul Calderon e Jenny Lumet. **Duração:** 132 minutos. **Distribuição:** Fox.

Sidney Lumet dirigiu uma tetralogia não oficial sobre corrupção que teve início em 1973, com *Serpico*; passou depois por *O Príncipe da Cidade*, de 1981; e terminou em 1996, com *Sombras da Lei*. No meio deles este *Q & A: Sem Lei, Sem Justiça*, feito em 1990. O mais fraco dos quatro. Tão fraco que o próprio Lumet pediu para retirar seu nome do crédito de direção quando o mesmo foi exibido na televisão. O roteiro, escrito pelo diretor, é uma adaptação do livro de Edwin Torres. A história se passa em Nova York, onde o explosivo capitão Michael Brennan (Nick Nolte) mata um bandido sem razão alguma, alegando legítima defesa. Entra em cena o assistente da Promotoria, Aloysius Reilly (Timothy Hutton), que inicia uma investigação do caso. Para Brennan, tudo parece bem simples de ser resolvido. Porém, as testemunhas que poderiam depor a seu favor, começam a aparecer mortas. *Q & A: Sem Lei, Sem Justiça* traz Nick Nolte no já surrado papel de "tira durão, meio casca-grossa". Até funciona, já que o ator tem o chamado *physique du role* que o papel exige. Mas isso não basta para que o filme funcione plenamente.

O QUARTO PODER
MAD CITY
EUA 1997

Direção: Costa-Gavras

Elenco: John Travolta, Dustin Hoffman, Blythe Danner, William Atherton, Alan Alda, Mia Kirshner, Ted Levine e Robert Prosky. Duração: 115 minutos. Distribuição: Warner.

O Quarto Poder, dirigido pelo grego Costa-Gavras e estrelado por John Travolta e Dustin Hoffman, é um ótimo exemplo de mau jornalismo. A imprensa é, com certeza, o quarto poder de qualquer nação livre, porém, muitas vezes esse poder quase que absoluto assume posturas de total manipulação dos fatos. O filme começa mostrando uma equipe de televisão se preparando para um trabalho. A maneira como isso é mostrado passa a idéia de uma arma sendo carregada. A mensagem é clara: a TV é uma arma. Temos entre as personagens o editor veterano e íntegro, o repórter inconformado, o âncora estrela e a estagiária em início de carreira. Por trás de todos eles, existe o proprietário da rede de televisão que visa apenas o lucro, quanto maior, melhor, não importando como ele seja obtido. No decorrer da trama, vemos um repórter se apropriar de um drama humano isolado e transformá-lo em assunto nacional. A partir daí, perde-se qualquer escrúpulo e diversas privacidades são invadidas. Como o assunto desperta o interesse da população e a emissora precisa manter a audiência em alta, a edição de todo o material gravado passa a ser manipulada de forma a atender aos interesses da audiência e não o da verdade jornalística. Mesmo se tratando de uma obra de ficção, *O Quarto Poder* serve para ilustrar bem o perigo que se corre quando o foco principal da notícia é desviado. O jornalista precisa ter sempre a consciência que ele existe para relatar um fato ocorrido com imparcialidade, objetividade e credibilidade.

QUASE DOIS IRMÃOS
BRASIL 2004

Direção: Lúcia Murat

Elenco: Caco Ciocler, Flávio Bauraqui, Werner Schünemann, Antonio Pompeu, Maria Flor, Marieta Severo, Luis Melodia, Fernando Alves Pinto e Babu Santana. Duração: 102 minutos. Distribuição: Califórnia Filmes.

Muitos filmes e documentários foram feitos no Brasil tendo o período da ditadura militar como foco principal ou pano de fundo. *Quase Dois Irmãos*, dirigido por Lúcia Murat, se enquadra no segundo grupo e vai além. O roteiro, escrito pela diretora em parceria com Paulo Lins, autor do livro que deu origem ao filme *Cidade de Deus*, é ambicioso ao cobrir cerca de 50 anos da história recente do país. O filme se desenvolve em três tempos, tendo como personagens principais Miguel (Brunno Abrahão) e Jorginho (Pablo Ricardo Belo). Os dois se conhecem desde criança. Seus pais eram amigos de roda de samba. Eles se reencontram presos no início dos anos 1970. Miguel (Caco Ciocler) por questões políticas. Jorginho (Flávio Bauraqui) por alguns assaltos. No presente, Miguel (Werner Schünemann) é deputado federal e seu amigo de infância e de prisão, Jorginho (Antonio Pompeu) é um dos líderes do Comando Vermelho. Lúcia Murat fez parte do MR-8 (Movimento Revolucionário 8 de Outubro). Chegou a ficar presa por mais de três anos e foi torturada pelos militares. *Quase Dois Irmãos* talvez funcionasse melhor se tivesse se concentrado exclusivamente no período do meio, que mostra Miguel e Jorginho presos em Ilha Grande. É aí que está a essência do filme. O saldo final é honesto, tem mais acertos que erros e deixa claro que nem sempre é possível abarcar tudo de uma vez.

QUASE UM ANJO – BERNIE
BERNIE
EUA 2011

Direção: Richard Linklater

Elenco: Jack Black, Shirley MacLaine, Matthew McConaughey, Brady Coleman, Richard Robichaux, Brandon Smith, Rick Dial e Larry Jack Dotson. Duração: 99 minutos. Distribuição: Califórnia Filmes.

O diretor e roteirista americano Richard Linklater é mais conhecido por sua trilogia estrelada por Ethan Hawke e Julie Delpy (*Antes do Amanhecer*, *Antes do Pôr-do-Sol* e *Antes da Meia-Noite*). Outro ponto de destaque em sua carreira talvez seja o fato de ele conseguir extrair o melhor de um ator histriônico como Jack Black. Os dois já haviam trabalhado antes em *Escola do Rock*, de 2003, e retomam a parceria neste *Quase Um Anjo – Bernie*. O roteiro, escrito pelo diretor junto com o jornalista Skip Hollandsworth, se baseia em um artigo publicado na revista do *Texas Monthly*, e conta a história real de Bernie Tiede (Black), um agente funerário da pequena cidade de Carthage. Misto de ficção e documentário, Linklater nos apresenta um homem de extrema bondade e querido por todos, através de depoimentos dos próprios moradores da cidade. Depois que Marjorie Nugent (Shirley MacLaine), a mulher mais rica da cidade, fica viúva, as atenções se voltam inteiramente para Bernie, que estabelece uma estranha relação com ela. O trabalho de ator de Jack Black é impecável. Bem diferente do que estamos acostumados a ver. Inédito nos cinemas daqui, o filme saiu direto em vídeo e revela-se uma boa surpresa.

Direção: Cristian Mungiu

Elenco: Anamaria Marinca, Laura Vasiliu, Vlad Ivanov, Ion Sapdaru, Alexandru Potocean, Teodor Corban, Tania Popa e Cerasela Iosifescu. Duração: 113 minutos. Distribuição: Lumière.

Se você quiser um único motivo para assistir ao filme *4 Meses, 3 Semanas e 2 Dias*, eu perguntaria: quantas vezes na vida você teve a oportunidade de ver um filme feito na Romênia? Independente dessa questão "cultural", esta impactante obra escrita e dirigida por Cristian Mungiu merece ser vista por ser, antes de tudo, um grande filme. Mas é bom que fique bem claro que não se trata de um drama qualquer. Aqui, acompanhamos um período na vida de duas amigas: Otilia (Anamaria Marinca) e Gabita (Laura Vasiliu). Elas dividem um quarto num dormitório estudantil, nos últimos dias do comunismo, em 1987. As duas estudam em uma universidade no interior da Romênia. Gabita está grávida e o aborto é ilegal no país, mas Otilia irá ajudar a amiga, alugando um quarto num hotel barato e chamando um certo Sr. Bebe (Vlad Ivanov) para resolver o problema. Porém, ao saber que Gabita está com a gravidez mais adiantada do que imaginava, o "médico" aumenta as exigências para realizar o serviço. O título do filme resume o tempo contado da gestação e Mungiu não utiliza meias-palavras nem artifícios dramáticos para mostrar a difícil realidade vivida pelas amigas. Seu filme é seco, direto e cruel na abordagem que faz e sua força reside justamente aí.

QUEIMADA
QUEIMADA
ITÁLIA/FRANÇA 1969

Direção: Gillo Pontecorvo

Elenco: Marlon Brando, Evaristo Marquez, Norman Hill, Renato Salvatori e Giampiero Albertini. Duração: 132 minutos. Distribuição: Fox.

O italiano Gillo Pontecorvo iniciou sua carreira em 1953 como documentarista. Ao longo dos anos seguintes foi alternando trabalhos documentais com outros ficcionais. Em 1960, com *Kapo – Uma História do Holocausto*, ele desenvolveu um estilo que seria consagrado seis anos depois com o clássico *A Batalha de Argel*. Pontecorvo conseguiu a mistura perfeita entre ficção e documentário. Seu filme seguinte, feito em 1969, foi este *Queimada*. O roteiro, escrito por Franco Solinas e Giorgio Arlorio, conta uma história que se passa no século XIX em uma ilha do Caribe. Para lá é enviado Sir William Walker (Marlon Brando), um representante da coroa britânica. Mercenário profissional, ele tem como missão incentivar uma revolta popular que beneficiará os negócios de seu governo. Dez anos depois, ele retorna à ilha, desta vez para virar o jogo novamente. Tudo em nome dos interesses econômicos vigentes. *Queimada* foi realizado no final da década de 1960, porém, sua trama continua bastante atual. Pontecorvo questiona o imperialismo e todas as questões políticas relacionadas ao domínio de uma nação mais forte sobre uma mais fraca. Walker, irônico e habilidoso na arte da manipulação, tem em Brando o ator perfeito para encarná-lo. Em resumo, *Queimada* não é apenas um grande filme. É também uma grande aula de política.

Direção: Joel e Ethan Coen

Elenco: George Clooney, Frances McDormand, Brad Pitt, John Malkovich, Tilda Swinton, Richard Jenkins, David Rasche e J.K. Simmons. Duração: 96 minutos. Distribuição: Universal.

Depois do enorme sucesso de público, crítica e prêmios obtido com *Onde os Fracos Não Têm Vez*, os irmãos Joel e Ethan Coen decidiram levar o trabalho seguinte a um nível completamente novo. A partir de um roteiro original escrito por eles próprios, *Queime Depois de Ler* é uma comédia inusitada de espionagem. Tudo começa quando o analista da CIA Osborne Cox (John Malkovich, é demitido. Revoltado, ele resolve escrever um livro com informações bombásticas sobre o antigo emprego. O disco que contém os arquivos secretos vai parar nas mãos do instrutor de ginástica Chad Feldheimer (Brad Pitt). E várias outras personagens entram cena: a esposa de Osborne, Katie (Tilda Swinton), e seu amante, Harry (George Clooney), que é um investigador federal. Há também o pessoal da academia, em especial Linda Litzke (Frances McDormand), que sonha em fazer uma cirurgia plástica estética. Em alguns momentos beirando o surreal, o humor peculiar dos Coen continua intacto. *Queime Depois de Ler* demonstra que os cineastas mais festejados do cinema independente americano não se acomodaram com o sucesso comercial e a grande exposição que tiveram. Esta comédia tira graça das situações absurdas que retrata e o final é dos mais coerentes.

QUEREM ME ENLOUQUECER

NUTS — EUA 1987

Direção: Martin Ritt

Elenco: Barbra Streisand, Richard Dreyfuss, Maureen Stapleton, Eli Wallach, Robert Webber, James Whitmore, Karl Malden, Leslie Nielsen e William Prince. Duração: 116 minutos. Distribuição: Warner.

Em 45 anos de carreira, o ator, roteirista e diretor americano Martin Ritt realizou obras que destacaram sempre boas atuações. Não por acaso, 13 dos atores dirigidos por ele receberam indicações ao Oscar. *Querem Me Enlouquecer*, de 1987, foi seu penúltimo filme. Baseado na peça de Tom Topor, que adaptou o roteiro junto com Darryl Ponicsan e Alvin Sargent, a trama gira em torno de um crime cometido por Claudia Draper (Barbra Streisand). Ela é detida como louca e é justamente aí que reside o ponto chave da história. Claudia não aceita ser julgada como doente mental. Ela luta por um julgamento comum que talvez a leve para a prisão ao invés de um hospital psiquiátrico. Ritt extrai todo o potencial dramático do roteiro e tem a seu dispor um excelente elenco. *Querem Me Enlouquecer* é, em essência, um filme de tribunal. Porém, reserva algumas boas reviravoltas que tiram a trama da zona de conforto e a colocam em rumos inesperados e surpreendentes.

QUESTÃO DE HONRA
A FEW GOOD MEN
EUA 1992

Direção: Rob Reiner

Elenco: Tom Cruise, Jack Nicholson, Demi Moore, Kevin Bacon, Kiefer Sutherland, Kevin Pollak, James Marshall, J.T. Walsh e Cuba Gooding Jr. Duração: 138 minutos. Distribuição: Sony.

"Eu quero a verdade". Grita o advogado da Marinha, Tenente Daniel Kaffee (Tom Cruise). Em resposta, o Coronel Nathan Jessup (Jack Nicholson), grita de volta: "Você não aguenta a verdade". Este é o ponto alto de um julgamento militar que coloca em xeque a rígida disciplina de uma base americana no Caribe, onde um soldado foi assassinado. *Questão de Honra*, dirigido em 1992 por Rob Reiner, é uma adaptação da peça de mesmo nome escrita pelo premiado Aaron Sorkin, responsável também pelo roteiro, neste que foi seu primeiro trabalho como dramaturgo e roteirista. Kaffee e sua equipe, composta pela Tenente Comandante JoAnne Galloway (Demi Moore) e pelo Tenente Sam Weinberg (Kevin Pollak), são incumbidos de descobrir e punir os culpados pelo crime. Em *Questão de Honra* Reiner explora bem o suspense que se cria a partir das investigações e tira o máximo proveito do grande e estelar elenco. E Tom Cruise, com pouco mais de dez anos de carreira na época e na qualidade de astro em ascensão, não se intimida ao enfrentar um monstro da atuação do calibre de Jack Nicholson. O duelo verbal que os dois estabelecem é, para dizer o mínimo, eletrizante.

A RAINHA DO CASTELO DE AR
LUFTSLOTTET SOM SPRÄNGDES
SUÉCIA 2009

Direção: Daniel Alfredson

Elenco: Michael Nyqvist, Noomi Rapace, Lena Endre, Annika Hallin, Jacob Erickson, Sofia Ledarp, Anders Ahlbom e Micke Spreitz. Duração: 148 minutos. Distribuição: Vinny Filmes.

O jornalista investigativo e escritor sueco Stieg Larsson morreu prematuramente e não presenciou o sucesso que sua trilogia Millennium obteve em todo o mundo. Antes de ser comprada por Hollywood, os livros foram adaptados em sua terra natal em dois formatos: três filmes para o cinema e uma minissérie para televisão em seis capítulos. O material é o mesmo. A diferença é que a série de TV contém cenas adicionais que não foram utilizadas na montagem cinematográfica. A história do terceiro filme, *A Rainha do Castelo de Ar*, assim como no livro, começa cerca de dez minutos depois dos eventos mostrados na segunda parte, *A Menina Que Brincava Com Fogo*. Ambos são dirigidos por Daniel Alfredson e fecham o arco iniciado em *Os Homens Que Não Amavam as Mulheres*. Diferente dos dois primeiros, onde tínhamos uma estrutura mais próxima de uma aventura policial, essa parte três é um típico filme de tribunal. Lisbeth Salander (Noomi Rapace) é levada a julgamento, acusada de assassinato. Seu passado é revelado e uma grande conspiração se forma em torno dela para mantê-la presa. Mikael Blomkvist (Michael Nyqvist) é o único em condições de ajudá-la. Diferente do primeiro filme, que pode ser visto isoladamente, *A Rainha do Castelo de Ar* depende das partes um e dois para funcionar. O que não o desmerece em nada. Pelo contrário. Ao final, a sensação que fica é satisfatória e conclusiva.

RECONTAGEM
RECOUNT — EUA 2007

Direção: Jay Roach

Elenco: Kevin Spacey, Bob Balaban, Ed Begley Jr., Laura Dern, John Hurt e Denis Leary. Duração: 116 minutos. Distribuição: Warner.

O cineasta americano Jay Roach é mais lembrado pelas comédias que dirigiu, como as trilogias de Austin Powers e *Entrando Numa Fria*. Curiosamente, na televisão, ele vem desenvolvendo uma carreira com diretor de filmes políticos. O primeiro deles foi este *Recontagem*, de 2007. Cinco anos depois foi a vez de *Virada no Jogo*. Ambos relacionados com disputas presidenciais americanas. Enquanto *Virada no Jogo* se concentra na campanha para a Casa Branca de 2008 do Partido Republicano, que teve John McCain e sua polêmica vice, Sarah Palin, como candidatos, *Recontagem* volta um pouco mais no tempo. Na verdade, duas campanhas antes, a disputa do ano 2000 entre George W. Bush e Al Gore. Como o próprio título já antecipa, o roteiro de Danny Strong tem por inspiração a controvérsia em torno da contagem dos votos na Flórida, estado governado na época pelo irmão de Bush. O caso foi levado à Suprema Corte pelo Partido Democrata e abriria um importante precedente na jurisprudência eleitoral dos Estados Unidos. Com Kevin Spacey à frente do elenco, no papel de Ron Klain, Chefe de Gabinete de Al Gore. Toda a ação se concentra nos meses de novembro e dezembro de 2000. Um período de pouco mais de trinta dias em que não apenas os americanos, mas, o mundo todo ficou aguardando uma mudança no resultado final daquela eleição. Com produção da HBO, este telefilme deixa claro que Jay Roach também tem um olho apurado para tramas mais dramáticas e carregadas de suspense.

A REDE SOCIAL
THE SOCIAL NETWORK
EUA 2008

Direção: David Fincher

Elenco: Jesse Eisenberg, Andrew Garfield, Justin Timberlake, Armie Hammer, Joseph Mazzello, Rooney Mara, Max Minghella, Brian Barter e Dustin Fitzsimons. **Duração:** 120 minutos. **Distribuição:** Sony.

Antes de mais nada, *A Rede Social* deveria ter ganho o Oscar de melhor filme e de melhor direção em 2011. Dirigido por David Fincher, o filme recebeu oito indicações. Ganhou apenas três: roteiro adaptado, montagem e trilha sonora. A partir do livro de Ben Mezrich, o roteirista Aaron Sorkin desenvolveu uma trama cheia de reviravoltas e subtramas. Aqui são relatados acontecimentos recentes ocorridos no outono americano de 2003. Após levar um fora da namorada (Rooney Mara), o estudante de Harvard Mark Zuckerberg (Jesse Eisenberg) desenvolve uma rede social tendo como base os dados dos alunos da universidade. Nascia aí o Facebook. Com o apoio de seu melhor amigo, o brasileiro Eduardo Savarin (Andrew Garfield), Zuckerberg levanta o dinheiro necessário para por no ar, em escala maior, sua ideia. Em muito pouco tempo, aquela "brincadeira" agrega 500 milhões de amigos em todo o mundo e transforma Zuckerberg no mais jovem bilionário da história. Como a própria chamada do filme anuncia: ninguém fica amigo de 500 milhões de pessoas sem fazer alguns inimigos. E eles aparecem na figura dos gêmeos Cameron e Tyler Winklevoss (interpretados por Armie Hammer), que dizem ter tido sua ideia original roubada. Savarin, por razões pessoais, também entra na justiça contra Zuckerberg. *A Rede Social* é dinâmico, direto e envolvente. Fincher é um diretor de grande talento e sabe contar uma história muito bem. O roteiro de Sorkin é algo próximo da perfeição. A montagem ágil de Kirk Baxter e Angus Wall imprime o ritmo que o filme precisa. Trent Reznor (do Nine Inch Nails) e Atticus Ross compuseram uma trilha sonora sob medida. Tudo funciona de maneira precisa e harmônica neste filme que o futuro se encarregará de prestar o devido valor.

Direção: Warren Beatty

Elenco: Warren Beatty, Diane Keaton, Jack Nicholson, Gene Hackman, Maureen Stapleton, Jerzy Kosinski, Edward Herrmann, Paul Sorvino, M. Emmet Walsh e Josef Sommer. Duração: 195 minutos. Distribuição: Paramount.

Baseado no livro *Os Dez Dias Que Abalaram o Mundo*, escrito pelo jornalista e comunista americano John Reed, que estava na Rússia na década de 1910 e acompanhou a revolução que derrubou o regime dos czares, *Reds*, escrito (em parceria com Trevor Griffiths), produzido, dirigido e estrelado por Warren Beatty é um filme de fôlego. Segundo trabalho de Beatty atrás das câmaras, além dos eventos que culminaram no que hoje conhecemos como Revolução Russa, a história dá conta também do romance de Reed (Beatty) com a escritora Louise Bryant (Diane Keaton). Com um elenco numeroso que inclui Jack Nicholson no papel do dramaturgo Eugene O'Neill e Maureen Stapleton como Emma Goldman, o filme é envolvente e revela um diretor inspirado. O cuidado de Beatty com o roteiro e todos os demais aspectos da produção fazem de *Reds* uma obra bem acima da média. A bela fotografia do italiano Vittorio Storaro é precisa ao explorar os contrastes de luzes, cores e sombras. Uma produção grandiosa, no melhor estilo clássico "made in Hollywood", porém, com um forte conteúdo político. Com 12 indicações ao Oscar, levou apenas três: fotografia, atriz coadjuvante (para Maureen Stapleton) e direção.

REGRAS DO JOGO
RULES OF ENGAGEMENT
INGLATERRA/ALEMANHA/CANADÁ 2000

Direção: William Friedkin

Elenco: Tommy Lee Jones, Samuel L. Jackson, Guy Pearce, Ben Kingsley, Bruce Greenwood, Anne Archer e Blair Underwood. Duração: 128 minutos. Distribuição: Paramount.

O americano William Friedkin dirigiu dois filmes na primeira metade dos anos 1970, *Operação França* e *O Exorcista*, que o colocaram no Olimpo do cinema. Depois deles, sua carreira tornou-se irregular, mas, seu talento como contador de histórias nunca foi questionado. Em *Regras do Jogo*, de 2000, ele narra um drama de tribunal envolvendo uma ação de resgate na embaixada americana no Iêmen. O roteiro, escrito por Stephen Gaghan, a partir de um argumento de Jim Webb, nos apresenta o Coronel Terry Childers (Samuel L. Jackson). Ele é designado para resgatar o embaixador e sua família, que estão cercados por uma multidão de manifestantes. A missão é cumprida, porém, três soldados e 80 civis são mortos na ação. Childers é levado a julgamento em uma corte marcial sob a acusação de ter desrespeitado normas militares. Em sua defesa, o também Coronel Hayes Hodges (Tommy Lee Jones). Friedkin, que três anos antes havia dirigido a refilmagem de *12 Homens e Uma Sentença*, não tenta reinventar a roda. *Regras do Jogo* é um filme tenso e que discute questões diplomáticas pertinentes de maneira direta. Bem ao estilo de seu diretor.

O REVERSO DA FORTUNA
REVERSAL OF FORTUNE
EUA 1990

Direção: Barbet Schroeder

Elenco: Jeremy Irons, Glenn Close, Ron Silver, Annabella Sciorra, Uta Hagen, Fisher Stevens e Christine Baranski. **Duração:** 111 minutos. **Distribuição:** PlayArte.

"O que você daria a uma esposa que tem tudo?". Pergunta Claus von Bülow, vivido na medida certa pelo ator Jeremy Irons, aos seus advogados. Ninguém sabe responder. Ele então responde: "uma injeção de insulina". Cria-se um certo mal estar no ambiente. "E como se define o medo de insulina?", pergunta von Bülow na seqüência. Mais uma vez, ninguém responde. Com fina ironia e muito sarcasmo, e de quebra fazendo um trocadilho com o próprio nome, vem a resposta: "claustrofobia". *O Reverso da Fortuna* se inspira no caso von Bülow, que ganhou as manchetes dos principais jornais americanos nos anos 1980. Ele é acusado de matar Sunny (Glenn Close), sua esposa bilionária e diabética com uma dose excessiva de insulina. Entra em cena o famoso advogado Alan Dershowitz, papel de Ron Silver, contratado para defender o réu. Dershowitz publicou um livro sobre o caso e foi a partir dele que Nicholas Kazan escreveu o roteiro. Na direção, o iraniano Barbet Schroeder, que realizou alguns filmes na Europa e nos Estados Unidos ao longo dos anos 1980 e 1990. Seu estilo seco e direto se adequou bem ao conteúdo da história, carregada de um humor nigérrimo. E claro, com Jeremy Irons em estado de graça, era muito difícil alguma coisa dá errado. Falando nisso, Irons ganhou o Oscar de melhor ator por este papel.

A REVOLUÇÃO DOS BICHOS (1954)
ANIMAL FARM
EUA 1954

Direção: John Halas e Joy Batchelor

Animação. Duração: 72 minutos. Distribuição: Versátil.

O escritor inglês George Orwell é mais lembrado e festejado por seu profético *1984*. No entanto, existe uma outra obra que ele escreveu um pouco antes que é tão importante quanto. Estou falando de *A Revolução dos Bichos*, que teve uma bela animação realizada em 1954 pela dupla John Halas e Joy Batchelor. Trata-se de uma fábula política que acontece entre os animais de uma fazenda, daí o título original, *Animal Farm*. Tudo começa quando os porcos se rebelam e expulsam seu dono. A partir daí, decidem fundar um Estado onde todos os animais serão iguais. Porém, com o passar do tempo, o ideal revolucionário se esvai e aquela democracia socialista se transforma em uma tirânica ditadura. Aquela máxima que prega serem todos os animais iguais perante a lei, vai se revelando cada vez mais frágil. Na prática, alguns são mais iguais que outros. *A Revolução dos Bichos* é exemplar em sua abordagem. E deixa claro que boas intenções não são suficientes quando há interesses que se potencializam em razão do poder. E olha que o filme fala de bichos. Imagine se falasse de seres humanos.

Direção: Bruce Beresford

Elenco: Ashley Judd, Tommy Lee Jones, Bruce Greenwood, Benjamin Weir e Annabeth Gish. Duração: 105 minutos. Distribuição: Paramount.

O australiano Bruce Beresford se formou em seu país natal, mas fez carreira na Inglaterra. Começou dirigindo curtas, em 1959, e continuou neste formato pelos 11 anos seguintes. Depois, dirigiu três telefilmes e migrou para o cinema em 1974. Dono de um estilo eclético, porém, irregular, flertando com dramas, comédias, ação e suspense. *Risco Duplo*, de 1999, é um típico thriller. O roteiro de David Weisberg e Douglas Cook conta a história de Libby Parsons (Ashley Judd), uma mulher de vida perfeita. Casada com um homem rico e mãe de um menino de quatro anos, ela vê sua rotina virar de cabeça para baixo quando é acusada da morte de seu marido, que sumiu durante um cruzeiro e o corpo não foi encontrado. Libby é condenada e presa. Alguns anos depois ela descobre que o "falecido" está vivo. Decide então se vingar e pegar seu filho de volta. O título original, *Double Jeopardy*, diz respeito a uma questão bem curiosa: uma pessoa não pode ser julgada pelo mesmo crime duas vezes. É justamente isso que move a vingança de Libby. *Risco Duplo* segue o ritual de qualquer filme que gira em torno de um crime. Temos aqui a coleta de provas, a prisão, o julgamento e a condenação. Ashley Judd, que no final de 1990 era uma atriz em ascensão, segura bem seu papel. Bem como Tommy Lee Jones, no papel do oficial da condicional. Diversão rápida e eficiente.

ROCCO E SEUS IRMÃOS
ROCCO E I SUOI FRATELLI
ITÁLIA 1960

Direção: David Fincher

Elenco: Jesse Eisenberg, Andrew Garfield, Justin Timberlake, Armie Hammer, Joseph Mazzello, Rooney Mara, Max Minghella, Brian Barter e Dustin Fitzsimons. **Duração:** 120 minutos. **Distribuição:** Sony.

Luchino Visconti, que deu início ao movimento neorrealista italiano em 1943, quando dirigiu *Obsessão*, encerra 17 anos depois, com *Rocco e Seus Irmãos*, o ciclo de filmes que revolucionou o cinema mundial. A trama gira em torno da família Parondi. A matriarca, Rosaria (Katina Paxinou), após ficar viúva, se muda com os filhos Rocco (Alain Delon), Simone (Renato Salvatori), Ciro (Max Cartier) e Luca (Rocco Vidolazzi) para Milão, onde já vive o filho mais velho, Vincenzo (Spiros Focas). Tudo o que Rosaria quer é uma vida melhor. Mas a vida na cidade grande faz com que cada irmão tome um rumo diferente. É a partir dos conflitos provocados por uma sociedade hostil e a sua influência sobre uma família fragmentada e corrompida em seus valores e costumes que Visconti extrai e expõe um rico painel do comportamento humano. O elenco do filme mereceria uma resenha especial. Em se tratando de uma história com muitas personagens, nem sempre se consegue um equilíbrio e uma harmonia entre os atores. Visconti, com muita habilidade, abre espaço para que todos brilhem em cena. E nessa tarefa, a colaboração do fotógrafo Giuseppe Rotunno e do músico Nino Rota só enriquecem ainda mais o conjunto da obra. *Rocco e Seus Irmãos* influenciou gerações de cineastas em todo o mundo e, mesmo tendo sido realizado há mais de meio século, sua força continua intacta. Certos filmes não são clássicos por acaso.

RUTH EM QUESTÃO
CITIZEN RUTH
EUA 1996

Direção: Alexander Payne

Elenco: Laura Dern, Kelly Preston, Burt Reynolds, Tippi Hedren, Mary Kay Place, Swoosie Kurtz, Diane Ladd e Kurtwood Smith. Duração: 106 minutos. Distribuição: Lumière.

O americano Alexander Payne é hoje celebrado tanto no cinema independente como no chamado cinemão. Ele começou sua carreira em 1985, dirigindo o curta *Carmen*. Em 1991 dirigiu um média-metragem, *The Passion of Martin*. E finalmente, em 1996, realizou seu primeiro longa, *Ruth em Questão*. O roteiro, escrito por ele junto com Jim Taylor, conta a história de Ruth Stoops (Laura Dern), uma mãe de quatro crianças, viciada em drogas, que já foi presa 16 vezes e perdeu a guarda dos filhos. Outra vez na cadeia, ela descobre estar grávida novamente. O juiz, sensibilizado com a situação de Ruth, promete uma redução da sentença caso ela interrompa a gravidez. Pronto. Está armado o circo em torno da questão do aborto. Dois grupos, um contra e outro a favor, passam a disputar a atenção de Ruth. E ela, aproveita o interesse deles para tirar proveito. Payne já deixa claro neste trabalho inicial o tipo de foco que daria em seus filmes futuros. Uma mistura sui generis de drama e comédia, que foge dos clichês e do politicamente correto sem cair jamais na vulgaridade. *Ruth em Questão*, além do talento de seu diretor, também presenteou a atriz Laura Dern com um dos melhores e mais marcantes papéis de sua carreira.

SACCO E VANZETTI
ITÁLIA 1971

Direção: Giuliano Montaldo

Elenco: Gian Maria Volontè, Riccardo Cucciolla, Cyril Cusack, Rosanna Fratello, Geoffrey Keen, Milo O'Shea, William Prince e Claude Mann. **Duração:** 120 minutos. **Distribuição:** Versátil.

Os anos 1970 foram marcados por um cinema de conteúdo político como em nenhum outro período da história. Esta tendência pôde ser percebida em muitas cinematografias. Dentre elas, a italiana merece um destaque especial. E dos filmes italianos realizados na época, *Sacco e Vanzetti*, dirigido em 1971 por Giuliano Montaldo, é um dos melhores exemplos. O roteiro, escrito por Montaldo, junto com Fabrizio Onofri e Ottavio Jemma, se inspira em uma história real. No caso, o julgamento e a condenação de Nicola Sacco (Riccardo Cucciolla) e Bartolomeo Vanzetti (Gian Maria Volontè). Os dois imigrantes italianos lutavam por uma vida melhor nos Estados Unidos. Acusados de assassinato, eles são presos, julgados e condenados, sem evidência concreta alguma do crime neste que é considerado um dos maiores erros judiciais do século XX. Anarquistas convictos, teria sido esta a real justificativa da condenação. Neste ponto, *Sacco e Vanzetti* mantém sua atemporalidade, pois, ainda hoje, pessoas são julgadas e condenadas por conta de suas convicções políticas e/ou religiosas. Infelizmente, pouca coisa mudou.

Direção: Olivier Nakache e Eric Toledano

Elenco: Omar Sy, Charlotte Gainsbourg, Tahar Rahim, Izia Higelin, Liya Kebede, Isaka Sawadogo e Hélène Vincent. Duração: 118 minutos. Distribuição: Califórnia Filmes.

Depois do enorme sucesso de *Intocáveis*, criou-se uma grande expectativa em relação ao próximo trabalho da dupla Olivier Nakache e Eric Toledano. Outra vez tendo Omar Sy à frente do elenco, eles nos apresentam *Samba*, um drama que trata de uma questão bastante delicada na França hoje: imigração. Com roteiro dos próprios diretores, adaptado do romance *Samba pour la France*, de Delphine Coulin, a história consegue fugir do lugar comum. Samba (Omar Sy) é um senegalês que mora em Paris há dez anos e nunca conseguiu um emprego legal. Sua vida gira em torno de inúmeros bicos e amizades que faz com outros imigrantes, entre eles Walid (Tahar Rahim), personagem que funciona como alívio cômico do filme ao se dizer brasileiro. Ao mesmo tempo, Samba procura ajuda de Alice (Charlotte Gainsbourg), voluntária de uma ONG. Mesmo sem ter a mesma pegada de humor de *Intocáveis*, em *Samba*, Nakache e Toledano conseguem mais uma vez lidar com um tema sério de maneira única.

O SEGREDO (1996)
THE CHAMBER — EUA 1996

Direção: James Foley

Elenco: Gene Hackman, Chris O'Donnell, Faye Dunaway, Robert Prosky, Raymond J. Barry, Lela Rochon, Harve Presnell, Bo Jackson e Richard Bradford. Duração: 100 minutos. Distribuição: Universal.

O diretor nova-iorquino James Foley estreou em meados dos anos 1980. No começo, seus filmes tinham fortes características do cinema independente feito nos Estados Unidos. Depois, sua filmografia passou a mesclar trabalhos mais intimistas e pessoais com obras mais comerciais. *O Segredo*, que ele dirigiu em 1996, se enquadra no segundo grupo. Baseado no livro de mesmo nome de John Grisham, o roteiro ficou a cargo de William Goldman e Chris Reese. O título não tem relação alguma com a série de livros de auto-ajuda. Trata-se de mais uma infeliz tradução para português. No original, o título "The Chamber", ou "A Câmara", faz referência à câmara de gás. Aqui virou *O Segredo*, que tem até uma pequena relação com a história, mas, é genérico demais. Na trama, Sam Cayhall (Gene Hackman) está à espera do corredor da morte. Condenado por explodir um prédio e, consequentemente, pela morte de pessoas. Poucas semanas antes da execução da sentença, ele recebe a visita do neto, Adam Hall (Chris O'Donnell), um jovem advogado recém-formado. A conversa entre os dois é tensa e Adam decide investigar melhor o caso com vistas a salvar a vida do avô, um racista declarado. Porém, à medida que ele investiga, põe em risco a revelação de algo bem maior, o "segredo" do título nacional. A história é boa e intrigante, no entanto, Foley não consegue dar ao filme o ritmo que ele merece. Vale pela premissa e pelo desempenho certeiro de Gene Hackman.

Direção: Peter Medak

Elenco: Christopher Eccleston, Tom Courtenay, Eileen Atkins, Edward Hardwicke, Claire Holman, Michael Gough e Paul Reynolds. Duração: 115 minutos. Distribuição: Columbia.

O ator britânico Christopher Eccleston é mais lembrado hoje por ter sido o nono ator a encarnar o "doutor", na série de TV da BBC, *Doctor Who*. Mas foi com este papel em *O Segredo de Uma Sentença*, dirigido em 1991 por Peter Medak, que ele foi descoberto. O roteiro, escrito por Neal Purvis e Robert Wade, se inspira na história real de Derek Bentley (Eccleston), condenado pela morte de um policial inglês nos anos 1950. O filme de Medak nos leva por cinco períodos de tempo diferentes, entre 1941 e 1953, para contar sua história. Tudo começa quando o jovem Derek se junta a uma gangue de adolescentes liderada por Chris Craig (Paul Reynolds), que é fascinado por filmes de gangsters feitos em Hollywood. Durante um cerco policial, Chris mata um dos policiais e Derek é preso como culpado. *O Segredo de Uma Sentença* discute a uso da pena de morte a partir de eventos que causaram grande repercussão na Inglaterra.

Direção: Juan José Campanella

Elenco: Ricardo Darín, Soledad Villamil, Carla Quevedo, Javier Godino, Bárbara Palladino, Rudy Romano e Alejandro Abelenda. Duração: 129 minutos. Distribuição: Europa Filmes.

Muitos se surpreenderam quando foi anunciado o vencedor do Oscar de melhor filme estrangeiro de 2010. Havia uma expectativa de que o ganhador fosse *A Fita Branca*, da Alemanha, ou *O Profeta*, da França. Quem levou o prêmio foi o excepcional filme argentino *O Segredo dos Seus Olhos*, de Juan José Campanella, o mesmo diretor do também excelente *O Filho da Noiva*. Surge então uma pergunta: o que é que o cinema argentino tem que o nosso não tem? A resposta é bem simples: como eu costumo dizer, eles conseguem dialogar com seu público, ou melhor, com qualquer público. *O Segredo dos Seus Olhos* mistura diversos gêneros para contar, e contar bem, a história de um crime violento que afetou a vida de um grupo de pessoas durante 25 anos. Um crime inicialmente sem solução, mas que, graças ao senso de observação que a dupla de detetives possui do comportamento humano, termina por revelar pistas que não foram percebidas num primeiro momento. Liderando o afinadíssimo elenco temos Ricardo Darín, maior ator do moderno cinema feito na terra de Perón. Campanella, que além de dirigir também escreveu o roteiro e montou o filme, revela um domínio completo de tudo o que acontece e aparece em cena. A trama vai e volta no tempo e nunca ficamos perdidos. Tudo flui com perfeição. Um filme que reforça ainda mais uma constatação dos últimos anos: temos muito o que aprender com nossos vizinhos.

SEGUNDA-FEIRA AO SOL
LOS LUNES AL SOL
ESPANHA 2002

Direção: Fernando León de Aranoa

Elenco: Javier Bardem, Luis Tosar, José Ángel Egido, Nieve De Medina, Enrique Villen, Celso Bugallo, Joaquín Climent, Aida Folch, Serge Riaboukine, Laura Dominguez. Duração: 113 minutos. Distribuição: Casablanca Filmes.

Infelizmente, quando de seu lançamento mundial, *Segunda-Feira ao Sol* sofreu uma carga extra e desnecessária de desconfiança e rejeição. Tudo isso por ele ter sido o filme escolhido pela Espanha para representar o país na disputa ao Oscar de melhor filme estrangeiro no lugar de *Fale Com Ela*, de Pedro Almodóvar, que era o filme que todos esperavam ver indicado. Uma grande bobagem já que ambos são muito bons e completamente diferentes. Dirigido e co-escrito por Fernando Léon de Aranoa, *Segunda-Feira ao Sol* se passa em Vigo, uma pequena cidade litorânea no norte da Espanha. Lá, um grupo de amigos se reúne em um bar para compartilhar coisas boas e ruins do cotidiano. Em comum, o desemprego e a falta de expectativa. O estilo seco de Aranoa, que mistura momentos engraçados com a dura rotina de quem procura trabalho, traça um retrato preciso dessa dura realidade. Com o ator Javier Bardem em desempenho comovente e quase irreconhecível, *Segunda-Feira ao Sol* superou a cobrança inicial e encontrou seu caminho recebendo inúmeros prêmios em diversos festivais de cinema.

SELMA
SELMA
EUA 2014

Direção: Ava DuVernay

Elenco: David Oyelowo, Carmen Ejogo, Tom Wilkinson, Giovanni Ribisi, Oprah Winfrey, Caly Chappell, Haviland Stillwell, Dylan Baker, André Holland e Tim Roth. Duração: 128 minutos. Distribuição: Buena Vista.

Cinebiografias são sempre terreno fácil e perigoso ao mesmo tempo. Fácil pois, quando trata da vida de alguma figura pública ou histórica muito conhecida, a perspectiva de uma boa bilheteria é quase certa. Perigosa quando tenta abarcar a vida inteira do retratado. O que muitas vezes faz com que momentos importantes sejam tratados superficialmente. A diretora americana Ava DuVernay optou por fazer um recorte bem específico e fundamental na trajetória do líder negro Martin Luther King Jr. e sua luta pela igualdade de direitos entre brancos e negros nos Estados Unidos. Seu filme *Selma* se concentra na marcha organizada por Luther King, vivido pelo ator David Oyelowo, em 1965, entre a cidade que dá título ao filme e a capital do estado do Alabama, Montgomery. O objetivo daquela caminhada pacífica era permitir aos afro-americanos o direito de votar. O roteiro, escrito por Paul Webb, teve produção da apresentadora Oprah Winfrey, que tem um papel pequeno, porém, de grande importância nesta história. Outro ponto positivo de *Selma*, além do recorte temporal, diz respeito à maneira como Luther King é mostrado aqui. DuVernay e Webb não o santificam nem escondem suas falhas. E neste ponto, convém destacar a interpretação mais do que precisa e cheia de sutilezas de Oyelowo. Ignorado pela Academia de Artes e Ciências Cinematográficas de Hollywood, *Selma* recebeu apenas duas indicações ao Oscar: melhor filme e melhor canção. Ganhou na segunda categoria com Glory, composta por Common e John Legend. Merecia mais.

SEM EVIDÊNCIAS
DEVIL'S KNOT
EUA 2013

Direção: Atom Egoyan

Elenco: Colin Firth, Reese Witherspoon, Dane DeHaan, Kevin Durand e Elias Koteas. Duração: 114 minutos. Distribuição: Paris Filmes.

É comum assistirmos a filmes que mostram os "suspeitos de sempre". Quando essas histórias acontecem em cidades pequenas, onde todo mundo conhece todo mundo, isso é mais recorrente ainda. É como se eles fossem culpados de tudo de ruim. Sempre. Algumas dessas histórias são baseadas em fatos. Como é o caso de *Sem Evidências*, de 2013, dirigido por Atom Egoyan, que é filho de armênios, nasceu no Egito e se criou no Canadá. O roteiro, escrito por Scott Derrickson e Paul Harris Boardman, é uma adaptação do livro de Mara Leveritt, que sua vez em inspira na História dos Três de West Memphis, que aconteceu de verdade em 1993. Três adolescentes, Damien (Alessandro Nivola), Jason (Seth Meriwether) e Jessie (Kris Higgins), fãs de heavy metal e simpatizantes de rituais de magia negra, são acusados do assassinato brutal de três crianças de oito anos de idade. O julgamento, carregado de polêmica e provas pouco conclusivas, termina por condenar os jovens. Acompanhamos então a luta de um investigador, Ron Lax (Colin Firth), para provar os "furos" do processo. *Sem Evidências* não é um filme perfeito. Assim como o julgamento dos rapazes, há muitos "furos" aqui também. Egoyan não estava no seu melhor dia quando o dirigiu. No entanto, é bastante relevante a discussão que ele propõe.

SEM PROTEÇÃO
THE COMPANY YOU KEEP
EUA 2012

Direção: Robert Redford

Elenco: Robert Redford, Susan Sarandon, Shia LaBeouf, Julie Christie, Terrence Howard, Chris Cooper, Stanley Tucci, Sam Elliott, Nick Nolte, Richard Jenkins, Anna Kendrick, Brendan Gleeeson e Brit Marling. Duração: 121 minutos. Distribuição: Imagem Filmes.

Quem acompanha a carreira de Robert Redford, seja como ator, diretor ou produtor, sabe que ele sempre foi um artista politizado. Isso dá à sua obra uma coerência pouco comum dentro da indústria de cinema americana. Mesmo quando ele se envolve em projetos, digamos assim, mais românticos, seu ponto de vista costuma ter um viés político. *Sem Proteção*, filme que ele dirigiu e também atuou, volta a discutir questões recorrentes em sua obra. O genérico e ridículo título nacional dado para *The Company You Keep*, algo como "a companhia que você mantém", não consegue dizer muito sobre o filme. O roteiro escrito por Lem Dobbs, se baseia no romance de Neil Gordon, e conta a história de Jim Grant (Redford), um advogado viúvo que leva uma vida pacata com sua filha. Ele foi no passado ativista de um grupo terrorista, acusado de assassinato. Este segredo vem à tona por conta de uma matéria do repórter Ben Shepard (Shia LaBeouf). *Sem Proteção* não foge à clássica estrutura do suspense. No entanto, Redford não arrisca na maneira de contar sua história. Temos, no final, uma trama cheia de reviravoltas, um elenco de primeira e a defesa de questões que envolvem o papel do Estado e da imprensa.

O SENHOR DAS ARMAS
LORD OF WAR
FRANÇA/EUA/RÚSSIA 2005

Direção: Andrew Niccol

Elenco: Nicolas Cage, Ethan Hawke, Ian Holm, Jared Leto, Bridget Moynahan, Eamonn Walker e Sammi Rotibi. Duração: 122 minutos. Distribuição: Alpha Filmes.

O Senhor das Armas, que o cineasta neozelandês Andrew Niccol escreveu e dirigiu em 2005, pode não ter a melhor das aberturas, mas, com certeza, tem uma das mais impactantes. Como o próprio título já sugere, o filme gira em torno do comércio de armas, e a sequência que abre o filme mostra em detalhes o processo de fabricação de uma bala até seu destino final. Neste terceiro longa do diretor, ele nos apresenta Yuri Orlov (Nicolas Cage), um soviético que migra para os Estados Unidos e percebe, após o fim da Guerra Fria entre americanos e russos, que o comércio de armas ilegais pode ser muito lucrativo. A combinação armas e dinheiro chama a atenção de muita gente e Niccol utilizada esse conflito como ponto central de sua trama. Não foi surpresa perceber a polêmica que *O Senhor das Armas* causou quando de seu lançamento. Além da já mencionada sequência de abertura, o filme tem um tom realista e toca em um assunto delicado e próximo de nosso cotidiano, que fica difícil, em alguns momentos, mantermos um certo distanciamento. "Existem mais de 550 milhões de armas de fogo em circulação no mundo. É uma para cada doze pessoas no planeta. A única pergunta é: como armar as outras onze?". Esta frase dita por Orlov resume bem a essência desta obra singular e ela continua ecoando em nossa cabeça mesmo depois que o filme acaba.

A SEPARAÇÃO — JODAEIYE NADER AZ SIMIN — IRÃ 2011

Direção: Asghar Farhadi

Elenco: Leila Hatami, Peyman Maadi, Shahab Hosseini, Sareh Bayat, Sarina Farhadi, Kimia Hosseini e Babak Karimi. Duração: 123 minutos. Distribuição: Imovision.

O cineasta iraniano Asghar Farhadi entrou para a história cinematográfica do Irã ao tornar-se o primeiro vencedor de um Oscar para seu país. No caso, o de melhor filme estrangeiro em 2012. Formado em Teatro e Cinema pela Universidade de Teerã, Farhadi começou a carreira dirigindo curtas e séries para televisão. Seus longas, principalmente *Procurando Elly*, de 2009, e este *A Separação*, de 2011, lhe deram projeção mundial. O mais curioso em sua obra é que ela retrata um Irã bem diferente daquele que vemos nos telejornais. Farhadi, que também escreve seus roteiros, tem o dom da narrativa. Em *A Separação*, acompanhamos o drama de Nader (Peyman Moaadi), que após se divorciar de Simin (Leila Hatami), precisa contratar alguém para cuidar de seu velho e doente pai. Algo aparentemente simples. No entanto, a mulher que Nader contrata está grávida e trabalha sem que o marido tenha permitido. Além disso, um incidente inesperado complica ainda mais a situação e termina por levar as famílias do patrão e da empregada a um julgamento que traz à tona questões morais e religiosas. A câmara de Farhadi não para um minuto sequer. Ela nos mostra tudo e revela uma sociedade dividida. De um lado, uma classe rica e escolarizada que se aproxima do que entendemos como "civilidade". Do outro, uma classe pobre e com pouco estudo, presa às tradições seculares. Apesar dessas diferenças culturais, ambas possuem problemas e enfrentam dramas como os nossos. Essa talvez seja a maior contribuição do cinema de Farhadi. Mostrar que no fundo somos todos iguais.

SEPARADOS, MAS IGUAIS
SEPARATE BUT EQUAL
EUA 1991

Direção: George Stevens Jr

Elenco: Sidney Poitier, Burt Lancaster, Richard Kiley, Cleavon Little, Albert Hall, Malcolm McCallman, John McMartin, Graham Beckel e Gloria Foster. Duração: 192 minutos. Distribuição: Versátil.

As constituições costumam dizer que todos são iguais perante a lei. Na prática, não é bem assim. Felizmente, em algumas situações, as coisas mudaram. É o caso de *Separados, Mas Iguais*, minissérie de 1991, escrita, produzida e dirigida por George Stevens Jr. A história se baseia em um fato ocorrido no ano de 1954 nos Estados Unidos. Naquele ano a Suprema Corte americana julgou o caso "Brown contra o Conselho de Educação". O resultado do julgamento declarou inconstitucional a segregação racial nas escolas públicas daquele país. Temos aqui uma luta que parecia ter nascido perdida. Se a Constituição garantia em sua 14ª Emenda a igualdade de direitos entre brancos e negros, porque isso não era cumprido? Neste caso específico, tratava-se do direito à educação. A ação tem início no estado da Carolina do Norte, no final dos anos 1940. Um advogado, Thurgood Marshall (Sidney Poitier), é contratado para fazer valer este direito básico. O governo estadual, por sua vez, contrata o famoso advogado John W. Davis (Burt Lancaster), para defender a manutenção da situação existente. A luta se revela árdua. Marshall decide recorrer à Suprema Corte. O curioso é que esta mesma corte já havia negado recursos similares por sete vezes no passado. Porém, uma série improvável de acontecimentos termina por mudar o rumo das coisas. *Separados, Mas Iguais* conta a história desta luta justa pela igualdade de direitos entre brancos e negros nos Estados Unidos. Apesar de utilizar uma estrutura narrativa convencional, seu teor é tão forte e o elenco tão bem escolhido que fica difícil não se envolver e se emocionar com a história contada aqui. Este foi o último trabalho de Burt Lancaster, que sofreu um derrame cerebral pouco depois das filmagens. Em tempo: o advogado Thurgood Marshall foi o primeiro negro a ser nomeado para Suprema Corte dos Estados Unidos. Isso ocorreu em 1967.

SERPICO
SERPICO
EUA 1973

Direção: Sidney Lumet

Elenco: Al Pacino, F. Murray Abraham, John Randolph, Tony Roberts, James Tolkan, Allan Rich, Tony Roberts, M. Emmet Walsh e Kenneth McMillan. Duração: 130 minutos. Distribuição: Versátil.

Filme bom é aquele em que nenhum item isolado se destaca. Quando alguém comenta: "a fotografia é muito bonita" ou "a música é fantástica" ou ainda "a montagem é sensacional" ou mesmo "que trabalho de ator", desconfie. Quando um filme é verdadeiramente bom, ele funciona por inteiro e de maneira harmônica. É assim em *Serpico*, policial dirigido em 1973 por Sidney Lumet e estrelado por Al Pacino. A carreira de ambos estava em um excelente momento. Lumet estabelecido como um grande diretor e Pacino em ascensão após o sucesso estrondoso de *O Poderoso Chefão*. Além disso, Hollywood se reinventava produzindo dramas intensos e adultos. O filme conta a história real de Frank Serpico, um policial de Nova York que decide enfrentar seus colegas corruptos. Primeiro, tudo foi contado em um livro, escrito por Peter Maas. A partir daí, Waldo Salt e Norman Wexler cuidaram da adaptação para o cinema. *Serpico* continua atual na essência de seu objetivo em retratar a luta de um homem contra um sistema viciado. Ícone de seu tempo, a trajetória deste policial honesto nos é contada através de um longo *flashback*. Lumet, habilmente como de costume, nos conduz por muitas respostas a uma pergunta que é feita logo no início do filme: "Quem pode confiar em um policial que não aceita suborno?".

Direção: Costa-Gavras

Elenco: François Maistre, Heinz Bennent, Henri Serre, Ivo Garrani, Jacques Spiesser, Louis Seigner, Michael Lonsdale e Roland Bertin. Duração: 118 minutos. Distribuição: Weekend.

Houve um tempo em que Costa-Gavras era sinônimo de filme político. Depois da aclamação mundial obtida com *Z*, em 1969, o cineasta grego radicado na França realizou uma série de filmes engajados. Entre eles, *A Confissão* (1970), *Estado de Sítio* (1972) e este *Sessão Especial de Justiça* (1975). Com roteiro do próprio Gavras, junto com Jorge Semprún, a história se baseia no livro de Hervé Villeré, *L'Affaire de La Section Spéciale*, publicado em 1973. O livro, por sua vez, narra um fato ocorrido durante a ocupação nazista em Paris. Quatro jovens idealistas são presos e torturados pelos soldados alemães. O filme traz à tona um sério questionamento. Pode uma lei ter efeito retroativo? É disso que trata o julgamento que dá título ao filme. Costa-Gavras, fiel ao seu estilo provocador, caminha aqui por um verdadeiro campo minado. Ao mesmo tempo, apresenta um tenso painel da França ocupada e dividida entre grupos colaboracionistas e grupos de resistência. Está criado o impasse e o clima de suspense e tensão fica cada vez maior. Curiosamente, *Sessão Especial de Justiça* não obteve a mesma acolhida de público e crítica que os outros filmes do diretor. O tempo, no entanto, foi generoso com ele e manteve intacto seu forte caráter de denúncia histórico-social.

AS SESSÕES
THE SESSIONS
EUA 2012

Direção: Ben Lewin

Elenco: John Hawkes, Helen Hunt, William H. Macy, Moon Bloodgood, Adam Arkin e Rhea Perlman. Duração: 98 minutos. Distribuição: Fox.

O filme *As Sessões* poderia facilmente cair em duas armadilhas: a vulgaridade ou a pieguice. No entanto, o cineasta polonês radicado nos Estados Unidos Ben Lewin soube caminhar por uma linha tênue e evitou cair nessas ciladas. O roteiro, escrito pelo próprio diretor, tem como base a história real de Mark O'Brien, que escreveu um artigo para uma revista. O'Brien era poeta e escritor, contraiu ainda criança a poliomielite e passou a maior parte de sua vida preso em um pulmão de aço. Mark, vivido pelo ator John Hawkes, ocupa seu tempo escrevendo e indo à igreja, onde tem conversas intermináveis e divertidas com o padre Brendan (William H. Macy). Ele quer descobrir o sexo e perder a virgindade. Para isso, contrata Cheryl (Helen Hunt), uma terapeuta sexual especializada em exercícios e consciência corporal. O próprio título de *As Sessões* resume bem o mote principal do filme. A química de atuação que se estabelece entre Hawkes, Hunt, Macy e todo o elenco de apoio é primorosa. Lewin conduz seu filme com leveza, otimismo e sensibilidade. Outro ponto alto é nunca mostrar a personagem de O'Brien como um pobre coitado. E John Hawkes imprime o tom certo em sua interpretação. Ele é aquele tipo de ator de rosto conhecido, mas, que ninguém lembra direito onde viu. No final, o saldo é dos mais positivos e fica aquela sensação de termos visto um filme legal.

Direção: Paul Haggis

Elenco: Russell Crowe, Elizabeth Banks, Liam Neeson, Olivia Wilde, Michael Buie, Moran Atias, Remy Nozik, Ty Simpkins e Daniel Stern. Duração: 105 minutos. Distribuição: Imagem Filmes.

Dizem que de pessoas bem intencionadas o inferno está cheio. Assim como os presídios estão cheios de inocentes. Pode até ser verdade. Mas, existem casos de inocentes que são presos e condenados equivocadamente. Uma situação como esta acontece com Lara (Elizabeth Banks), no filme *72 Horas*. Dirigido por Paul Haggis, experiente roteirista que escreveu esta história junto com Fred Cavayé e Guillaume Lemans. O drama de Lara decorre de uma situação bem incomum e bastante circunstancial que colabora para sua culpabilidade. Presa há três anos e com todos os recursos negados pelas instâncias superiores de justiça, seu marido, John (Russell Crowe), vê apenas uma solução: fugir da prisão. Para tanto, elabora um meticuloso plano para resgatá-la no intervalo de tempo do título. Trata-se de uma ação mirabolante. No entanto, Haggis nos entrega uma narrativa enxuta e conta com um elenco dos mais convincentes. Além disso, nos envolve na torcida pelo casal, uma vez que deixa bem claro ser Lara realmente inocente.

SEU ÚLTIMO COMANDO
THE COURT-MARTIAL OF BILLY MITCHELL
EUA 1956

Direção: Otto Preminger

Elenco: Gary Cooper, Charles Bickford, Ralph Bellamy, Rod Steiger, Elizabeth Montgomery, Peter Graves e Darren McGavin. Duração: 100 minutos. Distribuição: Warner.

Natural da Bukovina, que pertencia ao antigo império Austro-Húngaro, Otto Preminger começou carreira como ator e depois passou a se dedicar à direção. Com a ascensão do nazismo, ele que era de família judia, acabou migrando para os Estados Unidos, em 1935. Lá se notabilizou pela filmografia eclética e, ironicamente, pelo papel de oficial nazista em alguns filmes de guerra. Apesar de ser mais lembrado pelo drama de tribunal *Anatomia de Um Crime*, que ele dirigiu em 1959, três anos antes ele realizou uma espécie de aquecimento com este *Seu Último Comando*. O roteiro, de Milton Sperling e Emmet Lavery, nos apresenta o Coronel Billy Mitchell (Gary Cooper), do Serviço Aéreo do Exército. Ele é acusado como responsável pela morte de vários soldados de seu antigo esquadrão. Levado à Corte Marcial para ser julgado, Mitchell acusa a Marinha e o Exército como verdadeiros responsáveis, uma vez que utilizam aeronaves em condições precárias. Em sua defesa, ele conta com o advogado Frank Reid (Ralph Bellamy), que procura reunir provas para validar a afirmação de seu cliente. *Seu Último Comando* é um Preminger típico: história forte, personagens bem construídos e excelentes atores em cena. Precisa mais?

SIN CITY
A CIDADE DO PECADO
EUA 2005

Direção: Robert Rodriguez, Frank Miller e Quentin Tarantino

Elenco: Mickey Rourke, Bruce Willis, Jessica Alba, Clive Owen, Alexis Bledel, Rosario Dawson, Benicio Del Toro, Brittany Murphy, Michael Clarke Duncan, Carla Gugino, Josh Hartnett, Rutger Hauer, Nick Stahl, Elijah Wood e Powers Boothe. **Duração:** 124 minutos. **Distribuição:** Buena Vista.

O cinema, em sua essência, é uma arte experimental. E, mais do que isso, é uma arte que sempre experimentou novas técnicas e narrativas. O flerte com as artes gráficas é antigo e vem desde Georges Méliès, que fez o primeiro filme de ficção-científica da história, *A Viagem à Lua*, em 1902. Ao longo de todo o Século XX, o cinema utilizou como inspiração direta, ou mesmo indireta, diversos movimentos artísticos. Do expressionismo alemão aos filmes surrealistas de Luís Buñuel e Salvador Dali chegando até a pop art de Andy Warhol e às adaptações de histórias em quadrinhos. O namoro do cinema com as HQs ficou mais sério a partir de 2005, quando o cineasta Robert Rodriguez provou para o autor de quadrinhos Frank Miller que era possível adaptar com fidelidade sua obra *Sin City* para o cinema. *Sin City* trouxe para a tela grande a sensação real de acompanharmos uma HQ em tamanho gigante. Ang Lee já havia tentado isso com seu filme Hulk, mas Robert Rodriguez e Frank Miller foram bem mais radicais. Para transportar para a telona o universo em preto-e-branco criado no papel, Rodriguez desenvolveu uma nova técnica. *Sin City* teve um processo de captura de imagem inteiramente digital e utilizou câmaras de alta definição. O envolvimento de Miller no processo foi tão intenso que ele terminou recebendo crédito como co-diretor. A crítica, na época, batizou *Sin City* de "filme neo-noir". O curioso é que quando Frank Miller concebeu sua série de histórias sobre a Cidade do Pecado, a principal inspiração foram os filmes noir da década de 1940. O cinema inspirou a HQ que inspirou o cinema que depois inspirou novamente a HQ.

SINDICATO DE LADRÕES
ON THE WATERFRONT
EUA 1954

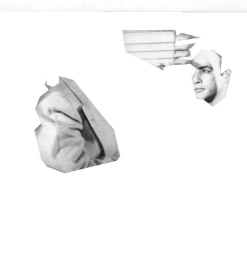

Direção: Elia Kazan

Elenco: Marlon Brando, Rod Steiger, Karl Malden, Eva Marie Saint, Pat Hingle, Lee J. Cobb, Martin Balsam e Pat Henning . **Duração:** 108 minutos. **Distribuição:** Sony.

"Você não entende. Eu poderia ter tido classe. Eu poderia ter sido um lutador. Eu poderia ter sido alguém, ao invés de um vagabundo, que é o que eu sou". Esta fala da personagem Terry Malloy, um dos muitos papéis icônicos do grande Marlon Brando, é dita ao seu irmão, Charley (Rod Steiger), em um momento marcante de *Sindicato de Ladrões*. Dirigido em 1954 por Elia Kazan, a partir de um roteiro original de Budd Schulberg, o filme conta a história de um ex-boxeador, Terry, que agora trabalha para Johnny Friendly (Lee J. Cobb), o chefão do sindicato dos empregados do porto. Charley é o braço direito de Johnny e a fala reproduzida no início deste texto resume bem o espírito do filme e a relação dos dois irmãos. Terry, que é forte mas não tem uma inteligência na mesma proporção, teve sua grande chance no ringue e a deixou escapar por causa de Charley. Ele se sente culpado por conta de algo que aconteceu durante seu "trabalho". Para complicar ainda mais as coisas, seu envolvimento com Edie (Eva Marie Saint) e os conselhos do padre Barry (Karl Malden) aumentam ainda mais sua angústia e frustração. Kazan sabe contar uma história muito bem. *Sindicato de Ladrões* é violento, dramático, intenso e envolvente. Mesmo passado tanto tempo de sua realização, seus conflitos continuam bem atuais porque são inerentes aos seres humanos, de qualquer parte do mundo. Clássico absoluto, foi o grande vencedor do Oscar de 1955, quando ganhou oito estatuetas: melhor filme, diretor, ator (Marlon Brando), atriz coadjuvante (Eva Marie Saint), roteiro, fotografia, montagem e direção de arte.

Direção: Barry Levinson

Elenco: Kevin Bacon, Robert De Niro, Dustin Hoffman, Jason Patric, Brad Pitt, Bruno Kirby, Brad Renfro, Minnie Driver, Vittorio Gassman, Billy Crudup, Ron Eldard e Jeffrey Donovan. Duração: 147 minutos. Distribuição: Buena Vista.

Sempre que se tenta contar uma história que envolva um grande elenco, na maioria dos casos, as coisas fogem do controle. Quando, além disso, temos que acompanhar a trama em duas épocas distintas, quase sempre estamos diante de um filme dividido em dois. E se isso acontece, é comum que uma das partes se sobressaia em relação à outra. Este é mais ou menos o caso do filme *Sleepers: A Vingança Adormecida*, de Barry Levinson. O roteiro, dele próprio, é uma adaptação do livro autobiográfico de Lorenzo Carcaterra e conta o drama vivido por quatro amigos de infância. Quando crianças, eles tornam-se vítimas de um erro judicial e são encaminhados para um reformatório. Lá, nas mãos de guardas sádicos, sofrem agressões e abusos sexuais. A história então salta 15 anos e agora adultos, o destino oferece uma oportunidade de ser feita justiça. A partir daí, *Sleepers* muda de foco e se transforma em um filme de julgamento convencional. Era de se esperar que o elenco estelar, que mistura atores de diferentes gerações, resultasse em algo pouco funcional. No entanto, Levinson consegue "domar" muito bem possíveis arroubos de ego. Não se trata de um filme perfeito. Afinal, há várias pontas que ficam soltas e outras que são mal amarradas. Mas, o resultado final é satisfatório e catártico.

SOB SUSPEITA [1987]
SUSPECT
EUA 1987

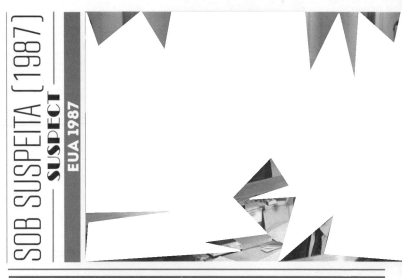

Direção: Peter Yates

Elenco: Dennis Quaid, Cher, Liam Neeson, John Mahoney, Joe Mantegna, Philip Bosco e Katherine Kerr. **Duração:** 121 minutos. **Distribuição:** Sony.

O diretor britânico Peter Yates começou sua carreira no início dos anos 1960 dividido entre o cinema e a televisão. Seu nome ganhou destaque depois que dirigiu *Bullitt*, em 1968. Desde então tem "passeado" por diferentes gêneros e, apesar de não ter uma marca pessoal, revelou-se bastante competente como narrador. *Sob Suspeita*, feito em 1987, é mais uma prova de sua versatilidade. O roteiro de Eric Roth conta uma história que envolve a Suprema Corte e até o governo em uma teia de corrupção. Tudo começa com o brutal assassinato de uma mulher. Carl Wayne Anderson (Liam Neeson), um mendigo veterano de guerra é acusado do crime. Kathleen Riley (Cher), uma advogada pública, é designada para defendê-lo. Entra em cena Eddie Sanger (Dennis Quaid), um lobista selecionado para compor o júri do caso. Aos poucos, a vida desses três personagens, assim como peças de um tabuleiro de xadrez, se movem e se cruzam. Questões éticas são levantadas e algumas reviravoltas levam a trama por rumos surpreendentes. Yates é um artesão habilidoso e conduz sua narrativa de maneira eficiente e instigante.

SOB SUSPEITA (2000)
UNDER SUSPICION
EUA 2000

Direção: Stephen Hopkins

Elenco: Gene Hackman, Morgan Freeman, Monica Bellucci, Thomas Jane, Isabel Algaze e Miguel Angel Suarez. **Duração:** 110 minutos. **Distribuição:** Europa Filmes.

Primeiro veio o livro *Brainwash* (lavagem cerebral), escrito pelo britânico John Wainwright e publicado em 1977. Quatro anos depois, o diretor francês Claude Miller dirigiu *Cidadão Sob Custódia*, primeira adaptação da obra para o cinema. Outros 18 anos se passaram até que o jamaicano Stephen Hopkins dirigisse este *Sob Suspeita*, adaptado por Tom Provost e W. Peter Iliff, a partir desta mesma história. Tudo acontece na cidade de San Juan, em Porto Rico, onde um crime brutal chocou todo mundo. Duas jovens foram violentadas e mortas. O capitão Victor Benezet (Morgan Freeman) se dedica integralmente ao caso e tem como principal suspeito o rico e respeitado Henry Hearst (Gene Hackman). Figura de destaque na sociedade local, Hearst é casado com a bela Chantal (Monica Bellucci) e tem um histórico de grande filantrópico. Porém, à medida que a investigação avança, segredos sórdidos da vida conjugal de Hearst e Chantal são revelados e a história toma rumos cada vez mais inesperados. *Sob Suspeita* é eficientemente conduzido por Hopkins, um diretor irregular, mas que quando "acerta a mão", entrega sempre um bom trabalho.

SOB SUSPEITA [2006]
FIND ME GUILTY
EUA/ALEMANHA 2006

Direção: Sidney Lumet

Elenco: Vin Diesel, Alex Rocco, Frank Pietrangolare, Richard DeDomenico, Jerry Grayson e Peter Dinklage. Duração: 119 minutos. Distribuição: Alpha Filmes.

A carreira do cineasta americano Sidney Lumet é repleta de grandes filmes de temática jurídica. Dos clássicos *12 Homens e Uma Sentença* e *O Veredicto*, passando por diversos outros, entre eles este *Sob Suspeita*, seu penúltimo trabalho, que ele dirigiu em 2006. Com roteiro escrito por ele próprio, junto com T.J. Mancini e Robert J. McCrea, o que chama logo a atenção do espectador é a presença de Vin Diesel à frente do elenco. Mais conhecido por seus papéis em filmes de ação, ele vive aqui o mafioso Jack DiNorscio, que defendeu a si mesmo naquele que se tornou o mais longo julgamento da máfia na história dos Estados Unidos. DiNorscio recebe uma oferta da promotoria: redução da pena em troca da delação de seus companheiros. Reside aí todo o dilema do filme. O experiente Lumet sabe tirar proveito da situação e nos conduz com segurança por uma narrativa enxuta, objetiva e empolgante. Para um bom filme de tribunal, não existe fórmula melhor.

SOBRE MENINOS E LOBOS
MYSTIC RIVER
EUA 2003

Direção: Clint Eastwood

Elenco: Sean Penn, Kevin Bacon, Tim Robbins, Laurence Fishburne, Marcia Gay Harden, Laura Linney, Kevin Chapman, Tom Guiry e Emmy Rossum. **Duração:** 138 minutos. **Distribuição:** Warner.

Amigos de infância, Jimmy, Dave e Sean cresceram juntos no mesmo bairro de Boston e tiveram suas vidas marcadas por uma tragédia. Décadas mais tarde, uma nova tragédia volta a reuni-los e termina por provocar uma reação em cadeia que tem ligação direta com o passado dos três garotos. Baseado no livro de Dennis Lehane, adaptado pelo roteirista Brian Helgeland, *Sobre Meninos e Lobos* encontrou na direção de Clint Eastwood a economia e a sensibilidade necessárias para se transformar em uma contundente trama cinematográfica. Preste atenção já na seqüência de abertura. Ela apresenta as três personagens principais no passado. Com a sutileza que lhe característica, Eastwood define bem a personalidade de cada dos meninos com um simples ato de escrever o nome no cimento fresco de uma calçada. Outra forte característica do diretor é um dom quase sobrenatural para escolher os atores certos para os papéis e saber tirar deles, sempre, grandes interpretações. Não por acaso, Sean Penn (Jimmy) e Tim Robbins (Dave), foram premiados com o Oscar de melhor ator e melhor ator coadjuvante, respectivamente, em 2004. *Sobre Meninos e Lobos* também lida com questões mais complexas, como por exemplo, os rótulos que as pessoas recebem daqueles com quem convivem. Há também um forte elo ligando passado e presente. É como se a mão pesada e imutável do destino já tivesse tudo traçado e sem chance alguma de mudança. Eastwood é mestre na condução desse tipo de história, ou melhor, de qualquer tipo de história. São poucos os diretores com uma carreira tão sólida e de conteúdo tão coerente. Isso faz dele um verdadeiro autor e *Sobre Meninos e Lobos* é mais um de seus grandes trabalhos.

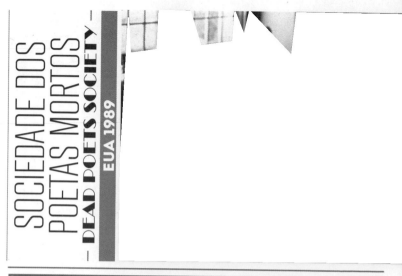

Direção: Peter Weir

Elenco: Robin Williams, Robert Sean Leonard, Ethan Hawke, Josh Charles, Gale Hansen, Dylan Kussman, James Waterston e Kurtwood Smith. Duração: 129 minutos. Distribuição: Buena Vista.

Estamos no final dos anos 1950. A Academia Welton, uma escola de postura conservadora, sempre defendeu quatro valores: tradição, honra, disciplina e excelência. John Keating, personagem de Robin Williams em *Sociedade dos Poetas Mortos*, é aquele tipo de professor que inspira, provoca e estimula seus alunos fazendo-os pensar, refletir e questionar. Ele é o novo professor de literatura da Welton, de onde foi aluno no passado. Dirigido em 1989 por Peter Weir, foi um dos maiores sucessos de público e crítica naquele ano e influenciou a criação de clubes de poesia em diversas escolas pelo mundo. *Sociedade dos Poetas Mortos* consegue ser erudito e popular ao mesmo tempo. Trata-se de uma história vigorosa, bem amarrada e de caráter transgressor. O roteiro estabelece um diálogo simples e direto com o público, ao contar o dia-a-dia de um grupo de alunos que descobre a beleza e a força da poesia. Tudo isso, a partir das aulas de um professor que permite que eles abram suas mentes. Weir, um excelente diretor de atores, extrai do elenco, predominantemente jovem e iniciante, atuações memoráveis e consegue "controlar" o ímpeto de Robin Williams, um ator talentoso, porém, com forte inclinação para o exagero. Ao término do filme, surge aquela vontade de "aproveitar o dia" e de subir na mesa e gritar: Oh Capitão, meu Capitão!

O SOL É PARA TODOS
TO KILL A MOCKINGBIRD
EUA 1962

Direção: Robert Mulligan

Elenco: Gregory Peck, Mary Badham, Philip Alford, John Megna, Frank Overton, Estelle Evans, Brock Peters, Collin Wilcox e Robert Duvall. Duração: 129 minutos. Distribuição: Universal.

O roteiro de *O Sol É Para Todos* é baseado no premiado livro de Harper Lee. A escritora era a melhor amiga de Truman Capote, que é homenageado com a personagem do menino Dill. No filme *Capote* ela é interpretada pela atriz Catherine Keener. *O Sol É Para Todos* se passa no início dos anos 1930 e conta a história de um advogado, Atticus Finch, vivido na medida certa por Gregory Peck. Ele é um homem íntegro, viúvo e que cuida dos dois filhos pequenos. Aliás, o ponto de vista da narrativa é o de sua filha, Scout (Mary Badham), já adulta lembrando um acontecimento importante da infância, quando seu pai defendeu um negro (Brock Peters), acusado de estuprar uma garota branca (Collin Wilcox). O diretor Robert Mulligan não quis reinventar a roda e conduziu a trama de maneira pouco criativa, porém, correta e eficiente. A história tem sozinha todos os elementos para nos envolver emocionalmente. O que fica de marcante do filme é a relação de Atticus com seus filhos e sua firme conduta ética na defesa do suposto criminoso. *O Sol É Para Todos* foge do padrão dualístico-maniqueísta de Hollywood. Não há vilões na história, nem a luta entre bons e maus. Existem princípios a serem defendidos. Duas curiosidades: foi o primeiro trabalho para cinema do ator Robert Duvall e a personagem Atticus Finch foi declarada pelo American Film Institute como o maior herói do cinema em todos os tempos.

SOMBRAS DA LEI
NIGHT FALLS ON MANHATTAN
EUA 1996

Direção: Sidney Lumet

Elenco: Andy Garcia, Colm Feore, Ian Holm, James Gandolfini, Lena Olin, Richard Dreyfuss, Ron Leibman, Shiek Mahmud-Bey e Bonnie Rose. **Duração:** 113 minutos. **Distribuição:** NBO Editora.

O veterano Sidney Lumet dirigiu dois dos melhores filmes de tribunal já feitos: *12 Homens e Uma Sentença*, de 1957, e *O Veredicto*, de 1982. Com *Sombras da Lei*, de 1996, ele acrescenta mais um à sua extensa e relevante filmografia. Com roteiro dele próprio, adaptado do romance de Robert Daley, este filme faz parte de uma tetralogia não oficial composta por *Serpico*, de 1973; *O Príncipe da Cidade*, de 1981; e *Q & A – Sem Lei, Sem Justiça*, de 1990. Nestes quatro títulos, Lumet lida com um tema comum: a corrupção dentro da polícia. Aqui, temos de um lado Sean Casey (Andy Garcia), um policial honesto e idealista que se torna promotor público. Do outro, o experiente, famoso e esperto advogado de defesa Sam Vigoda (Richard Dreyfuss). Com diálogos ágeis e afiados, Lumet conduz a narrativa com sua habitual competência. Não é apenas a corrupção que está em discussão aqui. Há também outros temas recorrentes na obra do diretor, como por exemplo lealdade, moral, ética e laços familiares. Lumet gosta de voltar a estes assuntos sempre que possível em seus filmes. *Sombras da Lei* consegue abarcar tudo isso sem perder o pique um segundo sequer. E isso não é pouco.

SPOTLIGHT
SEGREDOS REVELADOS
SPOTLIGHT
EUA 2015

Direção: Tom McCarthy

Elenco: Michael Keaton, Mark Ruffalo, Rachel McAdams, Liev Schreiber, John Slattery, Brian d'Arcy James, Stanley Tucci, Jamey Sheridan e Billy Crudup. Duração: 128 minutos. Distribuição: Sony.

O ator, roteirista e diretor Tom McCarthy vem construindo uma sólida carreira desde 2003, ano em que escreveu e dirigiu *O Agente da Estação*, seu primeiro longa. Quatro anos depois, com *O Visitante*, ele consolidou seu nome e provou ter algo a dizer. Seu estilo simples, direto e humano, com uma forte "pegada" independente, fez dele um cineasta querido por seus colegas atores. Depois de flertar com o cinema comercial dirigindo um filme de Adam Sandler, McCarthy volta às suas origens com *Spotlight – Segredos Revelados*. O roteiro original escrito pelo próprio diretor, junto com Josh Singer, se inspira em uma história real envolvendo abuso sexual de padres contra crianças. *Spotlight* é herdeiro direto de *Todos os Homens do Presidente*, feito em 1976 por Alan J. Pakula e grande referência sobre jornalismo investigativo no cinema. A estrutura do filme de McCarthy se assemelha bastante com a do clássico que retratou o trabalho de investigação do *Washington Post* perpetrado pelos jornalistas Carl Bernstein e Bob Woodward sobre Watergate. Aqui, a ação se concentra na equipe do *Boston Globe* que dá título ao filme (em português significa "holofote"). São quatro jornalistas: Robby Robinson (Michael Keaton), Mike Rezendes (Mark Ruffalo), Sacha Pfeiffer (Rachel McAdams) e Matt Carroll (Brian d'Arcy James). Eles são responsáveis pelas matérias especiais do jornal e conduzem suas investigações com isenção absoluta. O foco é sempre a verdade dos fatos. Algo que deveria ser o norte de todo jornalista. O grande elenco, tanto o principal como o de apoio e até os figurantes, demonstram a habilidade excepcional de McCarthy na direção de atores. A qualidade dos desempenhos é assustadora. Em especial, os atores pouco conhecidos que interpretam as vítimas dos abusos. *Spotlight* ganhou em 2016 o Oscar de melhor filme e de roteiro original. Trata-se de um filme carregado de sutilezas. Daquele tipo que cresce e melhora a cada nova conferida.

SUA ESPOSA E O MUNDO
STATE OF THE UNION
EUA 1948

Direção: Frank Capra

Elenco: Spencer Tracy, Katharine Hepburn, Van Johnson, Angela Lansbury e Adolphe Menjou. **Duração:** 124 minutos. **Distribuição:** Versátil.

O título original deste filme, *State of the Union* (Estado da União), de 1948, faz referência ao discurso de prestação de contas que o presidente americano faz todo ano perante o Congresso. Apesar de ter uma leve relação com a história contada, sinceramente, não consigo entender de onde saiu chamá-lo de *Sua Esposa e o Mundo* aqui no Brasil. Este foi o primeiro trabalho do diretor Frank Capra após o fracasso de *A Felicidade Não Se Compra*, de 1946. Apesar de o cineasta ter dirigido mais quatro longas nas décadas seguintes, *Sua Esposa e o Mundo* é seu último filme autoral. O roteiro, adaptado por Anthony Veiller e Myles Connolly, tem por base a peça de Howard Lindsay e Russel Crouse. A trama gira em torno do empresário Grant Matthews (Spencer Tracy), que toma a decisão de se candidatar à Presidência dos Estados Unidos. Ele conta com o apoio de Kay Thordyke (Angela Lansbury), dona de um grande jornal. No meio de tudo isso, Grant precisa lidar com a relação estremecida que tem com sua esposa Mary (Katharine Hepburn), figura importante na campanha para atrair o voto dos mais conservadores. Capra retoma a luta de um homem íntegro frente a uma estrutura corrupta. Este, por sinal, é um tema recorrente na obra deste diretor que sabia, como poucos, defender os ideais do cidadão comum. Existe uma frase, dita no terço final do filme, que resume com perfeição a postura dos homens que estão por trás do candidato: "os políticos se tornaram profissionais porque os eleitores continuam amadores". *Sua Esposa e o Mundo*, como se vê, mesmo depois de tantas décadas de sua realização, continua bem atual.

AS SUFRAGISTAS
SUFFRAGETTE
INGLATERRA 2015

Direção: Sarah Gavron

Elenco: Carey Mulligan, Helena Bonham Carter, Meryl Streep, Anne-Marie Duff, Grace Stottor, Ben Whishaw, Brendan Gleeson e Finbar Lynch. Duração: 107 minutos. Distribuição: Universal.

Hoje, quando se fala no direito ao voto das mulheres, parece algo bem distante de nossa realidade. No entanto, historicamente falando, trata-se de um direito muito recente. O primeiro país a estender o voto ao sexo feminino foi a Nova Zelândia, em 1892. No Brasil, isso ocorreu a partir de 1932. Mas essa luta por direitos iguais ganhou força em diversos países nas primeiras décadas do século XX. O filme *As Sufragistas*, dirigido por Sarah Gavron, se concentra no esforço de um grupo de mulheres inglesas que lutou por este direito básico. O roteiro de Abi Morgan se inspira em fatos para relatar a ação de mulheres de diferentes níveis sociais que sacrificaram seus empregos e famílias em busca de um objetivo comum. Apesar do didatismo da narrativa, *As Sufragistas* tem a seu favor a importância do tema e a atriz Carey Mulligan à frente do elenco. Ela é uma das mais talentosas de sua geração e carrega o filme quase sozinha.

SUPLÍCIO DE UMA ALMA
BEYOND A REASONABLE DOUBT
EUA 1956

Direção: Fritz Lang

Elenco: Joan Fontaine, Dana Andrews, Sidney Blackmer, Philip Bourneuf, Barbara Nichols e Shepherd Strudwick. Duração: 80 minutos. Distribuição: Versátil.

O alemão Fritz Lang é um dos grandes mestres do Cinema. Com a ascensão do nazismo, no início dos anos 1930, ele migrou para os Estados Unidos, onde viveu cerca de 20 anos. Lá realizou pouco mais de 20 filmes. *Suplício de Uma Alma* foi seu último trabalho em Hollywood. Com roteiro de Douglas Morrow, temos aqui o jornalista e escritor Tom Garret (Dana Andrews), que planeja denunciar as injustiças do sistema penal americano. Para tanto, assume um crime que não cometeu e combina com seu editor apresentar as provas de sua inocência no dia do julgamento. No entanto, as coisas tomam um outro rumo e Garrett fica sem as tais provas. Fiel ao estilo seco e objetivo que desenvolveu em sua temporada americana dirigindo diversos filmes noir, Lang nos entrega um drama de tribunal carregado de suspense e tensão. *Suplício de Uma Alma* é direto em sua abordagem e extremamente enxuto em sua premissa. O diretor nos brinda mais uma vez com uma aula de síntese cinematográfica. Em tempo: esta mesma história, sem o mesmo brilhantismo, foi refilmada em 2009 com o título de *Acima de Qualquer Suspeita*.

OS SUSPEITOS (2013)
PRISONERS
EUA 2013

Direção: Dennis Villeneuve

Elenco: Hugh Jackman, Jake Gyllenhaal, Viola Davis, Maria Bello, Terrence Howard, Paul Dano, Melissa Leo, Erin Gerasimovich e Kyla Drew Simmons. **Duração:** 153 minutos. **Distribuição:** Paris Filmes.

O cineasta canadense Dennis Villeneuve já havia demonstrado talento com seu segundo filme, *Incêndios*, de 2010. *Os Suspeitos* é seu terceiro longa e o primeiro produzido nos Estados Unidos. O roteiro de Aaron Guzikowski explora temas já abordados em trabalhos de David Lynch (Veludo Azul) e David Fincher (Zodíaco): um mundo perfeito que oculta uma realidade sombria e personagens guiados pela obsessão. A ação acontece em Boston. Dois casais, vizinhos e amigos, Keller (Hugh Jackman) e Grace (Maria Bello) e Franklin (Terrence Howard) e Nancy (Viola Davis), têm sua rotina alterada quando suas filhas Anna (Erin Gerasimovich) e Joy (Kyla Drew Simmons) desaparecem. Entra em cena o detetive Loki (Jake Gyllenhaal), responsável pela investigação. A partir daí, os limites do trabalho da polícia e o desespero dos pais em encontrar suas filhas é testado continuamente. *Os Suspeitos*, que ganhou um título nacional equivocado para o original *Prisoners* (prisioneiros), é um filme tenso, escuro, pesado e profundo. A longa duração, cerca de duas horas e meia, permitiu ao diretor desenvolver bem as personagens da trama. Todas elas bem complexas e vividas por um elenco inspiradíssimo. Villeneuve, a exemplo do que havia feito em seu filme anterior, demonstra novamente grande habilidade na condução da narrativa. E melhor, não se deixa levar pelas fórmulas desgastadas do gênero e não subestima a inteligência do espectador.

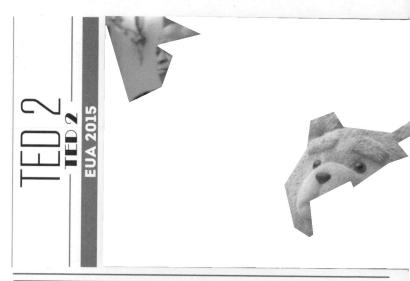

TED 2
TED 2
EUA 2015

Direção: Seth MacFarlane

Elenco: Mark Wahlberg, Amanda Seyfried, Giovanni Ribisi, Morgan Freeman e Seth MacFarlane. **Duração:** 115 minutos. **Distribuição:** Universal.

O comediante, roteirista, animador, dublador, ator e diretor Seth MacFarlane fez carreira na televisão com as séries *Family Guy* e *American Dad*. O sucesso delas lhe abriu as portas de Hollywood e em 2012 ele estreou na direção de um longa-metragem, *Ted*, sobre um garoto que pede que seu ursinho de pelúcia se transforme em seu melhor amigo. O desejo é atendido no primeiro filme. Agora, três anos depois, em *Ted 2*, o ursinho de pelúcia está casado e quer ser reconhecido como uma pessoa de verdade. Só assim ele poderá adotar uma criança e salvar seu casamento. Ted e John (Mark Wahlberg), seu melhor amigo e "dono", contratam a advogada Samantha (Amanda Seyfried). Quem viu o filme anterior foi surpreendido pelo inusitado da história. Essa era talvez a maior piada de todas, claro, sem esquecer a participação especial de Sam Jones, reprisando seu Flash Gordon. *Ted 2* não traz muita novidade. Pelo contrário, parece piada velha, ou melhor, café requentado.

Direção: Joel Schumacher

Elenco: Matthew McConaughey, Sandra Bullock, Samuel L. Jackson, Kevin Spacey, Oliver Platt, Charles S. Dutton, Brenda Fricker, Donald Sutherland, Kiefer Sutherland, Patrick McGoohan, Ashley Judd e Rae'Ven Larrymore Kelly. Duração: 149 minutos. Distribuição: Warner.

O escritor americano John Grisham se notabilizou a partir dos anos 1990 pelas tramas jurídicas que criou em livros que foram transformados em filmes de sucesso. *Tempo de Matar* foi a primeira obra que ele escreveu, em 1989, e a quarta a ser adaptada para o cinema, sete anos depois, por Joel Schumacher. O roteiro, escrito por Akiva Goldsman, é bem fiel ao material original e conta a história de um homem negro, Carl Lee Hailey (Samuel L. Jackson). Ele é preso por ter matado dois homens brancos que foram responsáveis pelo estupro e espancamento de sua filha de dez anos. Sua defesa fica a cargo do advogado Jack Tyler Brigance (Matthew McConaughey), que enfrenta o astuto promotor Rufus Buckley (Kevin Spacek) e o juiz Omar Noose (Patrick McGooham), com seu rigor habitual. A pequena cidade de Canton, no Mississipi, nunca enfrentou uma situação tão extrema quanto a provocada por este caso. A tensão é tanta que pode até trazer de volta a famigerada organização racista da Klu Klux Klan. Schumacher é um bom contador de histórias, porém, peca pela irregularidade em seus filmes. Não é o caso aqui. *Tempo de Matar* faz um excelente uso do roteiro e, principalmente, do elenco que tem. No final, tudo resulta em uma obra intensa, intrigante e envolvente.

TEMPOS MODERNOS
MODERN TIMES
EUA 1936

Direção: Charles Chaplin

Elenco: Charles Chaplin, Paulette Goddard, Henry Bergman, Tiny Sandford, Chester Conklin e Cecil Reynolds. Duração: 89 minutos. Distribuição: Warner/Versátil.

Charles Chaplin é um dos grandes pioneiros do cinema e um dos seus primeiros gênios. Começou sua carreira em Hollywood trabalhando nas comédias de Mark Sennett e depois, graças ao enorme sucesso alcançado, ganhou autonomia para dirigir e produzir seus próprios filmes. Chaplin, sozinho, fazia quase tudo. Era ator, roteirista, montador, compositor, produtor e diretor. *Tempos Modernos* é um dos muitos clássicos que ele realizou ao longo de sua extensa filmografia. Novamente, ele utiliza sua personagem mais conhecida, Carlitos, para tratar de um assunto que na época já chamava a atenção e que continua bastante atual: a mecanização das pessoas pela indústria. Através de Carlitos, o diretor nos mostra sua visão de mundo. É genial observar a maneira como Chaplin conta sua história. Muitas das soluções visuais apresentadas pelo filme, que é de 1936, eram bastante avançadas para a época. Não seria absurdo imaginar que George Orwell se inspirou em *Tempos Modernos* para elaborar seu conceito de "big brother" apresentado em sua obra *1984*, escrita 12 anos após o lançamento deste filme.

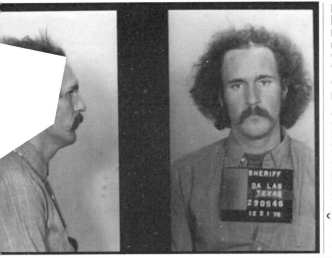

A TÊNUE LINHA DA MORTE
THE THIN BLUE LINE
EUA 1988

Direção: Errol Morris

Documentário. Duração: 103 minutos. Distribuição: VideoFilmes.

Todos os programas policiais, daqueles que relatam um crime e recontam suas histórias, em qualquer emissora de televisão do mundo, bebem da mesma fonte. E esta fonte atende pelo nome de Errol Morris, um dos maiores documentaristas americanos de todos os tempos. Em 1988 ele escreveu e dirigiu sua obra maior, *A Tênue Linha da Morte*, um filme impactante, provocador e revolucionário. Morris, quase que por acaso, afinal, não estava em seus planos, tomou conhecimento da condenação de Randall Adams, no Texas. Ele estava na sede da polícia local para levantar informações para um outro documentário e percebeu que havia muitos erros no processo de Adams. O projeto original foi abandonado e Morris se dedicou a provar a inocência do jovem acusado de ter matado um guarda de trânsito. A maneira como o diretor recria os acontecimentos e seu estilo de montagem, além da ausência de uma narração, fazem toda a diferença. *A Tênue Linha da Morte* perturba e incomoda e fica no limite do jornalismo investigativo com o cinema de denúncia. Quando foi lançado, sua repercussão provocou drásticas mudanças no sistema judicial americano. De quebra, o DVD traz como bônus os dois primeiros episódios da série de TV *Primeira Pessoa*, produzida pelo diretor.

O TERMINAL
THE TERMINAL
EUA 2004

Direção: Steven Spielberg

Elenco: Tom Hanks, Catherine Zeta-Jones, Stanley Tucci, Diego Luna, Chi McBride, Zoe Saldana, Barry Shabaka Henley, Kumar Pallana e Eddie Jones. Duração: 128 minutos. Distribuição: Universal.

Steven Spielberg desfruta de uma posição tão confortável em Hollywood que pode se dar ao luxo de fazer de um filme um exercício cenográfico. É o que vemos em *O Terminal*, que ele dirigiu em 2004. O roteiro, escrito por Sacha Gervasi e Jeff Nathanson, a partir de um argumento de Gervasi e Andrew Niccol, conta uma história bem curiosa. Tudo começa quando Viktor Navorski (Tom Hanks) desembarca no aeroporto de Nova York. Enquanto ele viajava, seu país sofreu um golpe militar e o novo governo não tem o reconhecimento das autoridades americanas. Por conta disso, Viktor não recebe o visto de entrada e se vê obrigado a ficar confinado na área de passageiros em trânsito. Spielberg e sua equipe de direção de arte recriaram os ambientes de um aeroporto dentro de um hangar. E fizeram com uma competência assombrosa. O inusitado da situação torna *O Terminal* um filme intrigante de se acompanhar e o talento de Tom Hanks nos convence por inteiro do drama vivido por Viktor. Não fosse pelo final um pouco esticado e sem muito impacto, seria uma pequena obra-prima. Mesmo assim, é bastante satisfatório.

TERRA FRIA
NORTH COUNTRY
EUA 2005

Direção: Niki Caro

Elenco: Charlize Theron, Frances McDormand, Woody Harrelson, Jeremy Renner, Sean Bean, Richard Jenkins, Sissy Spacek e Jillian Armenante. **Duração:** 126 minutos. **Distribuição:** Warner.

A cineasta neozelandesa Niki Caro começou dirigindo curtas, vídeos musicais e séries de televisão em sua terra natal. Em 2002, com seu segundo longa, *Encantadora de Baleias*, chamou a atenção de Hollywood. Veio então o convite para dirigir este *Terra Fria*. O roteiro, escrito por Michael Seitzman, se baseia na história real publicada no livro de autoria de Clara Bingham e Laura Leedy. Tendo à frente do elenco a atriz Charlize Theron, o filme conta a história de Josie, que foge do marido agressor, pega seu filho pequeno e volta para Minessota, onde vive sua família. Ela vai trabalhar em uma mina de ferro que emprega boa parte da população local, inclusive seu pai, Hank (Richard Jenkins). Os problemas começam quando Josie e suas colegas passam a ser molestadas, verbal e fisicamente, pelos homens que trabalham com elas. Apesar dos apelos que fazem para ser respeitadas. *Terra Fria* retrata esta luta que resultou no primeiro processo bem sucedido de assédio sexual julgado nos Estados Unidos. O olhar da diretora nos deixa comovidos com o drama vivido por este grupo de mulheres que só deseja trabalhar em paz e garantir o sustento. Com o auxílio de um fotógrafo talentoso como Chris Menges, o filme transmite uma sensação pesada de opressão quase claustrofóbica. E este clima fica ainda mais acentuado por conta do intenso frio da região. Com uma direção segura e um elenco extremamente afinado, *Terra Fria* incomoda, provoca e afasta de nós qualquer sentimento de indiferença que possamos ter.

TERRA PROMETIDA [2012]
PROMISED LAND
EUA 2012

Direção: Gus Van Sant

Elenco: Matt Damon, Frances McDormand, John Krasinski, Rosemarie DeWitt, Titus Welliver, Hal Holbrook e Carla Bianco. Duração: 106 minutos. Distribuição: Universal.

O projeto *Terra Prometida* começou com um argumento de Dave Eggers que o passou para os atores John Krasinski e Matt Damon, que escreveram o roteiro. Damon planejava dirigi-lo. Seria sua estreia atrás das câmaras. Mas, por uma série de razões, ele desistiu e convidou o amigo Gus Van Sant, que o havia dirigido em *Gênio Indomável*, para assumir o comando da produção. *Terra Prometida* conta a história de Steve Butler (Damon), que trabalha para uma grande empresa que explora gás natural. A meta é negociar os direitos de perfuração dos terrenos de uma pequena cidade no interior dos Estados Unidos. Tudo parecia fácil, afinal, por causa da crise econômica, todos estão precisando de dinheiro e a oferta é tentadora. Mas, a chegada de Dustin Noble (Krasinski), um ativista ambiental, torna a tarefa um pouco mais complicada. Van Sant é um cineasta que costuma mesclar em sua carreira trabalhos mais autorais com filmes, digamos assim, convencionais. Isso não desmerece em nada *Terra Prometida*. Nas mãos de um diretor talentoso como ele, essa história aparentemente simples, nos envolve com suas personagens e tramas bem construídas e amarradas.

TESE SOBRE UM HOMICÍDIO
TESIS SOBRE UN HOMICIDIO
ARGENTINA/ESPANHA 2013

Direção: Hernán Goldfrid

Elenco: Ricardo Darin, Alberto Ammann, Arturo Puig, Calu Rivero, Fabián Arenillas e Mara Bestelli. Duração: 106 minutos. Distribuição: Califórnia Filmes.

Assistir a um filme argentino é ter a quase certeza de ver um bom filme. Se ele for estrelado pelo ator Ricardo Darín então, essa quase certeza se transforma em certeza absoluta. Darín é um ator que mesmo estando à frente de inúmeros projetos, não perde a qualidade jamais. *Tese Sobre Um Homicídio* é mais uma prova incontestável de seu talento. O roteiro de Patricio Vega se baseia no romance escrito por Diego Paszkowski e conta a história de Roberto Bermudez (Darín), um professor especialista em Direito Criminal. Certo dia, um brutal assassinato acontece perto da universidade e afeta a vida de muita gente. Em seu segundo longa, o diretor Hernán Goldfrid demonstra dominar a estrutura narrativa do filme. Apesar de ela não inovar muito. Há aqui alguns vícios de conduta que poderiam ter sido suprimidos na mesa de montagem. Mesmo assim, *Tese Sobre Um Homicídio* nos envolve em seus mistérios e, claro, ainda tem Ricardo Darín preciso como sempre. Só isso já vale a conferida.

TESTA-DE-FERRO POR ACASO
THE FRONT
EUA 1976

Direção: Martin Ritt

Elenco: Woody Allen, Zero Mostel, Herschel Bernardi, Michael Murphy, Andrea Marcovicci, David Margulies, Josef Sommer, Norman Rose e Danny Aiello. **Duração:** 95 minutos. **Distribuição:** Continental.

Um dos períodos mais tristes da recente história americana aconteceu ao longo dos anos 1950. A partir de uma ação do senador Joseph McCarthy, que tinha como objetivo "livrar" os Estados Unidos de qualquer possibilidade de se tornar um país comunista, foi criada a famigerada "lista negra". Nela constavam os nomes de artistas das mais diversas áreas que seriam "simpatizantes" do Comunismo. Muitos filmes já se dedicaram a este assunto. Todos muitos bons e sérios na abordagem. Mas, pensando bem, a situação que foi imposta pelo macarthismo é tão absurda que chega até a ser engraçada. E foi justamente a partir deste ângulo que a comédia *Testa-de-Ferro Por Acaso*, escrita por Walter Bernstein e dirigida por Martin Ritt, lança um olhar inusitado sobre o tema. Na trama, Howard Prince (Woody Allen), é um caixa de restaurante que termina aceitando assinar os trabalhos de roteiristas que estão na lista negra acusados de atividades antiamericanas. Claro que ele termina sendo listado também e é chamado a depor perante o Comitê do Congresso. *Testa-de-Ferro Por Acaso* utiliza o humor para denunciar os abusos cometidos em nome da segurança nacional. Além disso, presta uma bela homenagem a muitos artistas que foram perseguidos no passado. Alguns deles participam como atores. E no final ainda nos oferece a melhor frase que poderia ser dita por alguém que se encontra em uma situação estapafúrdia como esta. Só esta frase já paga o filme.

A TESTEMUNHA
WITNESS — EUA 1985

Direção: Peter Weir

Elenco: Harrison Ford, Kelly McGillis, Lukas Haas, Danny Glover e Josef Sommer. Duração: 112 minutos. Distribuição: Paramount.

Os filmes policiais americanos como os conhecemos tiveram suas regras definidas nos anos 1970. Com raras exceções, eles costumam seguir rigorosamente a mesma estrutura narrativa. Quando foi anunciada a produção de *A Testemunha*, a ser estrelado por Harrison Ford, a expectativa que se criou foi a esperada para um típico policial "feito em Hollywood" e com seu ator mais popular no papel principal. A grande surpresa aconteceu quando se percebeu que o diretor do filme, o australiano Peter Weir, subverteu as regras do gênero. Não pense com isso que *A Testemunha* seja um policial arrastado e "cabeça". Pelo contrário. O filme é tenso. Do começo ao fim, tem seqüências de tirar o fôlego. Porém, consegue acrescentar às regras do típico policial americano novos elementos que nunca haviam sido explorados em outros filmes. Uma criança amish (grupo de religiosos cristãos conhecidos por seus costumes conservadores, totalmente alheios às novas tecnologias e que vivem como se ainda estivessem no final do século XIX) presencia um assassinato durante uma viagem com sua mãe. O policial responsável pela investigação descobre que o crime foi cometido por um colega de distrito. Para se proteger e também protegê-los, ele acompanha mãe e filho até a comunidade amish onde eles moram e é a partir daí que Peter Weir vira tudo de cabeça para baixo. Como eu já disse, *A Testemunha* não renega as regras do gênero. Mas, conduz a trama para um nível mais alto de excelência ao inserir uma carga dramática e poética de grande intensidade no choque de duas culturas bem distintas. O convívio de John Book, personagem de Harrison Ford, com os amishs é de uma riqueza de detalhes e tão cheio de sutilezas que nos esquecemos que estamos vendo um filme policial. São dois mundos bem diferentes em seus ritmos e sentimentos e Peter Weir, um diretor que tem uma filmografia repleta de personagens obstinadas, "passeia" por estes dois mundos com a mesma segurança, delicadeza e tranquilidade.

TESTEMUNHA DE ACUSAÇÃO
WITNESS FOR THE PROSECUTION
EUA 1957

Direção: Billy Wilder

Elenco: Tyrone Power, Marlene Dietrich, Charles Laughton, Elsa Lanchester, John Williams, Una O'Connor, Phillip Tonge e Ian Wolfe. Duração: 121 minutos. Distribuição: Classic Line.

A versatilidade e a genialidade de Billy Wilder em transitar por diferentes gêneros se fazem presente outra vez em *Testemunha de Acusação*. Este drama de tribunal teve o roteiro escrito por Wilder, junto com Harry Kurnitz e é uma adaptação de uma peça de Agatha Christie. A trama gira em torno de um crime. Uma viúva é encontrada morta e Leonard Vole (Tyrone Power), amante da vítima, é acusado do crime. As coisas se complicam pelo fato de Vole ser casado e depender do testemunho de sua esposa, Christine (Marlene Dietrich). Seu advogado de defesa, Wilfrid Roberts (Charles Laughton), tem fama de vencer qualquer julgamento. E trata-se aqui de um julgamento espetacular. Wilder conduz sua narrativa trabalhando momentos de puro suspense com reviravoltas impressionantes. E nos mantém atentos na tela o tempo todo. Não há um "senão" sequer aqui. Tudo, absolutamente tudo, funciona com perfeição. Roteiro, produção, elenco e direção. Sem esquecer seus diálogos precisos e o final surpreendente. *Testemunha de Acusação* é cinemão de primeira.

TIMBUKTU
MAURITÂNIA 2014

Direção: Abderrahmane Sissako

Elenco: Elenco: Ibrahim Ahmed, Hichem Yacoubi, Kettly Noël, Abel Jafri e Toulou Kiki. Duração: 97 minutos. Distribuição: Imovision.

Você já ouviu falar na Mauritânia? Talvez sim. Trata-se de um país localizado no noroeste da África, entre o Senegal e a Argélia. E quanto ao cinema feito na Mauritânia? Dificilmente. Esta é, portanto, uma forte razão para você conferir *Timbuktu*. Vencedor de alguns prêmios internacionais e indicado ao Oscar de melhor filme estrangeiro, este quarto longa de Abderrahmane Sissako tem muito a nos dizer. Escrito por Sissako, junto com Kessen Tall, a história se passa na região que dá título a esta impactante obra. Em português, seu nome é Tombuctu e sua importância é tão grande que desde 1988 está tombada como patrimônio histórico da humanidade pela Unesco. O filme trata, basicamente, de intolerância e radicalismo religioso. Um grupo extremista espalha o terror. O lugar, antes cheio de cores e alegria, agora é uma pálida lembrança do passado. Kidane (Ibrahim Ahmed), que mora além das dunas com sua família, tem sua rotina drasticamente alterada após um infeliz acidente. Sissako é um cineasta de sensibilidade apurada e com domínio absoluto de sua arte. Assistir a *Timbuktu* é, ao mesmo tempo, uma aula do melhor cinema e uma lição de história e política. Nos dias de hoje, isto é algo cada vez mais raro.

Direção: Brian Gibson

Elenco: Angela Bassett, Laurence Fishburne, Chi McBride, Virginia Capers, Jenifer Lewis, Khandi Alexander e Dorothy Thorton. Duração: 118 minutos. Distribuição: Buena Vista.

Se eu perguntar se você conhece a cantora Anna Mae Bullock, provavelmente, você não saberá de quem eu estou falando. Mas, caso eu a chame por seu nome artístico, Tina Turner, com certeza você reconhecerá o nome. *Tina*, cinebiografia dirigida em 1993 por Brian Gibson, conta a história desta estupenda artista. O roteiro, de Kate Lanier, é baseado na autobiografia *Eu, Tina*, e acompanha a vida da cantora do seu início de carreira até a conturbada separação do músico Ike Turner. Tina e Ike são vividos por Angela Bassett e Laurence Fishburne. O filme escapa de se transformar em algo comum graças ao desempenho da dupla principal de atores. Bassett, assim como a Tina original, é um vulcão em cena. E Fishburne não perde a chance de explorar todo o carisma e complexidade de um homem talentoso, porém, inseguro como Ike. *Tina* é pulsante, enérgico e vibrante como costumam ser os shows da cantora. E a carga dramática que ele passa deixa claro a razão do grande sucesso alcançado pela artista em sua trajetória. Mesmo abrangendo um longo período de tempo, os fatos mais importantes e polêmicos da vida dos Turners não ficam de fora. Além disso, a trilha sonora é da melhor qualidade.

TODOS OS HOMENS DO PRESIDENTE
ALL THE PRESIDENT'S MEN
EUA 1976

Direção: Alan J. Pakula

Elenco: Dustin Hoffman, Robert Redford, Jack Warden, Martin Balsam, Hal Holbrook, Jason Robards, Jane Alexander, Meredith Baxter, Ned Beatty, Stephen Collins e F. Murray Abraham. Duração: 138 minutos. Distribuição: Warner.

Se formos analisar a trajetória do cinema americano ao longo do século XX, poderíamos classificar os filmes produzidos na década de 1970 como os mais engajados politicamente. *Todos os Homens do Presidente*, dirigido em 1976 por Alan J. Pakula, é um excelente exemplo deste período. Filme obrigatório em todos os cursos de Jornalismo, a trama foi adaptada por William Goldman, a partir do livro escrito pelos jornalistas Bob Woodward e Carl Bernstein, do jornal *Washington Post*. Tudo começa com um aparente roubo no edifício Watergate. Os "ladrões" são presos em flagrante e descobre-se uma ligação com o gabinete de Richard Nixon, então presidente dos Estados Unidos. Os dois repórteres, o pouco experiente Woodward (Robert Redford) e o veterano Bernstein (Dustin Hoffman), iniciam uma investigação e esbarram em histórias desencontradas e uma forte censura. Surge então duas figuras importantes: o editor do jornal, Ben Bradlee (Jason Robards) e uma figura misteriosa denominada Garganta Profunda (Hal Holbrook). As reportagens escritas pela dupla revelaram um esquema de escuta clandestina no comitê do Partido Democrata e terminou por provocar a renúncia de Nixon. Em *Todos os Homens do Presidente* tudo funciona a favor da história: roteiro, direção, elenco e equipe técnica, enfim, toda a produção. O filme consegue tratar um assunto em princípio árido, e até distante de nós, com uma fluidez tão bem orquestrada, que nos envolve completamente. Indicado a oito Oscar, ganhou quatro: melhor ator coadjuvante (Jason Robards), roteiro adaptado, direção de arte e som. Recomendado para estudantes de Jornalismo e para quem vê o cinema como algo além de um simples entretenimento.

A TORTURA DA SUSPEITA
THE NAKED EDGE
INGLATERRA/EUA 1961

Direção: Michael Anderson

Elenco: Gary Cooper, Deborah Kerr, Eric Portman, Diane Cilento, Ray McAnally, Hermione Gingold e Peter Cushing. Duração: 100 minutos. Distribuição: Cult Classic.

Michael Anderson era aquele tipo de diretor que realizava muitos filmes, porém, sem uma marca autoral. Ele começou sua carreira em 1949 e dirigiu ao longo dos 50 anos seguintes, até 1999. *A Tortura da Suspeita*, de 1961, ficou marcado como o último trabalho do ator Gary Cooper, que morreu pouco tempo depois das filmagens. Baseado no romance de Max Ehrlich, adaptado por Joseph Stefano, o mesmo roteirista de Psicose, o filme conta uma história carregada de mistério, traição e suspeita. Na trama, George Radcliffe (Cooper), presta um depoimento que termina por condenar Donald Heath (Ray McAnally) à prisão perpétua por assassinato e roubo. Um ano depois do julgamento, algumas ações suspeitas de George chamam a atenção de sua esposa Martha (Deborah Kerr). Apesar da produção requintada, do roteiro bem amarrado, além da elegância e boa condução da narrativa, *A Tortura da Suspeita* não encontrou seu público e fracassou nos cinemas. O DVD permite que esta pequena jóia seja novamente apreciada e tenha uma segunda chance.

A TORTURA DO SILÊNCIO
I CONFESS
EUA 1953

Direção: Alfred Hitchcock

Elenco: Montgomery Clift, Anne Baxter, Karl Malden, Henry Corden, Brian Aherne, Charles Andre, Dolly Haas e O.E. Hasse. Duração: 95 minutos. Distribuição: Warner.

Alfred Hitchcock era um cineasta com faro apurado para boas histórias. Mesmo quando elas não pareciam promissoras para serem transpostas para o cinema. Isso aconteceu quando ele leu a peça do francês Paul Anthelme, *Nos Deux Consciences*, escrita em 1902. O roteiro de *A Tortura do Silêncio* ficou por conta da dupla George Tabori e William Archibald. O filme conta o drama do padre Michael Logan (Montgomery Clift), que ouve a confissão de um assassino. Ele, mesmo sabendo que precisa informar as autoridades, fica impedido de entregar o criminoso à polícia por causa das normas rígidas da Igreja, que o impedem de revelar um segredo de confessionário. Quando de seu lançamento, o filme foi massacrado pela crítica e acabou ignorado pelo público. Reclamaram tanto de tudo que o próprio Hitchcock chegou a dizer em sua famosa entrevista ao diretor François Truffaut que *A Tortura do Silêncio* não deveria ter sido feito. No que o cineasta francês discordou. E com total razão. Trata-se de um filme denso e carregado de simbolismos religiosos, algo incomum na filmografia hitchcockiana. Todos os elementos que consagraram as outras obras do mestre do suspense estão presentes aqui. E um Hitchcock, mesmo quando o próprio acha que é ruim, é no mínimo ótimo. Sem contar que o título nacional é melhor e mais poético que o original.

TRAFFIC
TRAFFIC
EUA/ALEMANHA 2000

Direção: Steven Soderbergh

Elenco: Michael Douglas, Benicio Del Toro, Catherine Zeta-Jones, Michael O'Neill, Jacob Vargas, Topher Grace, Russell G. Jones e Thomas Milan. Duração: 147 minutos. Distribuição: Europa Filmes.

Steven Soderbergh já tinha 15 anos de carreira quando dirigiu *Traffic*, no ano 2000. Ele, cujo primeiro trabalho foi um documentário sobre a turnê 90125 da banda de rock progressivo Yes, dirigiu seu primeiro longa, sexo, mentiras e videotape, em 1989. Premiado no Festival de Cannes por este filme de estreia, Soderbergh se tornou, ao longo dos anos seguintes, o queridinho da produção independente americana. O roteiro de Stephen Gaghan, baseado na minissérie alemã *Traffik*, criada por Simon Moore, é um filme mosaico que tem como tema o tráfico de drogas e suas diferentes ramificações. Temos aqui histórias que se desenvolvem separadas no início. Porém, aos poucos, vão se misturando e, ao final, se revelam parte de um grande painel. Soderbergh fotografou ele próprio o filme e marcou cada núcleo com uma cor diferente. Além disso, trabalhou com um elenco quilométrico e conseguiu, mesmo assim, dar espaço para todos os atores em cena. *Traffic* consolidou a carreira do diretor perante a indústria hollywoodiana. Principalmente, por conta da premiação no Oscar daquele ano, onde ganhou quatro prêmios: melhor direção, roteiro adaptado, montagem e ator coadjuvante (para Benicio Del Toro).

TRIBUNAL SOB SUSPEITA
TRIAL BY JURY
EUA 1994

Direção: Heywood Gould

Elenco: Joanne Whalley, Armand Assante, Gabriel Byrne, William Hurt, Ed Lauter, Kathleen Quinlan, Richard Portnow, Graham Jarvis e Bryan Shilowich. Duração: 107 minutos. Distribuição: Warner.

À primeira vista, *Tribunal Sob Suspeita* parece uma mistura de *12 Homens e Uma Sentença* com *A Jurada*. O diretor Heywood Gould, que também escreveu o roteiro, junto com Jordan Katz, conta aqui uma história que se concentra em um importante julgamento. Rusty Pirone (Armand Assante) é um chefe da Máfia que aguarda ser julgado. Além de todas as evidências apontarem para sua condenação, a situação se complica cada vez mais para ele. A única saída para Rusty é mudar o veredicto do júri. É aí que entra Valerie Alson (Joanne Whalley), uma das juradas. Ameaçada por Tommy (William Hurt), ela teme pela morte de seu filho Robbie (Bryan Shilowich). *Tribunal Sob Suspeita* segue por esta trilha conhecida. Mas esta sensação de dèja vu fica apenas na sensação. Gould conduz academicamente sua narrativa sem muitas surpresas. Mas, este tipo de história possui elementos que fisgam a atenção do espectador por conta de sua combinação. E isso basta para que o filme funcione.

O TRIUNFO DA VONTADE
TRIUMPH DES WILLENS
ALEMANHA 1935

Direção: Leni Riefenstahl

Documentário. Duração: 110 minutos. Distribuição: Continental.

Antes de dirigir filmes, Leni Riefenstahl foi atriz em um gênero típico da Alemanha dos anos 1920: o filme de montanha. Na seqüência, torna-se diretora, produtora e repórter cinematográfica. Em 1934 ela realizou *O Triunfo da Vontade*, documentário sobre o Congresso do Partido Nazista, em Nuremberg. O filme foi autorizado pelo próprio Hitler e abre com a frase: "20 anos após o início da Primeira Guerra Mundial. 16 anos após o início do nosso sofrimento. 19 meses após o início do Renascimento Alemão, Adolf Hitler voou novamente para Nuremberg para revistar os seus fiéis seguidores". Tudo começa no alto. A águia nazista, as nuvens, um avião. A sombra do avião sobrevoando a cidade remete à imagem da águia. Hitler está dentro do avião. Ele chega do alto, ele chega do céu. Hitler é sempre mostrado do alto. Multidões o esperam. Um apoio popular completo retratado por pessoas de todas as idades e de todos os lugares. Vemos jovens soldados em um acampamento tomando banho e fazendo a barba. Tudo é festa, alegria, sorrisos. Não existe narração, chamada no jargão do cinema documentário de "voz de Deus". Existe apenas a voz de Hitler, uma espécie de "deus". A voz dele é o que importa. Tem início a apresentação: "uma Nação, um Führer, um Reich, Alemanha". Trabalhadores surgem em uma espécie de balé ensaiado de exaltação ao povo alemão. Soldados marcham com pás, ao invés de armas, todos unidos em favor da reconstrução do país. Apesar da questão "propaganda ideológica" envolvida, é inquestionável o apuro e o domínio técnico de Leni Riefenstahl. Sua câmara sempre presente e criativa possui total liberdade de movimento. Ela nos revela ângulos insuspeitos e faz uso de tomadas belíssimas e extremamente bem planejadas. Isso torna *O Triunfo da Vontade* um filme obrigatório para aqueles que conseguem enxergar além das ideologias e apreciam a beleza de uma verdadeira aula de cinema.

A TRISTEZA E A PIEDADE
LE CHAGRIN ET LA PITIÉ
ALEMANHA/SUÍÇA 1969

Direção: Marcel Ophüls
Documentário. Duração: 251 minutos. Distribuição: Bretz Filmes.

"Os dois sentimentos mais frequentes da Resistência foram a tristeza e a piedade". As duas últimas palavras desta frase, dita por Marcel Verdier, foram usadas como título deste corajoso e contundente documentário, *A Tristeza e a Piedade*, dirigido em 1969 pelo francês Marcel Ophüls. O diretor, autor também do roteiro, junto com André Harris, iniciou uma pesquisa sobre os anos da ocupação nazista na França. A motivação veio dos protestos estudantis em maio de 1968. O presidente francês de então, Charles De Gaulle, defendia a importância da resistência de seu país durante a Segunda Guerra Mundial. Isso incomodou Ophüls, que decidiu conduzir seu trabalho em uma pequena cidade, Clermont-Ferrant, localizada a quase 400 quilômetros de Paris. Lá, ele ouviu e gravou depoimentos de moradores que fizeram parte da Resistência, bem com de simpatizantes e colaboradores e até de oficiais do exército nazista. Além disso, Ophüls utilizou vasto material de arquivo. *A Tristeza e a Piedade* tem como subtítulo *Crônica de Uma Cidade Francesa Sob Ocupação*. Não poderia haver complemento melhor para resumir o que é mostrado neste documentário impactante e de valor histórico inestimável. O mais interessante é que ele retrata, sem maquiagem alguma, a realidade de um período de guerra. Período em que, apesar das consequências nefastas provocadas pelo conflito, a vida, de alguma maneira, continua e tenta encontrar uma certa normalidade em seu cotidiano. Produzido pelas TVs alemã e suíça, a obra acabou sendo lançada nos cinemas dois anos depois e ficou inédita por mais de dez anos na França. Curiosamente, o filme foi criticado pela esquerda e pela direita francesa da época. Prova de que algumas feridas não estavam bem cicatrizadas ainda.

A TROCA [2008]
THE CHANGELING
EUA 2008

Direção: Clint Eastwood

Elenco: Angelina Jolie, John Malkovich, Michael Kelly, Jeffrey Donovan, Devon Conti, Colm Feore, Madison Hodges, Morgan Eastwood e Frank Wood. Duração: 141 minutos. Distribuição: Universal.

Clint Eastwood é um cineasta clássico. E quando digo "clássico", me refiro ao sentido mais amplo da palavra. Sempre elegante, preciso e econômico, Eastwood é, antes de tudo, um excepcional contador de histórias. Fruto de lições preciosas que, como ele mesmo costuma dizer, aprendeu com os mestres Sergio Leone e Don Siegel. Ele dirigiu *A Troca* em 2008, mesmo ano em que realizou *Gran Torino*, uma de suas obras mais populares. O roteiro de J. Michael Straczynski conta a história de Christine Collin (Angelina Jolie), uma mãe que perde seu filho. A ação se passa na década de 1920. Meses depois do sumiço do garoto, a polícia diz tê-lo encontrado. Porém, algo está errado e isso faz com que Christine confronte as autoridades e tenha sua rotina alterada por inteiro. Eastwood costuma dizer também que dirigir um filme não é tão difícil assim. Basta que você tenha uma boa história para contar e escolha os atores certos. Felizmente, ele tem acertado bastante. Angelina Jolie surpreende na papel de uma mãe que sofre com a perda do filho, mas, ao mesmo tempo, encontra forças para seguir lutando para reencontrá-lo. O elenco de apoio também não decepciona. A reconstituição de época é primorosa e, no final, só nos resta apreciar mais um trabalho de mestre.

TROPA DE ELITE 2
O INIMIGO AGORA É OUTRO
BRASIL 2010

Direção: José Padilha

Elenco: Wagner Moura, Irandhir Santos, André Ramiro, Milhem Cortaz, Maria Ribeiro, Sandro Rocha, André Mattos, Tainá Müller e Emílio Orciollo Neto. Duração: 115 minutos. Distribuição: Vinny Filmes.

Em tempo real, apenas três anos separam os dois *Tropa de Elite*, ambos dirigidos por José Padilha. Na cronologia dos filmes, mais de uma década se passou entre eles. O Capitão Nascimento (Wagner Moura) agora é Tenente Coronel. Em decorrência de uma ação em um presídio, é desligado do BOPE. No entanto, sua popularidade faz com que ele "caia prá cima" e passe a trabalhar na Secretaria de Segurança Pública do Rio de Janeiro. Nascimento não é mais o mesmo. Seus oponentes também não. O próprio subtítulo de *Tropa de Elite 2* já deixa isso bem claro. O roteiro foi escrito por Padilha e Bráulio Mantovani, a partir de uma história criada pelos dois, em parceria com Rodrigo Pimentel, ex-oficial do BOPE e autor do livro *A Elite da Tropa*, que deu origem ao primeiro filme. A equipe criativa responsável pelos filmes conseguiu o difícil feito de realizar uma parte 2 superior à parte 1. E olha que o filme original continua ótimo. A diferença é o tom trágico, quase shakespeareano, que predomina agora. Nascimento tem um oponente, se é que podemos chamá-lo assim, na figura de Diogo Fraga (Irandhir Santos). Professor e defensor dos direitos humanos, Fraga é designado para intermediar as negociações com os detentos e termina justamente no meio do fogo-cruzado que se estabelece no presídio. A partir dos acontecimentos deste dia, toda a narrativa se move e transforma as vidas das personagens. Padilha é um hábil diretor de atores e de cenas de ação e conta aqui com um elenco de grandes atores, seja nos papéis principais, como é o caso de Wagner e Irandhir, seja nos papéis secundários, onde se destacam André Mattos (Fortunato), Sandro Rocha (Major Rocha) e Seu Jorge (Beirada). *Tropa de Elite 2* foi também o filme certo no momento certo. Não por acaso, se tornou a produção brasileira de maior sucesso de público da história, com mais de onze milhões de espectadores, somente nos cinemas. Uma curiosidade: o homem que puxa a salva de palmas ao Coronel Nascimento na cena do restaurante é interpretado pelo próprio Rodrigo Pimentel.

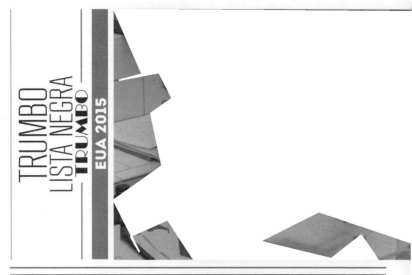

Direção: Jay Roach

Elenco: Bryan Cranston, Diane Lane, Helen Mirren, Michael Stuhlbarg, Elle Fanning, John Goodman, Dean O'Gorman, Christian Berkel, David James Elliott e Louis C.K. Duração: 125 minutos. Distribuição: Califórnia Filmes.

Dalton Trumbo foi um dos maiores roteiristas de Hollywood do final dos anos 1930 até o início dos anos 1970. Foi também um dos mais perseguidos pela extrema direita, em especial a turma do Comitê de Atividades Antiamericanas. E, na mesma medida, um dos mais combativos. Autor do roteiro de filmes de sucesso, como *A Princesa e o Plebeu*, *Arenas Sangrentas*, *Exodus*, *Spartacus*, *Papillon* e *Johnny Vai à Guerra* (seu único trabalho como diretor), não parou de trabalhar, mesmo quando foi preso ou ficou proibido de escrever. Claro que uma história dessas possui todos os elementos para se transformar em uma estupenda cinebiografia. E isso é alcançado em boa parte por *Trumbo - Lista Negra*, filme dirigido por Jay Roach. O roteiro de John McNamara se inspira no livro de Bruce Cook e se concentra, em ordem cronológica, na luta de Trumbo contra seus perseguidores e as artimanhas que ele utilizou para enfrentá-los. Roach conduz sua narrativa de forma acadêmica, ou seja, com correção e no ritmo certo, porém, sem muito brilho. O brilho mesmo é visível na interpretação de Bryan Cranston, mais conhecido pelo Walter White de *Breaking Bad*, que vive aqui o papel principal. *Trumbo* é focado na personagem-título, óbvio, mas, não deixa de fora alguns outros nomes importantes e que auxiliaram muito o roteirista, como por exemplo o ator Kirk Douglas (Dean O'Gorman), o diretor Otto Preminger (Christian Berkel) e o produtor Frank King (John Goodman). No final, o filme de Roach funciona como um grande e justo tributo a um artista que não se curvou aos abusos do macarthismo. E que, diferente do que vários de seus contemporâneos fizeram, manteve a cabeça erguida, a consciência tranquila e jamais virou as costas ou dedurou colegas e amigos de ofício.

TUCKER - UM HOMEM E SEU SONHO
TUCKER — EUA 1988

Direção: Francis Ford Coppola

Elenco: Jeff Bridges, Martin Landau, Joan Allen, Frederic Forrest, Mako, Dean Stockwell, Llyod Bridges, Christian Slater, Elias Koteas, Nina Siemaszko, Jay O. Sanders e Peter Donat. **Duração:** 110 minutos. **Distribuição:** Paramount.

Existem histórias que merecem ser contadas. E existem histórias que precisam ser contadas por determinadas pessoas. *Tucker – Um Homem e Seu Sonho*, cinebiografia do empresário, inventor e visionário Preston Tucker, é uma delas e nenhum outro diretor que não Francis Ford Coppola poderia contá-la. Mas quem foi esse Tucker e o que ele fez? O roteiro de Arnold Schulman e David Seidler se concentra no período mais marcante da vida do cinebiografado. A ação se passa na década de 1940, quando Tucker, vivido aqui de maneira carismática por Jeff Bridges, anunciou a chegada do futuro. Ele simplesmente desenvolveu o mais moderno carro já criado até então, o Tucker Torpedo. Isso deixou as grandes companhias automobilísticas em estado de pânico e elas, com a ajuda do governo, boicotaram Tucker e o levaram à falência. Coppola sempre foi um apaixonado pela história do carro e seu inventor. Assim como George Lucas, que produziu o filme. *Tucker* é uma grande obra que não teve por parte do público o reconhecimento que merecia. Talvez porque a maioria das pessoas prefira histórias de vencedores. O que não é bem o caso aqui. No entanto, um diálogo travado entre Tucker e seu assistente Abe, papel de Martin Landau, resume bem o espírito do filme. Abe fala sobre um carro adorado por todos, mas que não será mais fabricado. E Tucker responde que eles fizeram o carro. Então Abe responde: Cinquenta carros. A frase final de Tucker não só é a essência de tudo como também pode ser aplicada à filmografia do próprio diretor. Ele diz: "Qual é a diferença, cinquenta ou cinquenta milhões? São apenas máquinas! É a ideia que conta, Abe. O sonho". Tucker nos fez crer que o futuro realmente havia chegado e Coppola embala nossos sonhos com seus filmes. No final, é isso o que importa de verdade: a ideia e o sonho.

TUDO PELO PODER
THE IDES OF MARCH
EUA 2011

Direção: George Clooney

Elenco: Ryan Gosling, George Clooney, Philip Seymour Hoffman, Paul Giamatti, Evan Rachel Wood, Marisa Tomei, Jeffrey Wright, Max Minghella, Jennifer Ehle e Gregory Itzin. Duração: 101 minutos. Distribuição: Califórnia Filmes.

Escrito, produzido, estrelado e dirigido por George Clooney, *Tudo Pelo Poder* é aquele tipo de filme feito entre amigos, no melhor clima de "brodagem". De baixo orçamento para o padrão americano, custou pouco mais de 12 milhões de dólares, e faturou seis vezes esse valor. Quarto trabalho de Clooney atrás das câmaras, o filme é baseado em uma peça de Beau Willimon, que colaborou no roteiro junto com o diretor e Grant Heslov. A história se passa em uma cidade do interior de Iowa, poucas semanas antes de o Partido Democrata escolher seu candidato para disputar a presidência dos Estados Unidos. Clooney vive Mike Morris, o governador do estado, assessorado por Paul Zara (Philip Seymour Hoffman) e por Stephen Myers (Ryan Gosling), como diretor de comunicação da campanha. Trapaças, chantagens, reviravoltas e um crime são apenas alguns dos ingredientes dessa batalha de bastidores. Clooney é criativo, elegante e sofisticado. Sua condução da trama é, para dizer o mínimo, primorosa. Para auxiliá-lo, ele conta com um elenco inteiro em estado de graça. Todos, sem exceção, têm seu momento de brilho. Mesmo os que aparecem em cena por poucos segundos, como Gregory Itzin, que interpreta o pai da vítima do já mencionado crime. *Tudo Pelo Poder* deixa claro que, se dentro do próprio partido a disputa já é tão acirrada como a que vemos no filme, imagine depois, quando ela for contra o candidato adversário do Partido Republicano. Uma curiosidade: o título original, *The Ides of March* (os idos de março), se refere ao mês em que a história acontece e também à peça Júlio César, de William Shakespeare.

TUDO POR JUSTIÇA
OUT OF FURNACE
EUA 2013

Direção: Scott Cooper

Elenco: Christian Bale, Zoe Saldana, Casey Affleck, Willem Dafoe, Woody Harrelson, Forest Whitaker e Sam Shepard. Duração: 116 minutos. Distribuição: Imagem Filmes.

Da mesma forma que existem filmes que valem a pena serem vistos por causa de sua direção ou roteiro, existem também aqueles que se sustentam por causa de seus atores. Esta é a razão principal para se ver *Tudo Por Justiça*, segundo longa de Scott Cooper, o mesmo de *Coração Louco*. O roteiro, escrito por Brad Ingelsby, junto com o diretor, conta uma história de vingança. A trama não é das mais originais. Russell (Christian Bale) e Rodney (Casey Affleck) são irmãos. O primeiro trabalha duro em uma metalúrgica e termina preso após se envolver em um acidente. O segundo foi lutar no Iraque, voltou perturbado e agora participa de lutas ilegais de boxe. Cooper, que também é ator, dá tempo ao elenco de se apresentar. Quase a metade do filme é gasta para estabelecer os conflitos e os ambientes. E isto é fundamental para que possamos nos interessar pela história. Bale mais uma vez comprova seu talento e sua versatilidade. Para quem achava que ele ficaria marcado pelo papel de Batman na trilogia de Christopher Nolan, o ator deixa claro porque é um dos melhores de sua geração. E seus colegas de cena não decepcionam. *Tudo Por Justiça*, apesar de contar um tipo de história que já vimos antes, não busca inovar. O diretor estabelece um clima tenso e opressivo e entrega o filme aos atores. E pronto. Tudo funciona.

Direção: Tim Robbins

Elenco: Sean Penn, Susan Sarandon, Robert Prosky, Raymond J. Barry, R. Lee Ermey e Celia Weston. Duração: 117 minutos. Distribuição: Fox.

O americano Tim Robbins estreou como ator em 1979, no papel de escravo em um episódio da antiga série de televisão *Buck Rogers no Século 23*. Alternando pontas em filmes e pequenos papéis na TV, Robbins não parecia que iria vingar na carreira. As coisas começaram a melhorar em 1988, quando ele estrelou *Sorte no Amor*, de Ron Shelton. Foi um acerto duplo. Profissional e pessoal. Sua atuação chamou a atenção da crítica, do público e da indústria. Além disso, ele conheceu a atriz Susan Sarandon, seu par no filme e, a partir daí, por mais de vinte anos, também na vida real. Esse rápido amadurecimento fez com que ele partisse para a direção de filmes. Em 1992, ele dirige *Bob Roberts*. Três anos depois, ele escreve, produz e dirige *Os Últimos Passos de Um Homem*. Baseado na história real contada no livro da irmã Helen Prejean, vivida no filme por Susan Sarandon, papel que lhe rendeu o Oscar de melhor atriz. Ela se torna conselheira espiritual de um criminoso, Matthew Poncelet (Sean Penn), condenado à pena de morte. Robbins conduz sua narrativa com segurança e lida com o difícil tema da redenção. *Os Últimos Passos de Um Homem* revela em Robbins um talento especial para a direção de atores e um apuro visual requintado. Se o trabalho anterior já havia revelado um diretor promissor. Este segundo confirma a promessa.

UM ÁLIBI PERFEITO
REASONABLE DOUBT
EUA/CANADÁ/ALEMANHA 2014

Direção: Peter Howitt

Elenco: Dominic Cooper, Samuel L. Jackson, Gloria Reuben, Ryan Robbins, Erin Karpluk, Dylan Taylor e Karl Thordarson. **Duração:** 91 minutos. **Distribuição:** Califórnia Filmes.

O começo da história pode até lembrar um pouco a premissa do filme de terror *Eu Sei o Que Vocês Fizeram no Verão Passado*. Mas, garanto a vocês, o rumo que as coisas tomam é bem diferente. Dirigido pelo britânico Peter Howitt, *Um Álibi Perfeito* conta uma história surpreendente. O roteiro de Peter A. Dowling começa nos mostrando Mitch (Dominic Cooper). Ele sai de um bar onde estava com alguns amigos. Embriagado, ele pega seu carro para voltar para casa e termina atropelando um homem. Certo de que ninguém o viu, ele foge sem prestar socorro algum. Dias depois, Clinton (Samuel L. Jackson), é preso como suspeito de ter causado a morte daquele homem na estrada. Entra em cena o promotor. Adivinhe quem? O próprio Mitch. Está armado o dilema e, da nossa parte, o suspense, uma vez que sabemos quem é o verdadeiro culpado. Howitt conduz sua narrativa com habilidade e tensão contínuas. Sem esquecer de reservar boas surpresas pelo caminho.

UM CRIME DE MESTRE
FRACTURE
EUA 2007

Direção: Gregory Hoblit

Elenco: Anthony Hopkins, Ryan Gosling, David Strathairn, Rosamund Pike, Embeth Davidtz, Billy Burke, Cliff Curtis, Fiona Shaw e Bob Gunton. Duração: 112 minutos. Distribuição: PlayArte.

A literatura policial e o cinema buscam, desde sempre, contar a história de um crime perfeito. No final, fica sempre como lição a máxima de que o crime não compensa e, conseqüentemente, crime perfeito não existe. Mas os roteiristas e diretores são pródigos em buscar essa perfeição e muitos deles chegam perto. É o caso de *Um Crime de Mestre*, escrito por Daniel Pyne e Glenn Gers e dirigido por Gregory Hoblit. Acompanhamos aqui a trajetória bem-sucedida do promotor Willy Beachum (Ryan Gosling). Ele venceu quase todos os casos em que atuou e vive um momento profissional dos mais promissores. É quando surge o maior desafio em sua carreira: um crime premeditado e confessado por Ted Crawford (Anthony Hopkins). Ele descobriu ser traído pela esposa e a matou com um tiro na cabeça. Pela premeditação e confissão do crime, parece ser um caso fácil de resolver. Porém, nem tudo é o que parece. *Um Crime de Mestre* nos reserva boas e surpreendentes reviravoltas. Daquelas que fazem qualquer advogado questionar o que foi ensinado nas faculdades de Direito.

UM DIA DE CÃO
DOG DAY AFTERNOON — EUA 1975

Direção: Sidney Lumet

Elenco: Al Pacino, John Cazale, Charles Durning, Chris Sarandon, Sully Boyar, Penelope Allen, James Broderick, Carol Kane, Beulah Garrick e Sandra Kazan. **Duração:** 124 minutos. **Distribuição:** Warner.

A produção cinematográfica americana dos anos 1970, por mais paradoxal que possa parecer, dificilmente seria produzida na Hollywood atual. Os estúdios, todos eles, com raríssimas exceções, têm apostado apenas em refilmagens, franquias e adaptações de livros, quadrinhos e séries de TV. Além disso, temos hoje a forte patrulha do "politicamente correto". A máxima do mercado é: "negócio certo é negócio seguro". Histórias originais ou mais ousadas (para não dizer "adultas"), só se tiver por trás diretores como Nolan, Cameron, Spielberg ou Tarantino. Este quadro nos faz acreditar que um filme como *Um Dia de Cão*, que Sidney Lumet dirigiu em 1975, talvez não encontrasse a luz dos projetores no contexto do momento. Estrelado por Al Pacino, que vinha de uma seqüência de grandes papéis (as duas primeiras partes de *O Poderoso Chefão* e *Serpico*, também dirigido por Lumet), o filme continua impactante. Com base em fatos, o roteiro escrito por Frank Pierson nos apresenta dois amigos, Sonny (Pacino) e Sal (John Cazale), que decidem roubar um banco. Na verdade, Sonny precisa de dinheiro para bancar a cirurgia de mudança de sexo de seu namorado. O plano não sai bem como planejado e se transforma em um grande circo para a mídia. O experiente Lumet tira proveito máximo da trama e nos entrega uma obra carregada de múltiplas texturas, suspense e grandes desempenhos de todo o elenco. Uma das obras máximas do diretor e também um dos grandes filmes dos anos 1970. Indicado a seis Oscar, ganhou apenas um, o de melhor roteiro.

UM DIA DE FÚRIA — FALLING DOWN
EUA 1995

Direção: Joel Schumacher

Elenco: Michael Douglas, Robert Duvall, Barbara Hershey, Frederic Forrest, Rachel Ticotin, Tuesday Weld, Lois Smith e Joey Hope Singer. **Duração:** 112 minutos. **Distribuição:** Warner.

Um Dia de Fúria parece tudo, menos um filme de Joel Schumacher. Chega a ser até um pouco difícil de acreditar que ele tenha realizado um filme tão politicamente incorreto. *Um Dia de Fúria* é seco e direto, como um soco de Mike Tyson. D-Fens, personagem de Michael Douglas, só quer chegar em casa e presentear sua filha, que está de aniversário. O trânsito engarrafado faz com que ele abandone o carro e resolva ir caminhando. O problema é que ele está na região mais barra pesada de Los Angeles. Um lado tão sombrio e assustador que muitos irão duvidar tratar-se da famosa cidade do sol eterno. A carreira de Schumacher sempre foi marcada por filmes relativamente baratos, mas de bom retorno comercial. Seu apuro visual fez com que a crítica o chamasse pejorativamente de "esteta". Com este filme, ele decidiu mudar radicalmente seu estilo e inspirou-se em sua infância pobre e nos acontecimentos envolvendo conflitos raciais em Los Angeles. *Um Dia de Fúria*, segundo seu diretor, se propõe a ser o *Um Dia de Cão* dos anos 1990. Na sua caminhada para chegar em casa, D-Fens enfrenta coreanos, mexicanos, neonazistas, gangues de rua e empregados de padarias e lanchonetes que insistem em não lembrar de "o freguês tem sempre razão". Soberbamente bem montado por Paul Hirsch e com os atores Michael Douglas e Robert Durval em interpretações arrebatadoras, o filme foi acusado de fascista por uns e aplaudido por outros. Polêmicas à parte, em tempos de tramas cada vez mais rasas e moralistas, uma produção hollywoodiana assumir uma postura politicamente incorreta, já é, por si só, um grande diferencial.

UM ESTRANHO NO NINHO
ONE FLEW OVER THE CUCKOO'S NEST
EUA 1975

Direção: Milos Forman

Elenco: Jack Nicholson, Louise Fletcher, Danny DeVito, Christopher Llyod, Brad Dourif, Sam Sampson e Scatman Crothers. Duração: 133 minutos. Distribuição: Warner.

Primeiro veio o livro, escrito por Ken Kesey, no início dos anos 1960. O ator Kirk Douglas comprou os direitos para cinema e foi seu filho, Michael Douglas, quem terminou por produzir o filme, junto com Saul Zaentz, em meados dos anos 1970. Com roteiro escrito pela dupla Lawrence Hauben e Bo Goldman e o tcheco Milos Forman na direção, *Um Estranho no Ninho* finalmente chegou às telas em 1975. Tudo começa quando McMurphy (Jack Nicholson), acusado de violência e estupro, simula loucura para ser internado em um hospício. Afinal, pensa ele, é melhor do que cumprir pena na cadeia. Rapidamente, ele se transforma no agitador do lugar e entra em rota de colisão com a enfermeira Ratched (Louise Fletcher). McMurphy contagia os demais pacientes com sua alegre desordem, algo inadmissível para a severa rotina daquela instituição mental. Kirk Douglas chegou a fazer o papel de McMurphy em uma adaptação teatral de 1963. Sua intenção era reprisar o papel no filme. Porém, o tempo foi passando e ele não conseguia apoio de estúdio algum para a produção. Quando ele passou a "bola" para o filho, um ator de televisão estreando como produtor, este se associou ao experiente Saul Zaentz e o projeto finalmente saiu do papel. Os atores James Caan, Marlon Brando e Gene Hackman foram considerados para o papel principal, que terminou ficando com Jack Nicholson. O mesmo aconteceu com o papel da enfermeira. Antes de Louise Fletcher, a personagem foi oferecida às atrizes Anne Bancroft, Ellen Burstyn, Jane Fonda e Angela Lansbury. O resto do elenco é todo composto por iniciantes, como Danny DeVito (Martini), Christopher Lloyd (Taber), Brad Dourif (Billy) e Sam Sampson (chefe Bromden), que trabalharam junto com pacientes reais de um hospício. Intenso, dramático, engraçado, humano e imperdível. Tudo funciona aqui a favor da história. *Um Estranho no Ninho* foi o segundo filme a conquistar os cinco Oscar nobres: filme, direção, ator, atriz e roteiro. Algo raro registrado apenas três vezes na história do prêmio. A primeira, em 1934, com *Aconteceu Naquela Noite*. E a terceira, em 1991, com *O Silêncio dos Inocentes*.

UM GRITO DE LIBERDADE
CRY FREEDOM
INGLATERRA 1987

Direção: Richard Attenborough

Elenco: Denzel Washington, Kevin Kline, Josette Simon, Penelope Wilton, Kate Hardie, Kevin McNally e Zakes Mokae. Duração: 157 minutos. Distribuição: Universal.

"Setembro de 1977. Porto Elizabeth. Clima bom. Era um assunto como de costume, na sala 619 da polícia. Oh Biko, Biko, por que Biko. O homem está morto". É assim que começa a canção da última faixa do terceiro disco de Peter Gabriel, composta em homenagem ao ativista negro sul africano Stephen Biko, morto pelo regime segregacionista do apartheid. O filme *Um Grito de Liberdade*, do cineasta britânico Richard Attenborough, realizado em 1987, se inspira no livro escrito por Donald Woods, jornalista amigo de Biko que desafiou o governo ao investigar a morte do ativista. Adaptado pelo roteirista John Briley, o filme de Attenborough se concentra na figura de Woods, vivido aqui por Kevin Kline. Ele trabalha como editor de um jornal da África do Sul, onde foi autor de uma série de editoriais que criticam as posições de Biko, papel de Denzel Washington. As coisas mudam após os dois se conhecerem pessoalmente. Woods muda sua opinião em relação ao ativista e quando este é preso, passa a visitá-lo regularmente. Isso chama a atenção da polícia e tudo se complica após a morte de Biko, quando o jornalista decide escrever sobre a luta do amigo. *Um Grito de Liberdade* trata então do esforço de Woods e sua família para fugir do país e com isso publicar o livro. O diretor havia dirigido o premiado *Gandhi* cinco anos antes e recria aqui, com maestria, mais um momento intenso e, ao mesmo tempo, triste de nossa história.

UM GRITO NO ESCURO
A CRY IN THE DARK
AUSTRÁLIA 1988

Direção: Fred Schepisi

Elenco: Meryl Streep, Sam Neill, Bruce Myles, Charles Tingwell e Nick Tate. Duração: 121 minutos. Distribuição: PlayArte.

Se não há corpo, existe crime? É esta pergunta que o diretor australiano Fred Schepisi tenta responder em *Um Grito no Escuro*. Realizado em 1988, o roteiro de Robert Caswell e do próprio diretor, é uma adaptação do romance *Evil Angels*, de John Bryson, que por sua vez se inspira em uma história real. Tudo começa em um acampamento no deserto da Austrália. Lá estão Lindy e Michael Chamberlain (Meryl Streep e Sam Neill). O bebê do casal desaparece e Lindy afirma que ele foi levado por um animal selvagem. A polícia vasculha toda a região e não encontra o corpo da criança. O drama daquela família se transforma em um grande espetáculo da mídia e as coisas se complicam ainda mais quando a mãe é acusada de homicídio. Estabelece-se então uma grande disputa midiática envolvendo um promotor que quer fazer justiça a qualquer preço, questões religiosas e uma imprensa preocupada apenas em manter a notícia em alta. Schepisi, além do conteúdo explosivo, conta também com um elenco inspirado, em especial, Meryl Streep. A atriz recebeu a única indicação ao Oscar do filme. E pôde também adicionar mais um sotaque à sua vasta lista.

UM JUIZ MUITO LOUCO
— FIRST MONDAY IN OCTOBER —
EUA 1991

Direção: Ronald Neame

Elenco: Walter Matthau, Jill Clayburgh, Barnard Hughes e Jan Sterling. **Duração:** 98 minutos. **Distribuição:** Paramount.

O título nacional, *Um Juiz Muito Louco*, lembra aqueles filmes da Sessão da Tarde. Mas esta obra dirigida por Ronald Neame é mais do que isso. O título original, traduzido corretamente, seria *A Primeira Segunda de Outubro*. A dupla Jerome Lawrence e Robert E. Lee escreveram o roteiro a partir de uma peça de teatro deles próprios. Tudo começa quando Ruth Loomis (Jill Clayburgh) é designada para a Suprema Corte dos Estados Unidos. Ela se torna a primeira mulher a compor aquela casa de justiça. De perfil conservador, Ruth entra em choque com um de seus colegas de Tribunal, Dan Snow (Walter Matthau), de perfil extremamente liberal. É ele o juiz "muito louco" do título brasileiro. Neame começou carreira como diretor de fotografia no início dos anos 1930 e pouco mais de dez anos depois passou a dirigir filmes. Seu estilo é acadêmico, ou seja, conta bem uma história, mas não possui uma assinatura. A grande força de *Um Juiz Muito Louco* vem do elenco. Em especial, Matthau e Clayburgh, que revelam uma química fabulosa em cena.

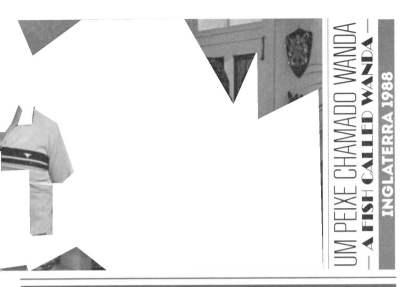

UM PEIXE CHAMADO WANDA
A FISH CALLED WANDA
INGLATERRA 1988

Direção: Charles Crichton

Elenco: John Cleese, Jamie Lee Curtis, Kevin Kline, Michael Palin, Tom Georgeson, Maria Aitken e Geoffrey Palmer. Duração: 107 minutos. Distribuição: Fox.

Cada povo tem um tipo de humor peculiar. O humor inglês é reconhecido por sua acidez, ironia e senso de absurdo. É aquele tipo de humor que não costuma poupar ninguém. O sucesso do grupo *Monty Python* a partir do final dos anos 1960 e nos 15 anos seguintes ajudou a popularizar esse jeito inglês de fazer graça. A comédia *Um Peixe Chamado Wanda* é herdeira direta do Monty Python, tendo até dois de seus membros no elenco, John Cleese (que também escreveu o roteiro) e Michael Palin. A direção ficou por conta do veterano Charles Crichton, que estava com 80 anos quando o filme foi realizado. Uma prova de que idade avançada não significa perda de agilidade. Tudo tem início com um assalto milimetricamente planejado. A partir daí, os desdobramentos da ação tomam rumos inesperados e terminam por envolver, involuntariamente, um peixinho de aquário, os três cachorrinhos de uma testemunha e um julgamento. O ritmo do filme é vertiginoso e não nunca perde o foco no humor, que surge das características de suas personagens e das situações absurdas nas quais elas se envolvem. O elenco atua em perfeita sintonia, com um pequeno destaque para Kevin Kline, que ganhou o Oscar de melhor ator coadjuvante por este trabalho. Depois de assistir a *Um Peixe Chamado Wanda*, duvido que você consiga ouvir alguém falar um idioma estrangeiro sem esboçar um sorriso. Por fim, uma piada interna/homenagem bem curiosa: o nome da personagem de Cleese, o advogado Archie Leach, é na verdade o nome de batismo do ator Cary Grant.

UM SONHO DE LIBERDADE
THE SHAWSHANK REDEMPTION
EUA 1994

Direção: Frank Darabont

Elenco: Tim Robbins, Morgan Freeman, Bob Gunton, Clancy Brown, James Whitmore, William Sadler, Mark Rolston, Neil Summers e Gil Bellows. Duração: 142 minutos. Distribuição: Warner.

Frank Darabont iniciou sua carreira como roteirista de seriados de TV e filmes de baixo orçamento. *Um Sonho de Liberdade* foi sua estreia como diretor. O roteiro, escrito por ele, é uma adaptação de um conto de Stephen King, *Rita Hayworth e a Redenção de Shawshank*. Seu filme seguinte, *À Espera de Um Milagre*, também adaptado de um livro de King, fez com que alguns críticos dissessem na época que ele havia criado um novo nicho cinematográfico: filme de presídio baseado em obra de Stephen King. *Um Sonho de Liberdade* ocupa a primeira posição do Top 250 do IMDB. Trata-se de um filme de prisão, sim, com todos os clichês que estamos acostumados a ver em filmes do gênero. Porém, Darabont consegue transformar esses clichês em meros acessórios narrativos. A história que ele conta se dedica basicamente a dois temas maiores: amizade e esperança. O bancário Andy (Tim Robbins) é preso sob a acusação de ter matado a esposa e o amante dela. Na prisão, ele fica amigo de Red (Morgan Freeman). Utilizando seus conhecimentos contábeis, Andy se destaca na hierarquia do presídio. O diretor/roteirista conduz o filme de maneira magistral. O elenco, inteiramente masculino, está mais do que perfeito, sem exceção. A duração, de quase duas horas e meia, passa sem a gente sentir. Entre os inúmeros bons momentos do filme, um se destaca: quando Andy "presenteia" os detentos com um trecho de *As Bodas de Fígaro*, de Mozart. *Um Sonho de Liberdade* é um filme tão rico em conteúdo que fica difícil parar de falar sobre ele. E por mais se fale ou se escreva, sempre ficará faltando alguma coisa. O melhor mesmo é vê-lo e depois revê-lo e revê-lo e revê-lo...

UMA LIÇÃO DE AMOR
I AM SAM
EUA 2001

Direção: Jessie Nelson

Elenco: Sean Penn, Michelle Pfeiffer, Dakota Fanning, Dianne Wiest, Laura Dern, Alan Silverman, Doug Hutchinson e Wendy Phillips. **Duração:** 132 minutos. **Distribuição:** PlayArte.

Normalmente, quando o cinema decide contar histórias que envolvem disputa da guarda de filhos, o formato mais comum é o da briga entre pai e mãe. E com a mãe como heroína na maior parte dos casos. Claro que existem exceções, vide *Kramer Vs. Kramer* e *Não Aceitamos Devoluções*. E há também este *Uma Lição de Amor*, filme dirigido em 2001 por Jessie Nelson. Aqui a abordagem é diferente. O roteiro, escrito por Kristine Johnson e pela própria diretora, conta a história de Sam Dawson (Sean Penn), um homem com idade mental de uma criança. Ele se torna pai solteiro de Lucy (Dakota Fanning) e a cria com muito amor, carinho e a ajuda de alguns amigos, tão especiais quanto ele. As coisas se complicam quando a menina começa a ultrapassar a idade mental do pai. O Serviço Social quer entregar Lucy para adoção. Só resta a Sam enfrentar o sistema e, para isso, ele pede a ajuda da advogada Rita Harrison (Michelle Pfeiffer). *Uma Lição de Amor* discute questões bem delicadas na medida certa e ainda conta com uma super trilha sonora composta por covers dos Beatles, banda favorita de Sam.

UMA LOURA POR UM MILHÃO
THE FORTUNE COOKIE
EUA 1966

Direção: Billy Wilder

Elenco: Jack Lemmon, Walter Matthau, Cliff Osmond, Judi West, Ron Rich, Lurene Tuttle, Harry Holcombe e Les Tremayne. **Duração:** 125 minutos. **Distribuição:** Classic Line.

Billy Wilder é um dos grandes mestres da era de ouro de Hollywood. Versátil ao extremo, ele "passeou" por diferentes gêneros cinematográficos, sempre com grande habilidade. No entanto, foi nas comédias que ele sempre se superou. Autor dos roteiros das maioria de seus filmes, boa parte deles em parceria com I.A.L. Diamond, como este *Uma Loura Por Um Milhão*, que ele realizou em 1966. Novamente trabalhando com o ator Jack Lemmon, com quem já havia feito outros três filmes, desta vez ele interpreta Harry Hinkle, um câmara de televisão que é ferido durante uma partida de futebol americano. Seu cunhado, Willie Gingrich (Walter Matthau), é advogado e propõe a ele fingir ter tido muito mais lesões no corpo, em decorrência do acidente. O objetivo é receber uma indenização maior. Relutante no início, Harry termina entrando no jogo proposto por Willie e, claro, em muitas confusões também. Wilder é um diretor, como eu já disse, com talento natural para comédias. E quando tem uma dupla afinada como Lemmon e Matthau, é um espetáculo à parte. Diversão garantida.

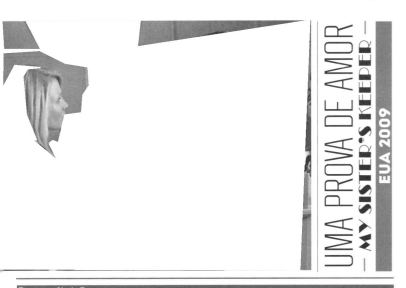

Direção: Nick Cassavetes

Elenco: Cameron Diaz, Jason Patric, Abigail Breslin, Sofia Vassilieva e Alec Baldwin. Duração: 109 minutos. Distribuição: PlayArte.

A relação de Nick Cassavetes com o cinema começou bem cedo, ainda garoto. Filho do ator e diretor John Cassavetes e da atriz Gena Rowlands, ele atuou, ainda menino, nos filmes do pai. A estreia como diretor aconteceu em 1996. *Uma Prova de Amor* é seu sexto longa. Baseado no romance de Jodi Picoult, o roteiro foi adaptado pelo próprio Cassavetes, junto com Jeremy Leven e conta uma história das mais tocantes. Somos apresentados a Anna (Abigail Breslin), de apenas 13 anos. Ela é filha de Sara (Cameron Diaz) e Brian (Jason Patric) e foi gerada para ajudar a salvar a vida de Kate (Sofia Vassilieva), sua irmã mais velha. Pode alguém nascer e ter seu destino traçado inteiramente em prol de uma outra pessoa? Anna questiona isso e toma uma atitude bem radical ao levar seu caso particular aos tribunais. *Uma Prova de Amor* é dramático sem cair na pieguice. Cassavetes é um excelente diretor de atores e habilidoso na condução de sua narrativa. Um aviso: pegue uma caixa de lenços de papel.

UMA SIMPLES FORMALIDADE
UNA PURA FORMALITÀ
ITÁLIA/FRANÇA 1993

Direção: Giuseppe Tornatore

Elenco: Gérard Depardieu, Roman Polanski, Sergio Rubini, Nicola Di Pinto, Paolo Lombardi e Maria Rosa Spagnolo. Duração: 107 minutos. Distribuição: Mundial Filmes.

O cineasta italiano Giuseppe Tornatore experimentou reconhecimento mundial por conta do filme *Cinema Paradiso*, que escreveu e dirigiu em 1988. Ele poderia ter se acomodado no sucesso obtido tão cedo em sua carreira e feito filmes que procurassem repetir aquela fórmula certeira. Ainda bem que ele pensou diferente. *Uma Simples Formalidade*, que Tornatore também escreveu, conta a história de um crime que acontece em uma noite de muita chuva. Um suspeito, Onoff (Gérard Depardieu), é levado para ser interrogado pelo inspetor de plantão, vivido pelo diretor Roman Polanski. A conversa tem início de maneira bastante cordial, afinal, Onoff é um famoso escritor e o inspetor sabe disso. Porém, aos poucos, aquele clima leve começa a ceder espaço a um tenso confronto entre os dois. O cenário é basicamente o mesmo o filme inteiro. A trama é das mais intrigantes e cheia de boas surpresas, em especial, a última delas. A trilha sonora, composta por Ennio Morricone, é um primor. Só restou a Tornatore ligar a câmara e ficar quieto se maravilhando com o que era capturado pela lente. *Uma Simples Formalidade* prova mais uma vez que não é preciso muita pirotecnia para se fazer um grande filme. Se você tiver os elementos básicos certos, como é o caso aqui, não tem erro.

UTOPIA E BARBÁRIE
BRASIL 2009

Direção: Silvio Tendler

Documentário. Duração: 120 minutos. Distribuição: Caliban Produções Cinematográficas.

O cineasta brasileiro Sílvio Tendler é um dos mais respeitados documentaristas do país. E talvez seja o mais ativo politicamente, já que boa parte de sua filmografia trata de questões e personalidades políticas. *Utopia e Barbárie*, que ele finalizou em 2009 e se envolveu durante 19 anos na produção, tem um caráter mais pessoal. Aqui, Tendler mergulha nos sonhos e frustrações de sua própria geração. Uma geração que nasceu após a Segunda Guerra Mundial e cresceu com a esperança de um mundo mais justo, livre e tolerante. O título do documentário coloca lado a lado, de maneira precisa, o que essa geração esperava e, efetivamente, o que enfrentou. O diretor viajou por 15 países e colheu depoimentos de pessoas de todo o mundo que foram presas e/ou torturadas por regimes totalitários. Entre os entrevistados, temos o então presidente Lula e sua ministra-chefe da Casa Civil, Dilma Rousseff, além de outros membros do governo. O poeta Ferreira Gullar também dá seu depoimento, bem como o escritor uruguaio Eduardo Galeano e os cineastas Denys Arcand, Gillo Pontecorvo e Amos Gatai. *Utopia e Barbárie* é um filme indispensável para quem quer entender o mundo. Seja ele o de ontem, de hoje ou de amanhã, uma vez que deixa a sensação de que nossa História costuma sempre se repetir.

V DE VINGANÇA
V FOR VENDETTA
EUA 2006

Direção: James McTeigue

Elenco: Natalie Portman, Hugo Weaving, Stephen Fry, Stephen Rea, John Hurt, Natasha Wightman, Roger Allam, Rupert Graves, Ben Miles, Sinéad Cusack e Tim Pigott-Smith. Duração: 132 minutos. Distribuição: Warner.

"Remember, remember, the fifth of November". Essa frase diz respeito a um fato ocorrido na Inglaterra no dia 05 de Novembro de 1605, quando Guy Fawkes foi capturado tentando explodir a Casa do Parlamento. Essa história é contada no início do filme *V de Vingança*, baseado na história em quadrinhos escrita por Alan Moore e desenhada por David Lloyd. Com roteiro adaptado e produção dos Irmãos Wachowski, os mesmos da trilogia Matrix. O filme, assim como a HQ, acontece em um futuro próximo, em uma Inglaterra totalitária, onde uma figura misteriosa usando uma máscara de Guy Fawkes e que atende pelo nome de V decide concluir o trabalho que não foi feito no início do século XVII. Quem acompanha quadrinhos sabe dos atritos constantes entre Alan Moore e os cineastas que adaptam suas obras para o cinema. Ele costuma dizer que nenhuma delas é boa o suficiente ou digna do material original. *V de Vingança*, o filme, é uma exceção. Alguns fãs mais radicais disseram que o foco da narrativa foi tirado de V (Hugo Weaving) e direcionado para a personagem de Evey (Natalie Portman). É verdade que o filme tomou algumas liberdades, porém, elas funcionam a favor da história e preenchem lacunas que existem na HQ original. O diretor estreante James TcTeigue, que antes havia trabalhado como assistente de direção dos Wachowski na série Matrix, revela segurança na condução de um filme repleto de boas ideias e de muito carisma.

O VENTO SERÁ TUA HERANÇA
INHERIT THE WIND
EUA 1960

Direção: Stanley Kramer

Elenco: Spencer Tracy, Fredric March, Gene Kelly, Dick York, Donna Anderson, Harry Morgan, Claude Akins e Elliott Reid. Duração: 128 minutos. Distribuição: Fox.

Dirigido por Stanley Kramer em 1960, *O Vento Será Tua Herança* tem roteiro assinado por Nathan E. Douglas e Harold Jacob Smith, adaptado da peça de Jerome Lawrence e Robert E. Lee. A peça, por sua vez, foi inspirada em um fato real conhecido como o "Processo do Macaco de Scopes", que aconteceu em 1925 no estado americano do Tennessee. Lá, um professor de biologia foi julgado por ensinar a Teoria da Evolução das Espécies de Charles Darwin em uma escola pública. O filme começa com o professor sendo preso e o caso ganhando repercussão nacional. A pequena cidade de Hillsboro se transforma no palco de um grande confronto de ideias. De um lado, o advogado Henry Drummond (Spencer Tracy), defensor do evolucionismo. Do outro, o promotor fundamentalista Matthew Harrison Brady (Fredric March), que defende o criacionismo. Um filme de tribunal dos bons, com dois grandes atores no auge da forma e com um roteiro ágil e repleto de diálogos inteligentes e bem fundamentados na argumentação de seus pontos-de-vista. Em tempo: O título original, assim como a bela tradução nacional, faz referência a um provérbio do Livro de Eclesiastes.

O VEREDICTO
THE VERDICT — EUA 1982

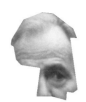

Direção: Sidney Lumet

Elenco: Paul Newman, Charlotte Rampling, Jack Warden, Edward Binns, Lindsay Crouse, Julie Bovasso, Milo O'Shea, Roxanne Hart e Wesley Addy. Duração: 128 minutos. Distribuição: Fox.

Sidney Lumet estreou como diretor em 1957, quando realizou *12 Homens e Uma Sentença*. Sua carreira se estendeu por 50 anos, até 2007, quando dirigiu seu último filme, *Antes Que o Diabo Saiba Que Você Está Morto*. Ao todo foram 45 filmes dirigidos por ele. Uma média de quase um filme por ano. Com exceção de Woody Allen, algo realmente incomum no cinema americano moderno. Versátil e também politizado, Lumet "passeou" por diversos gêneros, porém, foi no drama que ele sempre se saiu melhor. E *O Veredicto* é apenas mais um exemplo da habilidade do diretor em contar histórias fortes e contundentes. Com roteiro de David Mamet, adaptado do romance de Barry Reed, o filme trata essencialmente de redenção. Aqui, o advogado Frank Galvin (Paul Newman), alcoólatra e sem conseguir vencer uma causa sequer, até que de repente um caso aparece em seu escritório com uma oferta fabulosa de acordo para arquivamento. Frank vê aí sua chance de se reerguer e não aceita a proposta que lhe é feita e insiste no julgamento. Lumet, um diretor que conhece muito bem o funcionamento de um tribunal, conduz sua trama no ritmo necessário para nos envolver do início ao fim. Não é fácil dirigir este tipo de filme. A estrutura depende muito dos diálogos e do desempenho dos atores. E mesmo quando o diretor dispõe de um ótimo roteiro e de um elenco excepcional, como é o caso de *O Veredicto*, nem sempre é possível escapar da armadilha da "teatralização". Lumet se supera e nos presenteia com um drama envolvente e humano. Não tem mistério. Boas histórias precisam apenas de alguém com talento para contá-las. Simples assim.

A VIAGEM (1999)
BROKEDOWN PALACE
EUA 1999

Direção: Jonathan Kaplan

Elenco: Claire Danes, Kate Beckinsale, Bill Pullman, Jacqueline Kim, Lou Diamond Phillips, Daniel Lapaine, Tom Amandes, Kay Tong Lim e Aimee Graham. **Duração:** 101 minutos. **Distribuição:** Fox.

Existem inúmeros filmes que colocam a amizade como mote principal. Seja pelo lado bom ou pelo lado ruim. *A Viagem*, título nacional genérico para o original *Palácio Quebrado* (Brokedown Palace), é mais um filme que coloca a amizade à prova. Dirigido por Jonathan Kaplan, a partir de um roteiro de David Arata, trata-se de um thriller. Duas amigas, Alice (Claire Danes) e Darlene (Kate Beckinsale), viajam até a Tailândia, onde esperam curtir as férias de seus sonhos. Elas querem se sentir livres e a "terra da liberdade" parece ser o lugar certo. Não é bem isso o que acontece. Na verdade, o sonho se transforma rapidamente em pesadelo. Alice e Darlene possuem personalidades bem distintas e o roteiro pontua isso desde o início. Mas um forte laço de amizade as une. Mesmo quando elas terminam se deixando envolver por Nick (Daniel Lapaine), um australiano sedutor que conhecem em Bangkok e as convida para ir com ele até Hong Kong. No aeroporto, tudo toma um rumo inesperado quando encontram drogas na mochila de uma delas. As duas amigas são presas, julgadas e sentenciadas a 33 anos de cadeia em um país estranho e extremamente severo em relação ao tráfico de entorpecentes. A amizade das jovens é testada e, ao mesmo tempo, elas precisam provar que são inocentes. Para isso, recorrem ao advogado Yankee Hank Greene (Bill Pullman). Kaplan é um diretor dividido entre o cinema e a televisão e talvez por isso, possua um estilo ágil de direção. O ritmo de *A Viagem* não chega a ser acelerado, mas, não deixa a tensão cair um minuto sequer. Seja pelo drama vivido por Alice e Darlene, seja pela maneira como a ação se desenvolve. Danes e Beckinsale defendem bem suas personagens e nos fazem torcer por elas o tempo todo.

A VIDA DE DAVID GALE
THE LIFE OF DAVID GALE
EUA/ALEMANHA 2003

Direção: Alan Parker

Elenco: Kevin Spacey, Kate Winslet, Laura Linney, Gabriel Mann, Cleo King, Matt Craven, Jim Beaver, Leon Rippy e Rhona Mitra. Duração: 130 minutos. Distribuição: Universal.

O cineasta britânico Alan Parker construiu uma sólida carreira entre meados dos anos 1970 até o início dos anos 1990. Adepto de histórias de forte carga dramática, seus filmes, na maioria, são sempre marcantes. Como é o caso de *A Vida de David Gale*, que ele dirigiu em 2003. O roteiro de Charles Randolph conta a história de um professor de Filosofia, David Gale (Kevin Spacey). Autor de diversos livros e bastante respeitado no meio acadêmico, ele está à espera de ser executado pela morte de Constance Harraway (Laura Linney), uma colega de trabalho. Poucos dias antes da execução, Gale pede à repórter Bitsey Bloom (Kate Winslet) que vá ao presídio para uma entrevista reveladora. Os segredos revelados, e não são poucos, podem abalar a estrutura do sistema prisional do Estado. *A Vida de David Gale* é um filme repleto de reviravoltas. E Parker conduz tudo com maestria de costume. Outra importante característica do diretor é escolher bem seu elenco e mais uma vez, ele não falha aqui.

Direção: Florian Henckel von Donnersmarck

Elenco: Martina Gedeck, Ulrich Mühe, Sebastian Koch, Ulrich Tukur, Thomas Thieme, Hans-Uwe Bauer, Volkmar Kleinert, Matthias Brenner, Charly Hübner e Herbert Knaup. Duração: 138 minutos. Distribuição: Europa.

O fim da Guerra Fria entre americanos e soviéticos deixou o cinema de espionagem um pouco órfão. Em compensação, algumas produções souberam explorar situações que não tinham espaço nas tramas que envolviam os agentes secretos. O filme alemão *A Vida dos Outros* baseia-se em uma história real que aconteceu na antiga Alemanha Oriental na primeira metade dos anos 1980. Vemos aqui o trabalho de vigilância do governo, que acompanhava atentamente a vida de todos aqueles que eram considerados inimigos potenciais do Estado. É o caso de Christa (Martina Gedeck), atriz popular que namora Georg (Sebastian Koch), o mais conhecido dramaturgo do país e um dos poucos que consegue enviar textos para o outro lado da fronteira. Como os dois são suspeitos de serem infiéis às ideias comunistas, eles passam a ser observados pelo frio e calculista Capitão Gerd (Ulrich Mühe), o mais temido agente do serviço secreto. A partir daí, se estabelece um interessante jogo de observação e consequente admiração. Quanto mais Gerd vigia, mas fascinado fica pelas vidas e personalidades de Georg e Christa. Em seu primeiro longa-metragem, o diretor e roteirista Florian Henckel von Donnersmarck revela um domínio narrativo completo e nos apresenta um mundo fascinante e desconhecido sustentado por personagens complexas e bem construídas que nos passam, acima de tudo, caráter e humanidade.

A VILA
THE VILLAGE
EUA 2004

Direção: M. Night Shyamalan

Elenco: Joaquin Phoenix, Bryce Dallas Howard, Adrien Brody, William Hurt, Sigourney Weaver, Brendan Gleeson, Cherry Jones, Michael Pitt, Jesse Eisenberg e Judy Greer. Duração: 108 minutos. Distribuição: Buena Vista.

Nem sempre é bom quando um artista chama muito a atenção em seus primeiros trabalhos. Quando o cineasta americano de origem indiana M. Night Shyamalan realizou *O Sexto Sentido*, em 1999, foi apontado como gênio e por conta da grande surpresa daquele filme, criou-se, a partir daí, uma enorme expectativa em relação aos seus trabalhos seguintes. De certa forma, Shyamalan, que é um diretor de muito talento, ficou estigmatizado. Não foi diferente com *A Vila*, lançado em 2004. Aqui, acompanhamos o dia-a-dia de uma pequena e isolada aldeia que vive sob a contínua ameaça de criaturas que habitam seus arredores. Existe uma espécie de pacto entre os aldeões e os seres estranhos que moram na floresta. Um dos jovens moradores da vila, Lucius Hunt (Joaquin Phoenix) decide explorar a região além da floresta e essa ação provoca uma ruptura no tênue acordo existente. Mais uma vez Shyamalan desenvolve sua história como uma parábola e faz de *A Vila* um espelho da sociedade americana. Munido de um elenco dos sonhos, o diretor-roteirista-ator (ele faz uma ponta no filme) discute, metaforicamente, a violência urbana e questões como segurança, relações familiares e choque de gerações. Shyamalan conduz sua trama com habilidade e sutileza e nos reserva boas "surpresas", que funcionam muito bem, principalmente, se o espectador não criar expectativas grandes demais e esperar ver um novo *O Sexto Sentido*.

A VINGANÇA DE MANON
MANON DES SOURCES
FRANÇA/ITÁLIA/SUÍÇA 1986

Direção: Claude Berri

Elenco: Emmanuelle Béart, Yves Montand, Daniel Auteuil e Margarita Lozano. Duração: 110 minutos. Distribuição: Versátil.

A história de *Jean de Florette* continua neste *A Vingança de Manon*. Novamente dirigido por Claude Berri e com roteiro escrito por ele, junto com Gérard Brach. Cerca de vinte anos depois, somos apresentados a Manon (Emmanuelle Béart), uma bela camponesa com um único propósito: vingar a morte de Jean, seu pai. Para tanto, ela utiliza a mesma tática que Cesar (Yves Montand) e Ugolin (Daniel Auteuil) utilizaram no passado: a nascente de água que irriga a região. Com nem sempre as coisas acontecem como esperado, Ugolin termina por se apaixonar perdidamente por Manon, o que, cá entre nós, não seria difícil de acontecer com qualquer mortal. Emmanuelle Béart, uma das mais bonitas e talentosas atrizes francesas de sua geração, interpreta Manon de uma maneira arrebatadora. Berri sabe onde está pisando. O cenário, que continua deslumbrante, já nos é familiar desde o filme anterior. Todas as qualidades da primeira parte permanecem intactas nesta parte dois. *A Vingança de Manon*, apesar de ser uma continuação direta de *Jean de Florette*, funciona perfeitamente sozinho. Apesar disso, é muito melhor ver os dois juntos.

O VISITANTE
THE VISITOR
EUA 2007

Direção: Tim Robbins

Elenco: Richard Jenkins, Hiam Abbass, Marian Seldes, Maggie Moore, Michael Cumpsty, Richard Kind, Bill McHenry, Danai Gurira e Haaz Sleiman. **Duração:** 103 minutos. **Distribuição:** Paramount.

É impossível falar de *O Visitante* sem destacar seu ator principal, Richard Jenkins. Você, com certeza, já o viu em algum filme ou série de TV. Sempre talentoso, sempre como coadjuvante. Aqui ele é o protagonista deste segundo trabalho escrito e dirigido pelo também ator Tom McCarthy. Em *O Visitante*, Jenkins é Walter Vale, um professor universitário e recém-viúvo. Ele gosta de música e tenta aprender a toca piano. Aparentemente, apesar do esforço, ele não tem jeito prá coisa. Certo dia, Walter é designado para ir à Nova York participar de uma conferência. Ao chegar em seu apartamento na cidade encontra um casal de imigrantes ilegais que está morando lá. Tarek (Haaz Sleiman) e Zainab (Danai Gurira) foram vítimas de um golpe imobiliário. O professor se sensibiliza com a situação deles e os deixa ficar. A partir daí, um forte elo de amizade se estabelece entre os três, tendo a música como um dos ingredientes. As coisas se complicam quando Tarek é preso e tem início um processo de deportação. McCarthy toca então na ferida exposta do 11 de setembro. Sua abordagem, porém, consegue fugir do lugar-comum de muitas outras histórias já feitas tendo os atentados terroristas como pano de fundo. Como dito no início, é impossível falar de *O Visitante* sem destacar Richard Jenkins. Sua interpretação, carregada de sutilezas, cria em nós uma empatia instantânea com Walter e eleva o filme para um patamar superior. O roteiro e a direção de McCarthy, que antes havia realizado o simpático *O Agente da Estação*, são envolventes na medida certa. Jenkins, por este trabalho, recebeu uma indicação ao Oscar de melhor ator.

O VOO
FLIGHT
EUA 2012

Direção: Robert Zemeckis

Elenco: Denzel Washington, Don Cheadle, Bruce Greenwood, John Goodman, Melissa Leo e Tamara Tunie. Duração: 138 minutos. Distribuição: Paramount.

Robert Zemeckis sempre foi um cineasta fascinado por tecnologia. Uma rápida conferida em sua filmografia comprova isso. Da trilogia *De Volta Para o Futuro*, passando por *Forrest Gump*, *Contato*, *Náufrago* e *Uma Cilada Para Roger Rabbit*, todos utilizam a tecnologia de maneira inteligente e criativa. Entre 2004 e 2011, Zemeckis se envolveu em projetos que exploraram a chamada "captura de desempenho", em que os atores possuem pontos eletrônicos espalhados pelo corpo e que transmitem todos os movimentos para um computador. Os filmes feitos nesse período não renderam o esperado e Zemeckis terminou tendo que aceitar um trabalho de encomenda. *O Voo*, de 2012, foi esse trabalho. O roteiro, escrito por John Gatins, conta a história de Whip Whitaker (Denzel Washington), um piloto experiente que consegue aterrissar um avião após um acidente. Aclamado como herói, a vida de Whip muda por completo quando descobrem vestígios de álcool e drogas em seu sangue. Tecnicamente impecável e com um elenco dos mais competentes, *O Voo* incomoda pela forma realista como suas personagens e situações são tratadas. Apesar de o filme terminar de maneira um pouco conservadora, o caminho até lá é dos mais satisfatórios.

O VOTO É SECRETO
RAYE MAKHFI
IRÃ/CANADÁ/ITÁLIA/SUÉCIA 2001

Direção: Babak Payami

Elenco: Nassim Abdi, Cyrus Abidi, Youssef Habashi, Farrokh Shojaii e Gholbahar Janghali. **Duração:** 100 minutos. **Distribuição:** Imagem Filmes.

O roteirista e diretor iraniano Babak Payami não é muito conhecido fora de seu país, mas vem construindo uma sólida carreira. *O Voto é Secreto*, que ele escreveu e dirigiu em 2001, foi seu segundo longa. A história parte de uma premissa bem curiosa. Normalmente, os eleitores se dirigem até a seção eleitoral para votar. Aqui, a dinâmica é outra. A urna vai atrás do eleitor. A história se passa em uma pequena ilha, quase deserta, do Irã. É neste cenário que uma jovem agente eleitoral (Nassim Abdi) precisa colher os votos de um grupo de eleitores dispersos em uma região do litoral do país. Ela é acompanhada bem de perto por um soldado (Cyrus Abidi). Temos aí dois "Irãs". Passado e presente, lado a lado. O antigo, desconfiado e de olho nos passos do novo, que pode significar mudanças para o modelo estabelecido. Apesar de parecer um pouco ingênuo em sua simplicidade, *O Voto é Secreto* defende uma ideia. Ao colocar uma mulher como responsável pela transformação, que vem através da votação proporcionada por uma obstinada agente, Payami revela sensibilidade e precisão ao perceber quem está realmente mudando a face de seu país.

Direção: Costa-Gavras

Elenco: Yves Montand, Irene Papas, Jean-Louis Trintignant, Jacques Perrin, Charles Denner, François Périer, Pierre Dux, Marcel Bozzuffi, Renato Salvatori e Magali Noël. Duração: 127 minutos. Distribuição: New Line.

O cineasta grego Costa-Gavras começou sua carreira em 1958, quando dirigiu o curta *Les Rates*. Seu primeiro longa, *Crime no Carro Dormitório*, saiu sete anos depois, seguido por *Tropa de Choque: Um Homem a Mais*, feito em 1967. Pelos títulos dos trabalhos já fica evidente a postura do diretor. Mas foi apenas com seu terceiro longa, *Z*, realizado em 1969, que ele se tornou conhecido em todo o mundo. Inspirado no caso Lambrakis, ocorrido na Grécia, em 1963, este filme é uma adaptação do livro homônimo de Vassili Vassilikos, com roteiro de Jorge Semprún. O diretor chama nossa atenção com esta frase já na abertura: "Qualquer semelhança com fatos ou pessoas vivas ou mortas não é casual, é intencional". A narrativa quase documental de Gavras nos conduz por uma trama tensa e envolvente que terminou por influenciar a feitura de filmes políticos a partir de então. Principalmente pela dinâmica montagem de Françoise Bonnot. Acompanhamos aqui uma disputa eleitoral em um país controlado por um governo militar. Neste contexto, um popular líder da oposição (Yves Montand), é atropelado e vem a morrer três dias depois. O juiz (Jean-Louis Trintignant) assume a investigação do caso e desconfia não ter sido um simples acidente. Com a ajuda de um jornalista (Jacques Perrin), ele tenta revelar que por trás daquela morte existe uma rede de corrupção da qual fazem parte o governo e a polícia. *Z* ganhou diversos prêmios internacionais, entre eles, dois Oscar: montagem e filme estrangeiro. Assim como ocorreu no Brasil, esta obra foi censurada em diversos países. Uma curiosidade: *Z*, em grego antigo, significa "ele está vivo".

ZOOTOPIA
ZOOTOPIA
EUA 2016

Direção: Byron Howard, Rich Moore e Jared Bush

Animação. Duração: 108 minutos. Distribuição: Buena Vista.

Os Estúdios Disney foram os pioneiros na produção de longas de animação e durante muitas décadas dominaram absolutos este segmento. Mesmo com a forte concorrência que existe hoje, eles continuam se destacando. E desde que a Disney comprou a Pixar e passou ter John Lasseter como diretor criativo do estúdio, a qualidade dos filmes só tem melhorado. É o caso de *Zootopia*, do trio Byron Howard, Rich Moore e Jared Bush. O roteiro, escrito por Bush, junto com Phil Johnston, conta a trajetória de superação da pequena coelha Judy Hopps, que chega à cidade que dá título ao filme para integrar a equipe de polícia. Ela sofre todo tipo de preconceito por conta de seu tamanho. Afinal, os animais que trabalham na força policial são grandes, fortes e machos. *Zootopia*, como um autêntico Disney, lida com uma série de questões que vão além de um simples filme para crianças. A começar pelo popular "as aparências enganam". Há também as referências a outros filmes e séries. Elas são muitas e farão a alegria dos mais velhos. Duas se destacam: uma à série *Breaking Bad* e outra ao clássico *O Poderoso Chefão*. E não posso deixar de citar a participação dos bichos-preguiça na melhor piada do filme. *Zootopia* consegue estabelecer um diálogo direto com seu público. E trata-se aqui de um público bem abrangente. Mais uma prova de que não existem limites para uma boa animação.

FAIXA BÔNUS
SÉRIES DE TV

Além dos filmes, um bom número de séries de TV utiliza o Direito como matéria prima. Destaco a seguir 30 ótimos exemplos:

ALLY McBEAL: MINHA VIDA DE SOLTEIRA
(Ally McBeal - EUA 1997 a 2002)
Produção da Fox Television. Criada por David E. Kelley. Elenco: Calista Flockhart, Greg Germann e Jane Krakowski.

AMERICAN CRIME STORY: THE PEOPLE V. O.J. SIMPSON
(American Crime Story: The People V. O.J. Simpson - EUA 2016)
Produção de Ryan Murphy para o canal FX. Criada Scott Alexander e Larry Karaszewski. Elenco: John Travolta, Sarah Paulson e Cuba Gooding Jr.

BETTER CALL SAUL
(Better Call Saul - EUA 2015)
Produção do canal AMC. Derivada da série Breaking Bad. Criada por Vince Gilligan e Peter Gould. Elenco: Bob Odenkirk e Jonathan Banks.

DAMAGES
(Damages - EUA 2007 a 2012)
Produção da Sony Television. Criada por Glenn Kessler, Todd A. Kessler e Daniel Zelman. Elenco: Glenn Close, Rose Byrne e Tate Donovan.

DEMOLIDOR
(Daredevil - EUA 2015 a 2018)
Produção da Marvel em parceria com a Netflix. Criada por Drew Goddard. Elenco: Charlie Fox, Elden Henson, Deborah Ann Woll e Vincent D'Onoffio.

O DESAFIO
(The Practice - EUA 1997 a 2004)
Produção da Fox Television. Criada por David E. Kelley. Elenco: Steve Harris, Camryn Manheim, Michael Badalucco, Dylan McDermott e LisaGay Hamilton.

DIRTY SEXY MONEY
(Dirty Sexy Money - EUA 2007 a 2009)
Produção da Rede ABC. Criada por Craig Wright. Elenco: Peter Krause, Donald Sutherland, William Baldwin, Natalie Zea e Seth Gabel.

DROP DEAD DIVA
(Drop Dead Diva - EUA 2009 a 2014)
Produção da Sony Television. Criada por Josh Berman. Elenco: Brooke Elliott, Margaret Cho, Kate Lavering, April Bowlby e Jackson Hurst.

ELI STONE
(Eli Stone - EUA 2008 a 2009)
Produção da Rede ABC. Criada por Greg Berlanti e Marc Guggenheim. Elenco: Jonny Lee Miller, Natasha Henstridge, Loretta Devine e Victor Garber.

EM NOME DA JUSTIÇA
(Close to Home - EUA 2005 a 2007)
Produção da Warner Television. Criada por Jim Leonard. Elenco: Jennifer Finnigan e Kimberly Elise.

ESCÂNDALOS
(Scandal - EUA 2012 a 2017)
Produção da Rede ABC. Criada por Shonda Rhimes. Elenco: Kerry Washington, Tony Goldwyn, Tom Verica, Bellamy Young e Scott Foley.

FRANKLIN & BASH
(Franklin & Bash - EUA 2011 a 2014)
Produção da TNT. Criada por Bill Chais e Kevin Falls. Elenco: Breckin Meyer, Mark-Paul Gosselaar, Reed Diamond e Malcolm McDowell.

THE GOOD WIFE
(The Good Wife - EUA 2011 a 2016)
Produção de Ridley Scott para a CBS. Criada por Michelle King e Robert King. Elenco: Julianna Margulies, Chris Noth, Josh Charles e Christine Baranski.

HOUSE OF CARDS
(House of Cards - EUA 2013 - 2016)
Produção da Netflix. Criada por Beau Willimon. Elenco: Kevin Spacey, Robin Wright, Michael Kelly.

HOW TO GET AWAY WITH MURDER
(How to Get Away with Murder - EUA 2014 a 2016)
Produção da Rede ABC. Criada por Peter Nowalk. Elenco: Viola Davis, Billy Brown, Alfred Enoch, Jack Falahee, Aja Naomi King e Matt McGorry.

A JUÍZA
(Judging Amy - EUA de 1999 a 2005)
Produção da Rede CBS. Criada por Amy Brenneman, Bill D'Elia e Barbara Hall. Elenco: Amy Brenneman, Richard T. Jones, Jessica Tuck e Marcus Giamatti.

JUSTIÇA
(Justiça - Brasil 2016)
Produção da Rede Globo. Criada por Manuela Dias. Direção: José Luiz Villamarim. Elenco: Cauã Reymond, Adriana Esteves, Jesuíta Barbosa, Jéssica Ellen, Débora Bloch, Marina Ruy Barbosa, Enrique Diaz, Leandra Leal, Júlio Andrade, Luísa Arraes, Cássio Gabus Mendes, Vladimir Britcha, Drica Moraes e Marjorie Estiano.

JUSTIÇA SEM LIMITES
(Boston Legal - EUA 2004 a 2008)
Produção da Fox Television. Criada por David E. Kelley. Elenco: James Spader, William Shatner e Candice Bergen.

L.A. LAW
(L.A. Law - EUA de 1986 a 1994)
Produção da Fox Television. Criada por Steven Bochco e Terry Louise Fisher. Elenco: Corbie Bernsen, Jill Eikenberry, Alan Rachins e Richard Dysart.

A LEI DE HARRY
(Harry's Law - EUA 2011 a 2012)
Produção da Warner Television. Criada por David E. Kelley. Elenco: Kathy Bates, Nate Corddry e Christopher McDonald.

LEI E ORDEM
(Law & Order - EUA 1990 a 2010)
Produção da NBC Universal Television. Criada por Dick Wolf. Elenco: Jerry Orbach, S. Epatha Merkerson, Sam Waterston, Steven Hill e Jesse L. Martin.

LEI E ORDEM: CRIMES PREMEDITADOS
(Law & Order: Criminal Intent - EUA 2001 a 2011)
Produção da NBC Universal Television. Criada por Rene Balcer e Dick Wolf. Elenco: Kathryn Erbe, Vincent D'Onofrio, Jamey Sheridan e Courtney B. Vance.

LEI E ORDEM: UNIDADE DE VÍTIMAS ESPECIAIS
(Law & Order: Special Victims Unit - EUA 1999 a 2017)
Produção da NBC Universal Television. Criada por Dick Wolf. Elenco: Mariska Hargitay, Christopher Meloni, Ice-T, Richard Belzer, Dan Florek e BD Wong.

MAKING A MURDERER
(Making a Murderer - EUA 2015)
Produção da Netflix. Criada por Laura Ricciardi e Moira Demos. Documentário.

THE NIGHT OF
(The Night of - EUA 2016)
Produção da HBO. Criada por Richard Price e Steven Zaillian. Elenco: John Turturro, Riz Ahmed, Peyman Moaadi e Poorna Jagannathan.

NORTH SQUARE

(North Square - Inglaterra 2000)

Produção da BBC. Criada por Peter Moffat. Elenco: Phil Davis, Kevin McKidd, Rupert Penry-Jones, James Murray e Helen McCrory.

REASONABLE DOUBTS

(Reasonable Doubts - EUA 1991 a 1993)

Produção da Rede NBC. Criada por Robert Singer. Elenco: Mark Harmon, Marlee Matlin, William Converse-Roberts, Tim Grimm e Bill Pugin.

SHARK

(Shark - EUA 2006 a 2008)

Produção da Fox Television. Criada por Ian Biederman. Elenco: James Woods, Danielle Panabaker, Sophina Brown, Sarah Carter e Jeri Ryan.

SILK

(Silk - Inglaterra 2011 a 2014)

Produção da BBC. Criada por Peter Moffat. Elenco: Maxine Peake, Rupert Penry-Jones, Neil Stuke, John Macmillan e Theo Barklem-Bigga.

SUITS

(Suits - 2014 a 2016)

Produção da Universal Cable. Criada por Aaron Korsh. Elenco: Gabriel Macht, Patrick J. Adams, Meghan Markle, Rick Hoffman, Sarah Rafferty e Gina Torres.

SUPER AMIGA DA JUSTIÇA

Minha amiga Simone Hembecker, além de talentosa e criativa no traço, trabalha comigo no TRE-PR e criou, na época do recadastramento biométrico em Curitiba, no ano de 2011, estas e outras tirinhas com a Super Amiga da Justiça em ação. Destaco aqui três delas. Nas duas primeiras eu tenho uma participação especial. Na última, ela deixa um recado importante aos eleitores.

Simone é autora do livro *Nabucomics: Tiras e Pões*, lançado em 2014 pela Editora Monalisa. Visite o site dela: <www.nabucomics.com.br>

ÍNDICE

À ESPERA DE UM MILAGRE..............................13
A QUALQUER PREÇO......................................14
A SANGUE FRIO..15
A SERVIÇO DE SARA......................................16
ABUTRES..17
ACIMA DE QUALQUER SUSPEITA (1990)..............18
ACUSAÇÃO..19
A ACUSADA...20
ACUSADOS..21
ADEUS, LÊNIN!...22
ADORÁVEL VAGABUNDO.................................23
ADVOGADO DO DIABO...................................24
O ADVOGADO DO TERROR..............................25
ADVOGADO DOS 5 CRIMES..............................26
ADVOGADO POR ENGANO...............................27
O AGENTE DA ESTAÇÃO..................................28
AGONIA DE AMOR...29
ALABAMA MONROE.......................................30
ALIANÇA DO CRIME.......................................31
AMÉM..32
AMISTAD..33
AMOR..34
O AMOR CUSTA CARO....................................35
AMOR E REVOLUÇÃO.....................................36
ANATOMIA DE UM CRIME................................37
ANO EM QUE MEUS PAIS SAÍRAM DE FÉRIAS.........38
ARQUITETURA DA DESTRUIÇÃO........................39
ASSASSINATO EM PRIMEIRO GRAU....................40
ASSASSINATO SOB CUSTÓDIA..........................41
ASSASSINOS POR NATUREZA...........................42
ASSÉDIO..43
ASSÉDIO SEXUAL...44
AUSÊNCIA DE MALÍCIA...................................45
O AUTO DA COMPADECIDA (2000).....................46
O BARATO DE GRACE.....................................47
A BATALHA DE ARGEL....................................48
O BEIJO DA MULHER-ARANHA..........................49
BEIJO 2348/72...50
BEM-VINDOS AO PARAÍSO..............................51
BICHO DE SETE CABEÇAS...............................52
BLING RING - A GANGUE DE HOLLYWOOD...........53
BOA NOITE E BOA SORTE................................54
BOB ROBERTS..55
BRAÇOS CRUZADOS, MÁQUINAS PARADAS..........56
BRAVURA INDÔMITA (2010).............................57
BREAKER MORANT..58
BRUBAKER..59
AS BRUXAS DE SALÉM...................................60
A BUSCA PELA JUSTIÇA.................................61
CABO DO MEDO...62
CABRA-CEGA...63
A CAÇA..64
CACHÉ...65
CADETE WISLOW..66
CAPOTE..67
CARANDIRU..68
CASA DE AREIA E NÉVOA................................69
O CASO DOS IRMÃOS NAVES...........................70
A CHAVE DE SARAH......................................71
CHICAGO..72
CIDADÃO BOILESEN......................................73
CIDADE DE DEUS..74
CIDADE SEM COMPAIXÃO...............................75
CINE MAJESTIC..76
O CÍRCULO DO MEDO....................................77
O CLÃ..78
O CLIENTE..79
CLUBE DE COMPRAS DALLAS...........................80
CÓDIGO DE CONDUTA...................................81
CÓDIGO DE HONRA (1992)..............................82
CÓDIGO DE HONRA (2011)..............................83
A CONDENAÇÃO..84
CONDUTA DE RISCO......................................85
A CONFISSÃO (1998).....................................86
O CONSELHEIRO DO CRIME.............................87
CONSPIRAÇÃO AMERICANA............................88
COP LAND: A CIDADE DOS TIRAS......................89
CORAÇÃO VALENTE......................................90
CORAÇÕES SUJOS..91
CORPOS ARDENTES......................................92
A CORTE..93
O CORTE..94
A COSTELA DE ADÃO.....................................95
A CRIANÇA...96
CRIME VERDADEIRO.....................................97
CRIMES E PECADOS......................................98
CRIMES EM PRIMEIRO GRAU...........................99
CULPADO COMO O PECADO..........................100

CULPADO POR SUSPEITA	101
A DAMA DOURADA	102
DANIEL	103
DANTON E O PROCESSO DA REVOLUÇÃO	104
DE ILUSÃO TAMBÉM SE VIVE	105
DE QUEM É A VIDA AFINAL?	106
DE REPENTE PAI	107
DE SALTO ALTO	108
DEMOCRACIA EM PRETO E BRANCO	109
DEPOIS DE MAIO	110
O DESAFIO DA LEI	111
DESAPARECIDO - UM GRANDE MISTÉRIO	112
OS DESCENDENTES	113
DESONRA	114
O DESTINO DE UMA VIDA	115
O DEUS DA CARNIFICINA	116
O DIA EM QUE A TERRA PAROU (1951)	117
O DIA QUE DUROU 21 ANOS	118
O DIABO NO BANCO DOS RÉUS	119
DIÁRIOS DE MOTOCICLETA	120
O DIREITO DO MAIS FORTE À LIBERDADE	121
DISQUE M PARA MATAR	122
DISTRITO 9	123
O DOCE AMANHÃ	124
DOGVILLE	125
2 COELHOS	126
DOIS DIAS, UMA NOITE	127
DOMÉSTICAS - O FILME	128
O DOSSIÊ PELICANO	129
12 ANOS DE ESCRAVIDÃO	130
OS DOZE CONDENADOS	131
12 HOMENS E UMA SENTENÇA	132
DREDD	133
AS DUAS FACES DE UM CRIME	134
DÚVIDA	135
ELEIÇÃO	136
ELES NÃO USAM BLACK-TIE	137
EM MINHA TERRA	138
EM NOME DA LEI	139
EM NOME DE DEUS	140
EM NOME DO PAI	141
O ENIGMA DE KASPAR HAUSER	142
ENTRE OS MUROS DA ESCOLA	143
ENTRE QUATRO PAREDES	144
ERA UMA VEZ EM ANATÓLIA	145
ERIN BROCKOVICH: UMA MULHER DE TALENTO	146
ESCÂNDALO	147
A ESCOLHA DE SOFIA	148
O ESCRITOR FANTASMA	149
A ESPIÃ	150
O ESQUADRÃO DA JUSTIÇA	151
ESQUECER, NUNCA	152
ESTADO DE SÍTIO	153
O SEU A CONTRA JOHN LENNON	154
ESTÔMAGO	155
ESTRANHA COMPULSÃO	156
O ESTUDANTE (2009)	157
EU, PIERRE RIVIERI, QUE DEGOLEI MINHA MÃE, MINHA IRMÃ E MEU IRMÃO	158
EXODUS	159
O EXORCISMO DE EMILY ROSE	160
O EXPRESSO DA MEIA-NOITE	161
O FABULOSO DOUTOR DOOLITTLE	162
FACA DE DOIS GUMES	163
FANTASMAS DO PASSADO	164
FESTIM DIABÓLICO	165
FILADÉLFIA	166
O FILHO DA NOIVA	167
FILHOS DA ESPERANÇA	168
O FIO DA SUSPEITA	169
A FIRMA	170
A FITA BRANCA	171
A FOGUEIRA DAS VAIDADES	172
FORA DE CONTROLE	173
FRANCES	174
A FRATERNIDADE É VERMELHA	175
FRUITVALE STATION: A ÚLTIMA PARADA	176
O FUGITIVO	177
O GALANTE MR. DEEDS	178
GANDHI	179
GANHAR OU GANHAR	180
GAROTA EXEMPLAR	181
GERMINAL	182
GIGOLÔ AMERICANO	183
GINGER E ROSA	184
GLÓRIA FEITA DE SANGUE	185
GOMORRA	186
GRANDES OLHOS	187
A GUERRA DE HART	188
A GUERRA DOS ROSES	189
HÁ TANTO TEMPO QUE TE AMO	190
HANNAH ARENDT	191
HERÓI POR ACIDENTE	192
A HISTÓRIA DE UM SOLDADO	193
A HISTÓRIA OFICIAL	194
O HOMEM DA CAPA PRETA	195

O HOMEM ERRADO	196
O HOMEM QUE EU ESCOLHI	197
O HOMEM QUE FAZIA CHOVER	198
O HOMEM QUE MATOU O FACÍNORA	199
O HOMEM QUE NÃO VENDEU SUA ALMA	200
HOTEL RUANDA	201
HUMANIDADE E BALÕES DE PAPEL	202
HURRICANE: O FURACÃO	203
A IGUALDADE É BRANCA	204
INCÊNDIOS	205
OS INCONFIDENTES	206
O INDOMÁVEL - ASSIM É MINHA VIDA	207
A INFORMANTE	208
O INFORMANTE	209
OS INFRATORES	210
OS INTOCÁVEIS	211
INTRIGAS DE ESTADO	212
O INVASOR	213
INVICTUS	214
O JARDINEIRO FIEL	215
JARDINS DE PEDRA	216
JEAN DE FLORETTE	217
JOGADA DE GÊNIO	218
JFK - A PERGUNTA QUE NÃO QUER CALAR	219
O JUIZ (2014)	220
JUÍZO	221
JULGAMENTO EM NUREMBERG	222
JULGAMENTO FINAL	223
JÚLIA	224
JÚLIO CÉSAR (1953)	225
A JURADA	226
O JÚRI	227
JUSTA CAUSA	228
justiça	229
JUSTIÇA CEGA	230
JUSTIÇA CORRUPTA	231
JUSTIÇA PARA TODOS	232
JUSTIÇA VERMELHA	233
JUVENTUDE SELVAGEM	234
KRAMER VS. KRAMER	235
LARANJA MECÂNICA	236
LEGALMENTE LOIRA	237
LEIS DA ATRAÇÃO	238
O LEITOR	239
O LENHADOR	240
LEVIATÃ	241
A LIBERDADE É AZUL	242
LINCOLN	243
A LISTA DE SCHINDLER	244
LOUCA ESCAPADA	245
LÚCIO FLÁVIO - O PASSAGEIRO DA AGONIA	246
A LUZ É PARA TODOS	247
M - O VAMPIRO DE DÜSSELDORF	248
MACHUCA	249
MALCOLM X	250
MAR ADENTRO	251
MARGIN CALL - O DIA ANTES DO FIM	252
O MÉDICO ALEMÃO	253
MEIA-NOITE NO JARDIM DO BEM E DO MAL	254
MEMÓRIAS DO CÁRCERE	255
MENINA DE OURO	256
MENINOS NÃO CHORAM	257
O MENSAGEIRO	258
O MENTIROSO	259
O MERCADO DE NOTÍCIAS	260
O MERCADOR DE VENEZA	261
MEU NOME NÃO É JOHNNY	262
MEU PRIMO VINNY	263
MEU TIO MATOU UM CARA	264
MICHAEL COLLINS: O PREÇO DA LIBERDADE	265
1984	266
MIL VEZES BOA NOITE	267
MILK - A VOZ DA IGUALDADE	268
MINHA TERRA, ÁFRICA	269
MINHA VIDA EM COR-DE-ROSA	270
MINHA VIDA SEM MIM	271
MINHAS MÃES E MEU PAI	272
MINORITY REPORT: A NOVA LEI	273
MISSISSIPI EM CHAMAS	274
A MOCIDADE DE LINCOLN	275
MORANGO E CHOCOLATE	276
A MORTE E A DONZELA	277
MOTHER - A BUSCA PELA VERDADE	278
MUITO ALÉM DO JARDIM	279
MUITO MAIS QUE UM CRIME	280
A MULHER FAZ O HOMEM	281
NA CAPTURA DOS FREIDMANS	282
NÃO ACEITAMOS DEVOLUÇÕES	283
NASCIDO EM 04 DE JULHO	284
A NAVE DA REVOLTA	285
NENHUM A MENOS	286
NESTE MUNDO E NO OUTRO	287
NEVE SOBRE OS CEDROS	288
NÓ	289
NORMA RAE	290
THE NORMAL HEART	291

NOTAS SOBRE UM ESCÂNDALO	292
NOTÍCIAS DE UMA GUERRA PARTICULAR	293
OBRIGADO POR FUMAR	294
OLEANNA	295
A ONDA	296
ÔNIBUS 174	297
O OPERÁRIO	298
A OUTRA HISTÓRIA AMERICANA	299
O PAGADOR DE PROMESSAS	300
O PAGAMENTO FINAL	301
PAI PATRÃO	302
A PAIXÃO DE JOANA D'ARC	303
PAIXÕES QUE ALUCINAM	304
PAPILLON	305
PARANORMAN	306
O PASSADO (2013)	307
PECADOS DE GUERRA	308
PERFUME DE MULHER (1992)	309
PERIGOSAMENTE JUNTOS	310
PERSÉPOLIS	311
O PESO DE UM PASSADO	312
PHILOMENA	313
PINK FLOYD: THE WALL	314
PIXOTE - A LEI DO MAIS FORTE	315
PODER ABSOLUTO	316
O PODER E A LEI	317
O PODER VAI DANÇAR	318
O PODEROSO CHEFÃO - PARTE II	319
PONTE DOS ESPIÕES	320
O POVO CONTRA LARRY FLYNT	321
PRETO OU BRANCO	322
O PRISIONEIRO DA GRADE DE FERRO	323
O PROCESSO	324
O PROCESSO DE JOANA D'ARC	325
O PROFETA	326
Q&A - SEM LEI, SEM JUSTIÇA	327
O QUARTO PODER	328
QUASE DOIS IRMÃOS	329
QUASE UM ANJO - BERNIE	330
4 MESES, 3 SEMANAS, 2 DIAS	331
QUEIMADA	332
QUEIME DEPOIS DE LER	333
QUEREM ME ENLOUQUECER	334
QUESTÃO DE HONRA	335
A RAINHA DO CASTELO DE AR	336
RECONTAGEM	337
A REDE SOCIAL	338
REDS	339
REGRAS DO JOGO	340
O REVERSO DA FORTUNA	341
A REVOLUÇÃO DOS BICHOS	342
RISCO DUPLO	343
ROCCO E SEUS IRMÃOS	344
RUTH EM QUESTÃO	345
SACCO E VANZETTI	346
SAMBA	347
O SEGREDO (1996)	348
O SEGREDO DE UMA SENTENÇA	349
O SEGREDO DOS SEUS OLHOS	350
SEGUNDA-FEIRA AO SOL	351
SELMA	352
SEM EVIDÊNCIAS	353
SEM PROTEÇÃO	354
O SENHOR DAS ARMAS	355
A SEPARAÇÃO	356
SEPARADOS, MAS IGUAIS	357
SERPICO	358
SESSÃO ESPECIAL DE JUSTIÇA	359
AS SESSÕES	360
72 HORAS	361
SEU ÚLTIMO COMANDO	362
SIN CITY: A CIDADE DO PECADO	363
SINDICATO DE LADRÕES	364
SLEEPERS - A VINGANÇA ADORMECIDA	365
SOB SUSPEITA (1987)	366
SOB SUSPEITA (2000)	367
SOB SUSPEITA (2006)	368
SOBRE MENINOS E LOBOS	369
SOCIEDADE DOS POETAS MORTOS	370
O SOL É PARA TODOS	371
SOMBRAS DA LEI	372
SPOTLIGHT - SEGREDOS REVELADOS	373
SUA ESPOSA E O MUNDO	374
AS SUFRAGISTAS	375
SUPLÍCIO DE UMA ALMA	376
OS SUSPEITOS (2013)	377
TED 2	378
TEMPO DE MATAR	379
TEMPOS MODERNOS	380
A TÊNUE LINHA DA MORTE	381
O TERMINAL	382
TERRA FRIA	383
TERRA PROMETIDA (2012)	384
TESES SOBRE UM HOMICÍDIO	385
TESTA-DE-FERRO POR ACASO	386
A TESTEMUNHA	387

TESTEMUNHA DE ACUSAÇÃO	388
TIMBUKTU	389
TINA	390
TODOS OS HOMENS DO PRESIDENTE	391
A TORTURA DA SUSPEITA	392
A TORTURA DO SILÊNCIO	393
TRAFFIC	394
TRIBUNAL SOB SUSPEITA	395
O TRIUNFO DA VONTADE	396
A TRISTEZA E A PIEDADE	397
A TROCA (2008)	398
TROPA DE ELITE 2 - O INIMIGO AGORA É OUTRO	399
TRUMBO - LISTA NEGRA	400
TUCKER - UM HOMEM E SEU SONHO	401
TUDO PELO PODER	402
TUDO POR JUSTIÇA	403
OS ÚLTIMOS PASSOS DE UM HOMEM	404
UM ÁLIBI PERFEITO	405
UM CRIME DE MESTRE	406
UM DIA DE CÃO	407
UM DIA DE FÚRIA	408
UM ESTRANHO NO NINHO	409
UM GRITO DE LIBERDADE	410
UM GRITO NO ESCURO	411
UM JUIZ MUITO LOUCO	412
UM PEIXE CHAMADO WANDA	413
UM SONHO DE LIBERDADE	414
UMA LIÇÃO DE AMOR	415
UMA LOURA POR UM MILHÃO	416
UMA PROVA DE AMOR	417
UMA SIMPLES FORMALIDADE	418
UTOPIA E BARBÁRIE	419
V DE VINGANÇA	420
O VENTO SERÁ TUA HERANÇA	421
O VEREDICTO	422
A VIAGEM (1999)	423
A VIDA DE DAVID GALE	424
A VIDA DOS OUTROS	425
A VILA	426
A VINGANÇA DE MANON	427
O VISITANTE	428
O VOO	429
O VOTO É SECRETO	430
Z	431
ZOOTOPIA	432

AGRADECIMENTOS

Agradeço e dedico este guia, em primeiro lugar, para minha muito amada esposa Marília Sara (bacharela em Direito e que sempre me incentivou em tudo). Bem como meus amados filhos Danielle, Ivan, Lucas, Thabata e Philip (também bacharel em Direito, pelas sugestões). Aos meus pais Luiz*, Remédios, Oliveira Neto* e Iracema; meus irmãos Douglas (primeiro leitor desde sempre), Lester, Disney, Oliveira Jr., Marcelo e Fábio; minhas cunhadas Gardênia, Francinete, Cássia, Isabela, Layanna, Conceição e Rosângela; meus sobrinhos Igor, Martina, Camila, Gabriela, Mariana, Ricardo, Maria Eduarda, Heloísa, Vitor, Rebeca, Lorena, Camille, Letícia, Marília e minha sobrinha-neta Maria Luiza; minha tia Socorro e meus primos Nelma, Linneu, Maurício e Fernanda.

Aos meus amigos Martha Eugênia Viveiros Peixoto, Rosemberg Peixoto, Antonio Celso Borges de Araújo, Patrícia Pang Mascarenhas, Carlos José Oliveira Argento, Regilda Moreira Araújo, José Tupinambá Sousa Vasconcelos, Gregório Magno Macedo de Santiago, Poncion de Queiroz Rodrigues Neto, Kenard Kruel Fagundes dos Santos, Sílvio Brandt, Gustavo Martins Nogueira, David Abdala Cury, Anna Kelma Gallas, Francisco Eugênio Ziccarelli Millarch, Chaim Litewski, Leandro Luigi Del Manto, Rodrigo D'Almeida Bertozzi, Maria Cláudia Krodel Rech, Gisele Krodel Rech, Carlos Alberto Machado, Simone Freitas de Almeida, Guilherme Conter, José Aguiar, Cíntia Luehring, Paulo Biscaia Filho, Luciane Viegas, Gustavo Bonato Fruet, Vitor Casimiro, Lígia Melo Casimiro, Marcelo Beltrão de Almeida, Jaqueline Conte, Luís Ricardo de Toledo Coelho, Patrícia Moskwyn, Norberto Oda, Viviane (Vica) Grahl, Gabriela Brandalise, Zé Riba Soares, Andress Guimarães, José Carlos Mello Rocha, Francisco Utrabo, Mitie Taketani, Liber Paz, Oceano Vieira de Melo, Fernando Brito, Horácio Tomizawa De Bonis, Lígia Guerra, Gilberto Gianini, Josiane Orvatich, Murilo Wesolowicz, Ana Cláudia Braga Mendonça, Maria Victoria Seras Trepát, Maria Victória Rafart de Seras, Liana de Camargo Leão, Alexandre Carnieri, Luiz Renato Ribas, Neivo Zanini, Milton Alexandre Durski, Almir Aires Tovar Filho, Angela Villanova, Leonel Villanova, Irajá de Brito Vaz, Jessie Vaz, Mariana Sanchez, Fernanda Musardo, Ademir Paixão, José Ronaldo Mendonça Fassheber, Ahmad Hamdar Neto, Madalena Zillmann, Alexandre Gasparini, Marcos Pereira, Rogeres Baldissera, Antonio Cava, Francisco Urban, Mariane Trog, Sandro Stremel, Maria Francisca Sottomaior Cury, Stella Faccenda, Ana Maria Camargo, Silvana Curan Pontieri, Amaury Pontieri, Dayana Belmont, Wanda Andrade, Sílvia Helena Barreiro, Regina Camargo, Susan Tillou, Jorge Bacelar Gouveia, Sylvie Debs e os saudosos Aramis Millarch*, Paulo de Góes* e Ramsés Bahury de Souza Ramos*.

Agradeço igualmente aos meus amigos da Justiça Eleitoral: Ivan Gradowski, Alda Maria Almendra Freitas Castelo Branco*, Ana Flora França e Silva, Isabel Marlene da Cunha Araújo Mendes, Daniela Borges de Carvalho, Silvani Maia Resende Santana, Valcir Mombach, Márcia Rumi Satake, Mônica Miranda Gama Monteiro, Ângela Muggiati, Helton José Sanchez, Mariana Pilastre de Góes, Josiane Carla Zanotto Malhadas, Sérgio Luiz Maranhão Ritzmann, Fernando José dos Santos, Adriana Bastos Trabulci, Ruth Veran Lacombe, Irene Ito Kanda, Eliane do Rocio Valenza de Souza, Shirley Rossiter Guimarães, Fernando Luiz Ramos de Lima, Daniel Soares de Quadros Nepomuceno, Ustana Bernardes Pedreira de Oliveira Neri, Flávio Souza Magalhães, Rogério Bernardes de Faria Tavares, Eliana Passarelli de Lima, Cezaltina Lélis, Alexsandra Vasconcelos de Melo, Ana Patrícia Tancredo Gonçalves Petrelli, Felisberto da Silva Bulcão Filho, Francisco Xavier da Silva, Clotilde Antônia Sousa de Queiroz, Vicente de Paula Gomes, Imaculada Aparecida Rodrigues Mantovani, Waleska Hitzschky Barreto, Antonio Augusto Portinho da Cunha, Paulo Roberto Simões Filho, Reinaldo Antonio da Silva Demeterco, José Francisco Morotti, Adalvi Haas, Noely Manfredini D'Almeida*, Lorene Márcia Surian, Edson Luiz Guedes, Milton Fantucci, Francisco Carlos Duarte, Everton Bahl Grabski, Michele Martins Burda Castilho Simioni, Rogério Carlos Born, Cláudia Afanio, Vilmar Chequeleiro, Emmanuel André Maier, Horley Cleve Costa*, Helena do Rocio Caseli Pereira, Márcio Carvalho Jardim, Dolly Maria da Costa Borgia, Ana Maria Marschall, Deborah Joseane de Jesuz Oliveira, Luciane Yoshiyasu Miyoshi, Marluze Mathias Janke Toigo, Neiva de Fátima Techy Stec, Daniele Cristine

Forneck Franzini, Lucianna Maria de Araujo Sampaio, Luciane de França Borges Oliveira Santos, Rojane Soares Pugliese, Marlene Flôres Carvalho, Patrícia Emi Yamashita, Rachel Diógenes Ramina Rezler, Jillian Roberto Servat, Cláudia Valéria Bevilacqua Gonçalves, Danielle Cidade Morgado Maemura, Solange Maria Vieira, Mônica Tereza Góes Turchenski, Emerson Luís Lambertucci, Maricruz Andrade Gazzoni, Ana Lúcia Pesch Martins, Zilnai Aparecida Luiz, Josélia Maria Nascimento da Rocha, Juliana Paula Zigovski, Lúcia Ione de Souza Miranda, Admerval Schlichcta, Kátia Scrimin Lisboa, Débora Francis Tonon Brandalise, Telma Amoay Cesar, Maurício Pires da Costa, Taís Furmann, Viviane Stein, Ellen Renate Ivanfy, Edilson Queiroz da Silva, Diogo Sguissardi Margarida, Marcos Alberto Kwiatkowski, Simone Hembecker e Rubiane Barros Barbosa Kreuz.

Aos meus parceiros de crítica cinematográfica: Pedro Martins Freire, Rubens Ewald Filho, Paulo Camargo, Pablo Villaça, Abonico Ricardo Smith, Luiz Gustavo Vilela, Carlos Eduardo Lourenço Jorge, Rodolfo Stancki, Sandro Moser, Alejandro Mercado, Adélia Maria Lopes, Cláudio Yuge, Yuri Al'Hanati, Isadora Rupp, Anderson Gonçalves, Joba Trindade, Monteiro Júnior, Flávio St. Jayme, Glauber Gorski, Márcio L. Santos, Renan Santos, Doug Peters, Felipe Sclengmann, Karen Barbosa, Adilson Fabris e Tom Lisboa.

Aos meus alunos de Cinema: Marina Constantino Max, Márcia Vogel, Gustavo Nunes, Carolina Arantes Nunes, Daniela Gonçalves, Ivanise Perotoni, Suzana Roessing, Bianca Arenhart, Soraia Tulio, Laudelino Bastos e Elizabeth Mazur.

Aos meus cinéfilos fiéis Divangela Matioski, Rosiane Ferreira, Ricardo Klass e Walber Tulio (do Janela Indiscreta Clube), bem como Roberto Castro, Ninon Baduy, Ciro Barchak, Washington Cesar Takeuchi, Lenita Stankiewicz, Sergio Medina Roman, Denise Chybior, Denise Teodoro, Gustavo Piratello, José Inácio, Janine Melo de Jesus, João Morozinski, Lene Ganem, Lucas Ganem, Eliane Delponte, Katia Velo, Marcos De Bona, Adriana Honório, Day Novaes, Marcos DePeder, Angelica Pecego, Marcela Louize Biehl, Márcia Medeiros, Ana de Beauvoir, Luiz (do Cross), Hektor Kister e Sérgio (Dilan) Ribeiro.

E vida longa e próspera aos meus amigos trekkers Renato Thomaz do Nascimento Neto, Yáscara Albuquerque, José Henrique Saraiva, Monica

Thais de Christo, Luiz Emílio Tinel Garcia, Marcos Neves, Roberson Maurício Caldeira Nunes, Antonio Eder, Maria Alice Aguiar, Roberto Metzger, Angela Sílvia Bunese, Marco Aurélio Bunese, Cíntia de Fátima Bunese, Aluísio Barbosa, Lucas Laynes, Wikerson Landim e Jonas Leopoldo Machado Borges.

Ao longo de mais de três décadas na Justiça Eleitoral, tive o privilégio de conviver com grandes operadores do Direito, além de professores, jornalistas e profissionais de outras áreas afins, que listo a seguir, em ordem alfabética.

Aos **desembargadores**: Adalberto Jorge Xisto Pereira, Adolpho Krüger Pereira*, Altair Ferdinando Patitucci, Amaury Chaves de Athayde, Ângelo Ithamar Scucato Zattar, Anny Mary Kuss, Antenor Demeterco Junior, Carlos Mansur Arida, Claudia Cristina Cristofani, Clotário de Macedo Portugal Neto, D'Artagnan Serpa Sá, Dimas Ortêncio de Melo, Edson Luiz Vidal Pinto, Eduardo Lino Bueno Fagundes, Fernando Ferreira de Moraes, Fernando Quadros da Silva, Gil Trotta Telles*, Gilberto Ferreira, Guido José Döbeli, Guilherme Luiz Gomes, Haroldo Bernardo da Silva Wolff, Hayton Lee Swain Filho, Irajá Romeo Hilgenberg Prestes Mattar, Jesus Sarrão, João Pedro Gebran Neto, Joatan Marcos de Carvalho, Joeci Machado Camargo, José Antônio Vidal Coelho*, José Carlos Dalacqua, José Laurindo de Souza Netto, José Ulysses Silveira Lopes, Jucimar Novochadlo, Jurandyr Reis Junior, Lauro Augusto Fabrício de Melo, Lenice Bodstein, Lídia Matiko Maejima, Luís Carlos Xavier, Luiz Fernando Tomasi Keppen, Luiz José Perrotti*, Luiz Osório Moraes Panza, Luiz Sérgio Neiva de Lima Vieira, Luiz Taro Oyama, Manuel Eugênio Marques Munhoz, Marcelo Gobbo Dalla Déa, Moacir Guimarães, Néviton Oliveira Baptista Guedes, Nilson Mizuta, Oto Luiz Sponholz*, Paulo Cezar Bellio, Paulo Roberto Hapner, Paulo Roberto Vasconcelos, Regina Helena Afonso de Oliveira Portes, Renato Braga Bettega, Renato Lopes de Paiva, Ricardo Tadeu Marques da Fonseca, Roberto Pacheco Rocha*, Roberto Portugal Bacellar, Roberto Sampaio da Costa Barros, Rogério Coelho, Rogério Luís Nielsen Kanayama, Ruy Francisco Thomaz, Salvatore Antonio Astuti, Sérgio Arenhart, Sonia Regina de Castro, Tadeu Marino Loyola Costa, Telmo Cherem, Valter Ressel, Vicente Troiano Netto, Wellington Mendes de Almeida e Wilson Reback*.

Aos **juízes**: Adriana Ayres Ferreira, Alessandra Anginski Kotoski, Alexandre Barbosa Fabiani, Anderson Ricardo Fogaça, Antonio Franco Ferreira da Costa Neto, Branca Bernardi, César Ghizoni, Cláudio Camargo dos Santos, Eduardo Villa Coimbra Campos, Gabriela Hardt, Geraldo Dutra de Andrade Neto, Gisele Lemke, Ivo Faccenda, Jaime Souza Pinto Sampaio, Jederson Suzin, João Luiz Manassés de Albuquerque Filho, Juan Daniel Pereira Sobreiro, Kennedy Josué Greca de Mattos, Leonardo Castanho Mendes, Lourival Pedro Chemim, Luciane do Rocio Custódio Ludovico, Luciano Carrasco Falavinha Souza, Luiz Henrique Trompczynski, Marcelo Malucelli, Marcelo Wallbach Silva, Marcos Roberto Araújo dos Santos, Mila Aparecida Alves da Luz*, Nicolau Konkel Junior, Noeli Salete Tavares Reback, Pedro Luís Sanson Corat, Raul da Silva Vaz Portugal, Regiane Tonet dos Santos, Renata Estorilho Baganha, Roberto Antonio Massaro, Roberto Luiz Santos Negrão, Rogério Etzel, Sayonara Sedano, Sérgio Luiz Kreuz, Siderlei Ostrufka Cordeiro, Vera Lúcia Feil Ponciano, Walterney Amâncio, William da Costa e Zuudi Sakakihara.

Aos **procuradores**: Adriana Aparecida Storoz Mathias dos Santos, Alcides Alberto Munhoz da Cunha*, Alessandro José Fernandes de Oliveira, Alexandre Melz Nardes, Armando Antônio Sobreiro Neto, Ana Paula Mantovani Siqueira, Jeane Karla Bahr, João Gualberto Garcez Ramos, Luís Sérgio Langowski, Mário José Gisi, Olympio de Sá Sotto Maior e Ramatis Fávero.

Aos **advogados**: Ana Carolina de Camargo Clève, André Franco de Oliveira Passos, Andrea Sabbaga de Melo, Auracyr Azevedo de Moura Cordeiro, Carla Cristine Karpstein, Carlos Fernando Correa de Castro*, Carmem Maria Monteiro Fulgencio, César Antonio da Cunha, Clóvis Augusto Veiga da Costa, Cristiano Dionísio, Cristiano Hotz, Dirceu Andersen Jr., Eduardo Boschetti, Egas Dirceu Moniz de Aragão, Fernando Gustavo Knoerr, Guilherme de Salles Gonçalves, Guinoel Montenegro Cordeiro, Gustavo Bonini Guedes, Gustavo Kfouri, Horácio Monteschio, Ítalo Tanaka Júnior, Ivan Bonilha, Jaime Stivelberg*, Jean Carlo Leeck, Josafá Antonio Lemes, José Augusto Araújo de Noronha, José Lucio Glomb, Juliano José Breda, Julio Jacob Junior, Leandro Souza Rosa, Luís Gustavo Severo, Luiz Fernando Casagrande Pereira, Luiz Gustavo Vardânega Vidal Pinto, Manoel Caetano Ferreira Filho, Marlene Zanin, Munir Abagge, Ogier Buchi, Olivar Coneglian, Paulo Afonso da Motta Ribeiro, Paulo Manuel Sousa Baptista Valério, Renato Cardoso de Almeida Andrade, René Ariel Dotti, Rodolfo Salema, Romeu Felipe Bacellar Filho e Zuleika Giotto.

Aos **assessores de comunicação**: Abraão Benício, Adriana Jobim, Aldo Ribeiro, Alexandre Teixeira, Aline Cambuy, Américo Côrrea, Ana Cristina Rosa, Ana Jamur Viotto, Ana Luzia Palka, Armando Cardoso, Carla Talhamento, Cecília Abbati, Celso Gomes, Ceres Battistelli, Ciro Pedroza, Cláudia Cavalcante, Dani Brito, David Campos, Delorgel Valdir Kaiser, Denise Jancar, Edvânia Kátia, Estela Midori Matsumoto, Everson Mizga, Fabiano Camargo, Fernando César Oliveira, Filipi Oliveira, Flávio Damiani, Gilmar Piolla, Gisele Passos Romanel, Giselle Brisk, Giselly Siqueira, Henrique Leinig, Hudson José, Irineu Tamanini, Joabel Pereira, José Vieira Neto, Juarez Tosi, Juliana Neiva, Juliano Souza, Kátia Chagas, Lorena Nogaroli, Luciana Nogueira, Marcela Rolim, Marcos Garcia Tosi, Maria Amélia Lonardoni, Marilda Silveira Camargo, Marina Celinski, Mônica Santanna, Patrícia Reichert, Patrícia Ribas, Paula Batista, Priscila de Sá Benevides Carneiro, Rafael Krebs, Rafaela Salomon, Renata Lee, Renato Parente, Ricardo Caldas, Ricardo Oliveira, Rodrigo (Digão) Duarte, Rômulo Cardoso, Rosângela Sanches, Rudney Flores, Sérgio Iacovone, Sérgio Wesley, Silvana de Freitas, Sílvia Balbo Messias, Simone Bello, Simone Mattos, Tomás Eon Barreiros, Vanderlei Ricken, Vanessa Klas, Verônica Macedo, Wagner Araújo e Yrit Sitnik.

Aos **companheiros de rádio**: Aldo Alfredo Malucelli, Álvaro Borba, André Wormsbecker, Belmiro Valverde Jobim Castor*, Bernt Entschev, Carlos Augusto Gaertner, Carol Domingues Kudla, Cida Stier, Clóvis Gruner, Deborah Fertonani, Docca Soares, Edmar Baiano Mesquita, Edson Liberato Dias, Eduardo Guy de Manuel, Eloi Zanetti, Ernani Buchmann, Fábio Vizeu, Flávia Rocha, Gilberto Gnoato, Gladimir Nascimento, Jeanine Rolim Meier, Jelson Oliveira, Jomar Valença, José Wille, Jorge Falcon, Jurandir Ambonati, Leo Suzuki, Leonor Rocha, Luiz Alfredo Malucelli*, Luiz Carlos Sereza, Marcos Meier, Maria Marta Ferreira, Mário Negrão, Mauro Mueller, Michelle Thomé, Moisés Machinsky, Nicole Loose, Paulo Juk, Reginaldo Hiraoka, Renata Clappis, Renato Mocellin, Ricardo Engelbert, Roberta Canetti, Rodrigo Havro Rodrigues, Rogério Afonso, Silvia Sprenger, Stephany Volkof e Wilson Santos.

Aos **jornalistas**: Adailton (Gereba) Bittencourt, Adherbal Fortes de Sá Júnior, Adilson Faxina, Adriana Justi, Adriana Milczevsky, Adriane Borgia, Adriane Perin, Adriane Werner, Adriano César Gomes, Adriano Cordeiro dos Santos, Alan Medeiros Otani, Alana Gazoli, Albari Rosa, Alberto D'Angele, Alceu Honório Júnior, Alessandra Assad, Alessandra Consoli, Alessandra Lemos Fernandes, Alessandro Andreola, Alessandro

Manfredini, Alessandro Reis, Alex Feques Barbosa, Alexander De Marco, Alexandra Fernandes, Ali (Califa) Chaim, Aline Pavaneli, Alloyse Boberg, Altenizia Oliveira, Amado Osman, Amália Miezcoski, Amanda Ferné Audi, Amanda Menezes, Amarildo Lopes, Ana Amélia Cunha Pereira Filizola, Ana Brito, Ana Carolina Olesky, Ana Claudia Freire, Ana Cláudia Jesbick, Ana Cristina Krüger, Ana Zimmerman, André Amorim, André Gonçalves, André Pessoa, Andressa Almeida, Andressa Tavares, Angela Domit, Angela Iurk Rosa, Annalice Del Vecchio, Ariel Palacios, Armando Carvalho, Arnoldo Friebe, Aroldo Murá Haygert, Audrey Possebom, Augusto Klein, Aurélio Munhoz, Bárbara Pombo, Maria Isabel (Bebel) Maranhão Ritzmann, Bibiana Dionísio, Bruna Furlan, Bruna Maestri Walter, Bruno Caniato, Bruno Favaro, Bruno Henrique, Caio Vasques, Carlos Alberto (Peninha) Rudinger Correia, Carlos Henrique Giglio Júnior, Carlos Kleina, Carlyle Ávila, Carmem Murara, Carolina Gomes, Carolina Moreira Lara, Carolina Wolf, Caroline Olinda, Cássia Miguel, Cassiana Pizaia, Catarina Scortecci, Celso Nascimento, Cibele Fontanella, Cícero Lira, Cíntia Marschner, Cláudia Celli, Cláudia Prati, Cláudia Vicentin, Clayton Taborda, Cleia Kazmierski, Cris Loose, Cristian Toledo, Cristiano Castilho, Cristiano Luiz Freitas, Cristina Graeml, Cristina Seciuk, Daiane Andrade, Daiane Fardin, Dani Del Colli, Daniel Hassan, Daniela Fogaça, Daniela Neves, Daniele Romaniuk Machado Dumas, Danielle Defert da Rosa, Dante Mendonça, Dary Júnior, Deise Leobet, Denian Couto, Denise Mello, Denise Morini, Deonilson Roldo, Diego Ribeiro, Diego Sarza, Dimitri Valle, Dina Oro, Dino Menon, Dirceu de Souza, Dirk Lopes da Silva, Divonzir Gonçalves, Douglas Santucci, Dulcinéia Novaes, Edenilson de Almeida, Edson Ferreira, Edson Fonseca, Eduardo Aguiar, Eduardo Lhamas, Eduardo Ribeiro, Eduardo Scola, Elaine Guarnieri, Elbio Tavares, Elci Nakamura, Eledovino Bassetto Júnior, Elisa Rossato, Elisabete Castro, Elizeu (Café) Ferreira da Silva, Elson Faxina, Emanuel Pierin, Emanuelle Spack, Erikson Rezende, Estelita Hass Carazzai, Euclides Garcia, Evandro Fadel, Ewandro Schenkel, Fabiana Genestra, Fabiane Prohmann, Fabíola Guimarães, Fabrício Binder, Fábio Buchmann, Fábio Campana, Fábio Silveira, Felipe Harmata, Félix Calderaro, Fernanda Fraga, Fernanda Martins, Fernanda Fernandes da Rocha, Fernanda Trisotto, Fernanda Yanaze Rocha, Fernando Brevilheri, Fernando Castro, Fernando Lopes, Fernando Miranda, Fernando Parracho, Fernando Rodrigues, Fernando Tupan, Flaviane Galafassi, Flávio Krüger, Francielli Xavier, Francine Souza, Francisco Agenor da Silva, Francisco Botelho Marés de Souza, Gabriel Freitas, Gelson Negrão, Gianmario Goles, Gil Rocha Manoel, Gilson Aguiar, Gisah Batista Janzen, Giselle Camargo, Giselle Hishida, Gislene

Bastos, Gizah Szewczak, Guga Azevedo, Guilherme Rivaroli, Helena Santana, Heliberton Cesca, Henry Baptista Xavier, Herivelto Oliveira, Iara Maggioni, Idenilson Perin, Ingrid Pacheco, Iria Braga, Irinêo Baptista Netto, Isabela França, Ivan Santos, Izabela Camargo, Izabelle Ferrari, Jairo Nascimento, Jairton Conceição, James Alberti, Janaina Garcia, Janiele Delquiqui, Jasson Goulart, Jean Paul, Jeferson de Souza, Joana Neitsch, João Batista (JB) Faria, João Carlos Del Rios, Joice Hasselmann, Jordana Martinez, Jorge Cury Neto, Jorge Narozniak*, Jorge Yared, José Carlos (Zeca) Corrêa Leite, José (Capitão) Hidalgo Neto, José Marcos Lopes, José Maschio, José Nascimento, José Roberto Martins, José Vianna, Josianne Ritz, Josiliano Murbach, Jota Agostinho, Joyce Carvalho, Julian Yared, Juliana Ceccatto, Juliana Goss Silvério, Júlio César Lima, Karlos Kohlbach, Karina Hirami, Karina Lanconi Bernardi, Karine Garcia Pera, Kátia Brembatti, Kátia Michelle, Katia Scanferla Bruning, Katna Baran, Kelli Kadanus, Keyse Caldeira, Kraw Penas, Lana Seganfredo, Laura Bordin, Leandro Donatti, Lenise Klenk, Leonardo Bessa, Letícia França, Lígia Gabrielli, Lilian Chaves, Lina Hamdar, Lino Ramos, Lívea Aguiar, Lucas Pullin, Lucas Fernandes, Luciana Cristo, Luciana Marangoni, Luciana Pombo, Luciana Zenti, Luciane Motta, Luigi Poniwass, Luiz Azzolin, Luiz Cláudio (Lobão) Soares de Oliveira, Luiz Fernando Martins, Luiz Geraldo Mazza, Luiz Ribeiro, Luiz Witiuk, Luiza Vaz, Magaléa Mazziotti, Maigue Gueths, Maíra Gioia, Maísa Gomes, Malu Mazza, Manoel Costacurta, Marcela Mendes, Marcelo Elias, Marcelo Fachinello, Marcelo Ribeiro, Marcelo Rocha, Márcio Barros, Márcio Miranda, Marco Antônio Assef Bruginski, Marco Feltrin, Marco Ferreto Martins, Marcos Antonio Batista, Mari Tortato, Maria Celeste Correa, Maria Duarte, Maria Eduarda Lass, Maria Flores, Maria Guida Braga Côrtes, Mariana Gotardo, Mariane Antunes, Mariela Castro, Marília Seeling, Marja Kraft, Marleth Silva, Martha Feldens, Martha Toledo, Mauri König, Maurício Oliveira, Mayra Chagas, Melissa Bergonsi, Michel Rodrigues, Michele Müller, Mira Graçano, Mirela Ferreira, Narley Resende, Nelson José Boiago, Nelson Souza Filho, Ney Hamilton, Ney Hermann, Nívea Miyakawa, Odilon Araújo, Omar Godoy, Oscar Röcker Netto, Osni Gomes, Osvaldo Bento Filho, Paola Manfroi, Patrícia Piveta, Patrícia Thomaz, Patrícia Tressoldi, Paula Girardi, Paulo Evaristo de Paula, Pedro Chagas Neto, Pedro Lichtnow, Pedro Serapio, Rafael Paes, Rafael Trindade, Rafaela Moron, Ramon Pereira, Raphael Sibilla, Raquel Rodrigues, Regis Rieger, Reinaldo Bessa, Reinaldo Cordeiro, Renata Polatti, Rhodrigo Deda, Ricardo Medeiros, Ricardo Pereira, Ricardo Willich, Roberta Munhoz da Rocha, Roberto Paiva, Rodrigo Leite, Rodrigo Sais, Rodrigo Viana, Roger

Pereira, Rogério Galindo, Rosana Felix, Roseli Abrão, Rosi Guilhen, Rubens (Rubão) Burigo Neto, Rubens Marchi Filho, Rubens Vandresen, Ruth Bolognese, Ruy Guissoni, Sabrina Coelho, Sandra Gonçalves, Sandra Solda, Sandro Dalpícolo, Sandro Ivanowski, Sara Carvalho, Sérgio Pieczarka, Sil Maltaca, Sílvia Vicente Macedo, Silvia Zanella, Simone Delgado, Simone Giacometti, Simone Hammes, Simone Hubert, Simone Pavin, Solange Berezuk, Solange Riuzim, Suzana Possamai, Tabata Viapiana, Taiana Bubniak, Taís Pomin, Taísa Binder, Talita Vanso, Tatiana Escosteguy, Thaís Camargo, Thaissa Martiniuk, Thays Beleze, Tiago Eltz, Tiago Pereira, Ticiane Barbosa, Toni Casagrande, Ulisses (Riba) Velasco, Vagner Silva, Val Santos, Valdinei Rodrigues, Valquíria Silva, Vandelino Gonçalves, Vanderlei Moreno, Vanessa Brollo, Vanessa Navarro, Vanessa Rumor, Vanusa Vicelli Ribeiro, Vinícius Frigeri, Vinícius Sgarbe, Vivian Faria, Viviane Favretto, Viviane Gottardi, Viviane Mallmann, Wesley Cunha, Wilmar Lima, Wilson Kirsche, Wilson Serra e Wilson Soler.

Aos **atores**: Chico Nogueira, Diegho Kozievitch, Edson Bueno, Edson Rocha, Guenia Lemos, Guilherme Weber, Leandro Daniel Colombo, Letícia Guazzelli, Letícia Sabatella, Lourinelson Vladmir, Luís Melo, Luiz Felipe Leprevost, Maureen Miranda, Mayana Neiva, Michelle Rodrigues e Uyara Torrente.

Aos **cineastas**: Aly Muritiba, Ana Johann, Beto Carminatti, Carlos Deiró, Eduardo Baggio, Eloi Pires Ferreira, Fernando Severo, Gil Baroni, Guto Pasko, Joana Nin, Jorge Furtado, José Carlos Asbeg, Karim Aïnouz, Larissa Figueiredo, Marcelo Munhoz, Marcos Jorge, Murilo Hauser, Paulo Munhoz, Rafael Urban, Raphael Botelho Bittencourt, Salete Machado e Terence Keller.

Aos **escritores**: Caetano Waldrigues Galindo, Cristóvão Tezza, Diego Antonelli, Domingos Pellegrini, Luci Collin, Luís Henrique Pellanda, Luiz Andrioli, Luiz Antonio de Assis Brasil, Márcio Renato dos Santos, Miguel Sanches Neto, Otávio Linhares, Ottavio Lourenço, Paulo Venturelli, Rogério Pereira, Toninho Vaz, Valêncio Xavier* e Wilson Martins*.

Aos **produtores culturais**: Álvaro Collaço, Antônio Júnior, Diana Moro, Fabrizio Adriani, Luciana Casagrande Pereira, Luiz Ernesto Meyer Pereira, Manoela Leão, Marcos Cordiolli, Osval (Tiomkin) Dias de Siqueira Filho, Regina Vogue, Rodrigo Barros Del Rei, Rubens Gennaro, Samuel Lago e Talício Tigre.

Aos **professores**: Adriano Nervo Codato, Ana Maria Melech, Ana Paula Mira, Analuce (Danda) Coelho Medeiros, Carlos Luiz Strapazzon, Carlos (Polaco) Martins da Rocha, Celina Alvetti, Cláudia Quadros, Décio Pignatari*, Dennison de Oliveira, Denize Correa Araújo, Dinah Pinheiro Ribas, Doralice Araújo, Eduardo Peñuela Canizal*, Elza Aparecida Oliveira Filha, Emerson Gabardo, Emerson Urizzi Cervi, Evelise Barone, Fabrício Tomil, Geraldo Carlos do Nascimento, Giovani Santos, Hugo Daniel Mengarelli, José Carlos Fernandes, José Gatti, José Pio Martins, Kati Eliana Caetano, Leila Kaltman, Luciana Fernandes Veiga, Luciana Panke, Lucrecia D'Alessio Ferrara, Mário Messagi Júnior, Marcos Vinícius Pansardi, Maura Oliveira Martins, Mirian Gasparin, Mônica Cristine Fort, Mônica Kaseker, Nelson Rosário de Souza, Patrícia Piana Presas, Paulo Eduardo Silva Lins Cajazeira, Paulo Opuszka, Perci Klein, Regina Franke, Roberto Nicolato, Rodrigo Wolff Apolloni, Rogério Covaleski, Rosiane Correia de Freitas, Sandra Fischer, Sandra Nodari, Sérgio Soares Braga, Suyanne Tolentino, Valdir Cruz, Wilson Maske e Zanei Barcellos.

E aos **oficiais de justiça**: Alípio Barbosa Júnior, Altamara Fátima Schwarzbach, André Luiz Gonçalves Silva, Denise de Fátima Costa Ferreira, Fábio André Maia Hreisemnou, Fabrícia Soares dos Santos Nehls, Hélio Takeo Shiruo, Jacqueline Lury Nishida Matsubara, José Dino Trannin Guazzelli, Julia Sathler, Julice Maria Rafael Scandelari, Júlio Ary Berbet Júnior, Kirla Danielle Costa Santos Milléo, Leandro Malaghini*, Luiz Henrique de Souza Zappa, Marcos Roberto dos Reis, Matilde de Paula Soares, Mauro de Souza, Michaele Andrea Roos Berezoski de Camargo, Nilton Carlos Nehls e Rosicler Grosskopf.

Por fim, agradeço também a Eneida Desiree Salgado, que trabalhou comigo por oito anos na Ascom do TRE-PR e escreveu o prefácio deste livro. Aos meus editores, Thiago e Frederico Tizzot, bem como minha amiga Maria Rafart, âncora do programa Light News, da Transamérica Light e parceira de mais de uma década nas manhãs de sexta na rádio. E aos milhares de amigos que me acompanham há tanto tempo nesta jornada cinematográfica. Este guia é de vocês. Obrigado pela companhia e bons filmes. Sempre!

In memoriam.